# THE

# LARGER AND SMALLER

# SUKHĀVATĪVYŪHA SŪTRAS

## 梵文無量寿経
## 梵文阿弥陀経

Edited
With Introductory Remarks and Word Indexes
to the Two Sūtras

by

Kotatsu FUJITA

KYOTO : HOZOKAN
2011

Published by Hozokan Co., Ltd.
Shomen Karasuma Higashi-iru, Shimogyo-ku, Kyoto, 600-8153 Japan



First published 2011
*Printed in Japan*

ISBN 978 - 4 - 8318 - 7075 - 9

*Larger Sukhāvatīvyūha*

Folio 2 verso of MS of the Ryukoku University Library ( = R )

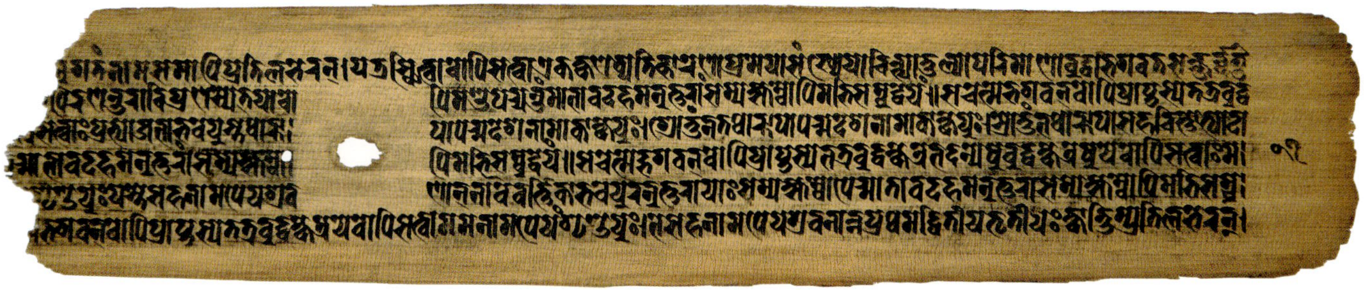

Folio 15 verso of MS of the National Archives of Nepal ( = $N_1$ )

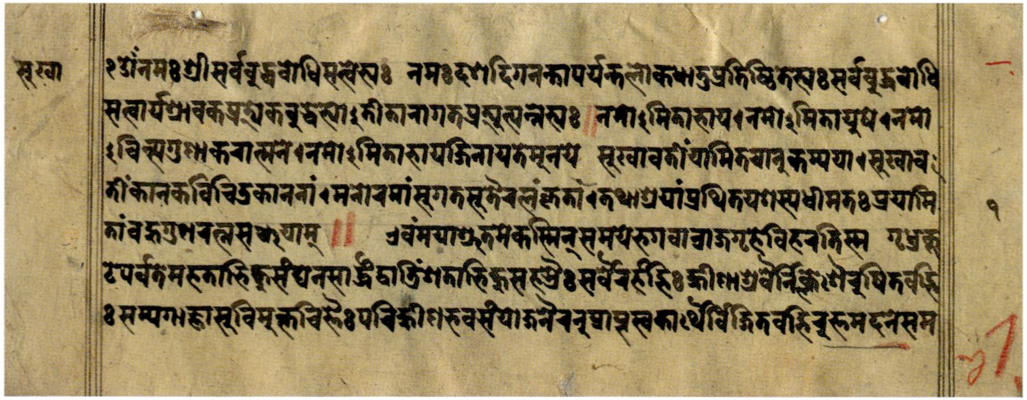

Folio 1 verso of MS of the Faculty of Letters Library, Kyoto University ( = Ky )

# *Smaller Sukhāvatīvyūha*

(The opening passage)

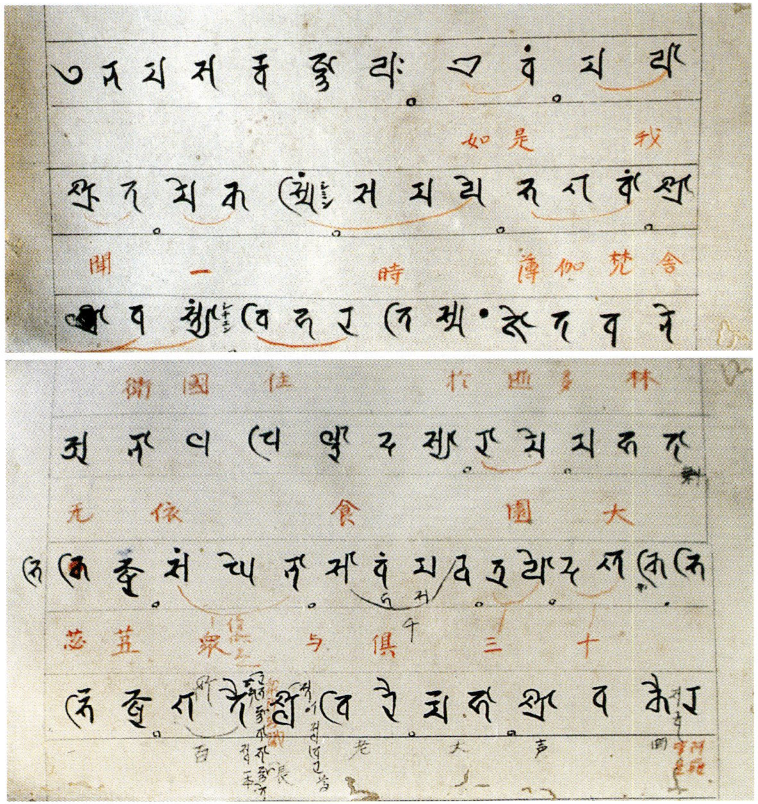

*Bon-tō taiyaku amidakyō*, transcribed from a MS preserved in Ando-gokurakuji temple ( = Ag )

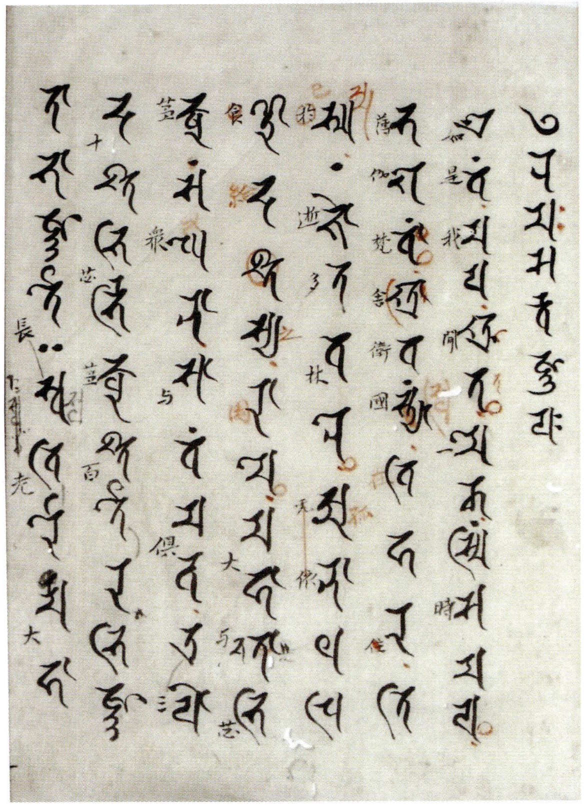

*Bonkan-ryōji amidakyō*, transcribed from a MS preserved in Ishiyamadera temple ( = Iy )

॥ नमः सर्वज्ञाय ॥

एवं मया श्रुतं। एकस्मिन्समये भगवाञ्छ्रावस्त्यां विहरति स्म जेतवनेऽनाथपिंडदस्यारामे महता भिक्षुसंघेन सार्धमर्धत्रयोदशभिर्भिक्षुशतैरभिज्ञानाभिज्ञातैः स्थविरैर्महाश्रावकैः सर्वैरर्हद्भिः। तद्यथा स्थविरेण च शारिपुत्रेण महामौद्गल्यायनेन च महाकाश्यपेन च महाकप्फिणेन च महाकात्यायनेन च महाकौष्ठिलेन च रेवतेन च शुद्धिपंथकेन च नंदेन चानंदेन च राहुलेन च गवांपतिना च भरद्वाजेन च कालोदयिना च वक्कुलेन चानिरुद्धेन च। एतैश्चान्यैश्च संबहुलैर्महाश्रावकैः संबहुलैश्च बोधिसत्त्वैर्महासत्त्वैः। तद्यथा मंजुश्रिया च कुमारभूतेनाजितेन च बोधिसत्त्वेन गंधहस्तिना च बोधिसत्त्वेन नित्योद्युक्तेन च बोधिसत्त्वेनानिक्षिप्तधुरेण च बोधिसत्त्वेन। एतैश्चान्यैश्च संबहुलैर्बोधिसत्त्वैर्महासत्त्वैः। शक्रेण च देवानामिंद्रेण ब्रह्मणा च सहांपतिना। एतैश्चान्यैश्च संबहुलैर्देवपुत्रनयुतशतसहस्रैः ॥१॥

F. Max Müller's edition（= M）

## CONTENTS

*Frontispiece*

Preface i

Introductory Remarks iii

I *Larger Sukhāvatīvyūha*

1 Sanskrit Materials iii

2 Tibetan Translation xiv

3 Chinese Translations xv

Table A: Comparative Table of the Folios of the Sanskrit Manuscripts xviii

Table B: Comparative Table of the Vows in the Sanskrit Manuscripts xxx

Table C: Comparative Table of the Pages of the Modern Editions xxxv

II *Smaller Sukhāvatīvyūha*

1 Sanskrit Materials xxxvii

2 Tibetan Translation xlii

3 Chinese Translations xliv

Table: Comparative Table of the Pages of the Modern Editions xlv

Abbreviations xlvi

Editorial Notes lii

A Romanized Text of the *Larger Sukhāvatīvyūha* 1

A Romanized Text of the *Smaller Sukhāvatīvyūha* 81

Appendix I Word Index to the *Larger Sukhāvatīvyūha* 95

Appendix II Word Index to the *Smaller Sukhāvatīvyūha* 181

Bibliography 194

# PREFACE

The present work is a new critical edition of the *Larger* and *Smaller Sukhāvatīvyūha Sūtras*, the most important scriptures in Pure Land Buddhism. These two sūtras were first published together by F. Max Müller and B. Nanjio in 1883. Afterwards, four other editions of the *Larger Sukhāvatīvyūha* were published. However, these are all based on a limited number of manuscripts. A thorough collation of all extant manuscripts remained to be undertaken. For this reason, I have been involved in collecting the manuscripts, and have already published *The Larger Sukhāvatīvyūha: Romanized Text of the Sanskrit Manuscripts from Nepal*, Parts I – III (1992, 1993, 1996). Parts I and II are a collation of the then-available thirty-four manuscripts from Nepal. Using the same editorial principles, Part III (Supplement) deals with four additional manuscripts from Nepal that were located after the publication of the first two parts.

In this previous work, I offered a tentative readings of the Sanskrit text, referred to there as "Af", which is a shorthand for "Ashikaga's edition (1965) as emended by Fujita." Af is given at the top line of every page, both in order to facilitate the collation of the manuscripts arranged thereunder, and to serve as a preliminary step for the preparation of a critical edition.

Since then, I have reviewed all thirty-eight manuscripts and modern editions (including Af), in addition to the oldest and highly noteworthy though fragmentary manuscript recently discovered in Afghanistan. With the present work, I have finalized a new romanized text which seems to represent the best readings at this moment. I have also made references to the Tibetan and Chinese translations where necessary.

As to the *Smaller Sukhāvatīvyūha*, the complete Sanskrit version is extant only in the form of Siddham texts in Japan. Based upon some of these, eight editions have been published after the *editio princeps* by F.

Max Müller. None of the modern editions, however, is enough to be regarded as a critical text. I have already presented my own emendations to Müller's edition (abbreviated as "Mf" in the present work) in my work: *Amidakyō kōkyū* [*Investigative Lecture on the Amituo-jing*], 2001. I have since reexamined all Siddham texts available, reviewed the modern editions, including Mf, and compared them with a fragment from Central Asia which was recently found in the British Library. This new romanized text represents what I consider to be the best readings.

Word indexes to the two sūtras have been appended. The index to the *Larger Sukhāvatīvyūha* is a revision and expansion of the one appearing in the previous work, Part II, while the index to the *Smaller Sukhāvatīvyūha* is newly provided using the same principles. The indexes can be referenced not only on the level of single words, either compound or non-compound ones, but also verbal roots and compound members. Thus, the indexes may yield an overall picture of vocabulary and diction used in the texts.

It has been nearly two decades since I indicated my plans to issue a new critical edition in the preface of my previous work, Part I. I have the great pleasure of extending my heartfelt appreciation for all the parties that offered a helping hand in collecting manuscripts, collating materials, and working on other onerous tasks. I have expressed my sincere gratitude to them by name in the above work. I would like to thank each of them here again, and regarding the present work in particular, I owe a special debt of gratitude to the editorial staff of Hozokan for undertaking this publication.

January 2011

Kotatsu FUJITA

# INTRODUCTORY REMARKS

## I *Larger Sukhāvatīvyūha*

### 1 Sanskrit Materials

#### (1) Nepalese Manuscripts and Afghanistan Fragments

So far as we know at present, there are thirty-nine Sanskrit manuscripts of the *Larger Sukhāvatīvyūha* (=*L.Sukh*). All except one are found in Nepal and now preserved there and in several other countries such as the United Kingdom, France, India, and Japan. The remaining one was recently discovered in Afghanistan and has been preserved in Norway. Their whereabouts and references are as follows:[1]

A) Nepalese Manuscripts

Nepal

(a) MSS of the National Archives of Nepal, Kathmandu

(i) MS. Kramāṅka pra 1697 kha 5 (Viṣayāṅka 176) (= N1)

Palm-leaf, 26 folios (missing folios 1-14; the left sides of folios 15-40 are all damaged), 6 lines (5 lines in folio 40b), 26.6×5.1 cm, old Nevārī script: Vartula or Bhuji(ṃ)mol, Saṃvat 273 (1152/1153 C.E.).

Ref. *Nepālarājakīya-Vīrapustakālayasthapustakānāṃ Bṛhatsūcīpatram*, Bauddhaviṣayakaḥ, saptamo bhāgaḥ, tṛtīyakhaṇḍaḥ, Kāṭhmāṇḍū, Vikrama Saṃvat 2023 (1966 C.E.), 113.[2]

(ii) MS. Kramāṅka tṛ 594 (Viṣayāṅka 174) (= N2)

Paper, 32 folios, 11 lines, 31.8×16.2 cm, Devanāgarī, Vikrama Saṃvat 1955 (1898 C.E.).

Ref. *ibid.*, 112-13.[3]

(iii) MS. Kramāṅka ca 71 (Viṣayāṅka 175) (= N3)

Paper, 39 folios, 10 lines (1 line in folio 39b), 29.2×13.5 cm, Devanāgarī, Saṃvat 1048 (1928 C.E.).

---

1. The following MSS are described in Fujita [2007] 19-34, and are revised as necessary here. In particular, MSS with days of the week, days, and months noted in the colophon in addition to the Saṃvat are revised to reflect a likely more accurate year in the Common Era format.
2. Cf. Fujita [1973] 223-36.
3. Cf. Sanskrit Seminar of Taisho University [1955] 79; Fujita, *loc. cit.*

Ref. *ibid.*, 113.[1]

(iv) MS. Kramāṅka 151 (Viṣayāṅka 103) (= N4)
Paper, 79 folios, 5 lines (2 lines in folio 79b), 26.6×7.6 cm, Nevārī script, Saṃvat 1006 (1886 C.E.).
Ref. *Nepālarāṣṭriyapustakālayasthahastalikhitapustakānāṃ Sūcīpatram*, Bauddhadarśanaviṣayaḥ, prathamo bhāgaḥ, Kāṭhmāṇḍū, Vikrama Saṃvat 2021 (1964 C.E.), 95-96.[2]

(v) MS. No. ṣa 679 (= N5)[3]
Paper, 65 folios, 5 lines (3 lines in folio 64b), 25.5×6.8 cm, Nevārī script, Saṃvat 957 (1837 C.E.).
Ref. NGMPP, Reel No. A886/12.

(b) MSS of the Asha Archives, Kathmandu

(i) MS. D433 (II-157), originally obtained by Dharma Ratna Bajracharya and now in the possession of the Asha Archives (= D1)
Paper, 73 folios, 5 lines, 24.5×7.4 cm, Nevārī script, Saṃvat 954 (1834 C.E.).
Ref. Yoshizaki [1991] No. 4460.

(ii) MS. D437 (II-161), originally obtained by Dharma Ratna Bajracharya and now in the possession of the Asha Archives (= D2)
Paper, 70 folios, 6 lines, 25.0×10.5 cm, Nevarī script, Saṃvat 995 (1875 C.E.).
Ref. *ibid.*, No. 4464.

(c) MSS of Private Collection in Kathmandu

(i) MS. Private Collection (= K1)
Paper, 43 folios (missing folios 1-12, 14, 18, 28, 29), 6 lines, 24.3×8.3 cm, Nevārī script, Saṃvat 918 (1798 C.E.).
Ref. Takaoka [1981] 27 (CA2-2); Inokuchi [1986] plate, 209-31.

---

1. Cf. Fujita, *loc. cit.*
2. *Ibid.*
3. This manuscript is abbreviated as "K3" in Fujita [1992, 93, 96], which notes, "It passed out of the previous owner's hands and its whereabouts seem to be unknown," in Part I. However, as is already noted in Part III, a recent study has revealed that it has been preserved in the National Archives in Kathmandu. Therefore, in the present work, the previous K3 is newly abbreviated as "N5" and accordingly the number of the manuscripts of private collection is reduced to nine from ten, with the previous K4 to K10 necessarily abbreviated as "K3" to "K9" respectively.

(ii) MS. Private Collection (= K2)

Paper, 80 folios, 4-6 lines, 28.0×7.3 cm, Nevārī script, Saṃvat 931 (1811 C.E.).

Ref. Takaoka, *op. cit.*, 15 (KA 7-1); Inokuchi, *op. cit.*, plate, 167-206.

(iii) MS. Private Collection (= K3)

Paper, 87 folios, 6 lines (4 lines in folio 87a), 23.5×9.0 cm, Nevārī script, Saṃvat 969 (1849 C.E.).

Ref. Takaoka, *op. cit.*, 105 (DH 273); Inokuchi, *op. cit.*, 232-75.

(iv) MS. Private Collection (= K4)

Paper, 94 folios, 5 lines (3 lines in folio 94a), 25.2×6.5 cm, Nevārī script, Saṃvat 971 (1851 C.E.).

Ref. NGMPP, Reel No. H122/17. (The original MS has no missing folios, but the photocopies of 36b, 42a, 70b and 71a are missing.)

(v) MS. Private Collection (= K5)

Paper, 34 folios, 8 lines (4 lines in folio 34b), 38.5×11.0 cm, Nevārī script, Saṃvat 9(?)12; the date is written by a different scribe and the figure 9 appears to have been altered. Therefore the date is not determinable.[1]

Ref. Takaoka, *op. cit.*, 3 (A 41); Inokuchi, *op. cit.*, plate, 149-66; NGMPP, Reel No. D47/8.

(vi) MS. Private Collection (= K6)

Paper, 70 folios, 5 lines (6 lines in folio 70b), 23.0×6.8 cm, Nevārī script, Saṃvat 992 (1872 C.E.).

Ref. Takaoka, *op. cit.*, 111 (DH 352); Inokuchi, *op. cit.*, 276-311.

(vii) MS. Private Collection (= K7)

Paper, 4 folios (only folios 1b to 4a remain and folios 1a and 4b are blank), 6 lines, 24.3×8.3 cm, Nevārī script, no date.

Ref. Takaoka, *op. cit.*, 27 (CA 2-1); Inokuchi, *op. cit.*, plate, 207-8.

(viii) MS. Private Collection (= K8)

Paper, 54 folios, 5 lines, 38.0×5.8 cm, Nevārī script, Saṃvat 942 (1822 C.E.).

Ref. NGMPP, Reel No. E448/15.

---

1. Saṃvat 912 (1791/1792 C.E.), which is doubtful, was possibly rewritten from Saṃvat 1012 (1891/1892 C.E.).

(ix) MS. Private Collection (= K9)
Paper, 20 folios (the available folios are 14-33), 6 lines, 37.0×8.5 cm, Nevārī script, no date.
Ref. *ibid.*, Reel No. E1791/6 (a photocopy of folio 16b is missing).

The United Kingdom

(i) MS. No. 20, Hodgson Collection, Royal Asiatic Society, London (= Ro)
Paper, 65 folios, 5-6 lines (4 lines in folio 65b), 26.6×7.6 cm, Nevārī script, Saṃvat 934 (1813/1814 C.E.).
Ref. Cowell and Eggeling [1876] 17.[1]

(ii) MS. No. 3, Hodgson Collection, Bodleian Library of Oxford University, Oxford (= Ox)
Paper, 74 folios, 5 lines (3 lines in folio 74a), 26.0×10.7 cm, Nevārī script, Saṃvat 860 (1739/1740 C.E.).
Ref. Winternitz and Keith [1905] 252.

(iii) MS. No. 1368, University Library of Cambridge, Cambridge (= C)
Paper, 35 folios, 7 lines (2 lines in folio 35a), 35.0×21.6 cm, Nevārī script, no date.
Ref. Bendall [1883] 74-76.

(iv) MS. No. 211255, School of Oriental and African Studies, University of London, London (= L)
Paper, 84 folios, 5 lines (3 lines in folio 1a and 4 lines in folio 84b), 25.0×7.3 cm, Nevārī script, Vikrama Saṃvat 1939 (1882/1883 C.E.).
Ref. Inagaki [1967] 109-10.

France

(i) MS. No. 16, Hodgson Collection, Société Asiatique, Paris (= S)
Paper, 82 folios, 5 lines, 22.7×7.5 cm, Nevārī script, Saṃvat 955 (1835 C.E.).
Ref. Filliozat [1941-42] 36.

(ii) MS. No. 153, Hodgson-Burnouf Collection (old No. Burnouf 85), Bibliothèque Nationale, Paris (= B)
Paper, 64 folios, 6 lines (4 lines in folio 64a), 27.5×12.5 cm,

1. Cf. Müller [1880] 164-65, [1881] 343-45.

Devanāgarī, no date.
Ref. Filliozat [1941] 92.

India

MS. No. B, 20, Asiatic Society, Calcutta (= As)
Paper, 37 folios, 7 lines (8 lines in folio 37b), 33.0×10.2 cm, Nevārī script, no date.
Ref. Mitra [1882] 236-37.

Japan

(a) MSS of the University of Tokyo Library, Tokyo

(i) MS. No. 467 (old No. 40) (= T1)
Paper, 17 folios (What remain are folios 1a to 17a, which begin from the middle of the text and are not completed, although folio 17a gives phrases showing the end of the text. Folio 17b is blank.), 6 lines (2 lines in folio 17a), 28.9×11.1 cm, Nevārī script, no date.
Ref. Matsunami [1965] 165-66.

(ii) MS. No. 468 (old No. 27) (= T2)
Paper, 71 folios, 5 lines (6 lines in folio 71b), 26.6×8.3 cm, Nevārī script, no date.
Ref. *ibid.*, 166.

(iii) MS. No. 469 (old No. 43) (= T3)
Paper, 63 folios, 6 lines (4 lines in folio 63a; 5 lines in folios 1b and 2ab), 28.0×7.6 cm, Nevārī script, Saṃvat 965 (1844/1845 C.E.).
Ref. *ibid.*

(iv) MS. No. 470 (old No. 63) (= T4)
Paper, 84 folios, 4 lines (1 line in folio 84b), 28.0×16.4 cm, Nevārī script, Saṃvat 819 (1699 C.E.).[1]
Ref. *ibid.*

(v) MS. No. 471 (old No.393) (= T5)
Paper, 64 folios, 6 lines (3 lines in folio 1a; 4 lines in folio 64b), 23.7×6.0 cm, Nevārī script, Saṃvat 819 (1698 C.E.).
Ref. *ibid.*, 167.

---

1. Cf. Af, 1609 (Addenda et Corrigenda).

(vi) MS. No. 472 (old No. 399) (= T6)
Paper, 56 folios, 6 lines (4 lines in folio 56b), 26.3×6.0 cm, Nevārī script, Saṃvat 944 (1824 C.E.).
Ref. *ibid.*, 167.

(b) MSS of the Ryukoku University Library, Kyoto

(i) MS. formerly obtained by Ryozaburo Sakaki and now in the possession of the Ryukoku University Library (= R)
Palm-leaf (First folio only is paper.), 85 folios (missing folio 67), 4 lines (2 lines in folio 29b; 3 lines in folios 1b and 29a; 5 lines in folio 86b), 29.0×5.5 cm, old Nevārī script: Vartula or Bhuji(ṃ)mol, no date (ca. the middle of the 12th century C.E.[1]).
Ref. Inokuchi, *op. cit.*, 19-20, plate, 1-56.

(ii) MS. A, formerly in the Otani Collection (Koju-kai) and now kept in the Ryukoku University Library (= O1)
Paper, 65 folios, 6 lines, 24.8×8.5 cm, Nevārī script, no date.
Ref. *ibid.*, 20-21, plate, 57-89.[2]

(iii) MS. B, formerly in the Otani Collection (Koju-kai) and now kept in the Ryukoku University Library (= O2)
Paper, 50 folios, 7 lines, 29.2×11.0 cm, Devanāgarī, no date.
Ref. *ibid.*, 20-21, plate, 90-115.[3]

(iv) MS. C, formerly in the Otani Collection (Koju-kai) and now kept in the Ryukoku University Library (= O3)
Paper, 63+1 folios (The last folio is an addition by a later scribe.), 5 lines (3 lines in folio 63b), 26.4×8.5 cm, Nevārī script, no date.
Ref. *ibid.*, 20-21, plate, 116-48.[4]

(c) MSS of the Faculty of Letters, Kyoto University

(i) MS. No. 123 (Section 'Sanscrit', Labeled No. E 365); formerly No. 17 in the Tokai University Library (= Kt)
Paper, 19 folios, 14-15 lines (3 lines in folio 19a), 33.0×16.2 cm, Devanāgarī, no date.[5]

---

1. For the date of R, see Fujita [1973] 227-30.
2. Cf. Sanada [1961] 79; Kojima [1973] 96-100.
3. Cf. Sanada, *loc. cit.*; Kojima, *loc. cit.*
4. Cf. Kojima, *loc. cit.*
5. Kt has a note in a different script that is in fact a mere copy of the colophon of N4

Ref. Goshima and Noguchi [1983] 36; Iwamoto [1959] 21.

(ii) MS. (Section 'Sanscrit', Labeled No. E 369) (= Ky)
Paper, 69 folios, 7 lines (2 lines in folio 69a), 22.9×9.7 cm, Nevārī script, no date.
Ref. Ashikaga [1965] ii.[1]

(d) MSS of the Hokkaido University Library, Sapporo

(i) MS. No. 1 (= H1)
Paper, 70 folios, 6 lines, 23.5×8.8 cm, Nevārī script, Saṃvat 954 (1834 C.E.).
Ref. Imanishi [1991] 7-8.

(ii) MS. No. 2 (= H2)
Paper, 55 folios, 5 lines, 30.6×6.5 cm, Nevārī script, Saṃvat 1005 (1885 C.E.).
Ref. *ibid.*

(e) MS of the Koyasan University Library, Koyasan

MS. donated by Kakusho Ujike at Koyasan University (= Ko)
Paper, 80 folios, 5 lines, 23.3×6.2 cm, Nevārī script, Saṃvat 955 (1835 C.E.).
Ref. Fujita [1973] 232, [1992, 93, 96] Part I, xi.

B) Afghanistan Fragments

MS. Schøyen Collection, Spikkestad, Norway (=Sc)
Birchbark, 3 folios (reconstructed by 26 fragments), 12 lines (8 lines in folio (2)13 recto, 7 lines in folio (2)13 verso; 2 lines in folio (214?) r., 4 lines in folio (214?) v.), 29.3×9.2cm, "Gilgit/Bamiyan Type I" script, no date (ca. the 6th or 7th century C.E.).
Ref. Harrison, Hartmann, and Matsuda [2002] 179-214.

The above-mentioned thirty-nine copies are all extant manuscripts. Of these found in Nepal, only two manuscripts are written on palm-leaf, and the others are all on paper. Of the two palm-leaf manuscripts, the manuscript of the National Archives in Kathmandu (=N1) is more important in that "Saṃvat

---

(Saṃvat 1006).

1. Ky is kept in the Faculty of Letters, Kyoto University, but is not included in Goshima and Noguchi [1983] for some unknown reason.

ā cū 3" (=273), which is equivalent to 1152 or 1153 C.E., is clearly written in the colophon, as I have already elucidated.[1]

The other palm-leaf manuscript is that of the Ryukoku University Library (=R). Although it has no date of transcription, in consideration of the account in the colophon and the script, it is estimated to have been transcribed in the middle of the 12th century, most likely between 1147 and 1167 C.E., as has been clarified.[2] It could be regarded as roughly contemporary with N1.

Of these two, R is the better one as it is complete and includes only several omissions of text, whereas N1 is incomplete, and many more omissions and defects are found in its text, and again the left sides of the leaves are all damaged. It is true that the first folio of R has been substituted with paper, of which the scribe and the script, new Nevārī, are different from those of the following folios, but as a whole it preserves a better text. Therefore the value of R as a manuscript is higher than N1.

These two palm-leaf manuscripts are by far older than the other thirty-six Nepalese manuscripts. The paper manuscripts with the dates of transcription are all relatively recent, except for two at the end of the 17th century (T4, T5), transcribed between the middle of the 18th century and the first half of the 20th century. Those which lack dates are also considered to be comparatively new in view of the script, among which the MS in the Faculty of Letters, Kyoto University (=Ky) is closest to R. Ky originates so obviously in the same stemma of R that it can be used to complement deficient readings in R more reliably than N1, as is clear from the way Ashikaga uses it.[3]

As is stated in the Preface, I have published a compilation of all of these extant manuscripts from Nepal in three parts, that is, Fujita [1992, 93, 96]. Part I and II, with running pagination, deals with the then-available thirty-four manuscripts, and Part III, on the same principle though with independent pagination for convenience of printmaking, deals with four additional manuscripts. Part I contains materials corresponding to the portion up to 39.6 of the present work (33.17 of Ashikaga's edition), along with an 'Introduction,' 'Table I: Comparative Table of the Folios of the Sanskrit Manuscripts,' and 'Table II: Comparative Table of the Vows in the Sanskrit Manuscripts,' both of which are given below with revisions. Part II covers the remaining portion. On the top line of each page, I have offered a tentative

---

1. Fujita [1973] 227-30.
2. *Ibid.*
3. Another palm-leaf manuscript of the *L.Sukh* was once listed in the catalogue of Rajaguru Hemraj Pande's collection in Kathmandu. But when I did research in Kathmandu in 1972 and 1976, its whereabouts was unknown. It is not included in any recent catalogues of the collections of Nepalese manuscripts. Although the existence of this manuscript is questionable, its future discovery is theoretically possible. Cf. Nagao [1963] 18.

reading of the Sanskrit text referred to as "Af" in the sense of "Ashikaga's edition as emended by Fujita" with the intention to place benchmarks for collating manuscripts and serve as a preliminary work for a critical text, that is, the present work. And, for appendices, Part II contains a lexicographical index and a reverse index to Af.

After publishing a compilation in three parts dealing with thirty-eight manuscripts from Nepal, around 1996, a massive number of fragmentary manuscripts were discovered in the Bamiyan Valley in Afghanistan, and are now preserved in Martin Schøyen's collection (Norway), in which fragments of the *L.Sukh* are included. A thorough investigation of these fragments has been carried out by Harrison, Hartmann, and Matsuda [2002]. Judging from their script "Gilgit/Bamiyan Type I" on birchbark, they can be traced back to the 6th or 7th century C.E. They are, needless to say, far older than any of the Nepalese manuscripts, and offer us evidence for the dissemination of the text over northwest India around that time. They show many readings different from any of the Nepalese manuscripts and the Tibetan and Chinese translations. The text reconstructed from the fragments corresponds barely to the last part, followed by fourteen verses of the *Foming-jing* (佛名經), plus four unknown verses, of which the last consists of only one word. Despite their antiquity and the unique fact of being found in Central Asia, their material paucity unfortunately does not enable us to make as much use of them for a critical text as effectively as the three Nepalese manuscripts (R, N1, and Ky). In the present work, my treatment of these recently-found fragments is limited to occasionally giving their readings as variants necessary to shed light on their characteristics.

### (2) Modern Editions

Based on part of the above-mentioned Nepalese manuscripts, five Sanskrit editions of the *L.Sukh* have so far been published:

(i) F. Max Müller and B. Nanjio (eds.), *Sukhāvatīvyūha, Description of Sukhāvatī, the Land of Bliss*, Anecdota Oxoniensia, Aryan Series, Vol. I, Part II, Oxford, 1883; rep., Amsterdam, 1972; New York, 1976. (= Mn)

N.B. This is the *editio princeps* which introduced the Sanskrit text to the world. It is based on Ro in London (abbr. "A" in Mn), Ox in Oxford ("B" in Mn), C in Cambridge ("C" in Mn) and both B and S in Paris ("P" and "p" in Mn). Only certain passages from B were consulted, and thus it is virtually a recension of the four manuscripts.

(ii) K. Otani (ed. and tr.), *Bongo genpon kokuyaku muryōkōnyorai anrakushōgonkyō* [*Sanskrit Text of Amitābha's Sukhāvatīvyūha, with a Side-by-side Japanese Translation*], Kyoto: Koju-kai, 1929.

N.B. Published by K. Otani, it is based on N. D. Mironov's rough draft made from two manuscripts in the Otani Collection (Koju-kai): using O1 and O2 as the original sources and also Mn as a reference. The text is printed in Roman script on the left-hand pages, and the chapters are adapted to those of Mn. But it does not give variant readings between O1 and O2. On the right-hand pages the Japanese translation is given facing the text. In the present work, which collates O3 in addition to these two, I found no need to refer to this edition.

(iii) U. Wogihara (rev. and tr.), "*Bon-wa taiyaku muryōjukyō*" [*The Larger Sukhāvatīvyūha, with a Side-by-side Japanese Translation*], in *Bon-zō-wa-ei-gappeki jōdo sanbukyō* [*Three Pure Land Sūtras, Combined with Sanskrit Text, Tibetan Version, Japanese and English Translations*], *Jōdoshū Zensho Bekkan* [*Separate Volume of a Collection of the Complete Works of the Pure Land Sect*], Tokyo: Daitō Shuppansha, 1931; rep. 1961; new rep. 1972, 1-191. (= W)

N.B. This edition contains an offset reproduction of Mn with critical notes and a Japanese translation. The text is revised with the use of the five manuscripts in the University of Tokyo Library (T2, T3, T4, T5, T6), Otani's edition above, and the Tibetan and Chinese translations. Corrections to Mn are found in 312 places.

(iv) P. L. Vaidya (ed.), "Sukhāvatīvyūhaḥ (Vistaramātṛkā)," in *Mahāyāna-sūtra-saṃgraha*, Part I, Buddhist Sanskrit Text, No.17, Darbhanga, 1961, 221-53. (=V)

N.B. This is a reproduction of Mn. Some corrections are made regarding punctuation, and several words are changed. The verses are also numbered in order. Aside from these, there is little in the way of original contributions. The subtitle "Vistaramātṛkā"(Longer Version) was added by the editor to contrast it with "Saṃkṣipta-mātṛkā"(Shorter Version), which refers to the *S.Sukh.*

(v) A. Ashikaga (ed.), *Sukhāvatīvyūha*, Kyoto: Librairie Hōzōkan, 1965. (= A)

N.B. This edition uses R in the Ryukoku University Library as its basic text (abbr. "S" in A), and refers to Ky in the Faculty of Letters, Kyoto University ("K" in A), and Tibetan versions ("T" in A). Two published editions, Mn ("O" in A) and W ("Wogiwara" in A), are also consulted. It is printed in Roman script. This work presented for the first time the palm-leaf manuscript, which had theretofore been unknown. This edition is also reproduced in *Ashikaga Atsuuji chosakushū, Dai 2 kan: Indogaku* [*A Collection of A. Ashikaga's Writings,* Vol. II: *Indology*], Tokyo, 1988, 105-82. Its pagination, however, is different from that of the original edition, and it contains some errors.

The most reliable text of these five editions is A, because it includes the best manuscripts. But the treatment of manuscripts is lacking in carefulness and more than a few mistakes can be found. It also lacks the variant readings found in Mn and W, which must have been referred to. Moreover, it does not collate other manuscripts which could have been consulted at the time.

This is why I have utilized A with my emendations (Af) as the basis for collation in the previous work [1992, 93, 96]. In this respect, the Af text could be regarded as a revised edition of A, in which errors in the readings of the basic manuscript R are corrected. It also includes some corrections based on other manuscripts where R and A have illegible words, as well as some based on grammatical and metrical rules of Sanskrit. In 1975, prior to Af, I had presented my own emendations to A,[1] which is reflected in Af with necessary corrections. Furthermore, punctuation marks in A have been appropriately modified. However, it should be stressed that the Af text is a synoptic text principally for the purpose of collation of the extant Sanskrit manuscripts. Resting on the basis of this collation work, the text in the present work is the result of a thorough reexamination in particular of R, N1, and Ky, the most valuable and reliable manuscripts.

The A text is reproduced as it is in Kagawa [1984]; it gives the variant readings found in Mn, W, Otani's edition, and my emendations (1975), together with parallel passages to the Sanskrit text found in the Tibetan translation and the five Chinese translations side-by-side with each paragraph of A. It is convenient for determining the difference between the readings of A and those of the existing versions, editions, and my emendations, although some places are still in need of correction. Recently, in Ota [2005], the Af text of Part III ("F" in Ota), together with the numerals of A's pages and lines, has been reproduced. It centers on the Chinese translations, especially

---

1. Cf. Fujita [1975] 20-42.

*Wuliangshou-jing* (無量壽經), along with the Tibetan translation, and puts them side-by-side for ease of reference. Moreover, a glossary of the text has been published.[1] It is based upon Mn with reference to W, A, and my emendations (1975), and presents the equivalents in Chinese and Tibetan. It is handy for getting an overall picture of the terms used in the text.

## 2 Tibetan Translation

The Tibetan translation of the *L.Sukh* is called *'Phags pa 'od dpag med kyi bkod pa źes bya ba theg pa chen po'i mdo* (Skt. *Ārya-amitābhavyūha nāma mahāyānasūtra*), which is distinct from the title of the Sanskrit version, and is the fifth chapter of *Dkon mchog brtsegs pa chen po'i chos kyi rnam graṅs le'u stoṅ phrag brgya pa* (*Mahāratnakūṭadharmaparyāya-śatasāhasrika-grantha*), which was presumably compiled based upon the Chinese version: *Da-baoji-jing* (大寶積經), in the Tibetan Kanjur. Given the fact that many Sanskrit manuscripts have "*amitābhavyūhaparivartaḥ,*" "*amitābhasya vyūhaparivartaḥ*" or "*amitābhasya parivartaḥ*"[2] prior to their proper title "*sukhāvatīvyūha,*" it is assumed that Tibetan translators adapted the title of the fifth chapter: *de bźin gśegs pa 'od dpag med kyi bkod pa'i le'u* (**amitābhasya tathāgatasya vyūhaparivarta*)[3] of this work.

This translation was, according to the colophons of the sTog Palace manuscript and editions such as Co ne (=C), sDe dge (=D), sNar thaṅ (=N), Urga, and Lhasa (=L), jointly made by Jinamitra, Dānaśīla and Ye śes sde in the early 9th century. While the Peking edition (=P) ascribes it to Klu'i rgyal mtshan, who was a close contemporary, the former attribution seems more plausible as the terms in this version are based on the *Mahāvyutpatti* compiled at around the beginning of the 9th century, most likely 814 C.E.[4]

Two modern editions of the Tibetan have been published:

(1) E. Kawaguchi (ed. and tr.), *Zō-wa taiyaku muryōjukyō* [*Tibetan Translation of the Larger Sukhāvatīvyūha, with a Side-by-side Japanese Translation*], in *Bon-zō-wa-ei-gappeki jōdo sanbukyō, Jōdoshū Zensho Bekkan*, Tokyo: Daitō Shuppansha, 1931; rep. 1961; new rep. 1972, 220-339.

N.B. Kawaguchi's was the first collated edition, and so far has been

---

1. Inagaki [1984] 1-273 (Part One: Glossary of the Larger Sukhāvatīvyūha Sūtra).
2. Cf. *L.Sukh*, 80.6 and fn.4.
3. *Ibid.* As noted in fn.4 above, this is the reading in the N edition, almost the same as that in the L edition, while the readings in the P, C, D editions are slightly different.
4. Cf. Fujita [2007] 57-58.

used as a standard. It is based on the N edition annotated with the P and D editions, and the rGyal rtse manuscript. The author's handwritten Tibetan text is given on the left-hand page with the corresponding Japanese translation on the right.

(2) 'Jōdokyō no sōgōteki kenkyū' kenkyūhan (comp.), *Zōyaku muryōjukyō ihon kyōgōhyō* (*kōhon*) [*A Collation of the Tibetan Manuscripts and Editions of the Larger Sukhāvatīvyūha* (*A Draft Version*)], Kyoto: Bukkyō Daigaku Sōgō Kenkyūjo, 2000.

N.B. This work is the achievement of a team led by S. Onoda at Bukkyo University. It is based upon the sTog Palace manuscript annotated with the P, D, N, L, and Urga editions, and the Śel dkar (London) and Phug brag manuscripts. Although it is subtitled "A Draft Version" and is intended as a preparatory work for the future appearance of a critical edition, it is of great use because it covers as many editions and manuscripts as are available to date.[1]

The present work covers the four major editions (P, C, D, N), of which C is turned to by neither of the above-mentioned two modern editions, and L. I have utilized P as the basic edition referred to, and have mentioned others as needed.[2] The copies that I have availed myself of are as follows:

P Kept in the Otani University Library, Kyoto (Reprint: *The Tibetan Tripitaka, Peking Edition*, 1955-1961)
C Kept in the Toyo Bunko, Tokyo
D *Ibid.*
N Kept in Sōjiji temple (總持寺), Tsurumi.
L Kept in the Faculty of Letters, University of Tokyo.

## 3 Chinese Translations

It is said of the Chinese translations of the *L.Sukh* that there are "five extant and seven lost," that is, twelve in all. The five extant translations included in the Chinese Tripiṭaka are as follows:

1. Recently, a study of the Ulan Bator manuscript akin to the N edition has been published. Cf. Onoda [2003] 1-7.
2. Notably, a Mongolian translation of the Tibetan version is known to exist. Cf. Ligeti [1942-44] 193.

(1) *Amituo-sanyesanfo-saloufotan-guodu-rendao-jing* (阿彌陀三耶三佛薩樓佛檀過度人道經), also known as *Da-amituo-jing* (大阿彌陀經), 2 fascicles, tr. almost certainly by Zhi Qian (支謙) in 222/223 - 228/253 C.E., T. 362: 12, 300a-317c.

(2) *Wuliangqingjing-pingdengjue-jing* (無量清淨平等覺經), 4 fascicles, attributed to Zhi Loujiachen (支婁迦讖 Lokakṣema), but most likely by Bo Yan (帛延 or 白延) in 258 C.E., T. 361: 12, 279a-299c.

(3) *Wuliangshou-jing* (無量壽經), 2 fascicles, attributed to Kang Sengkai (康僧鎧 Saṃghavarman), but certainly a joint translation by Buddhabhadra (佛陀跋陀羅) and Baoyun (寶雲) in 421 C.E., T. 360: 12, 265c-279a.

(4) *Wuliangshou-rulai-hui* (無量壽如來會), 2 fascicles (=*Da-baoji-jing* (大寶積經), fascicle 17-18), tr. by Bodhiruci (菩提流志) in 706-713 C.E., T. 310.5: 11, 91c-101c.

(5) *Dasheng-wuliangshou-zhuangyan-jing* (大乘無量壽莊嚴經), 3 fascicles, tr. by Faxian (法賢) in 991 C.E., T. 363: 12, 318a-326c.

The greatest importance has been attached to the *Wuliangshou-jing* by Chinese and Japanese Buddhists. Assumptions vary among scholars with respect to the translators of the versions (1), (2), and (3). I have my own view as mentioned above.[1]

A fragment of a Chinese version of the *L.Sukh* has recently been found among the Chinese manuscript fragments discovered in Central Asia. It is now in the possession of the Istanbul University Library of Turkey.[2] This version is different from any of the five mentioned above. The appearance of this sixth version necessitates change in the expression from "five extant" to "six extant," although what has been discovered is only a fragment.[3]

It should be noted that a fragment of a Khotanese version of the *L.Sukh*

1. Cf. Fujita [2007] 34-56, 76-87.
2. Kudara [1989] 373-94.
3 Some of the Chinese translations were retranslated. Fragments of Sogdian and Uigur translations from the *Wuliangshou-jing* have been recently reported. And fragments of Tibetan and Xixia translations from the *Wuliangshou-rulai-hui* have also been reported. Furthermore, a Manchu translation of the *Wuliangshou-rulai-hui* seems to be contained in the Manchu Tripiṭaka compiled in the late 18th century. Cf. Fujita [2007] 61-68.

has been reported.[1] It roughly corresponds to *L.Sukh* 10.9-11.4 in the present work. However, quite a few differences in words are found from those of the Sanskrit text, so it could not be a literal translation as is often the case with the Khotanese Buddhist texts. But as the outline corresponds to the Sanskrit text, it is sure that this fragment is based on the Sanskrit text.[2] It is hoped that more detailed research will be carried out in this area in the future.

1. Bailey [1963] 123, [1979] s.vv. *usphīs-*, *ggą*, *pūrauysa-*, *pyauca*; Emmerick [1979] 31.
2. Cf. Fujita [2007] 60-61.

### Table A: Comparative Table of

| F | 3 | 4 | 5 | 6 | 7 | 8 |
|---|---|---|---|---|---|---|
| R | 1a | 1b-2b | 2b-3b | 3b-4b | 4b-6a | 6a-7a |
| N1 | / | / | / | / | / | / |
| Ky | 1b | 1b-2a | 2a-3a | 3a-3b | 3b-4b | 4b-5b |
| T5 | 1b | 1b-2b | 2b-3a | 3a-4a | 4a-4b | 4b-5b |
| T4 | 1b | 1b-2b | 2b-3b | 3b-4b | 4b-6a | 6a-7a |
| K5 | 1b | 1b-2a | 2a-2b | 2b | 2b-3b | 3b-4a |
| K6 | 1b | 1b-2b | 2b-3b | 3b-4a | 4a-5a | 5a-6a |
| T2 | 1b | 1b-2a | 2a-3b | 3b-4b | 4b-6a | 6a-7a |
| B | 1b | 1b-2b | 2b-3b | 3b-4b | 4b-5b | 5b-6b |
| O2 | 1b | 1b-2a | 2a-3a | 3a-3b | 3b-4a | 4a-5a |
| K1 | / | / | / | / | / | / |
| T6 | 1b | 1b-2a | 2a-3a | 3a-3b | 3b-4b | 4b-5a |
| S | 1b | 1b-2b | 2b-4a | 4a-5a | 5a-6a | 6a-7b |
| Ox | 1b | 1b-2b | 2b-3b | 3b-4a | 4a-5a | 5a-6b |
| H1 | 1b | 1b-2b | 2b-3a | 3a-4a | 4a-5a | 5a-6a |
| K3 | 1b | 1b-2b | 2b-3b | 3b-4b | 4b-5b | 5b-7a |
| Ro | 1a | 1a-2a | 2a-3a | 3a-3b | 3b-4b | 4b-5b |
| Ko | 1b | 1b-2b | 2b-3b | 3b-4b | 4b-5b | 5b-6b |
| N5 | 1b | 1b-2b | 2b-3a | 3a-4a | 4a-5a | 5a-6a |
| K4 | 1b-2a | 2a-3a | 3a-4a | 4a-5a | 5a-6a | 6a-7b |
| C | 1b | 1b-2a | 2a | 2a-2b | 2b-3a | 3a-3b |
| As | 1b | 1b-2a | 2a-2b | 2b | 2b-3b | 3b-4a |
| K2 | 1b | 1b-2b | 2b-3b | 3b-4a | 4a-5b | 5b-6b |
| H2 | 1b | 1b-2b | 2b-3a | 3a-3b | 3b-4b | 4b-5a |
| K8 | 1b | 1b-2b | 2b-3a | 3a-3b | 3b-4b | 4b-5a |
| T3 | 1b | 1b-2b | 2b-3a | 3a-3b | 3b-4b | 4b-8b |
| L | 1b | 1b-2b | 2b-3b | 3b-4b | 4b-6a | 6a-7a |
| N3 | 1b | 1b-2a | 2a-2b | 2b-3a | 3a-3b | 3b-4a |
| N4 | 1b-2a | 2a-3a | 3a-4a | 4a-5a | 5a-6a | 6a-6b |
| O1 | 1b-2a | 2a-2b | 2b-3b | 3b-4a | 4a-5a | 5a-6a |
| O3 | 1b-2a | 2a-2b | 2b-3b | 3b-4a | 4a-5a | 5a-5b |
| D1 | 1b | 1b-2b | 2b-3b | 3b-4a | 4a-5a | 5a-6b |
| D2 | 1b-2a | 2a-2b | 2b-3b | 3b-4a | 4a-4b | 4b-5b |
| N2 | 1b | 1b-2a | 2a | 2a-2b | 2b-3a | 3a-3b |
| Kt | 1b | 1b | 1b-2a | 2a | 2a-2b | 2b |
| T1 | 1a | / | / | / | / | / |
| K7 | 1b | 1b-2a | 2a-3a | 3a-3b | 3b-4a | / |
| K9 | / | / | / | / | / | / |
| Sc | / | / | / | / | / | / |

This table compares the folios with recto and verso of each MS with the pages of the present text (F). The comparative table of the folios with the pages and lines

**the Folios of the Sanskrit Manuscripts**

| 9 | 10 | 11 | 12 | 13 | 14 | 15 |
|---|---|---|---|---|---|---|
| 7a-8b | 8b-9a | 9a-10a | 10a-10b | 10b-11b | 11b-13a | 13a-14a |
| / | / | / | / | / | / | / |
| 5b-6b | 6b-7a | 7a-7b | 7b-8b | 8b-9a | 9a-9b | 9b-10b |
| 5b-6b | 6b-7a | 7a-7b | 7b-8b | 8b-9a | 9a-10a | 10a-11a |
| 7a-8a | 8a-9a | 9a-9b | 9b-10b | 10b-11b | 11b-12b | 12b-14a |
| 4a-4b | 4b | 4b-5a | 5a-5b | 5b | 5b | / |
| 6a-7a | 7a-8a | 8a-8b | 8b-9a | 9a-9b | 9b-10a | / |
| 7a-8a | 8a-9a | 9a-9b | 9b-10b | 10b-11a | 11a-12a | 12a-13a |
| 6b-7b | 7b-8b | 8b-9a | 9a-9b | 9b-10b | 10b-11b | 11b-12b |
| 5a-5b | 5b-6a | 6a-6b | 6b-7a | 7a-7b | 7b-8a | 8a-9a |
| / | / | / | / | / | / | / |
| 5a-6a | 6a-6b | 6b-7a | 7a-7b | 7b-8a | 8a-9a | 9a-10a |
| 7b-9a | 9a-9b | 9b-10b | 10b-11b | 11b-12b | 12b-14a | 14a-15a |
| 6b-7b | 7b | 7b-8a | 8a-8b | 8b-9b | 9b-11a | 11a-12a |
| 6a-7a | 7a-7b | 7b | 7b-8b | 8b-9a | 9a-10b | 10b-11b |
| 7a-8b | 8b | 8b-9a | 9a-10a | 10a-10b | 11a-12b | 12b-13b |
| 5b-6b | 6b-7b | 7b-8a | 8a-9b | 9b-10b | 10b-11b | 11b-12b |
| 6b-7b | 7b-8b | 8b-9a | 9a-11a | 11a-11b | 11b-13a | 13a-14a |
| 6a-6b | 6b-7b | 7b-8a | 8a-9b | 9b-10a | 10a-11b | 11b-12b |
| 7b-9a | 9a-10a | 10a-11a | 11a-13a | 13a-14a | 14a-16a | 16a-17a |
| 3b-4a | 4a-4b | 4b | 4b-5a | 5a-5b | 5b-6a | 6a-6b |
| 4a-4b | 4b-5a | 5a | 5a-5b | 5b-6a | 6a-6b | 6b-7a |
| 6b-7b | 7b-8b | 8b-9a | 9a-10a | 10a-10b | 10b-12a | 12a-13a |
| 5a-6a | 6a-6b | 6b-7a | 7a-7b | 7b-8a | 8a-9a | 9a-9b |
| 5a-6a | 6a-6b | 6b | 6b-7b | 7b-8a | 8a-8b | 8b-9b |
| 8b-13b | 13b-14a | 14a-14b | 14b | 14b-15a | 15a-16a | 16a-16b |
| 7a-8b | 8b-9b | 9b-10a | 10a-11a | 11a-12a | 12a-13a | 13a-14a |
| 4a-4b | 4b-5a | 5a | 5a-5b | 5b-6a | 6a-6b | 6b-7a |
| 6b-8b | 8b-9b | 9b-10a | 10a-11a | 11a-11b | 11b-12b | 12b-14a |
| 6a-7a | 7a-8a | 8a-8b | 8b-9a | 9a-9b | 9b-10a | 10a-11b |
| 5b-7b | 7b-8a | 8a-8b | 8b-9b | 9b-10a | 10a-11a | 11a-11b |
| 6b-7b | 7b-8a | 8a-8b | 8b-9b | 9b-10a | 10a-11b | 11b-12b |
| 5b-7a | 7a-8a | 8a-8b | 8b-9b | 9b-10a | 10a-10b | 10b-12a |
| 3b-4a | 4a-4b | 4b | 5a | 5a-5b | 5b-6a | 6a |
| 2b-3a | 3a | 3a-3b | 3b | 3b-4a | 4a | 4a-4b |
| / | / | / | / | / | / | / |
| / | / | / | / | / | / | / |
| / | / | / | / | / | / | / |
| / | / | / | / | / | / | / |

with those of A is provided in the 'Introduction' of my previous work, Pt. I, pp. xvi-xxii and Pt. III, pp. vii-viii.

| F | 16 | 17 | 18 | 19 | 20 | 21 |
|---|---|---|---|---|---|---|
| R | 14a-15b | 15b-16b | 16b-18a | 18a-19b | 19b-20b | 20b-21b |
| N1 | / | / | / | / | / | / |
| Ky | 10b-11b | 11b-12b | 12b-13a | 13a-14a | 14a-15a | 15a-15b |
| T5 | 11a-12a | 12a-12b | 12b-13a | 13a-14b | 14b-15b | 15b-16a |
| T4 | 14a-15a | 15a-16b | 16b-17b | 17b-18b | 18b-20a | 20a-21a |
| K5 | 7a-7b | 7b | 7b-8a | 8a-8b | 8b-9a | 9a-9b |
| K6 | 12a-13b | 13a-14a | 14a-15a | 15a-16a | 16a-17a | 17a-18a |
| T2 | 13a-14b | 14b-16a | 16a-16b | 16b-18a | 18a-19a | 19a-20a |
| B | 12b-13b | 13b-15a | 15a-15b | 15b-17a | 17a-18a | 18a-19a |
| O2 | 9a-9b | 9b-11a | 11a-12a | 12a-12b | 12b-13a | 13a-14a |
| K1 | / | / | / | 13a-13b | 13b | 15a |
| T6 | 10a-11a | 11a-11b | 11b-12a | 12a-13a | 13a-14a | 14a-14b |
| S | 15a-16b | 16b-17b | 17b-18b | 18b-20a | 20a-21b | 21b-22b |
| Ox | 12a-13a | 13a-14a | 14a-15a | 15a-16a | 16a-17a | 17a-18a |
| H1 | 11b-12b | 12b-14a | 14a-15a | 15a-16a | 16a-17a | 17a-18a |
| K3 | 14a-15a | 15a-16b | 16b-18a | 18a-19a | 19a-20a | 20a-21a |
| Ro | 12b-13b | 13b-15a | 15a-16a | 16a-17a | 17a-18a | 18a-18b |
| Ko | 14a-15a | 15a-16b | 16b-17a | 17a-18a | 18a-19b | 19b-20a |
| N5 | 12b-13b | 13b-14b | 14b-15a | 15a-16a | 16a-17a | 17a-18a |
| K4 | 17a-18b | 18b-20a | 20a-21a | 21a-22b | 22b-23b | 23b-25a |
| C | 6b-7a | 7a-7b | 7b-8a | 8a-8b | 8b-9a | 9a |
| As | 7a-7b | 7b-8a | 8a-8b | 8b-9a | 9a-9b | 9b-10a |
| K2 | 13a-14a | 14a-15a | 15a-16a | 16a-17a | 17a-18b | 18b-19b |
| H2 | 9b-10b | 10b-11b | 11b-12a | 12a-12b | 12b-13b | 13b-14b |
| K8 | 9b-10a | 10a-11a | 11a-11b | 11b-12b | 12b-13a | 13a-13b |
| T3 | 16b-17a | 17a-18a | 18a-18b | 18b-19a | 19a-20a | 20a-20b |
| L | 14a-16a | 16a-17a | 17a-18a | 18a-19b | 19b-20b | 20b-21b |
| N3 | 7a-8a | 8a-8b | 8b-9a | 9a-9b | 9b-10a | 10a-10b |
| N4 | 14a-15b | 15b-16b | 16b-17b | 17b-19a | 19a-20a | 20a-21a |
| O1 | 11b-13a | 13a-14a | 14a-14b | 14b-15b | 15b-16b | 16b-17b |
| O3 | 11b-13a | 13a-14a | 14a-15a | 15a-16a | 16a-17a | 17a-18a |
| D1 | 12b-14a | 14a-14b | 14b-15b | 15b-17a | 17a-18a | 18a-19a |
| D2 | 12a-13b | 13b-14b | 14b | 14b-16b | 16b-17a | 17a-18a |
| N2 | 6a-6b | 6b-7b | 7b | 7b-8b | 8b | 8b-9a |
| Kt | 4b | 4b-5a | 5a | 5a-5b | 5b-6a | 6a |
| T1 | / | / | / | / | / | / |
| K7 | / | / | / | / | / | / |
| K9 | / | / | / | / | / | / |
| Sc | / | / | / | / | / | / |

| 22 | 23 | 24 | 25 | 26 | 27 | 28 |
|---|---|---|---|---|---|---|
| 21b-22b | 22b-23b | 23b-25a | 25a-26a | 26a-26b | 26b-27a | 27a-28a |
| / | 15a[1] | 15a-15b | 15b-16a | 16a | 16a-16b | 16b-17a |
| 15b-16b | 16b-17a | 17a-17b | 17b-18b | 18b | 18b-19a | 19a-20a |
| 16a-17a | 17a-17b | 17b-18b | 18b-19b | 19b | 19b-20a | 20a-21a |
| 21a-22a | 22a-23a | 23a-24a | 24a-25a | 25a-25b | 25b-26b | 26b-27b |
| 9b-10a | 10a-10b | 10b | 10b-11a | 11a-11b | 11b | 11b-12a |
| 18a-18b | 18b-19b | 19b-20a | 20a-21a | 21a-21b | 21b-22a | 22a-22b |
| 20a-20b | 20b-21b | 21b-22b | 22b-23b | 23b | 23b-24b | 24b-25b |
| 19a-19b | 19b-20b | 20b-21b | 21b-22b | 22b | 22b-23b | 23b-24a |
| 14a-14b | 14b-15a | 15a | 15b | 15b-16b | 16b-17a | 17a-17b |
| 15a-16a | 16a-16b | 16b-17b | 17b | / | 19b | 19b |
| 14b-15b | 15b-16a | 16a-17a | 17a-17b | 17b-18a | 18a-18b | 18b-19a |
| 22b-23a | 23a-24a | 24a-25b | 25b-26a | 26a-26b | 26b-27a | 27a-28a |
| 18a-19a | 19a-20a | 20a-21a | 21a-21b | 21b-22a | 22a-22b | 22b-23b |
| 18a-18b | 18b-19b | 19b-20b | 20b-21b | 21b-22a | 22a-22b | 22b-23b |
| 21a-22a | 22a-23b | 23b-24b | 24b-25b | 25b-26a | 26b-27a | 27a-28a |
| 18b-19b | 19b-20a | 20a-21a | 21a-22a | 22a-22b | 22b-23a | 23a-23b |
| 20a-21a | 21a-22a | 22a-23a | 23a-24a | 24a-24b | 24b-25a | 25a-26a |
| 18a-18b | 18b-19b | 19b | 19b-21a | 21a-21b | 21b-22a | 22a-22b |
| 25a-26a | 26a-27a | 27a-28b | 28b-29b | 29b-30a | 30a-30b | 30b-31b |
| 9a-9b | 9b-10a | 10a-10b | 10b-11a | 11a | 11b | 11b |
| 10a-10b | 10b-11a | 11a-11b | 11b | 11b-12a | 12a-12b | 12b |
| 19b-20a | 20a-21a | 21a-22a | 22a-23a | 23a-23b | 23b-24a | 24a-25a |
| 14b-15a | 15a-15b | 15b-16a | 16a-17a | 17a-17b | 17b | 18b |
| 13b-14a | 14a-15a | 15a-15b | 15b-16b | 16b | 16b-17a | 17a-17b |
| 20b-21a | 21a-21b | 21b-22b | 22b-23a | 23a-23b | 23b | 24a |
| 21b-22b | 22b-23a | 23a-25a | 25a-25b | 25b-26b | 26b-27a | 27a-28a |
| 10b-11a | 11a-11b | 11b-12a | 12a-12b | 12b | 12b-13a | 13a-13b |
| 21a-21b | 21b-22b | 22b-24a | 24a-24b | 24b-25a | 25a-26a | 26a-26b |
| 17b-18a | 18a-19a | 19a-19b | 19b-20b | 20b-21a | 21a-21b | 21b-22a |
| 18a-18b | 18b-19b | 19b-20b | 20b-21a | 21a-21b | 21b-22a | 22a-23a |
| 19a-19b | 19b-20b | 20b-21b | 21b-22b | 22b-23a | 23a-23b | 23b-24a |
| 18a-19a | 19a-19b | 19b-20b | 20b-21b | 21b-22a | 22a | 23a |
| 9b | 9b | 9b-10a | 10a-10b | 10b | 10b | 10b |
| 6a | 6b | 6b | 6b-7a | 7a | 7a | 7a |
| / | / | / | / | / | / | / |
| / | / | / | / | / | / | / |
| / | / | / | / | / | / | / |
| / | / | / | / | / | / | / |

1. N1 begins from 23.21 of F.

| F | 29 | 30 | 31 | 32 | 33 | 34 |
|---|---|---|---|---|---|---|
| R | 28a-30a | 30a-31a | 31a-32b | 32b-34a | 34a-35a | 35a-36b |
| N1 | 17a-17b | 17b-18b | 18b[1] | / | / | 18b[1]-19a |
| Ky | 20a-20b | 20b-21b | 21b-22b | 22b-23b | 23b-24b | 24b-25b |
| T5 | 21a-22a | 22a-23a | 23a-24a | 24a-25a | 25a-26a | 26a-27a |
| T4 | 27b-28b | 28b-30a | 30a-31b | 31b-33a | 33a-34a | 34a-35a |
| K5 | 12a | 12a-13a | 13a-13b | 13b-14a | 14a-14b | 14b-15a |
| K6 | 22b-23b | 23b-24b | 24b-25b | 25b-27a | 27a-28a | 28a-29a |
| T2 | 25b-26b | 26b-27a | 27a-28b | 28b-29b | 29b-30b | 30b-31b |
| B | 24a-25a | 25a-26a | 26a-27a | 27a-28a | 28a-28b | 28b-30a |
| O2 | 17b-18b | 18b-19a | 19a-20a | 20a-21a | 21a-21b | 21b-22b |
| K1 | 19b-20b | 20b-21b | 21b-22a | 22a-23b | 23b-24a | 24a-25a |
| T6 | 19a-20a | 20a-20b | 20b-21b | 21b-22b | 22b-23b | 23b-24b |
| S | 28a-29b | 29b-30b | 30b-32a | 32a-33b | 33b-34b | 34b-36a |
| Ox | 23b-24b | 24b-26a | 26a-27a | 27a-28b | 28b-29b | 29b-30b |
| H1 | 23b-24b | 24b-25b | 25b-26b | 26b-28a | 28a-29a | 29a-30a |
| K3 | 28a-29a | 29a-30b | 30b-32a | 32a-33b | 33b-35a | 35a-36b |
| Ro | 23b-24b | 24b-25a | 25a-26b | 26b-27b | 27b-28b | 28b-29b |
| Ko | 26a-27a | 27a-28a | 28a-30a | 30a-31a | 31a | 31a-33b |
| N5 | 22b-23b | 23b-24b | 24b-25b | 25b-27a | 27a-28a | 28a-29a |
| K4 | 31b-33a | 33a-35a | 35a-36b | 36b-38a | 38a-39b | 39b-41a |
| C | 11b-12a | 12a-12b | 12b-13a | 13a-14a | 14a-14b | 14b-15a |
| As | 12b-13a | 13a-14a | 14a-14b | 14b-15a | 15a-15b | 15b-16a |
| K2 | 25a-26a | 26a-27b | 27b-28b | 28b-30a | 30a-31a | 31a-32b |
| H2 | 18b-19a | 19a-20a | 20a-21a | 21a-22a | 22a-22b | 22b-23b |
| K8 | 17b-18b | 18b-19b | 19b-20a | 20a-21b | 21b-22a | 22a-22b |
| T3 | 24a-25a | 25a-26a | 26a-26b | 26b-27b | 27b-28a | 28a |
| L | 28a-29a | 29a-30b | 30b-32a | 32a-33b | 33b-34b | 34b-36a |
| N3 | 13b-14a | 14a-14b | 14b-15b | 15b-16a | 16a-16b | 16b-17a |
| N4 | 26b-28a | 28a-29a | 29a-30b | 30b-32a | 32a-33a | 33a-34b |
| O1 | 22a-23a | 23a-24a | 24a-24b | 24b-26a | 26a-27a | 27a-28a |
| O3 | 23a-24a | 24a-25a | 25a-26a | 26a-26b | 26b-28b | 28b-29a |
| D1 | 24a-25a | 25a-26a | 26a-27b | 27b-29a | 29a-30a | 30a-31a |
| D2 | 23a-24a | 24a-25a | 25a-26b | 26b-27b | 27b-28b | 28b-29b |
| N2 | 10b-11b | 11b-12a | 12a-12b | 12b-13a | 13a-13b | 13b-14a |
| Kt | 7a-7b | 7b-8a | 8a | 8a-8b | 8b | 8b-9a |
| T1 | / | / | 1a-1b | 1b-2a | / | / |
| K7 | / | / | / | / | / | / |
| K9 | / | / | / | / | / | 14a |
| Sc | / | / | / | / | / | / |

1. N1 omits 31.1-34.5 of F.

| 35 | 36 | 37 | 38 | 39 | 40 | 41 |
|---|---|---|---|---|---|---|
| 36b-38a | 38a-39b | 39b-41b | 41b-42b | 42b-44a | 44a-45b | 45b-47a |
| 19a-20a | 20a-21a | 21a-22a | 22a-22b | 22b-23a | 23a-23b | 23b-24b |
| 25b-26b | 26b-27b | 27b-29b | 29b-30b | 30b-31b | 31b-32b | 32b-33b |
| 27a-28a | 28a-29a | 29a-30b | 30b-31b | 31b-32b | 32b-33b | 33b-34b |
| 35a-37a | 37a-38b | 38b-40a | 40a-41b | 41b-42b | 42b-44a | 44a-45b |
| 15a-15b | 15b-16a | 16a-17a | 17a-17b | 17b-18a | 18a-18b | 18b-19a |
| 29a-30a | 30a-31b | 31b-33a | 33a-34b | 34b-35b | 35b-36b | 36b-37b |
| 31b-33a | 33a-34a | 34a-36a | 36a-37a | 37a-38a | 38a-39a | 39a-40a |
| 30a-31a | 31a-31b | 31b-33b | 33b-34b | 34b-35b | 35b-36a | 36a-37a |
| 22b-23a | 23a-24a | 24a-25a | 25a-26a | 26a-26b | 26b-27b | 27b-28a |
| 25a-26a | 26a-27a | 27a-27b | / | 30a | 30a-31a | 31a-32a |
| 24b-25b | 25b-26b | 26b-27b | 27b-28b | 28b-29a | 29a-30a | 30a-31a |
| 36a-37b | 37b-39a | 39a-41a | 41a-42a | 42a-43a | 43a-44b | 44b-46a |
| 30b-32a | 32a-33b | 33b-35a | 35a-36a | 36a-37a | 37a-38b | 38b-39b |
| 30a-31b | 31b-32b | 32b-34a | 34a-35a | 35a-36a | 36a-37a | 37a-38b |
| 36b-38a | 38a-39a | 39a-41a | 41a-42a | 42a-43b | 43b-45a | 45a-46a |
| 29b-31a | 31a-32a | 32a-33b | 33b-34b | 34b-35b | 35b-36b | 36b-37b |
| 33b-35a | 35a-36b | 36b-38a | 38a-39a | 39a-40b | 40b-41b | 41b-43a |
| 29a-30a | 30a-31b | 31b-32a | 32a-33b | 33b-34b | 34b-35b | 35b-36b |
| 41a-42b | 42b-44b | 44b-46a | 46a-47b | 47b-48b | 48b-50a | 50a-51b |
| 15a-15b | 15b-16a | 16a-17a | 17a-17b | 17b-18a | 18a-18b | 18b-19a |
| 16a-17a | 17a-17b | 17b-18b | 18b-19a | 19a-19b | 19b-20a | 20a-20b |
| 32b-34a | 34a-35b | 35b-37a | 37a-38a | 38a-40a | 40a-41a | 41a-42b |
| 23b-24b | 24b-25b | 25b-26b | 26b-27b | 27b-28b | 28b-29a | 29a-30a |
| 22b-24a | 24a-25b | 25b-26b | 26b-27b | 27b-28a | 28a-29a | 29a-30a |
| 28b-29b | 29b-30b | 30b-31a | 31a-32b | 32b-33b | 33b-34a | 34a-35a |
| 36b-37b | 37b-39a | 39a-41a | 41a-42a | 42a-43b | 43b-44b | 44b-46a |
| 17a-18a | 18a-18b | 18b-19b | 19b-20a | 20a-20b | 20b-21a | 21a-21b |
| 34b-35b | 35b-37a | 37a-39a | 39a-40a | 40a-41b | 41b-42b | 42b-44a |
| 28a-29b | 29b-30b | 30b-32a | 32a-33a | 33a-34a | 34a-35a | 35a-36a |
| 29a-30a | 30a-31b | 31b-33a | 33a-33b | 33b-34b | 34b-35b | 35b-36b |
| 31a-32a | 32a-33b | 33b-35a | 35a-36a | 36b-37a | 37a-38b | 38b-39b |
| 29b-31a | 31a-32a | 32a-33b | 33b-34b | 34b-36a | 36a-37a | 37a-38a |
| 14a-14b | 14b-15a | 15a-16a | 16a-16b | 16b-17a | 17a-17b | 17b-18a |
| 9a | 9b | 9b-10a | 10a-10b | 10b | 10b-11a | 11a |
| 2a | 2a-3a | 3a-4b | 4b-5b | 5b-6b | 6b-7a | 7a-8a |
| / | / | / | / | / | / | / |
| 14a-15a | 15a-15b | 15b-16b | 16b -17a | 17a-17b | 17b-18a | 18a-18b |
| / | / | / | / | / | / | / |

| F | 42 | 43 | 44 | 45 | 46 | 47 |
|---|---|---|---|---|---|---|
| R | 47a-48a | 48a-49b | 49b-51a | 51a-52b | 52b-53a | 53a-53b |
| N1 | 24b-25b | 25b-26a | 26a-27a | 27a-27b | 27b-28a | 28a-28b |
| Ky | 33b-34b | 34b-36a | 36a-37a | 37a-38b | 38b-39a | 39a |
| T5 | 34b-35b | 35b-37a | 37a-37b | 37b-39a | 39a-39b | 39b |
| T4 | 45b-47a | 47a-48a | 48a-49b | 49b-51a | 51a-51b | 51b-52a |
| K5 | 19a-19b | 19b-20a | 20a-20b | 20b | 20b-21b | 21b |
| K6 | 37b-39a | 39a-40a | 40a-41b | 41b-42b | 42b-43a | 43a |
| T2 | 40a-41a | 41a-42b | 42b-43b | 43b-44b | 44b-45a | 45a-45b |
| B | 37a-38a | 38a-39a | 39a-40a | 40a-41a | 41a-41b | 41b-42a |
| O2 | 28a-29a | 29a-30a | 30a-30b | 30b-31a | 31a-32a | 32a |
| K1 | 32a-33a | 33a-34a | 34a-35a | 35a-36a | 36a-36b | 36b |
| T6 | 31a-32a | 32a-33a | 33a-34a | 34a-35a | 35a | 35a-35b |
| S | 46a-47b | 47b-49a | 49a-50a | 50a-51a | 51a-52a | 52a-52b |
| Ox | 39b-41a | 41a-42a | 42a-43b | 43b-45a | 45a-45b | 45b |
| H1 | 38b-39b | 39b-41a | 41a-42a | 42a-43b | 43b-44a | 44a |
| K3 | 46b-47b | 47b-49b | 49b-51a | 51a-52b | 52b-53a | 53a-53b |
| Ro | 37b-38b | 38b-39b | 39b-41a | 41a-42a | 42a-42b | 42b-43a |
| Ko | 43a-44b | 44b-46a | 46a-47a | 47a-48b | 48b-49a | 49a-49b |
| N5 | 36b-37b | 37b-38b | 38b-40a | 40a-41a | 41a-41b | 41b |
| K4 | 51b-53b | 53b-54b | 54b-56b | 56b-58a | 58a-58b | 58b-59a |
| C | 19a-19b | 19b-20b | 20b-21a | 21a-21b | 21b | 22a |
| As | 20b-21b | 21b-22a | 22a-22b | 22b-23a | 23a-23b | 23b |
| K2 | 42b-45a | 45a-46b | 46b-48a | 48a-49b | 49b-50a | 50a |
| H2 | 30a-31a | 31a-32a | 32a-33a | 33a-34a | 34a | 34b |
| K8 | 30a-30b | 30b-31b | 31b-32b | 32b-33b | 33b-34a | 34a-34b |
| T3 | 35a | 35a-36a | 36a-37b | 37b-38b | 38b | 38b-39a |
| L | 46a-47b | 47b-48a | 48a-50a | 50a-51b | 51b-52a | 52a-52b |
| N3 | 21b-22b | 22b-23a | 23a-23b | 23b-24b | 24b | 24b |
| N4 | 44a-45a | 45a-46b | 46b-48a | 48a-49a | 49a-50a | 50a |
| O1 | 36a-37a | 37a-38a | 38a-39a | 39a-40a | 40a-40b | 40b-41a |
| O3 | 36b-37b | 37b-38b | 38b-40a | 40a-41a | 41a | 41b |
| D1 | 39b-40b | 40b-42a | 42a-43b | 43b-44b | 44b-45a | 45a-45b |
| D2 | 38a-39a | 39a-40b | 40b-41b | 41b-42b | 42b-43a | 43a-43b |
| N2 | 18a-18b | 18b-19a | 19a-19b | 19b-20a | 20a-20b | 20b |
| Kt | 11b | 11b | 11b-12a | 12a | 12a-12b | 12b |
| T1 | 8a-9b | 9b-10b | 10b-11b | 11b-12b | 12b-13a | 13a |
| K7 | / | / | / | / | / | / |
| K9 | 18b | 20a | 20a-20b | 20b-21a | 21a-21b | 21b |
| Sc | / | / | / | / | / | / |

| 48 | 49 | 50 | 51 | 52 | 53 | 54 |
|---|---|---|---|---|---|---|
| 53b-55a | 55a-56a | 56a-56b | 56b-57a | 57a-57b | 57b | 57b-58a |
| 28b-29a | 29a-29b | 29b-30a | 30a | 30a | 30b | 30b |
| 39a-40a | 40a-41a | 41a-41b | 41b-42a | 42a | 42a-42b | 42b-43a |
| 39b-40a | 40b-41b | 41b-42a | 42a | 42a-42b | 42b-43a | 43a |
| 52a-53a | 53a-54b | 54b | 54b-55a | 55a-55b | 55b-56a | 56a-56b |
| 21b-22a | 22a-22b | 22b | 22b-23a | 23a | 23a | 23a |
| 43a-44b | 44b-45b | 45b | 45b-46a | 46a-46b | 46b | 46b-47a |
| 45b-46b | 46b-47b | 47b-48a | 48a | 48b | 48b-49a | 49a |
| 42a-42b | 42b-43b | 43b | 44a | 44a-44b | 44b | 44b-45a |
| 32a-33a | 33a-33b | 33b | 33b-34a | 34a | 34a-34b | 34b |
| 36b-37b | 37b-38b | 38b | 38b-39a | 39a | 39b | 39b |
| 35b-36b | 36b-37a | 37a-37b | 37b | 37b | 37b-38a | 38a |
| 52b-53b | 53b-55a | 55a | 55a-55b | 55b | 55b-56a | 56a-56b |
| 45b-47a | 47a-48a | 48a-48b | 48b | 48b-49a | 49a-49b | 49b |
| 44a-45a | 45a-46b | 46b | 46b-47a | 47a | 47a-47b | 47b-48a |
| 53b-54b | 54b-56a | 56a-56b | 56b-57a | 57a | 57a-57b | 57b-58a |
| 43a-43b | 43b-44b | 44b-45a | 45a | 45a-45b | 45b-46a | 46a |
| 49b-51a | 51a-52a | 52a-52b | 52b-53a | 53a | 53a-53b | 53b-54a |
| 41b-42b | 42b-43b | 43b-44a | 44a | 44a-44b | 44b | 44b |
| 59a-60b | 60b-62a | 62a-62b | 62b-63a | 63a | 63a-63b | 63b-64a |
| 22a-22b | 22b-23a | 23a | 23a | 23a-23b | 23b | 23b |
| 23b-24a | 24a-24b | 24b-25a | 25a | 25a | 25a-25b | 25b |
| 50a-51a | 51a-52b | 52b | 52b-53a | 53a-53b | 53b | 53b-54a |
| 34b-35b | 35b-36a | 36a-36b | 36b | 36b | 36b | 37b |
| 34b-35a | 35a-35b | 35b-36a | 36a | 36b | 36b | 36b-37a |
| 39a-39b | 39b-40a | 40a | 40a-40b | 40b-41a | 41a-41b | 41b |
| 52b-54a | 54a-55a | 55a-55b | 55b-56a | 56a-56b | 56b | 57a |
| 24b-25b | 25b-26a | 26a | 26a-26b | 26b | 26b | 26b |
| 50a-51b | 51b-52b | 52b-53a | 53a-53b | 53b | 53b-54a | 54a-54b |
| 41a-42a | 42a-43a | 43a | 43a-43b | 43b | 43b-44a | 44a-44b |
| 41b-42b | 42b-43b | 43b | 43b-44a | 44a | 44a-44b | 44b |
| 45b-46b | 46b-47a | 47a-48a | 48a-48b | 48b-49a | 49a | 49a-49b |
| 43b-44b | 44b-45b | 45b-46a | 46a-46b | 46b-47a | 47a | 47a |
| 20b-21a | 21a-21b | 21b | 21b-22a | 22a | 22a | 22a-22b |
| 12b | 12b-13a | 13a | 13a | 13a | 13a | 13a-13b |
| 13a-14a | 14a-15a | 15a-15b | 15b | 15b | 15b-16a | 16a |
| / | / | / | / | / | / | / |
| 21b-22a | 22a-22b | 22b-23a | 23a | 23a | 23a-23b | 23b |
| / | / | / | / | / | / | / |

| F | 55 | 56 | 57 | 58 | 59 | 60 |
|---|---|---|---|---|---|---|
| R | 58a-58b | 58b-59a | 59a-60a | 60a-61b | 61b-63a | 63a-64b |
| N1 | 30b-31a | 31a | 31a-31b | 31b[1]-32a | 32a-32b | 32b-33b |
| Ky | 43a | 43a-43b | 43b-44b | 44b-45b | 45b-46b | 46b-48a |
| T5 | 43a-43b | 43b | 43b-44b | 44b-45b | 45b-46b | 46b-48a |
| T4 | 56b | 56b-57a | 57a-58a | 58a-59b | 59b-60b | 60b-61b |
| K5 | 23a-23b | 23b | 23b-24a | 24a-24b | 24b-25a | 25a-25b |
| K6 | 47a-47b | 47b | 47b-48b | 48b-50a | 50a-51a | 51a-52b |
| T2 | 49b | 49b | 49b-50b | 50b-52a | 52a-53a | 53a-54a |
| B | 45a | 45a-45b | 45b-46a | 46a-47a | 47a-47b | 47b-49a |
| O2 | 34b-35a | 35a | 35a-35b | 35b-36b | 36b-37a | 37a-38a |
| K1 | 39b-40a | 40a | 40a-41a | 41a-42a | 42a-43a | 43a-44a |
| T6 | 38a-38b | 38b | 38b-39b | 39b-40b | 40b-41a | 41a-42b |
| S | 56b-57a | 57a-57b | 57b-58b | 58b-59b | 59b-61a | 61a-62b |
| Ox | 49b-50a | 50a-50b | 50b-51b | 51b-52b | 52b-54a | 54a-55b |
| H1 | 48a | 48a-48b | 48b-49b | 49b-50b | 50b-51b | 51b-53a |
| K3 | 58a-58b | 58b-59a | 59a-60a | 60a-61b | 61b-63a | 63b-64a |
| Ro | 46b | 46b | 46b-47b | 47b-48b | 48b-49a | 49a-51a |
| Ko | 54a-54b | 54b | 54b-55b | 55b-57a | 57a-58a | 58a-59b |
| N5 | 44b-45a | 45a-45b | 45b-46a | 46a-47b | 47b | 47b-48b |
| K4 | 64a-64b | 64b-65a | 65a-66a | 66a-67b | 67b-69a | 69a-70b |
| C | 23b-24a | 24a-24b | 24b | 24b-25a | 25a-25b | 25b-26a |
| As | 25b | 25b-26a | 26a | 26a-27a | 27a-27b | 27b-28a |
| K2 | 54a-54b | 54b-55a | 55a-56a | 56a-57a | 57a-58b | 58b-60a |
| H2 | 37b | 37b-38a | 38a-38b | 38b-39b | 39b-40b | 40b-41b |
| K8 | 37a | 37a | 37a-38a | 38a-39a | 39a-39b | 39b-40b |
| T3 | 41b-42a | 42a | 42b | 42b-43b | 43b-44b | 44b-45a |
| L | 57a-57b | 57b-58a | 58a-59a | 59a-60b | 60b-61b | 61b-63a |
| N3 | 26b-27a | 27a | 27b | 27b-28a | 28a-28b | 28b-29b |
| N4 | 54b | 54b-55a | 55a-56a | 56a-57b | 57b-58b | 58b-59b |
| O1 | 44b | 44b-45a | 45a-45b | 45b-46b | 46b-48a | 48a-49a |
| O3 | 44b-45a | 45a-45b | 45b-46a | 46a-47a | 47a-48a | 48a-49a |
| D1 | 49b | 49b-50a | 50a-51a | 51a-52b | 52b-53b | 53b-54b |
| D2 | 47b | 47b-48a | 48a-48b | 48b-50a | 50a-51a | 51a-52a |
| N2 | 22b | 22b | 22b-23a | 23a-23b | 23b-24a | 24a-24b |
| Kt | 13b | 13b | 13b | 13b-14a | 14a | 14a-14b |
| T1 | 16a-16b | 16b | 16b-17a | / | / | / |
| K7 | / | / | / | / | / | / |
| K9 | 23b | 23b-24a | 24a-24b | 24b-25a | 25a-25b | 25b-26a |
| Sc | / | / | / | / | / | / |

1. N1 omits 58.3-58.16 of F.

| 61 | 62 | 63 | 64 | 65 | 66 | 67 |
|---|---|---|---|---|---|---|
| 64b-66a | 66a-68a[1] | 68a-69a | 69a-70a | 70a-71a | 71a-72b | 72b-74a |
| 33b-34b | 34b-35a | 35a-36a | 36a-37a[2] | 37a-37b | 37b[3] | / |
| 48a-54b | 54b-55a | 55a-56a | 56a-57a | 57a-58a | 58a-59b | 59b-60b |
| 48a-49a | 49a-50a | 50a-51a | 51a-51b | 51b-52b | 52b-53b | 53b-54b |
| 61b-63b | 63b-65a | 65a-66a | 66a-67a | 67a-68a | 68a-69b | 69b-70b |
| 25b-26b | 26b-27a | 27a-27b | 27b-28a | 28a | 28a-28b | 28b-29a |
| 52b-53b | 53b-54b | 54b-55b | 55b-56a | 56b-57a | 57a-58b | 58b-59b |
| 54a-55a | 55a-56b | 56b-57b | 57b-58a | 58a-59a | 59a-54a | 54a-61b |
| 49a-50a | 50a-51a | 51a-52a | 52a-52b | 52b-53b | 53b-54a | 54a-55a |
| 38a-39a | 39a-40a | 40a-40b | 40b-41a | 41a-41b | 41b-42b | 42b-43a |
| 44a-45b | 45b-46a | 46a-47a | 47a-47b | 47b-48b | 48b-49b | 49b-50a |
| 42b-43b | 43a-44b | 44b-45a | 45a-45b | 45b-46b | 46b-47b | 47a-48a |
| 62b-64a | 64a-65b | 65b-66b | 66b-67b | 67b-68b | 68b-69b | 69b-71a |
| 55b-56b | 56b-57b | 57b-58b | 58b-59b | 59b-60b | 60b-61b | 61b-63a |
| 53a-54a | 54a-55a | 55a-56a | 56a-57a | 57a-58a | 58a-59a | 59a-60a |
| 64a-65a | 65a-67b | 67b-68b | 68b-69b | 69b-70b | 70b-72a | 72a-73b |
| 51a-52a | 52a-53a | 53a-54a | 54a-54b | 54b-55b | 55b-56a | 56a-57a |
| 59b-61b | 61b-62b | 62b-63b | 63b-64b | 64b-65b | 65b-66b | 66b-68a |
| 48b-49b | 49b-50b | 50b-51b | 51b-52a | 52a-53a | 53a-54a | 54a-55a |
| 70b-72b | 72b-73b | 73b-75a | 75a-76a | 76a-77a | 77a-78b | 78a-80a |
| 26a-27a | 27a-27b | 27b | 27b-28a | 28a-28b | 28b-29a | 29a-29b |
| 28a-29a | 29a-29b | 29b-30a | 30a-30b | 30b-31a | 31a-31b | 31b-32a |
| 60a-61a | 61a-62b | 62b-63b | 63b-64b | 64b-65b | 65b-67a | 67a-68b |
| 41b-42b | 42b-43a | 43a-44a | 44a-44b | 44b-45a | 45a-46a | 46a-47a |
| 40b-41b | 41b-42b | 42b-43a | 43a-43b | 43b-44a | 44a-45a | 45a-46a |
| 45a-49a | 49a-49b | 49b-50b | 50b-51a | 51a-51b | 51b-52b | 52b-53a |
| 63a-65a | 65a-66a | 66a-67a | 67a-68a | 68a-69a | 69a-70b | 70b-72a |
| 29b-30a | 30a-30b | 30b-31a | 31a-31b | 31b-32a | 32a-32b | 32b-33b |
| 59b-61b | 61b-62b | 62b-63b | 63b-64b | 64b-65b | 65b-66b | 66b-68a |
| 49a-50a | 50a-51a | 51a-52a | 52a-52b | 52b-53a | 53a-54b | 54b-55b |
| 49a-50a | 50a-51a | 51a-52a | 52a-52b | 52b-53a | 53a-54a | 54a-55a |
| 54b-56a | 56a-57a | 57a-58a | 58a-59a | 59a-60a | 60a-61a | 61a-62a |
| 52a-53b | 53b-54b | 54b-55b | 55b-56a | 56a-57a | 57a-58b | 58b-59b |
| 24b-25a | 25a-25b | 25b-26a | 26a-26b | 26b | 26b-27a | 27a-27b |
| 14b-15a | 15a | 15a | 15a-15b | 15b | 15b-16a | 16a |
| / | / | / | / | / | / | / |
| / | / | / | / | / | / | / |
| 26a-27a | 27a-27b | 27b-28a | 28a-28b | 28b-29a | 29a-29b | 29b-30a |
| / | / | (2)13a | (2)13a | (2)13a-b | (2)13b | / |

1. R lacks folio 67 corresponding to 62.12-16 of F. 2. N1 includes some discrepancies in order from 36b to 37b. 3. N1 omits 66.8-73.1 of F.

| F | 68 | 69 | 70 | 71 | 72 | 73 |
|---|---|---|---|---|---|---|
| R | 74a-75b | 75b-76b | 76b-78a | 78a-79a | 79a-80b | 80b-81b |
| N1 | / | / | / | / | / | 37b-38a |
| Ky | 60b-61b | 61b-62a | 62a-63a | 63a-64a | 64a | 64a-65b |
| T5 | 54b-56a | 56a-56b | 56b-57b | 57b-59a | 59a-60a | 60a-60b |
| T4 | 70b-72a | 72a-73a | 73a-74b | 74b-76a | 76a-77b | 77b-78b |
| K5 | 29a-30a | 30a-30b | 30b-31a | 31a-31b | 31b-32a | 32a-32b |
| K6 | 59b-61a | 61a-62a | 62a-63a | 63a-64a | 64a-65b | 65b-66b |
| T2 | 61b-62b | 62b-63b | 63b-64b | 64b-66a | 66a-67a | 67a-68a |
| B | 55a-56b | 56b-57a | 57a-58a | 58a-59a | 59a-60a | 60a-60b |
| O2 | 43a-44a | 44a-45a | 45a-45b | 45b-46b | 46a-47a | 47a-47b |
| K1 | 50a-51a | 51a-52a | 52a-52b | 52b-53b | 53b-54b | 54b-55b |
| T6 | 48a-49a | 49a-49b | 49b-50b | 50b-51b | 51b-52a | 52a-53a |
| S | 71a-72a | 72a-73a | 73a-74a | 74a-75b | 75b-77a | 77a-78a |
| Ox | 63a-64a | 64a-65a | 65a-66a | 66a-67b | 67b-68b | 68b-69b |
| H1 | 60a-61a | 61a-62a | 62a-63a | 63a-64b | 64b-65b | 65b-66b |
| K3 | 73b-74b | 74b-75b | 75b-77a | 77a-78b | 78b-80a | 80a-81b |
| Ro | 57a-58a | 58a-58b | 58b-59b | 59b-60b | 60b-61b | 61b-62a |
| Ko | 68a-69a | 69a-70a | 70a-71b | 71b-73a | 73a-74a | 74a-75b |
| N5 | 55a-56a | 56a-56b | 56b-57b | 57b-58a | 58a-59b | 59b-60b |
| K4 | 80a-81b | 81b-82b | 82b-84a | 84a-85b | 85b-87a | 87a-88a |
| C | 29b-30a | 30a-30b | 30b-31a | 31a-31b | 31b-32b | 32b-33a |
| As | 32a-32b | 32b-33a | 33a-34a | 34a-34b | 34b-35a | 35a-35b |
| K2 | 68b-70a | 70a-71a | 71a-72a | 72a-73b | 73b-75a | 75a-76a |
| H2 | 47a-48a | 48a-48b | 48b-49b | 49b-50b | 50b-51b | 51b-52a |
| K8 | 46a-46b | 46b-47b | 47b-48a | 48a-49a | 49a-50a | 50a-50b |
| T3 | 53a-55a | 55a-55b | 55b-56b | 56b-57a | 57a-58b | 58b |
| L | 72a-73b | 73b-74b | 74b-75b | 75b-77a | 77a-78b | 78b-79b |
| N3 | 33b-34b | 34b | 34b-35a | 35a-36a | 36a-36b | 36b-37a |
| N4 | 68a-69a | 69a-70a | 70a-71b | 71b-72b | 72b-74a | 74a-75a |
| O1 | 55b-56b | 56b-57b | 57b-58b | 58b-59b | 59b-60b | 60b-61b |
| O3 | 55a-56a | 56a-56b | 56b-57b | 57b-58b | 58b-59b | 59b-60a |
| D1 | 62a-63a | 63a-64b | 64b-65b | 65b-67a | 67a-68a | 68a-69a |
| D2 | 59b-60a | 60a-61b | 61b-63a | 63a-64a | 64a-65b | 65b-66a |
| N2 | 27b-28a | 28a-28b | 29a | 29a-29b | 29b-30a | 30a-30b |
| Kt | 16b | 16b | 16b-17a | 17a | 17b | 17b-18a |
| T1 | / | / | / | / | / | / |
| K7 | / | / | / | / | / | / |
| K9 | 30a-30b | 30b-31b | 32a-32b | 32a-32b | 32b-33a | 33a-33b |
| Sc | (214?)a | (214?)a-b | (214?)b | / | / | 216a |

| 74 | 75 | 76 | 77 | 78 | 79 | 80 |
|---|---|---|---|---|---|---|
| 81b-83a | 83a-83b | 83b-84a | 84a-84b | 84b-85a | 85a-86a | 86a-86b |
| 38a-38b | 38b-39a | 39a | 39a-39b | 39b | 39b-40b | 40b |
| 65b-66b | 66b-67a | 67a | 67a-67b | 67b | 67b-68b | 68b |
| 60b-62a | 62a-62b | 62b | 62b-63a | 63a | 63a-64a | 64a-64b |
| 78b-79b | 79b-80a | 80a-80b | 80b-81a | 81a-81b | 81b-82b | 82b-83a |
| 32b-33a | 33a | 33a-33b | 33b | 33b | 33b-34a | 34a-34b |
| 66b-67b | 67b-68a | 68a-68b | 68b | 68b-69a | 69a-69b | 69b-70b |
| 68a-69a | 69a-69b | 69b-70a | 70a-70b | 70b | 71b | 71b |
| 60b-61b | 61b-62a | 62a-62b | 62b-63a | 63a | 63b | 63b-64a |
| 47b-48b | 48b | 49a | 49a-49b | 49b | 50a | 50a |
| 55b-56b | 56b-57a | 57a | 57a-57b | 57b | 57b-58b | 58b-59a |
| 53a-54a | 54a-54b | 54b | 54b-55a | 55a | 55a-56a | 56a-56b |
| 78a-79b | 79b-80a | 80a-80b | 80b | 80b-81a | 81a-82a | 82a-82b |
| 69b-70b | 70b-71b | 71b | 71b-72a | 72a-72b | 72b-73b | 73b-74a |
| 66b-67b | 67b-68a | 68a-68b | 68b-69a | 69a | 69a-70a | 70a-70b |
| 81b-83a | 83a-83b | 83b-84a | 84a-84b | 84b | 84b-86a | 86a-86b |
| 62a-63a | 63a-63b | 63b | 63b-64a | 64a | 64a-65a | 65a-65b |
| 75b-76b | 76b-77b | 77b | 77b-78a | 78a-78b | 78b-79b | 79b-80a |
| 60b-61b | 61b-62a | 62a-62b | 62b-63a | 63a | 63a-64a | 64a-64b |
| 88a-89b | 89b-90b | 90b-91a | 91a-91b | 91b-92a | 92a-93a | 93a-93b |
| 33a-33b | 33b | 33b-34a | 34a | 34a | 34a-34b | 34b-35a |
| 35b-36b | 36b | 36b-37a | 37a | 37a | 37a-37b | 37b |
| 76b-77a | 77a-78a | 78a | 78a-78b | 78b-79a | 79a-80a | 80a-80b |
| 52a-53a | 53a-53b | 53b | 53b-54a | 54a | 54a-55a | 55a-55b |
| 50b-51b | 51b-52a | 52a | 52a-52b | 52b | 52b-53b | 53b |
| 59b-60b | 60b-61a | 61a | 61a-61b | 61b | 61b-62b | 62b |
| 79b-81a | 81a-81b | 81b-82a | 82a-82b | 82b-83a | 83a-84a | 84a-84b |
| 37a-37b | 37b-38a | 38a | 38a-38b | 38b | 38b-39a | 39a |
| 75a-76a | 76a-76b | 76b-77a | 77a-77b | 77b | 77b-79a | 79a-79b |
| 61b-62b | 62b-63a | 63a | 63a-63b | 63b-64a | 64a-64b | 64b-65a |
| 60a-61a | 61a-61b | 61b | 61b-62a | 62a-62b | 62b-63a | 63a-63b |
| 69a-70a | 70a-71a | 71a | 71a-71b | 71b-72a | 72a-73a | 73a |
| 66a-67b | 67b-68a | 68a | 68a-68b | 68b-69a | 69a-70a | 70a |
| 30b-31a | 31a | 31a | 31a-31b | 31b | 31b-32a | 32a |
| 18a | 18a | 18a-18b | 18b | 18b | 18b | 18b-19a |
| / | / | / | / | / | / | 17a |
| / | / | / | / | / | / | / |
| 33b | / | / | / | / | / | / |
| 216a | 216a | / | / | / | 216a | / |

Almost all MSS have additional titles, postscripts and/or colophones on their last folios, though they are not noted here.

**Table B: Comparative Table of**

| F | 1 | 2 | 3 | 4 | 5 | 6 | 7 | 8 | 9 | 10 | 11 | 12 | 13 | 14 | 15 | 16 | 17 | 18 | 19 | 20 | 21 | 22 |
|---|---|---|---|---|---|---|---|---|---|---|---|---|---|---|---|---|---|---|---|---|---|---|
| R | | | | | | | | | | | | | | | | | | | | | | |
| N1 | / | / | / | / | / | / | / | / | / | / | / | / | / | / | / | / | / | / | / | / | / | / |
| Ky | | | | | | | | | | | | | | | | | | | | | | |
| T5 | | | | | | | | | | | | | | | | | | | | – | | |
| T4 | | | | | | | | | | | | | | | | | | | | – | | |
| K5 | – | – | – | – | – | – | | | | | | | | | | | | | | – | | |
| K6 | – | – | – | – | – | – | | | | | | | | | | | | | | – | | |
| T2 | | | | | | | | | | | | | | | | | | | | – | | |
| B | | | | | | | | | | | | | | | | | | | | – | | |
| O2 | + | + | | | + | + | + | | + | – | | | | | | | | | | – | | |
| K1 | / | / | / | / | / | / | / | / | / | / | / | / | / | / | / | / | / | / | / | / | / | |
| T6 | | | | | | | | | | | | | | | | | | | | – | | |
| S | | | | | | | | | | | | | | | | | | | | – | | |
| Ox | | | | | | | * | | | | | | | + | | | | | + | – | | |
| H1 | | | | | | | * | | | | | | | + | | | | | + | – | | |
| K3 | | | | | | | * | | | | | | | + | | | | | + | – | | |
| Ro | | | | | | | * | | | | | | | + | | | | | + | – | | |
| Ko | | | | | | | * | | | | | | | + | | | | | | – | | |
| N5 | | | | | | | * | | | | | | | + | | | | | | – | | |
| K4 | | | | | | | * | | | | | | | + | | | | | | – | | |
| C | | | | | | | | | | | | | | | | | | | | – | | |
| As | | | | | | | | | | | | | | | | | | | | – | | |
| K2 | | | | | | | | | | | | | | | | | | | | – | | |
| H2 | | | | | | | | | | | | | | | | | | | | – | | |
| K8 | | | | | | | | | | | | | | | | | | | | – | | |
| T3 | | | – | | | | | – | | | | | | | | | | | | – | | |
| L | | | | | | | + | | | | | | | | | | | | | – | | |
| N3 | | | | | | | + | | | | | | | | | | | | | – | | |
| N4 | | | | | | | + | | | | | | | | | | | | | – | | |
| O1 | | | | | | | + | | | | | | | | | | | | | – | | |
| O3 | | | | | | | + | | | | | | | | | | | | | – | | |
| D1 | | | | | | | + | | | | | | | | | | | | | – | | |
| D2 | | | | | | | + | | | | | | | | | | | | | – | | |
| N2 | | | | | | | + | | | | + | | | | | | | | | – | | |
| Kt | | | | | | | + | | | | | | | | | | | | | – | | |
| T1 | / | / | / | / | / | / | / | / | / | / | / | / | / | / | / | / | / | / | / | / | / | / |
| K7 | / | / | / | / | / | / | / | / | / | / | / | / | / | / | / | / | / | / | / | / | / | / |
| K9 | / | / | / | / | / | / | / | / | / | / | / | / | / | / | / | / | / | / | / | / | / | / |
| Sc | / | / | / | / | / | / | / | / | / | / | / | / | / | / | / | / | / | / | / | / | / | / |

The numbers 1 to 47 in the top line show those of the vows in F. Dotted lines are used for dividing the MSS into groups. / denotes the lack of a MS.

## the Vows in the Sanskrit Manuscripts

| 23 | 24 | 25 | 26 | 27 | 28 | 29 | 30 | 31 | 32 | 33 | 34 | 36 | 37 | 38 | 39 | 40 | 41 | 42 | 43 | 44 | 45 | 46 | 47 |
|---|---|---|---|---|---|---|---|---|---|---|---|---|---|---|---|---|---|---|---|---|---|---|---|
| / | / | / | / | / | / | / | / | / | / | / | / | / | / | / | / | / | | | | | | | |
| | | | | | | | | | | | | | | – | | | | | | | | | |
| | | | | | | | | | | | | | | | | | | | | | | | |
| | | | | | | | | | | | | | | | | | | | | | | | |
| | | | | | | | | | | | | | | | | | | | | | | | |
| | | | | | | | | | | | | | | | | | | | | | | | |
| | | | | | | | | | | | | | | | | | | | | | | | |
| | | | | | | | | | | | | | | | | | | | | | | | |
| | | | | – | | | | | | | | | | | | | | | | | | | |
| | | | / | / | / | / | / | | | | | | | | | | | | | | | | |
| | | | | | | | | | | | | | | | | | | | | | | | |
| | | | | | | | | | | | | | | | | | | | | | | – | |
| | | | | | | | | | | | | | | | | | | | | | | | |
| | | | | | | | | | | | | | | | | | | | | | | | |
| | | | | | – | | | | | | | | | | | | | | | | | | |
| | | | | | | | | | | | | | | | | | | | | | | | |
| | | | | | | | | | | | | | | | | | | | | | | | |
| | | | | | | | | | | | | | | | | | | | | | | | |
| | | | | | | | | | | | | | | | | | | | | | | | |
| | – | | | | | | | | | | | | | | | | | | | | | | |
| | – | | | | | | | | | | | | | | | | | | | | | | |
| | – | | | | | | | | | | | | | | | | | | | | | | |
| | – | | | | | | | | | | | | | | | | | | | | | | |
| | – | | | | | | | | | | | | | | | | | | | | | | |
| | – | | | | | | | | | | | | | | | | | + | | + | | | |
| | | | | | | | | | | | | | | | | | | | | | | | |
| | | | | | | | | | | | | | | | | | | | | | | | |
| | | | | | | | | | | | | | | | | | | | | | | | |
| | | | | | | | | | | | | | | | | | | | | | | | |
| | | | | | | | | | | | | | | | | | | | | | | | |
| | | | | | | | | | | | | | | | | | | | | | | | |
| | | | | | | | | | | | | | | | | | | | | | | | |
| | | | | | | | | | | | | | | – | | | | | | | | | |
| | | | | | | | | | | | | | | – | | | | | | | | | |
| / | / | / | / | / | / | / | / | / | / | / | / | / | / | / | / | / | / | / | / | / | / | / | / |
| / | / | / | / | / | / | / | / | / | / | / | / | / | / | / | / | / | / | / | / | / | / | / | / |
| / | / | / | / | / | / | / | / | / | / | / | / | / | / | / | / | / | / | / | / | / | / | / | / |
| / | / | / | / | / | / | / | / | / | / | / | / | / | / | / | / | / | / | / | / | / | / | / | / |

– denotes omission of a vow. + denotes repetition of a vow. * denotes displacement of a vow.

## Notes to Comparative Table of the Vows in the Sanskrit Manuscripts

A series of vows (*praṇidhānas*) offered by Dharmākara Boddhisattva, a previous life of Amitābha/Amitāyus Buddha, constitutes one of the essential parts of the doctrine put forth in the *L.Sukh.* Comparisons of their numbers among trilingual versions of the text are crucial for elucidating the process of textual transmission and development from India to East Asia, as well as the ideological transmission and development of Pure Land Buddhism itself. In the same way, in addition to the scripts, colophons, and other material features, comparisons of the numbers of the vows among the Sanskrit manuscripts help us group the manuscripts, and eventually gain at least a rough understanding of their stemma.

(1) Number of the Vows

1) The 47 of R is the largest number of vows. R writes the number of the vows as "*pta ña*," which means "47," at the end of the vows. All the others except Ky omit the 20th vow of R, mentioning the thirty-two marks of a superior person, and have fewer than 46 vows. Ky omits the 38th vow and contains 46 vows in all. Although N1 is incomplete and accordingly does not contain all the vows, it also seems to have originally included 46 vows, as it gives the number "*pta ja*," which can be read as "46," at the end of the vows.

2) Although some manuscripts omit or repeat several vows, there are fewer than 46 in most cases. O2 is the only exception. It omits three vows and repeats six vows, thus numbering 50 vows. However, there is no substantial difference in content, all of which is included in the 47 vows of R.

(2) Grouping

1) As is shown by dotted lines in the table, the vows of the thirty-nine manuscripts (except for Sc) can be roughly divided into seven groups, each of which is represented by the name of the first manuscript of each group, such as "Group R." This grouping is based on a comparison of the sentences, omissions, and additions found in the vows of the manuscripts. The table shows only those cases in which a whole sentence of a vow has been omitted. Besides these, many partial omissions and additions appear in the manuscripts. T1, K7 and K9, devoid of all the vows, can be

classified into one and the same group due to their common material features and readings in other places. Sc is set aside from the other groups because of its distinctive peculiarity.

2) Group Ox wrongly adds the latter part of the 6$^{th}$ vow, the whole of the 7$^{th}$, and the former part of the 8$^{th}$ before the beginning of the vows. These manuscripts omit the 7$^{th}$ in the proper place of the vows, which could be made up for by this addition.

3) K4 is obviously a copy of N5 with an older date of transcription than K4. This is clear from the following evidence: K4 miswrites an end mark of the line in N5 (see Af, 234), ignores a correction mark in N5 (see Af, 258, fn. 2), and overlooks an insertion mark in N5 (see Af, 382, fn. 1, 2; 384, fn. 1, 2).

4) The vow portion of K6 must be a copy of that of K5 of which the date of transcription is not known. Both of them omit the first six vows and begin at the middle of the 7$^{th}$ vow. K5 wrongly inserts a part of a Tāntric Buddhist text, *i.e.* the *Sarvadurgatipariśodhanatantra* in folio 6ab immediately before the 7$^{th}$ vow, and K6 repeats the same mistake in folios 10a3-12a4 (See Af, 202-205).

(3) Comparison with Tibetan and Chinese Translations[1]

1) The number of the vows of the *Da-amituo-jing* and the *Wuliangqingjing-pingdengjue-jing* is 24. The *Dasheng-wuliangshou-zhuangyan-jing* has 36, the *Wuliangshou-jing*, *Wuliangshou-rulai-hui* 48, and the Tibetan version 49. None of them is the same as that of the Sanskrit manuscripts.

2) The Tibetan version includes all the vows corresponding to the 47 of R. In addition, it contains two more vows (the 30$^{th}$ and the 37$^{th}$), which make 49 vows in all. The equivalent vows to these two are found in the *Wuliangshou-jing* as the 30$^{th}$ and 36$^{th}$, and the *Wuliangshou-rulai-hui* as the 30$^{th}$ and 36$^{th}$, and a vow corresponding to the 37$^{th}$ in the Tibetan version also appears in the *Dasheng-wuliangshou-zhuangyan-jing* as the latter part of the 16$^{th}$.

3) The 25$^{th}$ vow of R has an equivalent in almost every Sanskrit manuscript as well as the Tibetan version, where it is the 25$^{th}$, but it is missing in four

1. For a fuller elaboration, see Fujita [2007] 304-29.

of the Chinese versions, appearing only in the *Dasheng-wuliangshou-zhuangyan-jing*, where it is the 20th. Also, the 32nd of R has an equivalent in most Sanskrit manuscripts and the Tibetan version, where it is the 33rd, but is missing in all the Chinese versions.

4) The 18th and the 19th vows of R, which correspond to the 18th and the 19th of the Tibetan version, have equivalents in three vows in the *Wuliang-shou-jing*: the 18th, the 19th, and the 20th. This is also the case with the *Wuliangshou-rulai-hui*, where they are the 18th, the 19th, and the 20th, although the content is slightly different from that of the former. All the Sanskrit manuscripts include them as two. Ox, H1, K3 and Ro repeat the 19th twice, which does not correspond to any part of the three vows in the *Wuliangshou-jing* and the *Wuliangshou-rulai-hui*.

## Table C: Comparative Table of the Pages of the Modern Editions

| F | Af (Suppl.) | A | Mn | W | V |
|---|---|---|---|---|---|
| 3 | 3-8 (3-4) | 1 | 1 | 4 | 221 |
| 4 | 9-26 (5-10) | 1-2 | 1-2 | 4-6 | 221 |
| 5 | 26-46 (10-17) | 2-3 | 2-3 | 6-8 | 221-222 |
| 6 | 46-62 (17-22) | 3 | 3-4 | 8-10 | 222 |
| 7 | 62-85 (22-30) | 3-5 | 4 | 10 | 222 |
| 8 | 85-107 (30-37) | 5 | 4-5 | 10-12 | 222-223 |
| 9 | 107-134 (37-44) | 5-6 | 5-6 | 12-14 | 223 |
| 10 | 135-150 (45-50) | 6-7 | 7 | 16 | 223-224 |
| 11 | 150-159 (50-53) | 7-8 | 7-8 | 16-18 | 224 |
| 12 | 160-178 (53-58) | 8-9 | 8-9 | 18-20 | 224-225 |
| 13 | 178-193 (58-63) | 9 | 9-10 | 20-22 | 225 |
| 14 | 193-221 (63-71) | 9-10 | 10-11 | 22-24 | 225 |
| 15 | 221-244 (71-79) | 10-11 | 11-12 | 24-26 | 225-226 |
| 16 | 244-271 (79-87) | 11-12 | 12-13 | 26-28 | 226 |
| 17 | 271-296 (87-95) | 12-13 | 13-14 | 28-30 | 226-227 |
| 18 | 297-319 (95-102) | 13-14 | 14-15 | 30-32 | 227 |
| 19 | 319-346 (102-111) | 14-16 | 15-16 | 32-34 | 227-228 |
| 20 | 346-368 (111-119) | 16-17 | 16-17 | 34-36 | 228 |
| 21 | 368-387 (119-125) | 17-18 | 17-18 | 36-38 | 228-229 |
| 22 | 387-404 (125-131) | 18 | 18-19 | 38-40 | 229 |
| 23 | 404-424 (131-137) | 18-19 | 19-20 | 40-42 | 229 |
| 24 | 424-444 (137-144) | 19-20 | 20-21 | 42-44 | 229-230 |
| 25 | 445-462 (144-150) | 20-21 | 21-22 | 44-46 | 230 |
| 26 | 463-470 (150-153) | 21-22 | 22-23 | 46-48 | 230-231 |
| 27 | 471-480 (153-156) | 22-23 | 23-24 | 48-50 | 231 |
| 28 | 481-495 (156-161) | 23 | 24-25 | 50-52 | 231-232 |
| 29 | 495-516 (161-168) | 23-24 | 25-26 | 52-54 | 232 |
| 30 | 516-539 (168-176) | 24-25 | 26-27 | 54-56 | 232-233 |
| 31 | 540-564 (176-184) | 25-26 | 27-28 | 56-58 | 233 |
| 32 | 564-589 (184-192) | 26-27 | 28-29 | 58-60 | 233-234 |
| 33 | 589-608 (192-199) | 27-28 | 29-30 | 60-62 | 234 |
| 34 | 609-633 (199-207) | 28-29 | 30-31 | 62-64 | 234-235 |
| 35 | 634-657 (207-215) | 29-30 | 31-33 | 64-68 | 235 |
| 36 | 657-682 (215-223) | 30-31 | 33-34 | 68-70 | 235 |
| 37 | 682-715 (223-234) | 31-32 | 34-35 | 70-72 | 235-236 |
| 38 | 715-736 (234-241) | 32-33 | 35-36 | 72-74 | 236 |
| 39 | 737-758 (241-248) | 33-34 | 36-37 | 74-76 | 237 |
| 40 | 758-781 (248-256) | 34-35 | 37-38 | 76-78 | 237 |

| F | Af (Suppl.) | A | Mn | W | V |
|---|---|---|---|---|---|
| 41 | 781-805 (256-264) | 35-36 | 38-40 | 78-82 | 237-238 |
| 42 | 805-830 (264-272) | 36-37 | 40-41 | 82-84 | 238 |
| 43 | 830-856 (272-281) | 37-38 | 41-42 | 84-86 | 238 |
| 44 | 857-882 (281-290) | 38-39 | 42-43 | 86-88 | 239 |
| 45 | 882-907 (290-298) | 39-40 | 43-44 | 88-90 | 239-240 |
| 46 | 907-916 (298-301) | 40-41 | 44-46 | 90-94 | 240 |
| 47 | 916-923 (301-303) | 41-42 | 46 | 94 | 240 |
| 48 | 924-947 (304-311) | 42-43 | 46-47 | 94-96 | 240-241 |
| 49 | 947-968 (311-318) | 43 | 47-48 | 96-98 | 241 |
| 50 | 969-974 (319-320) | 43-44 | 49 | 100 | 241-242 |
| 51 | 975-981 (321-323) | 44 | 49-50 | 100-102 | 242 |
| 52 | 981-987 (323-325) | 44-45 | 50-51 | 102-104 | 242 |
| 53 | 987-992 (325-326) | 45 | 51 | 104 | 242-243 |
| 54 | 993-997 (327-328) | 45-46 | 51-52 | 104-106 | 243 |
| 55 | 998-1003 (328-330) | 46 | 52-53 | 106-108 | 243 |
| 56 | 1004-1009 (330-332) | 46-47 | 53 | 108 | 243-244 |
| 57 | 1009-1025 (332-337) | 47 | 53-54 | 108-110 | 244 |
| 58 | 1025-1050 (337-346) | 47-48 | 54-55 | 110-112 | 244-245 |
| 59 | 1051-1075 (346-354) | 48-49 | 55-56 | 112-114 | 245 |
| 60 | 1075-1106 (354-363) | 49-50 | 56-58 | 114-118 | 245-246 |
| 61 | 1106-1134 (363-372) | 50-52 | 58-59 | 118-120 | 246 |
| 62 | 1134-1153 (372-378) | 52 | 59-60 | 120-122 | 246-247 |
| 63 | 1153-1172 (378-385) | 52-53 | 60-61 | 122-124 | 247 |
| 64 | 1172-1188 (385-390) | 53-54 | 61-62 | 124-126 | 247 |
| 65 | 1188-1206 (390-396) | 54-55 | 62 | 126 | 247-248 |
| 66 | 1207-1230 (396-404) | 55-56 | 62-64 | 126-130 | 248 |
| 67 | 1230-1254 (404-412) | 56-57 | 64-65 | 130-132 | 248 |
| 68 | 1254-1279 (412-416) | 57-58 | 65-66 | 132-134 | 248-249 |
| 69 | 1280-1298 (416-426) | 58-59 | 66-67 | 134-136 | 249 |
| 70 | 1298-1321 (426-434) | 59-60 | 67-68 | 136-138 | 249-250 |
| 71 | 1321-1346 (434-442) | 60-61 | 68-70 | 138-142 | 250 |
| 72 | 1346-1373 (442-451) | 61-62 | 70-71 | 142-144 | 250-251 |
| 73 | 1373-1391 (451-457) | 62-63 | 71-72 | 144-146 | 251 |
| 74 | 1392-1416 (457-465) | 63-64 | 72-73 | 146-148 | 251 |
| 75 | 1417-1428 (465-469) | 64 | 73 | 148 | 251-252 |
| 76 | 1429-1434 (469-471) | 64-65 | 74 | 150 | 252 |
| 77 | 1435-1441 (471-473) | 65 | 74-75 | 150-152 | 252 |
| 78 | 1441-1446 (473-475) | 65 | 75 | 152 | 252-253 |
| 79 | 1447-1467 (475-482) | 66 | 75-77 | 152-156 | 253 |
| 80 | 1468-1475 (482-485) | 66-67 | 77-78 | 156-158 | 253 |

## II *Smaller Sukhāvatīvyūha*

### 1 Sanskrit Materials

#### (1) Siddham Texts and a Central Asian Fragment

A) Siddham Texts

Unlike the *L.Sukh*, no complete Sanskrit texts of the *Smaller Sukhāvatīvyūha* (=*S.Sukh*) have been found, either in Nepal or in Afghanistan. They are extant only in the form of Siddham texts which were transmitted to Japan in the pre-modern era.[1] Of these, the *Bonkan ryōji amidakyō* (梵漢兩字阿彌陀經) was presumably brought to Japan from China by En'nin (圓仁 794-864), alias Jikaku-daishi (慈覺大師), of the Tendai Sect and afterwards by Shūei (宗叡 809-884) of the Shingon Sect in the early Heian period (9th century).[2]

The Siddham version is assumed to have gained currency from the Kamakura period through the Muromachi period (12th to 16th centuries). According to the colophon of the edition of Jiun (慈雲 1718-1804), (ii) below, he consulted the following three manuscripts for his edition:

(a) MS handed down by Hōsen (法宣, date unknown) Wa-shū (now Nara Prefecture) in 1195.

(b) MS obtained in Saku-gun (佐久郡) of Shin-shū (now Nagano Prefecture) in 1221.

(c) MS preserved in Ishiyamadera temple (石山寺) (now Shiga Prefecture) during 1501-1503.

This suggests that the Siddham texts had spread widely in Japan far before the Edo period (17th to 19th centuries), and that, in the middle Edo period (18th century), the above three manuscripts were widely transcribed, leaving the following extant:

(a') *Bon-tō taiyaku amidakyō* (梵唐対譯阿彌陀經) [*Sanskrit-Chinese Version of the Amituo-jing*] (1740), transcribed by Jakugon (寂嚴 1702-1771) from a MS preserved in Ando-gokurakuji temple (安堵極楽寺), which appears to be identical to (a) above. (= Ag)

(b') *Midakyō bonpon* (彌陀經梵本) [*Sanskrit Version of the Amituo-jing*] (1741), transcribed by Jiun from a MS owned by Kōkaku (光覺, date

1. Cf. Fujita [1994] 1-27.
2. For the detailed information on the following Siddham texts, see Fujita [2007] 117ff.

unknown). This is identical to (b) above and reproduced in (ix) below. (= Ko)

(c') *Bonkan ryōji amidakyō* (梵漢兩字阿彌陀經) [*Sanskrit-Chinese Bilingual Version of the Amituo-jing*] (1734), transcribed by Jakugon from a MS preserved in Ishiyamadera temple, which is identical to (c) above. (= Iy)

Based upon the above-mentioned three manuscripts, printed editions were published either in Kyoto or Osaka in the late Edo period as follows:

(i) Jōmyō (常明 1702-1784) (ed.), *Bonkan ryōji amidakyō* (梵漢兩字阿彌陀經) (1773). (=Jo)

N.B. It appears to be based upon (c) above, though there is no mention of this MS.

(ii) Jiun (ed.), *Bonkan amidakyō* (梵漢阿彌陀經) [*Sanskrit-Chinese Version of the Amituo-jing*], in *Bonkyō sanpon* (梵篋三本) [*A Basket of Three Sanskrit Texts*], (1783). (= Ji)

N.B. As is mentioned above, the colophon notes (a), (b), and (c) above as the MSS upon which it is based.

(iii) Shōdō (勝道) (ed.), *Bonbun amidakyō* (梵文阿彌陀經) [*Sanskrit Version of the Amituo-jing*], a folding book (1792).

N.B. According to the editor, this is based upon the better text of the Sanskrit version of the *Amituo-jing*, which was obtained by the editor, though it was unknown to him who had collated it. There is little information about the editor Shōdō. This edition is not consulted in the present work in the light of its low academic value.

(iv) Hōgo (法護) (comp.), Taiju (諦濡) (rev.), *Bonbun amidakyō shoyaku goshō* (梵文阿彌陀經諸譯互證) [*Collation of Chinese Translations with the Sanskrit Version of the Amituo-jing*], *Bongaku shinryō* (梵學津梁) [*A Bridge for Sanskrit Studies*], 319 (1795). (= Ht)

N.B. Though it does not indicate so, it is obviously based upon Ji above.

(v) Hōgo (comp.), Taiju and Tenju (典壽) (rev.), *Bonbun amidakyō gishaku* (梵文阿彌陀經義釈) [*Exegesis of the Sanskrit Version of the Amituo-jing*], 3 fascicles, in *Bongaku shinryō*, 342 (1795).

N.B. Toward the beginning, it refers to (a), (b), and (c), as does the colophon of Ji above. For the most part, this edition is not referred to in the present work because the text proper in this edition is mostly the same as that in Ht above.

In the Meiji era (19th century) or later, Siddham versions were published in new forms:

(vi) "O-mi-to-king ou Soukhavati-vyouha-soutra, d'après la version chinoise de Koumarajiva, traduit du chinois par MM. Ymaïzoumi et Yamata," *Annales du Musée Guimet*, II, 1881, 39-64, "Texte sanscrit du Soukhavati-vyouha-soutra," 45-64.

N.B. Referencing Max Müller's article (*i*) below, Y. Imaizumi and T. Yamada jointly translated Kumārajīva's Chinese version into French and presented the Siddham text following their translation. Though they do not signify the copytext, it is presumably a handwritten text based on Ji above.

(vii) T. Ama (comp.), *Shittan amidakyō* [*The Siddham Version of the Amituo-jing*], Tokyo: Heigo Shuppansha, 1908.

N.B. This edition is based on (v) above collated with Jo, Ko, and *Shittan amidakyō*, the last of which is thought to be another manuscript by Jiun drafted prior to Ji, and Müller and Nanjio's edition (*ii*) below.

(viii) J. Ishihama (repr.), "*Bonkan amidakyō*," in *Jiun-sonja bonpon chūso eika* [*Selected Works of Venerable Jiun's Contribution to Sanskrit Studies*], Osaka: Jiun-sonja Hyakugojūnen Onki Hōsankai, 1953.

N.B. This is a facsimile reprint of Ji.

(ix) Lokesh Chandra (repr.), "*Midakyō bonpon*," in *Sanskrit Manuscripts from Japan (Facsimile Edition)*, Part 2, *Śata-Piṭaka Series*, 94, New Delhi, 1972, 413-35.

N.B. This is a facsimile reprint of Ko.

B) Central Asian Fragment (=Ho)

Most recently, a single fragment of the *S.Sukh* from Central Asia was found in the Hoernle Collection (Or. 15009/41) of the British Library.[1] Its editor Ye Shaoyong identifies it with 85.10-24 of my Mf text[2] ((*x*) below)

1. Karashima and Wille [2009] 119-120, Facsimiles: Plate 76.
2. It corresponds to 92.19~93.13 of the present work and 99.1-12 of Müller's edition ((*ii*) below).

and describes its script as "Early South Turkestan Brāhmī," which enables us to date the fragment back to the 7th or 8th century. In addition to its antiquity compared with the above-mentioned Siddham texts that have been transmitted to Japan, it is highly remarkable in that the newly-found fragment provides substantial proof of the dissemination over Central Asia of the *S.Sukh*.

### (2) Modern Editions

In the modern era, Sanskrit editions based on one or more of the above-mentioned Siddham manuscripts and/or editions have been published:

(*i*) F. Max Müller, "On Sanskrit Texts Discovered in Japan," *Journal of the Royal Asiatic Society*, N.S. 12, April 1880, 153-86: "The Smaller Sukhāvatīvyūha," 181-86.

N.B. This was the first attempt to introduce the *S.Sukh* to the world, and a collation based on (i), (ii), (iv), and (v) above in cooperation with B. Nanjio and K. Kasahara. It consists of an exposition of the Siddham texts and corresponding English translation with annotations followed by the Sanskrit text in Devanāgarī.

(*ii*) F. Max Müller and B. Nanjio (eds.), *Sukhāvatīvyūha, Description of Sukhāvatī, the Land of Bliss*, Anecdota Oxoniensia, Aryan Series, Vol. I, Part II, Oxford, 1883; rep., Amsterdam, 1972; New York, 1976, 92-100: Appendix II. Sanskrit Text of the Smaller Sukhāvatīvyūha. (= M)

N.B. This edition was published as an appendix to the *L.Sukh*, I-(2)-(i) above, which is a reproduction of the above (*i*) with amendments. It has become the standard Sanskrit edition of the *S.Sukh*.

(*iii*) U. Wogihara (rev. and tr.), "*Bon-wa taiyaku amidakyō*" [*The Smaller Sukhāvatīvyūha, with a Side-by-side Japanese Translation*], in *Bon-zō-wa-ei-gappeki jōdo sanbukyō, Jōdoshū Zensho Bekkan*, Tokyo: Daitō Shuppansha, 1931; rep. 1961; new rep., 1972, 193-212. (= W)

N.B. This is an offset reproduction of M with critical notes and a Japanese translation. Corrections to M are found in seven places.

(*iv*) H. Izumi (ed.), *Amidakyō bonbun* [*The Text of the Smaller Sukhāvatī-vyūha*], *Mayūra*, No.1, Kyoto: Ōtani Daigaku Seitengo Gakkai, 1933.

N.B. This is based upon M and newly printed in Devanāgarī scripts. It shows all the nasal signs differently from those in M and gives some emendations.

(*v*) T. Ama (ed. and tr.), *Bonpon (rōmajiyaku) amidakyō to wayaku no taishō* [*The Smaller Sukhāvatīvyūha in Roman Script, with a Japanese Translation*], Kyoto: Daijōsha, 1934.

N.B. Based upon (vii) above, this edition provides a newly romanized text side-by-side with a Japanese translation. The editor's own readings in some places are not derived from sufficiently critical collation.

(*vi*) H. Kimura (ed.), *The Smaller Sukhāvatī-vyūha, Description of Sukhāvatī, the Land of Bliss, Collaterating* (sic) *Sanskrit, Tibetan, Chinese Texts with Commentarial Foot Notes*, Part I, Kyoto: Publication Bureau of Buddhist Books, Ryukoku University, 1943. (= K)

N.B. This is an incomplete edition which encompasses nearly the first half. Though lacking explanatory notes, it is purportedly based on M, along with variants in the Siddham texts such as Ko, Jo, Ji, Ht, and (v) above. The text in handwritten Devanāgarī is presented with the Tibetan and two Chinese versions for side-by-side comparison.

(*vii*) A. Ashikaga (ed.), "Ishiyamadera shozō amidakyō bonpon ni tsuite" [On the *Smaller Sukhāvtīvyūha* Preserved in Ishiyamadera Temple], *Indogaku Bukkyōgaku Kenkyū*, 3-2, 1955, 10-17. (= A)

N.B. As the first edition printed in Roman script, this edition is probably based on the MS transcribed by Egai (慧鎧, date unknown) in 1769, from a MS preserved in Ishiyamadera temple, collated with M and Ji. Most likely in consideration to the actual status of the original MS, this edition does not apply *sandhi* rules and contains more than a few errors, which precludes a critical edition. Moreover, this edition is reproduced in the aforementioned *Ashikaga Atsuuji chosakushū, Dai 2 kan*, 15-25. Its pagination is different from that of the original edition, and some errors are still found.

(*viii*) K. Tsukinowa (ed. and tr.), *Bon-zō-kan-wa-gappeki bussetsu-amida-kyō* [*The Smaller Sukhāvatīvyūha, Combined with Sanskrit Text, Tibetan Version, Chinese and Japanese Translations*], Kyoto: Nishi Honganji, 1955.

N.B. Based on M, this edition is a mimeograph with reference to A along with a Japanese translation, and put together with the Tibetan and two Chinese versions for comparison.

(*ix*) P. L. Vaidya (ed.), "Sukhāvatīvyūhaḥ (Saṃkṣiptamātrikā)," in *Mahā-*

*yāna-sūtrasaṃgraha*, Part I, Buddhist Sanskrit Texts, No.17, Darbhanga, 1961, 254-57. (=V)

N.B. This edition is a reproduction of M with amendments to some words and issues of punctuations. As is stated above, the subtitle "Samkṣiptamātṛkā" is an addition by the editor to contrast it with "Vistaramātṛkā", which refers to the *L.Sukh*.

(*x*) K. Fujita, "The Smaller Sukhāvatīvyūha: Emended Text of F. Max Müller's Edition by K. Fujita," in *Amidakyō kōkyū* [*Investigative Lecture on the Amituo-jing*], Kyoto: Higashi Honganji Shuppanbu, 2001, 79-88. (= Mf)

N.B. This edition gives a tentative reading of the Sanskrit text, abbreviated as "Mf" in the sense of "Müller's edition as emended by Fujita." As is the case of the *L.Sukh*, I have already presented my own emendations to M as a preliminary to the present work.[1]

Of these ten editions, M (*ii*), W, and V have been widely utilized among modern scholars, though of these three M can be substantially deemed a standard edition, as the last two are based upon M. However, the errors that occasionally occur in M compel us to recognize the need for a critical edition by means of more carefully scrutinizing the Siddham MSS and editions. I published a tentative text in Mf (*x*) pursuant to this reasoning, and again in the present work. Using M as the basic text, I reexamined the work done in Mf in light of a more thorough investigation into all available Siddham texts (Ag, Ko, Iy, Jo, Hi, Ht), referencing the Tibetan and Chinese translations and the modern editions (W, K, A, V), which led to this new critical edition.

Recently, the Mf text has been reproduced in Kitabatake [2006], and has been used as the standard text since the collating of the above-mentioned Central Asian fragment with the *S.Sukh*.

A handy glossary of the *S.Sukh*, as well as one of the *L.Sukh*, has been published.[2] It is based upon M, but also references W, K, and my emendations (1975), and provides Chinese and Tibetan equivalents for comparison.

## 2 Tibetan Translation

The Tibetan translation of the *S.Sukh* is called *'Phags pa bde ba can gyi bkod pa źes bya ba theg pa chen po'i mdo* (Skt. *Ārya-sukhāvatīvyūha nāma*

1. Cf. Fujita [1975] 43-44.
2. Inagaki [1984] 277-323 (Part Two: Glossary of the Smaller Sukhāvatīvyūha Sūtra).

*mahāyānasūtra*), which is congruent with the title of the *L.Sukh*, and is found in the *mDo sna tshegs* (D *mDo sde*) of the Tibetan Kanjur. The colophons of the D and L editions and the sTog Palace manuscript name Dānaśīla and Ye śes sde as translators, who, as mentioned above, also translated the *L.Sukh* in the early 9th century.

As for modern publications, two Tibetan editions have been published.

(i) E. Kawaguchi (ed. and tr.), "*Zō-wa taiyaku amidakyō*" [*Tibetan Translation of the Smaller Sukhāvatīvyūha, with a Side-by-side Japanese Translation*], in *Bon-zō-wa-ei-gappeki jōdo sanbukyō, Jōdoshū Zensho Bekkan*, Tokyo: Daitō Shuppansha, 1931; rep. 1961; new rep., 1972, 324-56.

N.B. Kawaguchi's was the first collated edition, and so far has been used as a standard. It is based on the N edition annotated with the P and D editions. The author's handwritten Tibetan text is given on the left-hand page with the corresponding Japanese translation on the right.

(ii) S. Onoda (comp.), "*Zōyaku amidakyō kyōgōhyō*" [*A Collation of the Tibetan Manuscripts and Editions of the Smaller Sukhāvatīvyūha*]," in *Bukkyōgaku jōdogaku kenkyū: Kagawa Takao hakushi koki kinen ronshū* [*Buddhist and Pure Land Studies: Essays in Honour of Doctor Takao Kagawa on His Seventieth Birthday*], Kyoto: Nagata Bunshōdō, 2001, 65-93.

N.B. This is a collation work of the P, D, N, L, Urga editions and the sTog Palace, Śel dkar (London), Phug brag, and rGyal rtse manuscripts, the last of which is not used in Kawaguchi's edition above. It is of great use because it covers as many editions and manuscripts as available to date, though it unfortunately fails to collate colophon portions and specify the text on which it is based. The editor has indicated that we can expect a future appearance of a critical text.

The present work covers the four major editions (P, C, D, N) and L, as in the case of the *L.Sukh*. I have utilized P as the basic edition referred to, and have mentioned others as needed.[1] The copies that I have availed myself of are as follows:

P Kept in the Otani University Library, Kyoto (the above-mentioned reprint)

C Kept in the Toyo Bunko, Tokyo

1. Notably, a Mongolian translation of the Tibetan version is known to exist. Cf. Ligeti [1942-44] 226.

D *Ibid.*
N *Ibid.*
L Kept in the Faculty of Letters, University of Tokyo.

## 3 Chinese Translations

It is said of the Chinese translations of the *S.Sukh* that there are "two extant and one lost," that is, three in all. The two extant translations included in the Chinese Tripiṭaka are as follows:

(1) *Amituo-jing* (阿彌陀經), 1 fascicle, tr. by Kumārajīva (鳩摩羅什) ca. 402 C.E., T. 366: 12, 346b-348a.

(2) *Chengzan-jingtu-fosheshou-jing* (稱讚淨土佛攝受經), 1 fascicle, tr. by Xuanzang (玄奘) in 650 C.E., T. 367: 12, 348b-351b.

Of these, (1) is the revered orthodox scripture among various Pure Land sects in East Asia, and for the most part is in accordance with the Sanskrit version, though their titles diverge from each other. The title of (2) is peculiar, and its content is fairly discordant with that of the Sanskrit version.[1] Still, this text has been widely cited in East Asia, though not as much as (1).[2]

---

1. For details, see Fujita [1998] 1-35.
2. It has recently been shown that Kumārajīva's *Amituo-jing* was retranslated into several Central and East Asian vernaculars. An incomplete Tibetan manuscript and a Uigur fragment found in Dunhuang have so far been identified. Xixia and Manchu translations have also been reported. Furthermore, it should be noted that an incomplete transliteration of the *Amituo-jing* in Tibetan script has been found in Dunhuang. None of these retranslations is consulted in the present work. Cf. Fujita [2007] 129-34.

**Table: Comparative Table of the Pages of the Modern Editions**

| F | Mf | M | W | K | A | V |
|---|---|---|---|---|---|---|
| 83 | 79 | 92 | 194 | 1-5 | 11-12 | 244 |
| 84 | 79-80 | 92-93 | 194-196 | 5-13 | 12 | 244 |
| 85 | 80 | 93-94 | 196-198 | 13-17 | 12-13 | 244-245 |
| 86 | 80-81 | 94 | 198 | 17-25 | 13 | 245 |
| 87 | 81-82 | 94-95 | 198-200 | 25-35 | 13-14 | 245 |
| 88 | 82 | 95-96 | 200-202 | 35-41 | 14 | 245-246 |
| 89 | 82-83 | 96 | 202 | / | 14-15 | 246 |
| 90 | 83-84 | 96-97 | 202-204 | / | 15 | 246 |
| 91 | 84 | 97-98 | 204-206 | / | 15-16 | 246 |
| 92 | 84-85 | 98-99 | 206-208 | / | 16 | 247 |
| 93 | 85 | 99 | 208 | / | 16-17 | 247 |
| 94 | 85-86 | 99-100 | 208-210 | / | 17 | 247 |

# ABBREVIATIONS

## I *Larger Sukhāvatīvyūha*

### 1 Sanskrit Materials

a) Nepalese Manuscripts

| | |
|---|---|
| As | MS. No. B, 20, Asiatic Society, Calcutta, paper, 37 folios. |
| B | MS. No. 153, Bibliothèque Nationale, Paris, paper, 64 folios. |
| C | MS. No. 1368, University Library of Cambridge, Cambridge, paper, 35 folios. |
| D1 | MS. D433, Asha Archives, Kathmandu, paper, 73 folios. |
| D2 | MS. D437, Asha Archives, Kathmandu, paper, 70 folios. |
| H1 | MS. No. 1, Hokkaido University Library, Sapporo, paper, 70 folios. |
| H2 | MS. No. 2, Hokkaido University Library, Sapporo, paper, 55 folios. |
| K1 | MS. Private Collection, Kathmandu, paper, 43 folios (incomplete). |
| K2 | MS. Private Collection, Kathmandu, paper, 80 folios. |
| K3 | MS. Private Collection, Kathmandu, paper, 87 folios (referred to as "K4" in Af). |
| K4 | MS. Private Collection, Kathmandu, paper, 94 folios (referred to as "K5" in Af). |
| K5 | MS. Private Collection, Kathmandu, paper, 34 folios (referred to as "K6" in Af). |
| K6 | MS. Private Collection, Kathmandu, paper, 70 folios (referred to as "K7" in Af). |
| K7 | MS. Private Collection, Kathmandu, paper, 4 folios (incomplete, referred to as "K8" in Af). |
| K8 | MS. Private Collection, Kathmandu, paper, 54 folios (referred to as "K9" in Af). |
| K9 | MS. Private Collection, Kathmandu, paper, 20 folios (incomplete, referred to as "K10" in Af). |
| Ko | MS. Koyasan University Library, Koyasan, paper, 80 folios. |
| Kt | MS. No. 123, Fuculty of Letters, Kyoto University, Kyoto, paper, 19 folios. |
| Ky | MS. Faculty of Letters, Kyoto University, Kyoto, paper, 69 folios. |
| L | MS. No. 211255, School of Oriental and African Studies, |

University of London, London, paper, 84 folios.

N1 MS. pra 1697 kha 5, National Archives, Kathmandu, palm-leaf, 26 folios (incomplete).

N2 MS. tṛ 594, National Archives, Kathmandu, paper, 32 folios.

N3 MS. ca 71, National Archives, Kathmandu, paper, 39 folios.

N4 MS. 151, National Archives, Kathmandu, paper, 79 folios.

N5 MS. No. ṣa 679, National Archives, Kathmandu, paper, 65 folios (referred to as "K3" in Af).

O1 MS. A, Otani Collection (Koju-kai), Ryukoku University Library, Kyoto, paper, 65 folios.

O2 MS. B, Otani Collection (Koju-kai), Ryukoku University Library, Kyoto, paper, 50 folios.

O3 MS. C, Otani Collection (Koju-kai), Ryukoku University Library, Kyoto, paper, 63+1 folios.

Ox MS. No. 3, Bodleian Library of Oxford University, Oxford, paper, 74 folios.

R MS. Ryukoku University Library, Kyoto, palm-leaf, 85 folios (missing one folio).

Ro MS. No. 20, Royal Asiatic Society, London, paper, 65 folios.

S MS. No. 16, Société Asiatique, Paris, paper, 82 folios.

T1 MS. No. 467, University of Tokyo Library, Tokyo, paper 17 folios (incomplete).

T2 MS. No. 468, University of Tokyo Library, Tokyo, paper 71 folios.

T3 MS. No. 469, University of Tokyo Library, Tokyo, paper 63 folios.

T4 MS. No. 470, University of Tokyo Library, Tokyo, paper 84 folios.

T5 MS. No. 471, University of Tokyo Library, Tokyo, paper 64 folios.

T6 MS. No. 472, University of Tokyo Library, Tokyo, paper 56 folios.

b) Afghanistan Fragments

Sc MS. Schøyen Collection, Spikkestad, Norway, birchbark, 3 folios (incomplete, not referred to in Af).

2 Modern Editions

| | |
|---|---|
| A | Ashikaga's edition, 1965. |
| Af | A as emended by Fujita, in Fujita [1992, 93, 96]. |
| Mn | Müller and Nanjio's edition, 1883. |
| V | Vaidya's edition, 1961. |
| W | Wogihara's corrections to Mn, 1931. |

The other available edition by Otani (1929) is not noted.

3 Tibetan Translation

| | |
|---|---|
| C | Co ne edition. |
| D | sDe dge edition. |
| L | Lhasa edition. |
| N | sNar thaṅ edition. |
| P | Peking edition. |

P is used as the basic text, with necessary reference to the other four. The other available MSS, namely Śel dkar (London), the Phug brag, and sTog Palace MSS and the Urga edition in 'Jōdokyō no sōgōteki kenkyū' kenkyūhan [2000], and the rGyal rtse MS in Kawaguchi [1931a] are not noted.

4 Chinese Translations

| | |
|---|---|
| T.310.5 | *Wuliangshou-rulai-hui,* tr. by Bodhiruci. |
| T.360 | *Wuliangshou-jing*, attributed to Kang Sengkai (Saṃghavarman) but certainly a joint translation by Buddhabhadra and Baoyun. |
| T.361 | *Wuliangqingjin-pingdengjue-jing,* tr. by Zhi Loujiachen (Lokakṣema), but most likely by Bo Yan. |
| T.362 | *Amituo-sanyesanfo-saloufotan-guodu-rendao-jing* alias *Da-amituo-jing*, tr. almost certainly by Zhi Qian. |
| T.363 | *Dasheng-wuliangshou-zhuangyan-jing,* tr. by Faxian. |

## II *Smaller Sukhāvatīvyūha*

1 Sanskrit Materials

a) Siddham Texts

| | |
|---|---|
| Ag | *Bon-tō taiyaku amidakyō*, transcribed by Jakugon from a MS preserved in Ando-gokurakuji temple. |

| | |
|---|---|
| Ht | Hōgo (comp.), Taiju (rev.), *Bonbun amidakyō shoyaku goshō.* |
| Iy | *Bonkan ryōji amidakyō*, transcribed by Jakugon from a MS preserved in Ishiyamadera temple. |
| Ji | Jiun (ed.), *Bonkan amidakyō.* |
| Jo | Jōmyō (ed.), *Bonkan ryōji amidakyō.* |
| Ko | *Midakyō bonpon,* transcribed by Jiun from a MS owned by Kōkaku. |

b) Central Asian Fragment

| | |
|---|---|
| Ho | Or.15009/41 in the Hoernle Collection, British Library, London, paper, 1 folio (incomplete, not referred to in all modern editions). |

2 Modern Editions

| | |
|---|---|
| A | Ashikaga's edition, 1955. |
| K | Kimura's edition (incomplete), 1943. |
| M | Müller's edition, 1883. |
| Mf | M as emended by Fujita, in Fujita [2001]. |
| V | Vaidya's edition, 1961. |
| W | Wogihara's corrections to M, 1931. |

The other available editions by Izumi (1933), Ama (1934), and Tsukinowa (1955) are not noted.

3 Tibetan Translation

| | |
|---|---|
| C | Co ne edition. |
| D | sDe dge edition. |
| L | Lhasa edition. |
| N | sNar thaṅ edition. |
| P | Peking edition. |

P is used as the basic text, with necessary reference to the other four. The other available MSS, namely the Śel dkar (London), Phug brag, sTog Palace and rGyal rtse MSS, and the Urga edition in Onoda [2001] are not noted.

4 Chinese Translations

| | |
|---|---|
| T.366 | *Amituo-jing*, tr. by Kumārajīva. |
| T.367 | *Chengzan-jingtu-fosheshou-jing*, tr. by Xuanzang. |

## III Miscellaneous

| | |
|---|---|
| acc. | accusative |
| *AN* | *Aṅguttara-Nikāya* |
| BHS | Buddhist Hybrid Sanskrit |
| *BHSD* | *Buddhist Hybrid Sanskrit Dictionary*, by F. Edgerton. |
| *BHSG* | *Buddhist Hybrid Sanskrit Grammar*, by F. Edgerton. |
| cf. | confer, compare |
| Chin | Chinese version |
| Cl. Skt. | Classical Sanskrit |
| comp. | compiled |
| *do.* | same as above |
| ed. | edited |
| e.g. | for example |
| em. | emended (from) |
| *et al.* | and others |
| esp. | especially |
| F | Fujita's present work |
| fn. | footnote |
| *ibid.* | in the preceding work |
| incl. | including |
| *L.Sukh* | *Larger Sukhāvatīvyūha* |
| *loc. cit.* | in the passage already cited |
| m. | masculine |
| m.c. | metrical reasons |
| MS(S) | manuscript(s) |
| *Mvy* | *Mahāvyutpatti*, by R. Sakaki |
| n. | neuter |
| N.B. | note well |
| NGMPP | Nepal-German Manuscript Preservation Project |
| nom. | nominative |
| *op. cit.* | in the work already cited |
| pl. | plural |
| prob. | probably |
| *PTSD* | *Pali Text Society's Pali-English Dictionary* |
| ref. | reference |
| rep. | reprinted, reproduced |

| | |
|---|---|
| rev. | revised |
| Skt. | Sanskrit |
| sg. | singular |
| *S.Sukh* | *Smaller Sukhāvatīvyūha* |
| Suppl. | Supplement (Part III) of the Af text |
| suppor. | supported (by) |
| s.v(v). | under the word(s) |
| T. | *Taishō Shinshū Daizōkyō* |
| Tib | Tibetan version |
| tr. | translated |
| unmetr. | unmetrical |
| v. | verse |
| var. | variant(s) |
| voc. | vocative |

# EDITORIAL NOTES (*L.Sukh*)

1) The romanized text of the *L.Sukh* is edited using R, N1 (incomplete) and Ky from 38 Nepalese MSS in Fujita [1992, 93, 96] as the basic MSS for revision, the folio numbers of which are provided in brackets.

2) Despite the overall reliability of R, variant readings from N1 and/or Ky are adopted whenever appropriate. Minor variations in readings in the prose sections not adopted from the three basic MSS are not individually noted.

3) In the *gāthā* sections and those dealing with the vows, differences among the three basic MSS are in most cases noted with necessary references to the modern editions (A, Af, Mn, V, W). Numbers for the *gāthā*s and vows, which are not found in MSS, are added. *Daṇḍa*s in the MSS are rearranged and/or added to reflect a more rational usage.

4) When a reading attested in MSS other than the basic three is adopted, the approximate number of those MSS is noted, together with the readings of the three basic MSS. When a reading is adopted that is not attested in any of the MSS, necessary references are made to the MS(S) from which it is emended, to Tib, Chin, and/or to modern editions, in addition to the readings of the three basic MSS.

5) Different readings in the fragments of the Afghanistan MS in the Schøyen Collection (Sc) are noted.

6) Minor and careless errata are not noted, nor are corrections based on Cl. Skt. grammar to fit orthographical features such as hiatus (e.g. -*aḥ a*-), single consonant for double consonants (e.g. *satva*-), the extensive application of substitute *anusvāra* (e.g. -*ṃ a*-), etc.

7) Based upon the editorial principles above, some readings in Af, which was published as a tentative text, have been revised after further scrutiny. Such revisions are noted herein.

# EDITORIAL NOTES (*S.Sukh*)

1) The romanized text of the *S.Sukh* is edited using M as the main text, the page numbers of which are given along with those of Mf in Fujita [2001].

2) M, which employs an overall editorial principle of emending to Cl. Skt., is a work based on the then-available three Siddham texts (Jo, Ji, Ht) and an exegesis on Ht. Inconsistencies in it (e.g. *-ṃ a-*; *-ṃ /*) have been revised in Mf and are noted in the present edition in each relevant case, with the exception of alterations in *daṇḍa*s.

3) Emendations to M given in Mf are annotated with reference to the newly obtained Siddham texts (Ag, Ko, Iy), Tibetan and Chinese translations, and modern editions (W, K, A, V), together with occasional restorations of BHS (e.g. *pattīyatha*), which are significant in the Siddham texts.

4) Different readings in the fragment from Central Asia preserved in the Hoernle Collection (Ho), British Library, are noted.

5) Minor and careless errata frequently found in the Siddham texts are not individually noted, with the exception of irregularities followed in the modern editions (esp. A).

6) Based upon the editorial principles above, some readings in Mf, which was published as a tentative text, have been revised after further scrutiny. Such revisions are noted herein.

# A ROMANIZED TEXT

# OF

# THE *LARGER SUKHĀVATĪVYŪHA*

[R1a][1] [Ky1b] oṃ[2] namo daśadiganantāparyantalokadhātupratiṣṭhitebhyaḥ sarvabuddhabodhisattvāryaśrāvakapratyekabuddhebhyo 'tītānāgatapratyutpannebhyaḥ[3] ||

namo[4] 'mitābhāya namo 'mitāyuṣe[5]
namo namo[6] 'cintyaguṇākarātmane[7] |
namo 'mitābhāya[8] jināya te mune[9]
sukhāvatīṃ yāmi tavānukampayā[10] || 1 ||
sukhāvatīṃ kanakavicitrakānanāṃ[11]
manoramāṃ sugatasutair alaṃkṛtāṃ |
tavāśrayāṃ[12] prathitayaśasya dhīmataḥ
prayāmi tāṃ bahuguṇaratnasaṃcayām[13] || 2 ||

---

1. R uses paper for the first leaf of the new Nevārī script and adds *namaḥ sarvabuddhabodhisattvebhyaḥ* in the upper margin of folio 1a.
2. 32 MSS (incl. Ky) add *namaḥ śrīsarvabuddhabodhisattvebhyaḥ* or var, T3 *namo 'mitābhāya tathāgatāyārhante samyaksaṃmbuddhāya*, T1 *namo ratnatrayāya*. B, Ox add *oṃ namo ratnatrayāya* before *oṃ*. Most MSS (incl. R, Ky) have a *siddham* symbol before the foremost *oṃ*.
3. *oṃ ... °pratyutpannebhyaḥ*. Tib *saṅs rgyas daṅ byaṅ chub sems dpa' thams cad la phyag 'tshal lo* (**namaḥ sarvabuddhabodhisattvebhyaḥ*).
4. The following verses are missing in Tib and Chin. The metre of v.1 is Jagatī (Vaṃśasthā̆) and that of v.2 is Atijagatī (Rucirā). A, Mn, V do not show the former half of v.1 as such. A transliteration of the verses is found in T.930 *Wuliangshourulai-guanxing-gongyang-yigui* (無量壽如來觀行供養儀軌)(19, 70b-71a), and a Siddham version is found in T.875 *Lianhuabu-xinniansong-yigui* (蓮華部心念誦儀軌)(18, 326b). A Tib equivalent to v.1 is extant in a fragment from the Dunhuang documents (Pelliot. tib. 46 (3)). Cf. Fujita [2007] 524-26.
5. 13 MSS (Ox *et al.*) omit *namo 'mitāyuṣe*.
6. All MSS but R omit *namo*.
7. 16 MSS (incl. Ky). R *cintyaguṇakarātmane*.
8. 11 MSS (incl. R, Ky). Most other MSS (N5 *et al.*) *'mitaprabhāya* (hypermetric).
9. 29 MSS (incl. R). Ky *munaye* (hypermetric).
10. 15 MSS (incl. R). Ky, K6 *tacānukampayā*; most other MSS (T6 *et al.*) *te cānukampayā* (unmetr.) or var.
11. 7 MSS (incl. R). Most other MSS (incl. Ky) *kānaka°* (unmetr.).
12. Ox, H1, K3. Suppor. T.875, 930. R *tavāsrayāṃ*, with a mark attached by the scribe correcting it to *tathā°*. Most other MSS (incl. Ky) *tathāśrayāṃ* or var.
13. *°saṃcayām*. R, Ky, T4 (*°sañcayām*). 20 MSS (T6 *et al.*) *°saṃcayāṃ* or *°sañcayāṃ*. 19 MSS (Ox *et al.*) *°maṇi°* for *°guṇa°*. Other MSS show unmetrical word order, e.g. T6, S *°ratnamaṇi°* for *°guṇaratna°*.

[R1b] evaṃ mayā śrutam[1] ekasmin samaye bhagavān rājagṛhe viharati sma gṛdhrakūṭe parvate mahatā bhikṣusaṃghena sārdhaṃ dvātriṃśatā bhikṣusahasraiḥ sarvair arhadbhiḥ kṣīṇāśravair niḥkleśair uṣitavadbhiḥ samyagājñāsuvimuktacittaiḥ parikṣīṇabhavasaṃyojanasahasrair[2] [R2a] anuprāptasvakārthair vijitavadbhir[3] uttamadamaśama[Ky2a]thaprāptaiḥ[4] suvimuktacittaiḥ suvimuktaprajñair mahānāgaiḥ ṣaḍabhijñair vaśībhūtair aṣṭavimokṣadhyāyibhir balaprāptair abhijñātābhijñātaiḥ[5] sthavirair mahāśrāvakaiḥ | tad yathā | ājñātakauṇḍinyena ca | aśvajitā ca | bāṣpeṇa ca | mahānāmnā ca | bhadrajitā ca[6] | yaśodevena ca | vimalena ca | subāhunā ca | pūrṇena ca | maitrāyaṇīputreṇa[7] ca | gavāṃpatinā[8] ca | uruvilvākāśyapena ca | nadīkāśyapena ca | bhadrakāśyapena[9] ca | kumārakāśyapena ca | mahākāśyapena ca[10] | śāri[R2b]putreṇa ca | mahāmaudgalyāyanena ca[11] | mahākapphinena ca | mahācundena ca | aniruddhena ca | rādhena ca[12] | nandikena ca | kimpilena ca | subhūtinā ca | revatena ca | khadiravanikena ca | vakkulena ca | svā-

---

1. All modern editions but Af puncuate here, whereas no MSS do, and Tib does after *'di skad bdag gis thos pa dus gcig na.*
2. All MSS but R omit *°sahasraiḥ.*
3. In R, *anuprāptasvakārthaiḥ vijitavadbhiḥ* at the end of paper folio 1b is repeated at the start of palm-leaf folio 2a.
4. 10 MSS (K6 *et al.*). R, Ky *uttamadane samathaprāptaiḥ.*
5. Suppor. T.310.5 衆所知識 ('well-known to the people'), repeated below. Cf. *S.Sukh*, 83.4; Fujita [1970] 185, 192-93. R, Ky *anabhijñābhijñātaiḥ*; T4 *abhijñātābhijñaiḥ*; all other MSS *abhijñānābhijñaiḥ*. Tib *mṅon par śes pa* (D, N, L *pas*) *mṅon par śes pa* (C, D omit the latter *mṅon par śes pa*). T.360 神通已達 ('attained supernatural powers'), and similar renderings (T.361, 363). A *abhijñānābhijñātaiḥ*; Mn, W *abhijñānābhijñaiḥ*; V *abhijñātābhijñaiḥ.*
6. Ky omits *bhadrajitā ca.*
7. All MSS. Prob. misplaced here by analogy with Pūrṇa-Maitrāyaṇīputra and foregoing Pūrṇa. Cf. Fujita [1975] 180.
8. All MSS but R, Ky omit *gavāṃpatinā ca.*
9. All MSS but R, Ky omit *bhadrakāśyapena ca* and add *gayākāśyapena ca.*
10. 9 MSS (K5 *et al.*) add *mahākātyāyanena ca*, of which 6 MSS (B *et al.*) omit *mahākāśyapena ca.*
11. All MSS but R, Ky add *mahākauṣṭhilena ca* or var.
12. All MSS but R, Ky omit *rādhena ca.*

gatena ca | amogharājena ca | pārāyaṇikena ca | panthena ca | cūlapanthena ca | [Ky2b] nandena ca | rāhulena ca | āyuṣmatā cānandena ca[1] | ebhiś cānyaiś cābhijñātābhijñātaiḥ[2] sthavirair mahāśrāvakair ekapudgalaṃ sthāpayitvā śaikṣapratipady uttarikaraṇīyaṃ yad idam āyuṣmantam ānandam | maitreyapūrvaṃgamaiś ca saṃbahulaiś ca bodhisattvair mahāsattvaiḥ ||

atha khalv āyuṣmā[R3a]n ānanda utthāyāsanād ekāṃsam[3] uttarāsaṅgaṃ kṛtvā dakṣiṇaṃ jānumaṇḍalaṃ pṛthivyāṃ pratiṣṭhāpya yena bhagavāṃs tenāñjaliṃ praṇamya bhagavantam etad avocat | viprasannāni ca tava bhagavata indriyāṇi pariśuddhaś chavivarṇaḥ paryavadāto mukhavarṇaḥ[4] pītanirbhāsaḥ | tad yathā śāradaṃ[5] vadaraṃ[6] pāṇḍu pariśuddhaṃ paryavadātaṃ pītanirbhāsam | evam eva bhagavato viprasannānīndriyāṇi pariśuddho mukhavarṇaḥ paryavadātaś chavivarṇaḥ pītanirbhāsaḥ | tad yathāpi nāma bhagavañ jāmbūnadasuvarṇani[Ky3a]ṣko dakṣeṇa karmāreṇa karmāra[R3b]putreṇa volkāmukhena[7] saṃpraveśya supariniṣṭhitaḥ pāṇḍukambalair[8] upari kṣipto[9] 'tīva pariśuddho bhavati paryavadātaḥ pītanirbhāsaḥ | evam eva bhagavato viprasannānīndriyāṇi pariśuddho mukhavarṇaḥ paryavadātaś chavivarṇaḥ pītanirbhāsaḥ | na khalu punar ahaṃ

---

1. 26 MSS (incl. R, Ky). A omits *ca*.
2. Em. R, Ky *abhijñātājñātaiḥ*. Most other MSS *abhijñātābhijñaiḥ* or var. Tib *mṅon par śes pa* (D, N, L *pas*) *mṅon par śes pa*. A, Mn, W, V read the same as above (4, fn.5).
3. 10 MSS (T5 *et al.*). R *ekāsam*, Ky *ekāśam*.
4. Tib *źal gyi mdog ni yoṅs su* (N *yoṅsu*) *dag / pags* (N *lpags*) *pa'i mdog ni yoṅs su byaṅ*, equivalent to *pariśuddho mukhavarṇaḥ paryavadātaś chavivarṇaḥ* below.
5. 16 MSS (T5 *et al.*). R, Ky *sāradaṃ*.
6. 20 MSS (incl. R, Ky) *varadaṃ*. A, as well as Mn (based on Ro), reads *vanadaṃ* while noting R's reading *varadaṃ* (cf. A, p.vii, "Addenda et Corrigenda"). Tib *gos* (**vastra*) is ambiguous in this context. A Pāli parallel (*AN* I, 181; cf. *PTSD* s.vv. *badara*, *bhadara*.) justifies *vadaraṃ* (Pāli *badara-*, 'jujube fruit'). Cf. Fujita [1970] 186-88.
7. *ulkāmukhena*. 10 MSS (incl. R, Ky). All other MSS *ulkāmukhe* or var.
8. All MSS but R, Ky read *pāṇḍukambale* or °*kambalena*.
9. R, O2, As *kṣiptaḥ*; most other MSS (incl. Ky) *nikṣiptaḥ* or var.

bhagavann abhijānāmi | itaḥ[1] pūrvaṃ[2] pūrvataram evaṃ tathāgatasyendriyāṇy evaṃ pariśuddhaṃ mukhavarṇaṃ paryavadātaṃ chavivarṇaṃ pītanirbhāsam | tasya me bhagavann evaṃ bhavati | buddhavihāreṇa vatādya[3] tathāgato viharati | jinavihāreṇa sarvajñatāvi[R4a]hāreṇa mahānāgavihāreṇa vatādya[4] tathāgato viharati | atītānāgatapratyutpannāṃs[5] tathāgatān[6] arhataḥ samyaksaṃbuddhān samanupaśyatīti[7] ||

evam ukte bha[Ky3b]gavān āyuṣmantam ānandam etad avocat | sādhu sādhv ānanda kiṃ punas te devatā etam[8] artham ārocayanty utāho buddhā bhagavantaḥ | atha tena[9] pratyātmamīmāṃsājñānenaivaṃ[10] prajānāsīti ||

evam ukta āyuṣmān ānando bhagavantam etad avocat | na me bhagavan devatā etam[11] artham ārocayanti[12] [R4b] nāpi buddhā bhagavantaḥ | atha tarhi me bhagavaṃs tenaiva[13] pratyātmamīmāṃsājñānenaivaṃ bhavati | buddhavihāreṇādya tathāgato viharati | jinavihāreṇa sarvajñatāvihāreṇa[14] mahānāgavihāreṇa[15] vatādya tathāgato viharati | atītānāgatapratyutpannān[16] sarvān buddhān

---

1. 29 MSS (T5 *et al.*). R, Ky *iti.*
2. Ky. R *pūrvva*, most other MSS *pūrve* or var.
3. 30 MSS (T5 *et al.*). R, Ky *vatārya.*
4. *Do.*
5. So W. 11 MSS (H1 *et al.*) °*utpannān*. Some MSS (incl. R, Ky) °*utpannānāṃ*.
6. 29 MSS (T5 *et al.*). R *tathāgaton*, Ky °*gatan*.
7. All MSS but R, Ky read *samanusmaratīti* or var.
8. 31 MSS (T5 *et al.*). R, Ky *evam.*
9. 32 MSS (T5 *et al.*). R, Ky *svena.*
10. *pratyātmamīmāṃsā*°. Suppor. Tib *bdag raṅ gi dbyod* (D, N, L *dpyod*) *pa*, corresponding to *pratyātmamīmāṃsā*° below. All MSS (incl. R, Ky) *pratyutpannamīmāṃsā*° or var.
11. 31 MSS (T5 *et al.*). R, Ky omit.
12. R, Ky repeat *utāho buddhā* ... *ārocayanti*, in which R starts with folio 4b. See Af, 58, fn.1, 2.
13. 27 MSS (T5 *et al.*). R *svenaiva*, Ky *svainaiva*.
14. 31 MSS (T5 *et al.*). R, Ky *sarvatathāgatāvihāreṇa*.
15. All MSS but R, Ky, T4, O2 omit. Tib *glaṅ po che'i* (D, N, L *chen po'i*) *gnas pas* (**mahānāgavihāreṇa*).
16. 13 MSS (O2 *et al.*). R, Ky °*pratyutpannaṃ*.

bhagavataḥ samanupaśya[Ky4a]tīti[1] ||

evam ukte bhagavān āyuṣmantam ānandam etad avocat | sādhu sādhv ānanda | udāraḥ khalu ta unmiñjiḥ[2] | [R5a] bhadrikā mīmāṃsā kalyāṇaṃ pratibhānam | bahujanahitāya[3] tvam ānanda pratipanno bahujanasukhāya lokānukampāyai mahato janakāyasyārthāya hitāya sukhāya devānāṃ ca manuṣyāṇāṃ ca yas tvaṃ tathāgatam etam arthaṃ paripraṣṭavyaṃ manyase | evam etad bhavaty[4] ānanda tathāgateṣv arhatsu samyaksaṃbuddheṣv aprameyeṣv asaṃkhyeyeṣu jñānadarśanam[5] upasaṃharataḥ | na ca tathāgatasya jñānam upahanyate | tat kasya hetoḥ | apratihatahetujñānadarśano hy ānanda tathāgataḥ | ākāṃkṣann ānanda tathāgata [R5b] ekapiṇḍapātena kalpaṃ vā tiṣṭhet kalpaśataṃ vā kalpasahasraṃ vā kalpaśatasahasraṃ vā[6] [Ky4b] yāvat kalpakoṭīnayutaśatasahasraṃ vā[7] tato vottari | na ca tathāgatasyendriyāṇy upanaśyeyuḥ[8] | na mukhavarṇasyānyathātvaṃ bhavet | nāpi cchavivarṇa upahanyate | tat kasya hetoḥ | tathā hy ānanda tathāgataḥ samādhimukhapāramiprāptaḥ[9] | samyaksaṃbuddhānām ānanda loke sudurlabhaḥ prādurbhāvaḥ | tad yathodumbarapuṣpāṇāṃ loke prādurbhāvaḥ sudurlabho bhavati | evam eva tathāgatānām arthakāmānāṃ hitaiṣiṇām anukampakānāṃ mahākaruṇāpratipannānāṃ sudurlabhaḥ prādurbhāvaḥ | api tu khalv āryānanda tathā[R6a]gatasyaivaiṣo 'nubhāvo yas tvaṃ sarvalokācāryāṇāṃ sattvānāṃ loke

1. So A. R, Ky *samanupaśyantīti*; all other MSS *samanusmaratīti* or var.
2. All MSS but R, Ky read *unmiñjaḥ* or var. Tib *rtog pa*. T.360, 361, 362 所問 ('questioned'); T.310.5 問 ('question'). Cf. *BHSD* s.vv. *unmiñja*, *unmiñjita*, *miñj-*. Fujita [1975] 182-83.
3. 32 MSS (T5 *et al.*). R, Ky °*hitāyas*.
4. T4. 7 MSS (incl. Ky) *bhagavaty*, R (*bha*)*gaty*.
5. 20 MSS (Ro *et al.*). R, Ky °*darśanām*.
6. R, S omit *kalpaśatasahasraṃ vā*.
7. *yāvat kalpakoṭīnayutaśatasahasraṃ vā*. 16 MSS (incl. Ky). Most other MSS (incl. R) omit.
8. 14 MSS (Ox *et al.*). R, Ky *upanaṃcāyuḥ*.
9. N5, K4 °*sukha*° (=Tib *bde ba*) for °*mukha*°. All MSS but R read °*pāramitā*° for °*pārami*°. So all modern editions (incl. Af). Cf. *BHSD* s.v. *pārami*.

prādurbhāvāya bodhisattvānāṃ mahāsattvānām arthāya tathāgatam etam arthaṃ pariprasṭavyaṃ manyase | tena hy ānanda śṛṇu sā[Ky5a]dhu ca susṭhu ca manasikuru bhāṣiṣye 'haṃ te | evaṃ bhagavann ity āyuṣmān ānando bhagavataḥ pratyaśrauṣīt ||

bhagavāṃs tasyaitad avocat | bhūtapūrvam ānandātīte 'dhvanīto 'saṃkhyeye kalpe 'saṃkhyeyatare vipule 'prameye 'cintye yad āsīt tena kālena tena samayena dīpaṃkaro[1] nāma tathāgato 'rhan samyaksaṃbuddho loka u[R6b]dapādi | dīpaṃkarasyānanda pareṇa parataraṃ pratāpavān nāma tathāgato 'bhūt | tasya pareṇa parataraṃ prabhākaro nāma tathāgato 'bhūt | tasya pareṇa parataraṃ candanagandho[2] nāma tathāgato 'bhūt | tasya pareṇa parataraṃ sumerukalpo nāma tathāgato 'bhūt | evaṃ candrānano[3] nāma | vimalānano nāma | anupalipto nāma | vimalaprabho nāma | nāgābhibhūr[4] nāma | sūryānano nāma | girirāja[Ky5b]ghoṣo nāma | sumerukūṭo nāma | suvarṇaprabhāso nāma | jyotiṣprabho nāma | vaiḍūryanirbhāso nāma | brahmaghoṣo[5] nāma | candrābhibhūr[6] nāma | sūryagho[R7a]ṣo nāma | muktakusumapratimaṇḍitaprabho nāma | śrīkūṭo nāma | sāgaravarabuddhivikrīḍitābhijño nāma | varaprabho nāma | mahāgandharājanirbhāso[7] nāma | vyapagatakhilamalapratigho[8] nāma | śūrakūṭo[9] nāma | ratnajaho nāma | mahāguṇadharabuddhiprāptābhijño nāma | candra-

1. The following 81 names of Buddhas roughly correspond to those enumerated in T.1521 *Shizhupiposha-lun* (十住毘婆沙論), Fascicle 5 (26, 42c-43a).
2. Repeated below.
3. So A, W. R, Ky *candrāsano*. Cf. Tib *zla ba'i źal*, and T.1521 月面 ('Face of the Moon'). All other MSS *candano* or var.
4. So A, Mn. R, Ky *nāgārbhibhūr*. Cf. Tib *klu zil gyis gnon*, and T.362 那竭脾 (*na jie pi*), T.1521 龍勝 ('Surpassed Dragons'). Most other MSS *nāsābhibhūr* or var.
5. Repeated below.
6. 19 MSS (T5 *et al.*). R, Ky *candrābhūr*.
7. 31 MSS (T5 *et al.*). R, Ky *mahāgandhagarjjanirbhāso*.
8. So A, W. R, Ky *vyapagatalilamalapratighoṣo*. Cf. Tib *tha ba daṅ dri ma* (N *na*) *daṅ khoṅ khro ba daṅ bral ba*. All other MSS °*khilamala*° or var.
9. 16 MSS (T6 *et al.*). Some MSS (incl. R, Ky) *sūrakūṭo*.

sūryajihmīkaraṇo nāma | uttaptavaiḍūryanirbhāso nāma | cittadhārābuddhisaṃkusumitābhyudgato nāma | puṣpāvatīvanarājasaṃkusumitābhijño nāma | puṣpākaro nāma | dakacandropamo[1] nāma | avidyāndhakāravidhvaṃsanakaro nāma | lokendro[2] nāma | mukta[R7b]cchatrapra[Ky6a]vādasadṛśo[3] nāma | tiṣyo nāma | dharmamativinanditarājo nāma | siṃhasāgarakūṭavinanditarājo nāma | sāgaramerucandro nāma | brahmasvaranādābhinandito[4] nāma | kusumasaṃbhavo nāma | prāptaseno nāma | candrabhānur nāma | merukūṭo nāma | candraprabho nāma | vimalanetro nāma | girirājaghoṣeśvaro nāma | kusumaprabho nāma | kusumavṛṣṭyabhiprakīrṇo[5] nāma | ratnacchatro nāma | padmavīthyupaśobhito nāma | candanagandho nāma | tagaragandho nāma | ratnanirbhāso nāma | nirmito[6] nāma | mahāvyūho nāma | vyapagata[R8a]khiladoṣo nāma | brahmaghoṣo nāma | saptaratnābhivṛṣṭo nāma | mahāguṇadharo nāma | tamālapattracandanakardamo nāma | kusumābhijño nāma | ajñā[Ky6b]navidhvaṃsano nāma | keśarī nāma | muktacchatro nāma | suvarṇagarbho nāma | vaiḍūryagarbho nāma | mahāketur nāma | dharmaketur nāma[7] | ratnaśrīr nāma | narendro nāma[8] | lokendro nāma | kāruṇiko nāma | lokasundaro nāma | brahmaketur nāma | dharmamatir nāma | siṃho nāma | siṃhamatir nāma | siṃhamater ānanda pareṇa parataraṃ lokeśvararājo nāma tathāgato 'rhan samyaksaṃbuddho [R8b] loka udapādi vidyācaraṇasaṃpannaḥ

---

1. *daka*°. 19 MSS (incl. R, Ky). All modern editions (incl. Af) *udaka*°.
2. Repeated below.
3. Em. R *muktacchatropravāḍasadṛśo*, Ky °*tropravāḍa*°. Cf. Tib *mu tig gi* (N, L omit) *byi ru 'dra ba'i gdugs*. Most other MSS (T5 *et al.*) *muktacchatrapravāta*°.
4. 6 MSS (T4 *et al.*). Tib *mṅon par dgyes pa*. R, Ky °*abhinandino*; most other MSS (T5 *et al.*) °*abhinardito*.
5. *kusumavṛṣṭy*°. 6 MSS (L *et al.*). Some MSS (incl. R, Ky) *kusumavṛṣṭyā*°.
6. So A. R *nimitā*, Ky *nirmitā*, As *nirmitaṃ*; most other MSS *nirmi*, *nimir*, *nimi*, *mimi* etc. Tib *mi khyud* (**nemi*).
7. 14 MSS (C *et al.*) add *ratnaketur nāma* or var.
8. All MSS but R, Ky put *narendro nāma* after *lokendro nāma*.

sugato lokavid anuttaraḥ puruṣadamyasārathiḥ śāstā devānāṃ ca manuṣyāṇāṃ ca buddho bhagavān ||

tasya khalu punar ānanda lokeśvararājasya tathāgatasyārhataḥ samyaksaṃbuddhasya pravacane dharmākaro nāma bhikṣur abhūd adhimātraṃ smṛtimān[1] gativān[2] prajñāvān adhimātraṃ vīryavān udārādhimuktikaḥ [Ky7a] ||

atha khalv ānanda sa dharmākaro bhikṣur utthāyāsanād ekāṃsam uttarāsaṅgaṃ kṛtvā dakṣiṇaṃ jānumaṇḍalaṃ pṛthivyāṃ pratiṣṭhāpya yenāsau bhagavāṃl lokeśvararājas tathāgatas tenā-[R9a]ñjaliṃ praṇamya bhagavantaṃ namaskṛtya tasmin samaye saṃmukham ābhir gāthābhir abhyaṣṭāvīt ||[3]

amitaprabha anantatulyabuddhe[4]
na ca iha anya prabhā vibhāti kācit |
sūryamaṇisirīṇa[5] candra-ābhā
na tapina[6] bhāsiṣu[7] ebhi[8] sarvaloke || 1 ||
rūpam api anantu sattvasāre
tatha api buddhasvaro anantaghoṣaḥ |
śīlam api samādhiprajñavīryaiḥ
sadṛśu na te 'stiha loki kaścid anyaḥ || 2 ||
gabhiru vipulu sūkṣma prāptu dharmo

---

1. All MSS but R, Ky add *matimān.*
2. R (=A). 16 MSS (incl. Ky) *gatimān.*
3. The following verses are missing only in T.362 out of the five Chin. The metre is Aupacchandasaka, which Sakamoto-Goto [1994] 150-52 qualifies as "[having] a tendency toward Proto-Puṣpitāgrā" in the context of a transitional phase from *mātrāchandas* to *akṣaracchandas.*
4. Tib *mtha' yas mtshuṅs* (**anantatulya*) for *anantatulya*° (m.c. *anantātulya*°).
5. Sakamoto-Goto [1996] 66-68 notes her skepticism about °*sirīṇa* (R, Ky, "radiance"), along with some critical observations concerning °*girīśa* (T3 *et al.*, "lord of mountain"), and provisionally adopts °*girīṇa* (T5 *et al.*, "of mountains"). Tib *nor bu* (D *bu'i*, N *bu sna*) *tshogs kyi* (N omits), likely equivalent to **maṇigaṇāna.*
6. 4 MSS (incl. R). Ky *tayina*, some MSS (C *et al.*) *tapita.*
7. 6 MSS (incl. Ky). R *bhāṣiṣu*, most other MSS (T5 *et al.*) *bhosiṣu.*
8. Sakamoto-Goto, *op. cit.*, 70-72 supposes a mistranscription of *eti* (m.c. *ete*).

cintitu[1] buddhavaro yathā samudraḥ |
tenonnamanā na cāsti śāstuḥ
khiladoṣaṃ jahiyā atārṣi pāraṃ || 3 ||
yatha buddhava[R9b]ro[2] ananta[Ky7b]tejā
pratapasi[3] sarvadiśā narendrarājā |
tatha ahu[4] buddha bhavitva dharmasvāmī
jaramaraṇātu[5] prajāṃ pramocayeyaṃ[6] || 4 ||
dānadamathaśīlakṣāntivīrya-
dhyānasamādhi[7] tathaiva agraśreṣṭhāṃ[8] |
ebhi ahu vratāṃ samādadāmi
buddha bhaviṣyami[9] sarvasattvatrātā || 5 ||
buddhaśatasahasrakoṭy anekā
yathariva vālika gaṅgayā anantā |
sarva ta[10] ahu pūjayiṣya nāthān
śivavarabodhi gaveṣako atulyāṃ || 6 ||
gaṅgarajasamāna lokadhātūṃ[11]
tata[12] bhūyo 'ttari[13] ye ananta kṣetrā |
sarvata[14] prabha muñcayiṣya tatrā
iti etādṛśi vī[R10a]ryam ārabhiṣye || 7 ||

---

1. 22 MSS (T5 *et al.*). R, Ky *'cittatu.*
2. 9 MSS (L *et al.*). Most other MSS (incl. R, Ky) *buddhavarā* or var. Mn *buddhabalā*, presumably a misreading due to S *buddhavalā.*
3. 16 MSS (incl. R). Ky *pratapesi.*
4. *tatha ahu* is hypermetric.
5. Em. R, Ky *jaramaraṇānu.* Cf. *BHSG* 8.52. Some MSS (T5 *et al.*) *jāramaraṇānu*, (T6 *et al.*) *jarāmaraṇānu.*
6. 16 MSS (T5 *et al.*)(=Mn). 9 MSS (incl. R, Ky) °*yeyam* (=A, Af, V).
7. °*damatha*°. R, Ky. Suppor. Tib *dul.* 7 MSS (T6 *et al.*) °*śamatha*° (=Mn, V).
8. 10 MSS (incl. R). Ky *agraśreṣṭhā.* Tib *śes rab mchog* (W **agraprajñāṃ*).
9. R, Ky, H1. 21 MSS (T6 *et al.*) *bhaviṣyāmi* (=A, unmetr.), some MSS (T4 *et al.*) *bhaviṣyasi.*
10. *sarva ta* (m.c. *sarvāṃs tān*). Suppor. Tib *de kun*, T.360 一切斯等 ('all these').
11. 5 MSS (incl. Ky). R *lokadhāttūṃ*, some MSS (T5 *et al.*) °*dhātuṃ.*
12. So W. Tib *de bas.* O3 *tatu*, all other MSS (incl. R, Ky) *tatra* or var.
13. R, Ky *bhūyottari.* All other MSS *bhūyontari* or var.
14. All MSS but R, Ky, S read *sar(v)va* (unmetr.).

kṣetra mama udāru agraśreṣṭho
varam iha maṇḍa pi saṃskṛtesmin[1] |
asadṛśa nirvāṇadhātusaukhyaṃ[2]
tac ca asattvatayā viśodhayiṣye || 8 ||
daśadiśata samāgatāni sattvā
tatra gatāḥ sukham eti santi[3] kṣipraṃ |
buddha mama pra[Ky8a]māṇa atra sākṣī
avitathavīryabalaṃ janemi cchandaṃ[4] || 9 ||
daśadiśalokavidū[5] asaṅgajñānī
sada mama cittu[6] prajānayantu te pi |
avicigatu ahaṃ sadā vaseyaṃ
praṇidhibalaṃ na punar nivartayiṣye[7] || 10 ||

atha khalv ānanda sa dharmākaro bhikṣus taṃ bhagavantaṃ lokeśvararājaṃ tathāgataṃ [R10b] saṃmukham ābhir gāthābhir abhiṣṭutyaitad avocat | aham asmi[8] bhagavann anuttarāṃ samyaksaṃbodhim abhisaṃboddhukāmaḥ punaḥ punar anuttarāyāṃ samyaksaṃbodhau cittam utpādayāmi pariṇāmayāmi | tasya me bhagavān sādhu tathā dharmaṃ deśayatu yathāhaṃ kṣipram anuttarāṃ samyaksaṃbodhim abhisaṃbudhyeyam asamasamas tathāgato loke bhaveyam | tāṃś ca me bhagavān ākārān parikīrtayatu yair ahaṃ buddhakṣetrasya guṇavyūhasampadaṃ parigṛhṇī[Ky8b]yām ||

evam uktaś cānanda sa bhagavāṃl lokeśvararājas tathāga-

---

1. 22 MSS (T4 *et al.*). 7 MSS (incl. Ky) *saskṛtesmin* (unmetr.), R *saṃskṛtesmina.*
2. A misreads *nirvāṇalokadhātu°* for *nirvāṇadhātu°*, attested in all MSS.
3. *sukham eti santi.* R, Ky (*sukhaṃm*). 22 MSS (T5 *et al.*) *sukha me diśaṃti* or *sukham ediśaṃti*, some MSS (L *et al.*) *sukhaṃ ādiśanti*. For *eti santi*, A, W read *edhiṣyanti* (unmetr.).
4. 20 MSS (incl. R, Ky). Some MSS (B *et al.*) *chandaṃ* or var.
5. All MSS but R, Ky, O2 (*°vidūḥ*) read *daśadiśi lokavidū* or var. *daśadiśalokavi°* is hypermetric.
6. All MSS but R, K6 read *citta* or var.
7. Ky *nivarttayiṣye.* R *bhivarttayiṣye* may be a scribal error for *ni°*. All other MSS *vivarttayiṣye* or var.
8. S, Ro, T3. All other MSS (incl. R, Ky) *asmin* or var.

ta[R11a]s taṃ bhikṣum etad avocat | tena hi tvaṃ bhikṣo svayam eva buddhakṣetraguṇālaṃkāravyūhasaṃpadaṃ parigṛhṇīṣe[1] | so 'vocat | nāhaṃ bhagavann utsahe | api tu bhagavān eva | bhāṣatv anyeṣāṃ tathāgatānāṃ buddhakṣetraguṇavyūhālaṃkārasaṃpadaṃ yāṃ śrutvā vayaṃ sarvākārān[2] paripūrayiṣyāma iti ||

athānanda sa lokeśvararājas tathāgato 'rhan samyaksaṃbuddhas tasya bhikṣor āśayaṃ jñātvā paripūrṇāṃ[3] varṣakoṭīm[4] ekāśītibuddhakoṭīnayutaśatasahasrāṇāṃ buddhakṣetraguṇālaṃkāravyūhasaṃpadaṃ sākārāṃ soddeśāṃ sanirdeśāṃ saṃprakāśitavān arthakāmo [R11b] hitaiṣy anukampako 'nukampāṃ upādāya buddhanetryanupacchedāya[5] sattveṣu mahākaruṇāṃ saṃjanayitvā[6] |[7] pa[Ky9a]ripūrṇāṃś ca dvācatvāriṃśatkalpāṃs[8] tasya bhagavata āyuṣpramāṇam abhūt ||

atha khalv ānanda sa dharmākaro bhikṣur yās[9] teṣām ekāśītibuddhakoṭīniyutaśatasahasrāṇāṃ buddhakṣetraguṇālaṃkāravyūha-

---

1. So A. R, Ky *parigṛhṇīse*; 12 MSS (T6 *et al.*) *parigṛhnīṣva* (=Mn, V); some MSS (T5 *et al.*) *parigṛhnīte*.
2. R, Ky *sarvākārāṃ* (=A); all other MSS *°ākāraṃ* (=Mn, V).
3. L (=A). 6 MSS (N3 *et al.*) *paripūrṇ(ṇ)ā*, all other MSS (incl. R, Ky) *paripūrṇṇaṃ* or var.
4. 11 MSS (T5 *et al.*). R, Ky *varṣakoṭī*.
5. So W. Tib *saṅs rgyas kyi tshul mi gcad* (N *bcad*) *pa'i phyir*. R *buddhanetryānupacchedāya*, Ky *°netryonupacchandāya*.
6. 15 MSS (Ox *et al.*). R, Ky *mahākaruṇā saṃjanayāṃ*.
7. Tib reads here: *de nas bcom ldan 'das la / tshe daṅ ldan pa kun dga' bos 'di skad ces gsol to // bcom ldan 'das* (C, D, N, L add *bcom ldan 'das*) *'jig rten dbaṅ phyug rgal po de'i sku tshe'i tshad ci* (C, D, N, L *ji*) *tsam źig thub par gyur / de skad ces gsol pa daṅ / bcom ldan 'das kyis tshe daṅ ldan pa kun dga' bo la 'di skad ces bka' stsal to //*. Cf. T.310.5 阿難白佛言，世尊彼世間自在王如來壽量幾何。世尊告白 ('Ānanda said to the Buddha, "World-honored One, how long was the life span of that Lokeśvararāja Tathāgata?" The World-honored One said:' ), and corresponding passages from T.360, 363.
8. All MSS but R, Ky read *catvāriṃśatkalpāṃs* or var. Tib *pskal* (C, D, L *bskal*, N *skal*) *pa bye ba khrag khrig brgya stoṅ phrag bźi bcu* (**catvāriṃśatkalpakoṭīniyutaśatasahasra-*). T.360 四十二劫 ('42 kalpas'); T.310.5, 363 滿四十劫 ('a full 40 kalpas').
9. 9 MSS (L *et al.*). R, Ky *yā*.

saṃpadas[1] tāś ca sarvā ekabuddhakṣetre[2] parigṛhya bhagavato lokeśvararājasya tathāgatasya pādau śirasā vanditvā pradakṣiṇīkṛtya tasya bhagavato 'ntikāt prākrāmat | uttari ca pañca kalpān buddhakṣetraguṇālaṃkāravyūhasa[R12a]ṃpadam udāratarāṃ[3] ca praṇītatarāṃ[4] ca sarvaloke daśasu dikṣv apracaritapūrvāṃ parigṛhītavān udārataraṃ ca praṇidhānam akārṣīt | iti hy ānanda yā tena bhagavatā lokeśvararājena tathāgatena teṣām ekāśītibuddhakṣetrakoṭīnayutaśatasahasrāṇāṃ[5] saṃpattiḥ kathitā tato 'tirekātyudārapraṇītāprameyatarā[Ky9b]ṃ[6] buddhakṣetrasaṃpattiṃ[7] parigṛhya yena sa tathāgatas tenopasaṃkramya tasya bhagavataḥ pādau śirasā vanditvaitad avocat | parigṛhītā me bhagavan buddhakṣetraguṇālaṃkāravyūhasaṃpad iti ||

evam ukta ā[R12b]nanda sa lokeśvararājas tathāgatas taṃ bhikṣum etad avocat | tena hi bhikṣo bhāṣasva | anumodate tathāgataḥ | ayaṃ kālo bhikṣo[8] pramodaya parṣadaṃ harṣaṃ janaya siṃhanādaṃ nada yaṃ[9] śrutvā bodhisattvā mahāsattvā etarhy anāgate cādhvany evaṃrūpāṇi buddhakṣetrasaṃpattipraṇidhānāni parigṛhīṣyanti[10] ||

athānanda sa dharmākaro bhikṣus tasyāṃ velāyāṃ taṃ bhagavantam etad avocat | tena hi śṛṇotu me bhagavān ye mama praṇidhānaviśeṣāḥ | yathā me 'nuttarāṃ samyaksaṃbodhim abhisaṃbuddhasyācintyaguṇālaṃkāravyūhasamanvā[R13a]gataṃ tad bud-

---

1. °*saṃpadas*. 11 MSS (Ox *et al.*). R, Ky °*saṃpadaṃ*.
2. So A. R, Ky *tāṃś ca sarvān ekabuddhakṣetra(ṃ)*.
3. 11 MSS (Ox *et al.*). R, Ky *udāratarāṃś*.
4. 8 MSS (T5 *et al.*). R, Ky *praṇītatarāṃś*.
5. *ekāśītibuddhakṣetrakoṭī*° (=A, Mn). R, Ky *ekāśīte(r)buddhakoṭī*°; 6 MSS (C *et al.*) *ekāśīte(r)buddhakṣetrakoṭī*°.
6. *'tirekātyudāra*°. Em. R, Ky *tirekānyudāra*°. 10 MSS (T6 *et al.*) *ekātyudāra*° or var.
7. 14 MSS (T5 *et al.*). R, Ky °*sampatti*.
8. 19 MSS (Ox *et al.*). R, Ky *bhikṣu*.
9. So A, Mn. R, Ky *yaḥ*; all other MSS *yāṃ* or var.
10. 21 MSS (T5 *et al.*) add *paripūrayiṣya(n)ti*, and Tib *yoṅs su* (N *yoṅsu*) *rdzogs par byed par 'gyur ro* (N omits).

dha[Ky10a]kṣetraṃ bhaviṣyati |

sacen me bhagavaṃs tasmin buddhakṣetre nirayo vā tiryag-yonir vā pretaviṣayo[1] vāsuro vā kāyo bhaven mā tāvad aham anuttarāṃ samyaksaṃbodhim abhisaṃbudhyeyam[2] | 1 |

sacen me bhagavaṃs tatra buddhakṣetre ye sattvāḥ praty-ājātā bhaveyus[3] te punas tataś cyutvā[4] nirayaṃ vā tiryag-yoniṃ[5] vā pretaviṣayaṃ vāsuraṃ vā kāyaṃ prapateyur mā tāvad aham anuttarāṃ samyaksaṃbodhim abhisaṃbudhyeyam | 2 |

sacen me bhagavaṃs[6] tatra buddhakṣetre ye sattvāḥ praty-ājātās te cet sarve naikavarṇāḥ[7] syur yad idaṃ suvarṇavarṇā[8] [R13b] mā tāvad aham anuttarāṃ samyaksaṃbodhim abhisaṃbu-dhyeyam | 3 |

sacen me bhagavaṃs[9] tasmin buddhakṣetre devānāṃ ca manuṣyāṇāṃ ca nānātvaṃ prajñāyetānyatra nāmasaṃketasaṃvṛti-vyavahāramātrā devā manuṣyā iti saṃkhyāgaṇanāto mā tāvad aham anutta[Ky10b]rāṃ samyaksaṃbodhim abhisaṃbudhyeyam | 4 |

sacen me bhagavaṃs tasmin buddhakṣetre ye sattvāḥ praty-ājātās te cet sarve narddhivaśitāparamapāramitāprāptā bhaveyur antaśa ekacittakṣaṇalavena buddhakṣetrakoṭīniyutaśatasahasrātikra-maṇatayāpi mā tāvad a[R14a]ham anuttarāṃ samyaksaṃbodhim abhisaṃbudhyeyam | 5 |

sacen me bhagavaṃs tasmin buddhakṣetre ye sattvāḥ praty-ājātā bhaveyus te cet sarve na jātismarāḥ syur antaśaḥ kalpa-koṭīniyutaśatasahasrānusmaraṇatayāpi mā tāvad aham anuttarāṃ

1. 20 MSS (T6 *et al.*). R °*viṣayā*, Ky °*viṣayor*.
2. 6 MSS (Ro *et al.*). All other MSS (incl. R, Ky) °*buddheyam* or var.
3. 18 MSS (T4 *et al.*). R *bhavet yus*, Ky *bhavet / yas*.
4. *tataś cyutvā*. 16 MSS (T5 *et al.*). R, Ky *tatra śrutvā*.
5. 19 MSS (T5 *et al.*). R °*yoni*, Ky °*yonir*.
6. 17 MSS (Ox *et al.*). R, Ky *bhagavāṃs*.
7. 20 MSS (Ox *et al.*). R, Ky *nekavarṇṇā*.
8. 24 MSS (T5 *et al.*). R, Ky °*varṇṇāḥ*.
9. 14 MSS (T5 *et al.*). R *bhagavāṃs*, Ky °*vas*.

samyaksaṃbodhim abhisaṃbudhyeyam | 6 |

sacen me bhagavaṃs tasmin buddhakṣetre ye sattvāḥ pratyājāyeraṃs te sarve na divyasya[1] cakṣuṣo lābhino bhaveyur antaśo lokadhātukoṭīnayutaśatasahasradarśanatayāpi[2] mā tāvad aham anuttarāṃ samyaksaṃbodhi[Ky11a]m abhidsaṃbudhyeyam | 7 |

sace[R14b]n me bhagavaṃs tasmin buddhakṣetre ye sattvāḥ pratyājāyeraṃs te sarve na divyasya śrotrasya lābhino bhaveyur antaśo buddhakṣetrakoṭīnayutaśtasahasrād api yugapat saddharmaśravaṇatayā mā tāvad aham anuttarāṃ samyaksaṃbodhim abhisaṃbudhyeyam | 8 |

sacen me bhagavaṃs tasmin buddhakṣetre ye sattvāḥ pratyājāyeraṃs te sarve na paracittajñānakovidā bhaveyur antaśo buddhakṣetrakoṭīnayutaśatasahasraparyāpannānāṃ sattvānāṃ cittacaritaparijñānatayā mā tāvad aham anuttarāṃ samyaksaṃbodhim abhisaṃbudhyeyam | 9 |

sacen me [R15a] bhagavaṃs tasmin buddhakṣetre ye sattvāḥ pratyājāyeraṃs teṣāṃ kācit parigrahasaṃjñotpadyetāntaśaḥ svaśarīre 'pi mā tāvad aham anuttarāṃ samyaksaṃbodhim abhisaṃbudhyeyam | 10 |

sacen me bhagavaṃs [Ky11b] tasmin buddhakṣetre ye sattvāḥ pratyājāyeraṃs te sarve na niyatāḥ[3] syur yad idaṃ samyaktve yāvan mahāparinirvāṇād mā tāvad aham anuttarāṃ samyaksaṃbodhim abhisaṃbudhyeyam | 11 |

sacen me bhagavaṃs tasmin buddhakṣetre 'nuttarāṃ samyaksaṃbodhim abhisaṃbuddhasya kaścid eva sattvaḥ [R15b] śrāvakāṇāṃ gaṇanām adhigacched antaśas trisāhasramahāsāhasraparyāpannā[4] api sarvasattvāḥ pratyekabuddhabhūtāḥ kalpakoṭīniyutaśatasahasram api gaṇayanto mā tāvad aham anuttarāṃ samyak-

---

1. 12 MSS (T5 *et al.*). Some MSS (incl. R, Ky) *divyena*.
2. °*sahasra*°. 22 MSS (T5 *et al.*). R, Ky °*sahasrā*°.
3. 21 MSS (Ox *et al.*). R, Ky *nirayatā*.
4. Tib supplies *'jig rten gyi khams* (**lokadhātu*) after *trisāhasramahāsāhasra*°.

saṃbodhim abhisaṃbudhyeyam | 12 |

sacen me bhagavann[1] anuttarāṃ samyaksaṃbodhim abhisaṃbuddhasya tasmin buddhakṣetre prāmāṇikī me prabhā bhaved antaśo buddhakṣetrakoṭīnayutaśatasahasrapramāṇenāpi mā tāvad aham anuttarāṃ samyaksaṃbodhim abhisaṃbudhyeyam | 13 |

sacen me bha[Ky12a]gavaṃs tasmin buddhakṣetre[2] 'nuttarāṃ samyaksaṃbodhi[R16a]m abhisaṃbuddhasya[3] sattvānāṃ pramāṇīkṛtam[4] āyuṣpramāṇaṃ bhaved anyatra praṇidhānavaśena mā tāvad aham anuttarāṃ samyaksaṃbodhim abhisaṃbudhyeyam | 14 |

sacen me bhagavan bodhiprāptasyāyuṣpramāṇaṃ paryantīkṛtaṃ bhaved antaśaḥ kalpakoṭīnayutaśatasahasragaṇanayāpi mā tāvad aham anuttarāṃ samyaksaṃbodhim abhisaṃbudhyeyam | 15 |

sacen me bhagavan bodhiprāptasya tasmin buddhakṣetre sattvānām akuśalasya nāmadheyam api bhaven mā tāvad aham anuttarāṃ samyaksaṃbodhim abhisaṃbudhyeyam | 16 |

sace[R16b]n me bhagavan bodhiprāptasya nāprameyeṣu buddhakṣetreṣv aprameyāsaṃkhyeyā buddhā bhagavanto nāmadheyaṃ parikīrtayeyur na varṇaṃ bhāṣeran na praśaṃsām abhyudīrayeyur na samudīrayeyur[5] mā tā[Ky12b]vad aham anuttarāṃ samyaksaṃbodhim abhisaṃbudhyeyam | 17 |

sacen me bhagavan bodhiprāptasya ye sattvā anyeṣu lokadhātuṣv anuttarāyāṃ samyaksaṃbodhau[6] cittam utpādya mama nāmadheyaṃ śrutvā prasannacittā mām anusmareyus teṣāṃ ced ahaṃ maraṇakālasamaye pratyupasthite bhikṣusaṃghaparivṛtaḥ

---

1. 21 MSS (Ox *et al.*) add *tasmiṃ buddhakṣetre* or var., and omit it after *abhisaṃbuddhasya* instead.
2. 21 MSS (Ox *et al.*) omit *tasmin buddhakṣetre* or var., and add it after *abhisaṃbuddhasya* instead.
3. R, Ky add *bodhiprāptasya* (=A).
4. 27 MSS (T5 *et al.*). R, Ky °*kṛtyam.*
5. 25 MSS (T5 *et al.*). R, Ky *sa udīrayeyur.*
6. 8 MSS (C *et al.*). Suppor. Tib *bla na med pa yaṅ dag par rdsogs pa'i byaṅ chub tu.* R, Ky *anuttarā(ṃ)yāḥ samyaksaṃbodheś.*

puraskṛto na puratas tiṣṭheyaṃ [R17a] yad idaṃ cittāvikṣepatāyai[1] mā tāvad aham anuttarāṃ samyaksaṃbodhim abhisaṃbudhyeyam | 18 |

sacen[2] me bhagavan bodhiprāptasyāprameyāsaṃkhyeyeṣu[3] buddhakṣetreṣu ye sattvā mama nāmadheyaṃ śrutvā tatra buddhakṣetre cittaṃ preṣayeyur upapattaye kuśalamūlāni ca pariṇāmayeyus te ca tatra buddhakṣetre nopapadyerann antaśo daśabhiś cittotpādaparivartaiḥ sthāpayitvānantaryakāriṇaḥ saddharmapratikṣepāvaraṇāvṛtāṃś[4] ca sattvān mā tāvad aham anuttarāṃ samyaksaṃbodhim abhisaṃbudhyeyam | 19 |

[R17b] sacen me bha[Ky13a]gavan bodhiprāptasya tatra buddhakṣetre ye[5] bodhisattvāḥ pratyājāyeraṃs te sarve na dvātriṃśatā mahāpuruṣalakṣaṇaiḥ samanvāgatā bhaveyur mā tāvad aham anuttarāṃ samyaksaṃbodhim abhisaṃbudhyeyam | 20 |[6]

sacen me bhagavan bodhiprāptasya tatra buddhakṣetre ye sattvāḥ pratyājātā bhaveyus te sarve naikajātipratibaddhāḥ[7] syur anuttarāyāṃ samyaksaṃbodhau sthāpayitvā praṇidhānaviśeṣāṃs teṣām eva bodhisattvānāṃ mahāsattvānāṃ mahāsaṃnāhasaṃnaddhānāṃ sarvalokārthasaṃnaddhānāṃ sarvalokārthābhiyuktānāṃ sarvalokapa[R18a]rinirvāpitābhiyuktānāṃ[8] sarvalokadhātuṣu bodhisattvacaryāṃ caritukāmānāṃ sarvabuddhān[9] satkartukāmānāṃ[10] gaṅgānadīvālukāsamān[11] sattvān anuttarāyāṃ samyaksaṃbodhau prati-

---

1. 24 MSS (T5 *et al.*). R, Ky *cittavikṣepatāyai*
2. Ky omits *sacen … nāmadheyaṃ* (18.5).
3. °*asaṃkhyeyeṣu.* 22 MSS (T5 *et al.*). R *asaṃkhyeyāṣu.*
4. °*āvaraṇāvṛtāṃś.* R, Ky. Suppor. Tib *sgrib pas bsgribs pa'i.* 22 MSS (T5 *et al.*) °*āvaraṇakṛtāṃś* or var., 9 MSS (L *et al.*) °*ācaraṇakṛtāṃś.*
5. R, Ky omit *ye.* Suppor. Tib *gaṅ dag … de dag,* corresponding to *ye … te* in other vows.
6. This vow is missing in all MSS but R, Ky, yet Tib, Chin have equivalents.
7. 13 MSS (C *et al.*). R, Ky *naikajātibaddhā.*
8. All MSS but R, Ky read °*parinirvāṇa*° or var. for °*parinirvāpita*°.
9. All MSS but R read °*buddhānāṃ* or var. for °*buddhān.*
10. All MSS but R, Ky read *saṃvartu*° or var. for *satkartu*°.
11. 18 MSS (O2 *et al.*). R, Ky °*samānāṃ.*

ṣṭhāpakānāṃ bhūyaś cotta[Ky13b]ricaryābhimukhānāṃ samantabhadracaryāniyatānāṃ[1] mā tāvad aham anuttarāṃ samyaksaṃbodhim abhisaṃbudhyeyam | 21 |

sacen me bhagavan bodhiprāptasya tadbuddhakṣetre[2] ye bodhisattvāḥ pratyājātā bhaveyus te sarva ekapurobhaktenānyāni buddhakṣetrāṇi gatvā bahūni buddhaśatāni bahūni buddhasahasrāṇi bahūni buddhaśatasahasrā[R18b]ṇi bahvīr buddhakoṭīr yāvad bahūni buddhakoṭīniyutaśatasahasrāṇi nopatiṣṭheran sarvasukhopadhānair yad idaṃ buddhānubhāvena mā tāvad aham anuttarāṃ samyaksaṃbodhim abhisaṃbudhyeyam | 22 |

sacen me bhagavan bodhiprāptasya tatra buddhakṣetre ye bodhisattvā yathārūpair ākārair ākāṃkṣeyuḥ kuśalamūlāny avaropayituṃ yad idaṃ suvarṇena vā rajatena vā maṇimuktāvaiḍūryaśaṅkhaśilāpravāḍasphaṭikamusāragalvalohitamuktāśmagarbhādīnāṃ [3] vā[Ky14a]nyatamānyatamaiḥ sarvaratnair vā sarvapuṣpagandhamālya[R19a]vilepanacūrṇacīvaracchatradhvajapatākāpradīpair vā sarvanṛtyagītavādyair vā teṣāṃ cet tathārūpā ākārāḥ sahacittotpādān na prādurbhaveyur mā tāvad aham anuttarāṃ samyaksaṃbodhim abhisaṃbudhyeyam | 23 |

sacen me bhagavan bodhiprāptasya tatra buddhakṣetre ye sattvāḥ pratyājātā bhaveyus te sarve na sarvajñatāsahagatāṃ dharmāṃ kathāṃ kathayeyur mā tāvad aham anuttarāṃ samyaksaṃbodhim abhisaṃbudhyeyam | 24 |

sacen me bhagavan bodhiprāptasya tatra buddhakṣetre bodhisattvānām evaṃ cittam utpādyeta yan nv ihaiva vayaṃ lokadhātau sthitvāpra[R19b]meyāsaṃkhyeyeṣu buddhakṣetreṣu[4] buddhān bhagavataḥ satkuryāmo gurukuryāmo mānayemaḥ pū-

---

1. All MSS but R, Ky read °*caryāniryātānāṃ*, °*caryātānaṃ* or var. for °*caryāniyatānāṃ*.
2. All MSS but R, Ky read *tatra buddhakṣetre* or var.
3. 27 MSS (T5 *et al.*). R, Ky °*musāragalvā*°.
4. 23 MSS (T5 *et al.*). R, Ky °*kṣetre*.

jayemo[1] yad idaṃ cīvarapiṇḍapātaśayanāsanaglānapratyayabhaiṣajyapariṣkāraiḥ puṣpadhūpagandhamālyavile[Ky14b]panacūrṇacīvaracchatradhvajapatākābhir nānāvidhanṛttagītavāditaratnavarṣair iti teṣāṃ cet te buddhā bhagavantaḥ sahacittotpādāt[2] tan na pratigṛhṇīyur yad idam anukampām upādāya mā tāvad aham anuttarāṃ samyaksaṃbodhim abhisaṃbudhyeyam | 25 |[3]

sacen me bhagavan bodhiprāptasya tadbuddhakṣetre[4] ye bodhisattvāḥ pratyājātā bhaveyus te sarve [R20a] na nārāyaṇavajrasaṃhatanātmabhāvasthāmapratilabdhā[5] bhaveyur mā tāvad aham anuttarāṃ samyaksaṃbodhim abhisaṃbudhyeyam | 26 |

sacen me bhagavan bodhiprāptasya tatra buddhakṣetre kaścit sattvo 'laṃkārasya varṇaparyantam anugṛhṇīyād[6] antaśo na[7] divyenāpi cakṣuṣaivaṃvarṇam[8] evaṃvibhūtīdaṃ[9] buddhakṣetram iti nānāvarṇatāṃ saṃjānīyān mā tāvad aham anuttarāṃ samyaksaṃbodhim abhisaṃbudhyeyam | 27 |

sacen me bhagavan bodhiprāptasya tatra buddhakṣetre yaḥ sarva[Ky15a]parīttakuśalamūlo bodhisattvaḥ sa ṣoḍaśayojanaśatocchritam udā[R20b]ravarṇabodhivṛkṣaṃ na saṃjānīyān mā tāvad aham anuttarāṃ samyaksaṃbodhim abhisaṃbudhyeyam | 28 |

sacen me bhagavan bodhiprāptasya tatra buddhakṣetre kasyacit sattvasyoddeśo vā svādhyāyo vā kartavyaḥ syān na te sarve pratisaṃvitprāptā bhaveyur mā tāvad aham anuttarāṃ samyaksaṃ-

---

1. *satkuryāmo gurukuryāmo mānayemaḥ pūjayemo* (=A). 12 MSS (incl. R, Ky). 4 MSS (C *et al.*) *satkuryāma … pūjayema* (=Mn).
2. 29 MSS (T5 *et al.*). R °*cintotpādāṃ*, Ky °*cittotpādāṃ*.
3. This vow corresponds to the 25th in Tib, and approximately to the 20th and 21st in T.363, whereas the other four Chin lack corresponding vows.
4. All MSS but R, Ky read *tatra buddhakṣetre* or var.
5. R, Ky omit °*vajra*°, attested in 6 MSS (O2 *et al.*), and suppor. Tib *rdo rje*, T.360 金剛 ('diamond'). All other MSS °*vaja*°.
6. Ky (=A). R *anutta(hṇī)yād*, most other MSS *udgṛhnīyād* or var.
7. All MSS but R, Ky omit *na*.
8. So A, Mn. R, Ky *cakṣuṣā evavarṇṇa*; most other MSS *cakṣuṣā eva(ṃ)varṇṇā*.
9. So Mn. R, Ky *evaṃvibhūtir iti* (=A); N2, Kt *evamvibhūtidam*; most other MSS °*vibhūtir idaṃ*.

bodhim abhisaṃbudhyeyam | 29 |[1]

sacen me bhagavan bodhiprāptasya naivaṃ prabhāsvaraṃ tad buddhakṣetraṃ bhaved yatra samantād aprameyāsamkhyeyācintyātulyāparimāṇāni buddhakṣetrāṇi saṃdṛśyeraṃs tad yathāpi nāma suparimṛṣṭa[2] ādarśamaṇḍale mukhamaṇḍalaṃ mā tā[R21a]vad aham anuttarāṃ samyaksaṃbodhim abhisaṃbudhyeyam | 30 |

sacen me bhagavan bodhiprāptasya tatra buddhakṣetre dharaṇitalam upādāya yāvad antarīkṣād devamanuṣyaviṣayāti[Ky15b]krāntasyābhijātasya dhūpasya tathāgatabodhisattvapūjāpratyarhasya[3] sarvaratnamayāni nānāsurabhigandhaghaṭikāśatasahasrāṇi sadā nirdhūpitāny eva na syur mā tāvad aham anuttarāṃ samyaksaṃbodhim abhisaṃbudhyeyam | 31 |

sacen me bhagavan bodhiprāptasya tatra buddhakṣetre na sadābhipraviṣṭāny eva sugandhinānāratnapuṣpavarṣāṇi sadā pravā[R21b]ditāś ca manojñasvarā vādyameghā na syur mā tāvad aham anuttarāṃ samyaksaṃbodhim abhisaṃbudhyeyam | 32 |[4]

sacen me bhagavan bodhiprāptasya ye sattvā aprameyāsaṃkhyeyācintyātulyeṣu lokadhātuṣv ābhayā[5] sphuṭā bhaveyus te sarve na devamanuṣyasamatikrāntena sukhena samanvāgatā bhaveyur mā tāvad aham anuttarāṃ samyaksaṃbodhim abhisaṃbudh-

---

1. Tib gives the following passage as the 30th vow here: *bcom ldan 'das gal te bdag byaṅ chub thob pa'i tshe / saṅs rgyas kyi źiṅ der sems can gaṅ dag skyes par gyur pa de dag thams cad śes rab daṅ spobs pa mtha' yas pa thob par ma gyur pa de srid du / bdag bla na med pa yaṅ dag par rdzogs pa'i byaṅ chub mṅon par rdzogs par 'tshaṅ rgya bar mi bgyi'o //* (**sacen me bhagavan bodhiprāptasya tatra buddhakṣetre ye sattvāḥ pratyājātā bhaveyus te sarve nānantaprajñāpratibhānaprāptā bhavayur mā tāvad aham anuttarāṃ samyaksaṃbodhim abhisaṃbudheyam*). Cf. T.360 設我得佛, 國中菩薩, 智慧辯才若可限量者, 不取正覺。('If, when I have attained Buddhahood, the wisdom and eloquence of bodhisattvas in the land should be limited, I shall not attain perfect awakening.'), and a corresponding vow in T.310.5.
2. 11 MSS (T5 *et al.*). R, Ky *suparipṛṣṭe.*
3. 19 MSS (T5 *et al.*). R, Ky *tathāgatasya bodhisatvasya pūjāpratyahaṃ* (=A).
4. This vow is present in Tib (the 33rd vow) but missing in Chin.
5. Tib *bdag gi 'od kyis* (**mamābhayā*). T.360 我光明 ('my light').

yeyam | 33 |

sacen me bhagavan bodhiprāptasya samantāc cāprameyāsaṃkhyeyācintyātulyāparimāṇe[Ky16a]ṣu buddhakṣetreṣu bodhisattvā mama nāmadheyaṃ śrutvā tacchravaṇasahagatena [R22a] kuśalamūlena[1] jātivyativṛttāḥ santo na dhāraṇīpratilabdhā bhaveyur yāvad bodhimaṇḍaparyantam iti mā tāvad aham anuttarāṃ samyaksaṃbodhim abhisaṃbudhyeyam | 34 |

sacen me bhagavan bodhiprāptasya samantād aprameyāsaṃkhyeyācintyātulyāparimāṇeṣu buddhakṣetreṣu yāḥ striyo mama nāmadheyaṃ śrutvā prasādaṃ saṃjānayeyur bodhicittaṃ cotpādayeyuḥ[2] strībhāvaṃ ca vijugupseran[3] jātivyativṛttāḥ samānāḥ saced dvitīyaṃ strībhāvaṃ pratilabheran mā tāvad aham anuttarāṃ samyaksaṃbo[R22b]dhim abhisaṃbudhyeyam | 35 |[4]

sacen me bhagavan bodhiprāptasya samantād daśasu dikṣv aprameyāsaṃkhyeyācintyātulyāparimāṇeṣu buddhakṣetreṣu ye bodhisattvā mama nāmadheyaṃ śrutvā praṇipatya pañca[Ky16b]maṇḍalanamaskāreṇa vandiṣyante te bodhisattvacaryāṃ caranto na

---

1. All MSS but R read *kuśalena* or var.
2. All MSS but R, Ky read *notpādayeyuḥ* or var.
3. 19 MSS (T4 *et al.*). Some MSS (incl. R, Ky) *vijugupsyeran*.
4. Tib gives the following passage as the 37th vow here: *bcom ldan 'das gal te bdag byaṅ chub thob pa'i tshe / saṅs rgyas kyi źiṅ dpag tu ma mchis / graṅs ma mchis bsam gyis mi khyab / mtshuṅs pa ma mchis / tshad ma mchis pa dag na sems can gaṅ dag gis bdag gi miṅ thos par gyur la miṅ thos pa tsam gyis byaṅ chub kyi sñiṅ po'i mtha'i bar du tshaṅs par spyod par ma gyur pa de srid du bdag bla na med pa yaṅ dag par rdzogs pa'i byaṅ chub mṅon par rdzogs par 'tshaṅ rgya bar mi bgyi'o //* (**sacen me bhagavan bodhiprāptasyāprameyāsaṃkhyeyācintyātulyāparimāṇeṣu buddhakṣetreṣu ye sattvā mama nāmadheyaṃ śrutvā tacchravaṇamātreṇa na brahmacāriṇaḥ syur yāvad bodhimaṇḍaparyantaṃ mā tāvad aham anuttarāṃ samyaksaṃbodhim abhisaṃbudhyeyam*). Cf. T.360 設我得佛，十方無量不可思議諸佛世界諸菩薩衆，聞我名字，壽終之後常修梵行至成佛道，若不爾者，不取正覺。('If, when I have attained Buddhahood, bodhisattvas in the immeasurable and inconceivable worlds of the Buddhas in the ten directions, having heard my name, should not always practice holy virture and realize the Buddha-way after the end of their lives, I shall not attain perfect awakening.'), and a corresponding vow in T.310.5.

sadevakena lokena satkriyeran[1] mā tāvad aham anuttarāṃ samyaksaṃbodhim abhisaṃbudhyeyam | 36 |

sacen me bhagavan bodhiprāptasya[2] kasyacid bodhisattvasya cīvaradhāvanaśoṣaṇasīvanarajanakarma[3] kartavyaṃ bhaven na navanavābhijātacīvara[R23a]ratnaiḥ[4] prāvṛtam evātmānaṃ saṃjānīyuḥ sahacittotpādāt[5] tathāgatājñānujñātair[6] mā tāvad aham anuttarāṃ samyaksaṃbodhim abhisaṃbudhyeyam | 37 |

sacen me bhagavan bodhiprāptasya tatra buddhakṣetre sahotpannāḥ sattvā naivaṃvidhaṃ sukhaṃ pratilabheraṃs tad yathāpi nāma niṣparidāhasyārhato bhikṣos tṛtīyadhyānasamāpannasya mā tāvad aham anuttarāṃ samyaksaṃbodhim abhisaṃbudhyeyam | 38 |[7]

sacen me bhagavan bodhiprāptasya tatra buddhakṣetre ye bodhisattvāḥ pratyājātās te yathārūpaṃ buddhakṣetraguṇālaṃkāravyūham ā[R23b]kāṃkṣeyus tathārūpaṃ nānāratnavṛkṣebhyo na saṃjānīyur mā tāvad aham anuttarāṃ samyaksaṃbodhim abhisaṃbudhyeyam | 39 |

sacen me bhagavan bodhiprāptasya taṃ mama nāmadheyaṃ śrutvānyabuddhakṣe[Ky17a]tropapannā[8] bodhisattvā indriyabalavaikalyaṃ[9] nirgaccheyur mā tāvad aham anuttarāṃ samyaksaṃbodhim abhisaṃbudhyeyam | 40 |

sacen me bhagavan bodhiprāptasya tadanyabuddhakṣetrasthā [N115a] [10] bodhisattvā mama nāmadheyaṃ śrutvā sahaśravaṇān na

---

1. 9 MSS (As *et al.*). R *masankṛtyeran*, Ky *maskṛtyeran*; some MSS (C *et al.*) *satkriyaran*, (K1 *et al.*) *saṃkriyeran*.
2. Tib adds *saṅs rgyas kyi źiṅ de na* (**tatra buddhakṣtre*) after *bodhiprāptasya*.
3. °*rajana*° (=A). R, Ky °*rajena*°; all other MSS °*rañjana*° or °*raṃjana*° (=Mn). Cf. *BHSD* s.v. *rajana*.
4. °*cīvararatnaiḥ*. 26 MSS (T5 *et al.*). R, Ky °*cīvaratvaiḥ*.
5. 17 MSS (Ro *et al.*). R °*cittautpādāṃ*, Ky °*cittotpādāṃ*.
6. 18 MSS (T5 *et al.*). R, Ky *tathāgatasyānujñātair* (=A, Af).
7. This vow is missing in Ky.
8. 16 MSS (O2 *et al.*). R, Ky *śrutvānyadbuddha*°.
9. 29 MSS (T5 *et al.*). R, Ky *indribalavaikalyaṃ*. Tib omits °*bala*°.
10. N1 begins here, missing foregoing folios.

suvibhaktavatīṃ nāma samādhiṃ pratilabheran yatra samādhau sthitvā bodhisattvā ekakṣaṇavyatihāreṇāprameyāsaṃkhye[R24a]yācintyātulyāparimāṇān buddhān bhagavataḥ paśyanti sa caiṣāṃ samādhir antarā vipraṇaśyen[1] mā tāvad aham anuttarāṃ samyaksaṃbodhim abhisaṃbudhyeyam | 41 |

sacen me bhagavan bodhiprāptasya[2] mama nāmadheyaṃ śrutvā tacchravaṇasahagatena kuśalamūlena sattvā nābhijātakulopapattiṃ pratilabheran yāvad bodhimaṇḍaparyantaṃ mā tāvad aham anuttarāṃ samyaksaṃbodhim abhisaṃbudhyeyam | 42 |

sacen me bhagavan bodhiprāptasya tadanyeṣu [Ky17b] buddhakṣetreṣu ye sattvā[3] mama nāmadheyaṃ śrutvā tacchravaṇasahagatena[4] kuśalamūlena yāvad bodhi[R24b]paryantaṃ na sarve bodhisattvacaryāprītiprāmodyakuśalamūlasamavadhānagatā[5] bhaveyur mā tāvad aham anuttarāṃ samyaksaṃbodhim abhisaṃbudhyeyam | 43 |

sacen me bhagavan bodhiprāptasya sahanāmadheyaśravaṇāt tadanyeṣu lokadhātuṣu[6] bodhisa[N115b]ttvā na samantānugataṃ nāma samādhiṃ pratilabheran yatra sthitvā bodhisattvā ekakṣaṇavyatihāreṇāprameyāsaṃkhyeyācintyātulyāparimāṇān buddhān[7] bhagavataḥ satkurvanti sa caiṣāṃ samādhir antarā[8] vipraṇaśyed[9] yāvad bodhimaṇḍaparyantaṃ mā tāvad aham anuttarāṃ samya[R25a]ksaṃbodhim abhisaṃbudhyeyam | 44 |

---

1. So Mn. 5 MSS (T5 *et al.*) *vipraṇaśyet*, 10 MSS (incl. R, N1) °*ṇasyet*; Ky °*śasyet*; other MSS °*ṇaśyat*, °*ṇasyat* or var.
2. 7 MSS (Ox *et al.*) add *tadanyeṣu buddhakṣetreṣu* or var. after *bodhiprāptasya*, also T310.5 餘佛土中 (in the other Buddha-lands).
3. All MSS but R, Ky, prob. N1 read *bodhisatvā(ḥ)* (=Tib).
4. °*sahagatena* (=A). All MSS but N1 (°*sahagatvena*) omit.
5. 16 MSS (incl. N1). R, Ky *bodhisatvacaryāṃ prīti*°.
6. 29 MSS (T4 *et al.*). R, N1, Ky, T5 omit.
7. 19 MSS (H1 *et al.*). R, N1, Ky *buddhā*.
8. 20 MSS (Ox *et al.*). R, Ky *anuttarā(ṃ)*; N1 *aṇantarā*.
9. So Mn. 4 MSS (Ox *et al.*) *vipraṇaśyet*. 16 MSS (incl. R, N1, Ky) °*ṇasyed* or *ṇasyet*; other MSS °*ṇaśyad*, °*ṇasyat* or var.

sacen me bhagavan bodhiprāptasya tatra buddhakṣetre ye bodhisattvāḥ[1] pratyājātā bhaveyus te yathārūpāṃ dharmadeśanām ākāṃkṣeyuḥ[2] śrotuṃ tathārū[Ky18a]pāṃ sahacittotpādān[3] na śṛṇuyur mā tāvad aham anuttarāṃ samyaksaṃbodhim abhisaṃbudhyeyam | 45 |

sacen me bhagavan bodhiprāptasya tatra buddhakṣetre tadanyeṣu buddhakṣetreṣu ye bodhisattvā mama nāmadheyaṃ śṛṇuyus te[4] sahanāmadheyaśravaṇān nāvaivartikā bhaveyur anuttarāyāḥ samyaksaṃbodher mā tāvad aham anuttarāṃ samyaksaṃbodhim abhisaṃ[R25b]budhyeyam | 46 |

sacen me bhagavan bodhiprāptasya tatra buddhakṣetre ye bodhisattvā mama nāmadheyaṃ śṛṇuyus te sahanāmadheyaśravaṇān na[5] prathamadvitīyatṛtīyāḥ[6] kṣāntīḥ[7] pratilabheran [N116a] nāvaivartikā bhaveyur[8] buddhadharmebhyo mā tāvad aham anuttarāṃ samyaksaṃbodhim abhisaṃbudhyeyam | 47 |

atha khalv[9] ānanda sa dharmākaro bhikṣur imān evaṃrūpān praṇidhānaviśeṣān nirdiśya tasyāṃ velāyāṃ buddhānubhāvene[Ky18b]mā gāthā abhāṣata ||[10]

saci mi imi viśiṣṭa naivarūpā[11]
varapraṇidhāna siyā[12] khu bodhiprā[R26a]pte[13] |

---

1. All MSS but R, Ky, prob. N1 read *satvāḥ* (=Tib).
2. 18 MSS (T5 *et al.*). N1 *ākākṣeyuḥ*; R, Ky *kāṃkṣeyu(ḥ)*.
3. 24 MSS (K1 *et al.*). R, N1, Ky, *sahacittotpādā*.
4. R, N1, Ky add *yas* before *te*.
5. All MSS but R, N1, Ky omit.
6. 23 MSS (T5 *et al.*). R, N1, Ky °*tṛtīyaḥ*.
7. 12 MSS (C *et al.*). R, Ky *kṣānti*; N1 °*tim*.
8. 15 MSS (T6 *et al.*). R, Ky *bhaved*; N1 °*vet*.
9. N1 adds *āyuṣmān*.
10. The following verses are missing in T.361, 362. The metre is Proto-Puṣpitāgrā, which seems to represent a later development compared with the preceding verses: Aupacchandasaka. Cf. Sakamoto-Goto [1994] 149-52.
11. 19 MSS (T5 *et al.*). R, N1, Ky *naikarūpā*.
12. 32 MSS (incl. N1). R *śiyā*, Ky omit.
13. 22 MSS (incl. R, Ky). N1 (illegible), some MSS (T6 *et al.*) °*prāpto*.

māhu[1] siya narendra[2] sattvasāro
daśabaladhāri atulyadakṣiṇīyaḥ ‖ 1 ‖
saci mi siya na kṣetra evarūpaṃ
bahu-adhanāna[3] prabhūta divyacitraṃ[4] |
sukhi na nara kareya[5] duḥkhaprāpto[6]
māhu[7] siyā ratano[8] narāṇa[9] rājā ‖ 2 ‖
saci mi upagatasya[10] bodhimaṇḍaṃ
daśadiśi na vraji[11] nāmadheyu kṣipraṃ |
pṛthu bahava anantabuddhakṣetrāṃ
māhu[12] siyā balaprāptu lokanātha ‖ 3 ‖
saci khu ahu rameya kāmabhogāṃ
smṛtimatiyā[13] gatiyā vihīnu santaḥ |
atulaśiva sameyamāṇa bo[R26b]dhi
māhu[14] siyā balaprāptu śāstu[15] loke ‖ 4 ‖
vipulaprabha atulyananta[16] nāthā
diśi vidiśi[17] sphuri sarvabuddhakṣetrāṃ[18] |

---

1. R (A, Af *ma ahu*). N1, Ky *sāhu*; other MSS (T5 *et al.*) *mohya*, (T5 *et al.*) *sāhya*, (L *et al.*) *sohya* or var. Mn, V *māha*.
2. N1 (=A, W). R, Ky *narendru*.
3. 27 MSS (incl. R, N1, Ky) *bahu adhanāna* (=A, Af).
4. R, Ky. N1 *divyavicitraṃ*, 19 MSS (T6 *et al.*) *divyacittaṃ*.
5. O2 (=W). R, Ky *kamaya*; N1 *kaye*; other MSS (T4 *et al.*) *kaneya*, (Ox *et al.*) *kayeya*, (N3 *et al.*) *kayamaḥ* or var.
6. 21 MSS (incl. Ky). Some MSS (incl. R, prob. N1) °*prāptā*.
7. R, N1, Ky (A, Af *ma ahu*). Mn, V *māha*.
8. R, Ky. N1, T6, S *ranno*.
9. R, Ky. N1, As *narāna*.
10. 30 MSS (T5 *et al.*). R *rūpagatasya*; N1, Ky *rupa*°.
11. *na vraji* (=W). Suppor. Tib *grags par* (N, L omit) *ma gyur par*. 22 MSS (incl. R, N1, Ky) *pravraji* (=A, Mn, V). Mn (fn.) suggests that *na* is missing.
12. Cf. fn.7 above.
13. 27 MSS (incl. N1). R, Ky *smṛtimati*.
14. Em. R, N1, Ky *vāhu*. A, Af *ma ahu*. Mn, V *māha*.
15. 16 MSS (Ox *et al.*). R, Ky *sāstu*; N1 *sāmtu*.
16. 9 MSS (incl. R, Ky). All other MSS (incl. N1) *atulyānanta* (unmetr.).
17. R, Ky, T3. 23 MSS (incl. N1) *vidiśa*, some MSS (Ox *et al.*) *vidi*.
18. 24 MSS (incl. R, Ky). Some MSS (incl. N1) °*kṣetrā*.

rāga praśami[1] sarvadoṣamohāṃ
narakagatismi praśāmi dhūmaketuṃ ‖ 5 ‖
jani[N116b]ya[2] suruci[Ky19a]raṃ viśālanetraṃ
vidhuniya sarvanarāṇa andhakāraṃ[3] |
apaniya suna akṣaṇān aśeṣān
upanayi[4] svargapathān[5] anantatejā ‖ 6 ‖
na tapati nabha candrasūrya-ābhā
maṇigaṇa agni prabhā va[6] devatānāṃ |
abhibhavati narendra-ābha sarvān[7]
purimacariṃ pariśuddha ācaritvā ‖ 7 ‖
puruṣavaru [R27a] nidhāna duḥkhitānāṃ
diśi vidiśāsu na asti evarūpā |
kuśalaśatasahasra[8] sarva pūrṇā
parṣagato nadi buddhasiṃhanādaṃ ‖ 8 ‖
purimajina svayaṃbhu satkaritvā
vratatapakoṭi caritva aprameyāṃ |
pravaravara sameṣi[9] jñānaskandhaṃ
praṇidhibalaṃ paripūrṇa sattvasāro ‖ 9 ‖
yatha[10] bhagavan[11] asaṅgajñānadarśī
trividha prajānati saṃskṛtaṃ[12] narendraḥ |

---

1. 8 MSS (T4 *et al.*). R, N1, Ky *prasami.* Most MSS (incl. R, N1, Ky) add *prasamiya* (redundant) or var.
2. 19 MSS (T5 *et al.*). 12 MSS (incl. R, N1, Ky) *jāniya* (=A, Af, unmetr.).
3. 26 MSS (incl. N1)(=Mn). R, Ky, T3 *°kāram* (=A, Af, V).
4. 29 MSS (T5 *et al.*). R, N1, Ky, C *upaniya.*
5. R (=A). Some MSS (incl. Ky) *svargayathān*, 25 MSS (incl. N1) *svargagatān* (=Mn, V) or var.
6. 9 MSS (incl. R, Ky). N1 adds *na*, 14 MSS (T6 *et al.*) *na ca* or *na va.*
7. R (=A). Ky *savām*, N1 *sarvvā*; most other MSS *sarvāṃ* (=Mn, V).
8. 11 MSS (incl. R, Ky). Most other MSS (incl. N1) *sakalaśatasahasra.*
9. So W. R, N1, Ky *samesti*; 8 MSS (Ko *et al.*) *samesmi.* Cf. Tib *rab btsal nas*, T.310.5 求 ('seek').
10. 16 MSS (incl. N1). Most other MSS (incl. R, Ky) *yathā* (unmetr.).
11. N1 (=A). R, Ky *bhagavam*; 12 MSS (T5 *et al.*) *bhagava* (=Mn, V).
12. R (=A). N1 *saṃskṛtan*, 33 MSS (incl. Ky) *°kṛte* or var.

aham api siya ’tulyadakṣiṇīyo[1]
vidu[2] pravaro naranāyako narāṇāṃ ‖ 10 ‖
saci mi ayu narendra evarūpā
praṇidhi samṛdhyati [R27b] bodhi [Ky19b] prāpuṇitvā |
calatu ayu sahasralokadhātū[3]
kusumu[4] pravarṣa nabhātu[5] devasaṃghā[6] ‖ 11 ‖
pracalita vasudhā pravarṣi puṣpāḥ
tūryaśatā[7] gagane ’tha saṃpraṇeduḥ |
divyaruciracandanasya[8] cūrṇā
abhi[N117a]kiri[9] caiva bhaviṣyi[10] loki buddha iti[11] ‖ 12 ‖

evaṃrūpayānanda praṇidhisaṃpadā[12] sa dharmākaro bhikṣur bodhisattvo mahāsattvaḥ samanvāgato ’bhūt | evaṃrūpayā cānanda praṇidhisaṃpadālpakā[13] bodhisattvāḥ samanvagatāḥ | alpakānāṃ caivaṃrūpāṇāṃ praṇidhīnāṃ loke prādurbhāvo bhavati parīttānāṃ na punaḥ sarva[R28a]śo[14] nāsti ‖

sa khalu punar ānanda dharmākaro bhikṣus tasya bhagavato lokeśvararājasya tathāgatasya purataḥ sadevakasya lokasya samārakasya sabrahmakasya saśramaṇabrāhmaṇikāyāḥ prajāyāḥ sadevamānuṣāsurāyāḥ purata imā[Ky20a]n evaṃrūpān praṇidhiviśeṣān[15] nir-

---

1. *siya ’tulya.* Em. 28 MSS (incl. R, Ky, prob. N1) *siyatulya°*. Cf. Tib *mtshuṅs pa ma mchis* (**atulya*).
2. 16 MSS (incl. N1). 9 MSS (incl. R, Ky) *viduḥ* (=A, Af, unmetr.).
3. 5 MSS (incl. prob. N1). R *sahasralokadhātūṃ* (=A), Ky *°dhātuṃ*; most other MSS *°dhātu* (=Mn, V).
4. R, Ky. 25 MSS (incl. N1) *kusuma*.
5. 20 MSS (incl. N1). R, Ky *nanātu*; some MSS (L *et al.*) *nabhotu*.
6. 5 MSS (T5 *et al.*). R, N1, Ky *°saṃghān*; some MSS (T6 *et al.*) *°saṃghāṃ*.
7. R, N1. 17 MSS (incl. Ky) *bhūry(y)aśatā*.
8. 24 MSS (incl. N1). R, Ky *°candranasya*.
9. R, Ky, N1 (illegible). 16 MSS (T5 *et al.*) *avikiri*, some MSS (K1 *et al.*) *avakiri*.
10. R, Ky. 31 MSS (incl. prob. N1) *bhaviṣya*.
11. All MSS have *iti*, which is not part of the verse proper.
12. All MSS but R, N1, Ky read *praṇidhāna°* for *praṇidhi°*.
13. *Do.*
14. 14 MSS (C *et al.*). 18 MSS (incl. R, Ky) *sarvaso*, N1 (illegible).
15. 24 MSS (T5 *et al.*). R omits, N1 *praṇidhānaviśeṣā*, Ky *praṇidhiviśerū(pā)ṃ*.

diśya yathābhūtaṃ pratijñāpratipattisthito[1] ’bhūt | sa imām[2] evaṃrūpāṃ buddhakṣetrapariśuddhiṃ buddhakṣetramāhātmyaṃ buddhakṣetrodāratāṃ samudānayan bodhisattvacaryāṃ carann aprameyāsaṃkhyeyācintyātulyāmāpyāparimāṇānabhilā[R28b]pyāni varṣakoṭīnayutaśatasahasrāṇi na jātu kā[N117b]mavyāpādavihiṃsāvitarkān[3] vitarkitavān na jātu kāmavyāpādavihiṃsāsaṃjñā utpāditavān na jātu rūpaśabdagandharasaspraṣṭavyasaṃjñā utpāditavān | sa daharo[4] manohara eva surato ’bhūt | sukhasaṃvāso ’dhivāsanajātīyaḥ subharaḥ supoṣo ’lpecchaḥ[5] saṃtuṣṭaḥ pravivikto ’duṣṭo ’mūḍho ’vaṅko ’jihmo ’śaṭho ’māyāvī sakhilo[6] madhuraḥ[7] priyā[Ky20b]lāpo nityābhiyuktaḥ śukladharmaparyeṣṭāv anikṣiptadhuraḥ[8] sarvasattvānām arthāya mahā[R29a]praṇidhānaṃ[9] samudānītavān buddhadharmasaṃghācāryopādhyāyakalyāṇamitrasagauravo[10] nityasaṃnaddho bodhisattvacaryāyām ārjavo mārdavo ’kuhako nilapako[11] guṇavān pūrvaṃgamaḥ sarvasattvakuśaladharmasamādāpanatāyai śūnyatānimittāpraṇihitānabhisaṃskārānutpādavihāravihārī[12] nirmāṇaḥ[13] svārakṣitavākyaś cābhūt ||

[R29b] bodhisattvacaryāṃ caran sa yad vākkarmotsṛṣṭam ātmaparobhayaṃ vyāvādhāya saṃvartate tathāvidhaṃ tyaktvā yad vākkarma svaparobhaye hitasukhasaṃvartakaṃ tad evābhiprayuktavān[14] | evaṃ ca saṃprajāno ’bhūt | [R30a] yad grāmanagaranigama-

---

1. °*sthito* (=A). R, N1, Ky, N2 °*ṣṭhito*; most other MSS °*pratiṣṭhito*.
2. 20 MSS (T4 *et al.*). R, Ky *imān*, N1 *imānn*.
3. °*vitarkān*. 5 MSS (T5 *et al.*). R, N1 °*vitarkkā*; Ky °*vitarka*.
4. So A. 32 MSS *dahara*; R, N1, Ky *da*.
5. 16 MSS (Ox *et al.*). R, N1, Ky *alpeccha*.
6. R, T5, T4. N1 *saṃkhilo*, 21 MSS (incl. Ky) *sukhilo*.
7. R, Ky. N1 *maparaḥ*, all other MSS *maḥ*.
8. All MSS but R, N1, Ky read *sunikṣipta*° or var.
9. 25 MSS (T5 *et al.*). R, N1, Ky °*praṇidhāna*.
10. °*gauravo*. 31 MSS (T5 *et al.*). R, Ky °*gaurava*; N1 omits.
11. 21 MSS (Ox *et al.*). R, Ky *nilepakaḥ*; N1 *nirlepakaḥ*.
12. Tib adds *’gag pa med pa* (**anirodha*) between °*anutpāda*° and °*vihāra*°.
13. 6 MSS (T4 *et al.*). 18 MSS (S *et al.*) *nirmānaḥ*; R, N1, Ky *nirv(v)āṇaḥ*.
14. 24 MSS (K5 *et al.*). R, N1, Ky *evābhipramuñcata*.

[N118a]janapadarāṣṭrarājadhānīṣv avataran na jātu rūpaśabdagandharasaspraṣṭavyadharmeṇa nīto[1] [Ky21a] 'bhūt | apratihataḥ sa bodhisattvacaryāṃ[2] caran svayaṃ ca dānapāramitāyām acarat[3] parāṃś ca tatraiva samādāpitavān | svayaṃ ca śīlakṣāntivīryadhyānaprajñāpāramitāsv acarat[4] parāṃś ca tatraiva samādāpitavān | tathārūpāṇi ca kuśalamūlāni samudānītavān yaiḥ samanvāgato yatra yatropapadyate tatra tatrāsyānekāni nidhānakoṭīnayutaśatasahasrāṇi dharaṇyāḥ prādurbhavanti ||

[R30b] tena bodhisattvacaryāṃ caratā tāvad aprameyāsaṃkhyeyāni sattvakoṭīniyutaśatasahasrāṇy anuttarāyāṃ samyaksaṃbodhau pratiṣṭhāpitāni yeṣāṃ na sukaro vākkarmaṇā paryanto 'dhigantum | tāvad aprameyāsaṃkhyeyā buddhā bhagavantaḥ satkṛtā gurukṛtā mānitāḥ pūjitāś cīvarapiṇḍapātaśayanāsanaglānapratyayabhaiṣajyapariṣkāraiḥ sarvasukhopadhānaiḥ sparśa[Ky21b]vihāraiś ca pratipāditāḥ | yāvantaḥ sattvāḥ śreṣṭhigṛhapatyāmātyakṣatriya[N118b]brāhmaṇamahāśālakuleṣu pratiṣṭhāpitās teṣām na su[R31a]karo vākkarmanirdeśena[5] paryanto 'dhigantum[6] | evaṃ jāmbūdvīpeśvaratve[7] pratiṣṭhāpitāś cakravartitve[8] lokapālatve śakratve suyāmatve saṃtuṣitatve sunirmitatve vaśavartitve devarājatve mahābrahmatve[9] ca pratiṣṭhāpitāḥ | tāvad aprameyāsaṃkhyeyā buddhā bhagavantaḥ satkṛtā gurukṛtā mānitāḥ pūjitā dharmacakrapravartanārthaṃ cādhīṣṭās[10] teṣāṃ na sukaro vākkarmanirdeśena paryanto 'dhigantum ||

---

1. All MSS but R read *anunīto* or var.
2. °*caryāṃ* (=A). R, N1, Ky °*cary(y)ā*; all other MSS °*caryāyaṃ* or var.
3. C, H2. 7 MSS (incl. R) *acaran*, 20 MSS (incl. Ky, prob. N1) *caran*.
4. So A, Mn. 8 MSS (incl. R, Ky) *acaran*, N1 *ācarana*, other MSS (K1 *et al.*) *ācaran*, (Ox *et al.*) *ācarataḥ*, (C *et al.*) *ācaratā*.
5. °*nirdeśena*. 28 MSS (T5 *et al.*). N1 °*nirddisyena*. R, Ky omit *vāk*°… *saṃtuṣitatve*.
6. 26 MSS (T4 *et al.*). N1 *dhigatuṃ*.
7. °*dvīpeśvaratve* (=A, W). N1 °*dvīpeśvarasya*, 30 MSS (T5 *et al.*) °*dvīpeśvarāś*.
8. 31 MSS (T5 *et al.*). N1 *cakravarttite*.
9. 30 MSS (T5 *et al.*). R, N1, Ky °*brāhmatve*.
10. 8 MSS (T5 *et al.*). R, Ky *cādhiṣṭhāḥ*; N1 *ca pratiṣṭhān*.

sa evaṃrūpaṃ kuśalaṃ samudānayad[1] yad asya bodhisattvacaryāṃ carato 'prameyāsaṃkhyeyācintyātulyāmāpyāparimāṇānabhilāpyāni kalpakoṭīnayutaśatasahasrāṇi surabhidivyātikrāntacandanagandho[2] mukhāt[3] pravāti sma | sarvaromakūpebhya utpalaga[R31b]ndho vāti sma | sarvalokābhirūpaś cābhūt prāsādiko darśanīyaḥ paramaśubhavarṇa[Ky22a]puṣkalatayā[4] samanvāgato lakṣaṇānuvyañjanasamalaṃkṛtenātmabhāvena | tasya sarvaratnālaṃkārāḥ sarvavastracīvarābhinirhārāḥ sarvapuṣpadhūpagandhamālyavilepanacchatradhvajapatākābhinirhārāḥ sarvavādyasaṃgītyabhinirhārāś ca sarvaromakūpebhyaḥ pāṇitalābhyāṃ[5] ca niścaranti sma | sarvānnapānakhādyabhojyalehyarasābhinirhārāḥ sarvopabhogaparibhogābhinirhārāś ca pāṇitalābhyāṃ prasyandantaḥ[6] prādurbhavanti | [R32a] iti hi sarvapariṣkāravaśitāpāramiprāptaḥ sa ānanda dharmākaro bhikṣur abhūt pūrvaṃ[7] bodhisattvacaryāṃ caran ||

evam ukta āyuṣmān ānando bhagavantam etad avocat | kiṃ punar bhagavan sa dharmākaro bodhisattvo mahāsattvo 'nuttarāṃ samyaksaṃbodhim abhisaṃbudhyātītaḥ parinirvṛta utāho 'nabhisaṃbuddho 'tha [Ky22b] pratyutpanno 'bhisaṃbu[R32b]ddha etarhi tiṣṭhati dhriyate yāpayati dharmaṃ ca deśayati | bhagavān āha | na khalu punar ānanda sa tathāgato 'tīto nānāgataḥ | api tv eva[8] sa tathāgato 'nuttarāṃ samyaksaṃbodhim abhisaṃbuddha etarhi tiṣṭhati dhriyate yāpayati dharmaṃ ca deśayati | paścimāyāṃ diśītaḥ koṭīnayutaśatasahasratame[9] buddhakṣetre sukhāvatyāṃ loka-

---

1. So Mn. K3, D2 *samudānayat*; R, Ky *samudānīyaṃ* (=A). N1 omits the long passage from *samudānayad* to *ayutāni* (34.5).
2. °*divyātikrāntacandana*°. 24 MSS (T5 *et al.*). R °*divyānekāddhāścandana*°, Ky °*divyānekādvāścandana*°.
3. 12 MSS (T5 *et al.*). R, Ky *mukhāṃ*.
4. All MSS but R, Ky read °*puṣkaratayā*.
5. 16 MSS (T5 *et al.*). R, Ky *pāṇitalābhyāṃś*.
6. 14 MSS (K1 *et al.*). R, Ky *prasyandanta*.
7. 26 MSS (T5 *et al.*). R, Ky *pūrva*.
8. 30 MSS (T5 *et al.*). R, Ky *eṣa*.
9. 15 MSS (T5 *et al.*). R, Ky omit °*nayuta*°.

dhātāv amitābho nāma tathāgato 'rhan samyaksaṃbuddho 'parimāṇair bodhisattvaiḥ parivṛtaḥ puraskṛto 'nantaiḥ śrāvakair anantayā buddhakṣetrasaṃpadā samanvāgataḥ ||

amitā cāsya prabhā yasyā[1] na sukaraṃ pramāṇaṃ paryanto vādhigantum | iyanti buddhakṣetrāṇi iyanti buddhakṣetraśatāni | iyanti buddhakṣetrasahasrāṇi | iyanti buddhakṣetraśatasahasrāṇi | i[Ky23a]yanti buddhakṣetrakoṭī | [R33a] iyanti buddhakṣetrakoṭīśatāni | iyanti buddhakṣetrakoṭīsahasrāṇi | iyanti buddhakṣetrakoṭīśatasahasrāṇi | iyanti buddhakṣetrakoṭīnayutaśatasahasrāṇi sphuritvā tiṣṭhatīti[2] | api tu khalv ānanda saṃkṣiptena pūrvasyāṃ diśi gaṅgānadīvālikāsamāni buddhakṣetrakoṭīnayutaśatasahasrāṇi tayā tasya bhagavato 'mitābhasya tathāgatasya prabhayā sadā sphuṭāni | evaṃ dakṣiṇapaścimottarāsu dikṣv adha ūrdhvam anuvidikṣv ekaikasyāṃ[3] diśi samantād gaṅgānadīvālikāsamāni buddhakṣetrakoṭīnayutaśata[R33b]sahasrāṇi tasya bhagavato 'mitābhasya tathāgatasya tayā prabhayā sadā sphuṭāni sthāpayitvā buddhān bhagavataḥ pūrvapraṇidhānādhiṣṭhānena ye vyāmapra[Ky23b]bhayaikadvitricatuḥpañcadaśaviṃśatitriṃśaccatvāriṃśadyojanaprabhayā[4] yojanaśataprabhayā yojanasahasraprabhayā yojanaśatasahasraprabhayā yāvad anekayojanakoṭīnayutaśatasahasraprabhayā yāval lokaṃ spharitvā[5] tiṣṭhanti | nāsty ānandopamopanyāso yena śakyaṃ tasyāmitābhasya tathāgatasya prabhāyāḥ[6] pramāṇam udgṛhītum ||

tad anenānanda paryāyeṇa sa tathāgato [R34a] 'mitābha ity ucyate | amitaprabho 'mitaprabhāso 'samāptaprabho 'saṅgaprabho[7]

---

1. So A, W. All MSS (incl. R, Ky) *yasya* (=Mn).
2. 22 MSS (T5 *et al.*). R, Ky *tiṣṭhantīti.*
3. So A. R, Ky *ekaikasyān*; all other MSS *caikaikasyāṃ* or var.
4. All MSS but R, Ky insert *pañcāṣad* between °*catvāriṃśad*° and °*yojanaprabhayā.*
5. 14 MSS (incl. R, Ky). 18 MSS (B *et al.*) *sphuritvā.*
6. 17 MSS (Ox *et al.*). 11 MSS (incl. R, Ky) *prabhayā.*
7. So W. Tib *'od chags pa med pa.* All MSS but R, Ky read *asaṃgataprabhaḥ* or var.

’pratihataprabho nityotsṛṣṭaprabho[1] divyamaṇiprabho ’pratihataraśmirājaprabho rañjanīyaprabhaḥ premaṇīyaprabhaḥ pramodanīyaprabhaḥ[2] prahlādanīyaprabha[3] ullokanīyaprabho[4] nibandhanīyaprabho ’cintyaprabho[5] ’tulyaprabho ’bhibhūyanarendrāsure[Ky24a]ndraprabho ’bhibhūyacandrasūryajihmīkaraṇaprabho[6] ’bhibhūyalokapālaśakrabrahmaśuddhāvāsamaheśvarasarvadevajihmīkaraṇaprabhaḥ sarvaprabhāpāragata[7] i[R34b]ty ucyate ||

sā cāsya prabhā vimalā vipulā kāyasukhasaṃjananī cittaudbilyakaraṇī devāsuranāgayakṣagandharvagaruḍamahoragakinnaramanuṣyāmanuṣyāṇāṃ prītiprāmodyasukhakaraṇī kuśalāśayānāṃ kalyalaghugativicakṣaṇabuddhiprāmodyakaraṇy[8] anyeṣv apy anantāparyanteṣu buddhakṣetreṣu | anena cānanda paryāyeṇa tathāgataḥ paripūrṇaṃ kalpaṃ bhāṣeta tasyāmitābhāsya tathāgatasya nāmakarmopādāya prabhām ārabhya na ca śakyo[9] guṇaparyanto ’dhigantuṃ tasyāḥ prabhāyāḥ | na ca tathāgatasya [R35a] vaiśāradyopacchedo bhavet | tat kasya [Ky24b] hetoḥ | ubhayam apy etad ānandāprameyam asaṃkhyeyam acintyāparyantaṃ yad idaṃ tasya bhagavato[10] prabhāguṇavibhūtis tathāgatasya cānuttaraṃ prajñāpratibhānam ||

---

1. *’pratihataprabho nityotsṛṣṭaprabho*. Suppor. Tib *’od thogs pa med pa daṅ / ’od rtag tu gtoṅ ba daṅ /*. All MSS but R, Ky appear to be corrupted (e.g. T5 *prabhāmikhotsṛṣṭaprabhaḥ*).
2. 19 MSS (K1 *et al.*). 11 MSS (incl. R, Ky) *prāmodanīya°*.
3. All MSS but R, Ky read *saṃgamanīyaprabhaḥ* or var.
4. All MSS but R, Ky read *upoṣanīyaprabhaḥ* or var.
5. All MSS but R, Ky read *ativīryaprabhaḥ* or var.
6. *abhibhūyacandrasūrya°* (=A). Suppor. Tib *ñi ma daṅ zla ba zil gyis gnon°*. R, Ky *abhibhūyaścandrasūrya°*.
7. All MSS but R, Ky omit. Tib adds *mdor bsdu na* (**samāsataḥ*) before *sarvaprabhāpāragata*.
8. All MSS but R, Ky show errors in order and corruptions in the compound and its members.
9. 12 MSS (incl. R, Ky). A, Af *śakto*. Most other MSS *śaknoti* (=Mn, W, V) or var.
10. All MSS but R, Ky add *’mitābhasya*, of which 15 MSS (K1 *et al.*) further add *tathāgatasya*.

tasya khalu punar ānandāmitābhasya tathāgatasyāprameyaḥ śrāvakasaṃgho yasya na sukaraṃ pramāṇam udgṛhītum | iyatyaḥ[1] śrāvakakoṭyaḥ | iyanti śrāvakakoṭīśatāni | iyanti śrāvakakoṭīsahasrāṇi | iyanti śrāvakakoṭīśatasahasrāṇi | iyanti kaṅkarāṇi | iyanti bimbarāṇi | i[R35b]yanti nayutāni | iyanty ayutāni[2] | iyanty akṣobhyāṇi | iyanto vivāhāḥ | iyanti śrotāṃsi | iyanto jayāḥ | iyanty aprameyāṇi | iyanty asaṃkhyeyāni | iyanty agaṇyāni | iyanty atulyāni | iyanty acintyānīti | tad yathānanda maudgalyāyano[3] bhikṣur ṛddhi[Ky25a]vaśitāprāptaḥ sa ākāṃkṣaṃs trisāhasramahāsāhasralokadhātau yāvanti tārārūpāṇi tāni sarvāṇy ekarātriṃ divena[4] gaṇayet | evaṃrūpāṇāṃ carddhimatāṃ koṭīnayutaśatasahasraṃ bhavet | te varṣakoṭīnayutaśata[N119a]sahasram ananyakarmāṇo[5] 'mitābhasya [R36a] tathāgatasya prathamaṃ śrāvakasannipātaṃ gaṇayeyuḥ | tair[6] gaṇayadbhiḥ śatatamo 'pi bhāgo na gaṇito bhavet | sahasratamo 'pi śatasahasratamo 'pi yāvat kalām apy upamām apy upaniśām api na gaṇito bhavet | tad yathānanda mahāsamudrāc caturśītiyojanasahasrāṇy āvedhena tiryag aprameyāt kaścid eva puruṣaḥ śatadhābhinnayā vālāgrakoṭyaikam udakabindum abhyutkṣipet | tat kiṃ manyasa ānanda katamo bahutaro yo vā śatadhābhinnayā vālāgrakoṭyābhyutkṣipta eka u[R36b]dakabindur yo vā mahāsamu[Ky25b]dre 'pskandho 'vaśiṣṭa iti |[7] āha | yojanasahasram api tāvad bhagavan mahāsamudrasya parīttaṃ bhavet kim aṅga punar yaḥ śatadhābhinnayā vālāgrakoṭyābhyutkṣipta eka udakabinduḥ[8] |

---

1. As (=A, Mn). All other MSS (incl. R, Ky) *iyantyaḥ* or var.
2. N1 omits up to here. Cf. 31, fn.1
3. 12 MSS (incl. R, N1). Most other MSS (incl. Ky) invert the positions of *maudgalyāyano* and *bhikṣur*.
4. N1, T5, T4 (=A). R *dive*, 11 MSS (incl. Ky) *dinena*, other MSS (K5 *et al.*) *divena*, (T6 *et al.*) *dine*.
5. Em. 10 MSS (incl. R, prob. N1) *ananyakarmaṇo*. Most other MSS (K1 *et al.*) *ananyakarmaṇā°*.
6. R, N1. Most other MSS (incl. Ky) *ebhir*.
7. 26 MSS (incl. Ky) add *ānanda*.
8. 29 MSS (incl. R). Ky, T3 omit *udaka°*, forming *ekabinduḥ*.

bhagavān āha | tad yathā sa eka udakabinduḥ[1] | iyantaḥ sa prathamasannipāto 'bhūt | tair maudgalyāyanasadṛśair bhikṣubhir gaṇayadbhis tena varṣakoṭīnayutaśatasahasreṇa ga[N119b]ṇitaṃ bhavet | yathā mahāsamudre 'pskandho 'vaśiṣṭa evam agaṇitaṃ draṣṭavyam | kaḥ punar vādo dvitīyatṛtīyādīnāṃ śrāvakasannipātādīnām | [R37a] evam anantāparyantas tasya bhagavataḥ śrāvakasaṃgho[2] yo 'prameyāsaṃkhyeya ity eva saṃkhyāṃ[3] gacchati[4] ||

aparimitaṃ cānanda tasya bhagavato 'mitābhasya tathāgatasyāyuṣpramāṇaṃ yasya na sukaraṃ pramāṇam adhigantum | iyanto[5] vā kalpāḥ | iyanti vā kalpaśatāni | iyanti vā kalpasahasrā[Ky26a]ṇi | iyanti vā kalpaśatasahasrāṇi | iyatyo vā kalpakoṭyaḥ[6] | iyanti vā kalpakoṭīśatāni | iyanti vā kalpakoṭīsahasrāṇi | iyanti vā kalpakoṭīśatasahasrāṇi | iyanti vā kalpakoṭīnayutaśatasahasrāṇīti | [R37b] atha tarhy ānandāparimitam eva tasya bhagavata āyuṣpramāṇam aparyantam | tena sa tathāgato 'mitāyur ity ucyate | yathā cānandeha lokadhātau kalpasaṃkhyā kalpagaṇanā prajñaptikasaṃketas[7] tathā sāṃprataṃ daśa kalpās tasya bhagavato 'mitāyuṣas[8] tathāgatasyotpannasyānuttarāṃ [N120a] samyaksaṃbodhim abhisaṃbuddhasya ||

tasya khalu punar ānanda bhagavato 'mitābhasya sukhāvatī nāma lokadhātur ṛddhā ca sphītā ca kṣe[Ky26b]mā ca subhikṣā ca ramaṇīyā ca bahudevamanuṣyākīrṇā ca | tatra khalv apy[9] āna[R38a]nda lokadhātau na nirayāḥ santi na tiryagyonir na pretaviṣayo nāsurāḥ kāyā nākṣaṇopapattayaḥ | na ca tāni ratnāni loke

---

1. All MSS but R omit *udaka°*, forming *ekabinduḥ*.
2. Ky omits *śrāvakasaṃgho ... 'mitā°* (35.8).
3. 13 MSS (T5 *et al.*). R *saṃkhyaṅ*, N1 *sakhyād*.
4. 26 MSS (T5 *et al.*). R, N1 *gacchanti*.
5. Em. R, N1 *iyanti*. All MSS but R, N1 omit *iyanto vā kalpāḥ*.
6. 18 MSS (Ox *et al.*). R, prob. N1 *kalpakoṭyā*, Ky *°koṭya*.
7. R (=A). N1 *prajñaptikaḥ*, most other MSS (incl. Ky) *prajñaptisaṃketaḥ* or var.
8. Tib *'od dpag med* (*amitābha*).
9. So A. R *ārpy*. N1, Ky omit.

pracaranti yāni sukhāvatyāṃ lokadhātau saṃvidyante | sā khalv ānanda sukhāvatī lokadhātuḥ surabhinānāgandhasamīritā[1] nānā-puṣpaphalasamṛddhā ratnavṛkṣasamalaṃkṛtā tathāgatābhinirmitama-nojñasvaranānādvijasaṃghaniṣevitā ||

te cānanda ratnavṛkṣā nānāvarṇā anekavarṇā anekaśata-sahasravarṇāḥ | santi tatra ratnavṛkṣāḥ suvarṇavarṇāḥ suvarṇa-mayāḥ | santi rū[R38b]pyavarṇā rūpyamayāḥ[2] | santi vaiḍūryavarṇā vaiḍūryamayāḥ | santi sphaṭikavarṇāḥ sphaṭikamayāḥ | santi musā-ragalva[Ky27a]varṇā musāragalvamayāḥ | santi lohi[N1 20b]tamuktā-varṇā lohitamuktāmayāḥ | santy aśmagarbhavarṇā aśmagarbhama-yāḥ | santi kecid dvayo ratnayoḥ[3] suvarṇasya rūpyasya ca | santi trayāṇāṃ ratnānāṃ suvarṇasya rūpyasya vaiḍūryasya ca | santi caturṇāṃ[4] suvarṇasya rūpyasya vaiḍūryasya sphaṭikasya ca | santi pañcānāṃ[5] suvarṇasya rūpyasya vaiḍūryasya sphaṭikasya musāraga-lvasya ca | santi ṣaṇṇāṃ[6] suvarṇasya rūpyasya vaiḍūrya[R39a]sya sphaṭikasya musāragalvasya lohitamuktāyāś ca | santi saptānāṃ ratnānāṃ suvarṇasya rūpyasya vaiḍūryasya sphaṭikasya musāra-galvasya lohitamuktāyā aśmagarbhasya ca saptamasya || tatrānanda sauvarṇamayānāṃ[7] vṛkṣāṇāṃ suvarṇamayāni mūlaskandhaviṭapa-śākhāpattrapuṣpāṇi phalāni raupyamayāṇi | raupyamayāṇāṃ [Ky27b] vṛkṣāṇāṃ rūpyamayāṇy eva mūlaskandhaviṭapaśākhāpattrapuṣpāṇi phalāni vaiḍūryamayāṇi | vaiḍūryamayāṇāṃ vṛkṣāṇāṃ vaiḍūrya-mayāṇi mūlaskandhaviṭapaśākhāpattrapuṣpāṇi pha[R39b]lāni sphaṭi-kamayāni | sphaṭikamayānāṃ vṛkṣāṇāṃ sphaṭika[N1 21a]mayāny eva

---

1. 26 MSS (T5 *et al.*). R *svarabhirnānā°*, N1 [+++]*nānā°*, Ky *sulabhinānā°*.
2. R (=A). N1 mostly missing. All other MSS (incl. Ky) invert *rūpyavarṇā* and *rūpyamayāḥ*.
3. 33 MSS (incl. Ky). R, N1 *ratnavṛkṣayoḥ* (=A).
4. 28 MSS (incl. Ky) add *ratnānā(ṃ)*.
5. 14 MSS (incl. Ky) add *ratnānā(ṃ)*.
6. 28 MSS (incl. Ky) add *ratnānāṃ*.
7. Ox (=A). Cf. *(sau)varṇāmayānāṃ* or var. in 5 MSS (H1 *et al.*). R *sauvarṇṇāṃ*, N1 *°ṇṇānāṃ*, Ky *°ṇṇanāṃ*. Mn, W, V *suvarṇamayānāṃ*.

mūlaskandhaviṭapaśākhāpattrapūṣpāṇi phalāni musāragalvamayāni | musāragalvamayānāṃ vṛkṣāṇāṃ musāragalvamayāny eva mūlaskandhaviṭapaśākhāpattrapuṣpāṇi phalāni lohitamuktāmayāni | lohitamuktāmayānāṃ vṛkṣāṇāṃ lohitamuktāmayāny eva mūlaskandhaviṭapaśākhāpattrapuṣpāṇi phalāny aśmagarbhamayāṇi | aśmagarbhamayāṇāṃ vṛkṣāṇām aśmagarbhamayāṇy eva mūlaskandhaviṭapaśākhāpattrapuṣpāṇi phalāni [R40a] suvarṇamayāni || keṣāṃcid ānanda vṛkṣāṇāṃ[1] suvarṇamayāni mūlāni raupyamayāḥ skandhā[2] vaiḍūryamayā viṭapāḥ sphaṭikamayāḥ śākhā musāragalvamayāni pattrāṇi lohitamuktāmayāni puṣpāṇy aśmagarbhamayāṇi phalāni | keṣāṃcid ānanda vṛkṣāṇāṃ raupyamayā[Ky28b]ṇi mūlāni vaiḍūryamayāḥ skandhāḥ sphaṭikamayā viṭapā musāragalvamayāḥ śākhā lohitamuktāmayāni pattrāṇy aśmagarbhamayāṇi puṣpāṇi suvarṇamayāni phalāni | keṣāṃcid ānanda vṛkṣāṇāṃ vai[R40b]ḍūryamayāṇi mūlāni sphaṭikamayāḥ skandhā musāragalvamayā viṭapā [N121b] lohitamuktāmayāḥ śākhā aśmagarbhamayāṇi pattrāṇi suvarṇamayāni puṣpāṇi raupyamayāṇi phalāni | keṣāṃcid ānanda vṛkṣāṇāṃ sphaṭikamayāni mūlāni musāragalvamayāḥ skandhā lohitamuktāmayā viṭapā aśmagarbhamayāḥ śākhāḥ suvarṇamayāni pattrāṇi raupyamayāṇi puṣpāṇi vaiḍūryamayāṇi phalāni | keṣāṃcid ānanda vṛkṣāṇāṃ musāragalvamayāni mūlāni lohitamuktāmayāḥ skandhā aśmagarbhama[R41a]yā viṭapāḥ suvarṇamayāḥ śākhā raupyamayāṇi pattrāṇi vaiḍūryamayāṇi puṣpāṇi sphaṭikamayāni phalāni | keṣāṃcid ānanda vṛkṣāṇāṃ lohitamuktāmayāni mūlāny aśmagarbhamayāḥ skandhāḥ suvarṇamayā viṭapā raupyamayāḥ śākhā vaiḍūryamayāṇi pattrāṇi sphaṭikamayāni puṣpāṇi musāragarlvamayāni phalāni | keṣāṃcid ānanda vṛkṣāṇām aśmagarbhamayāṇi mūlāni suvarṇamayāḥ skandhā raupyamayā viṭapā vaiḍūryamayāḥ śākhāḥ [Ky29b] sphaṭika[R41b]mayāni pattrā[N122a]ṇi musāragalvamayāni puṣpāṇi lohita-

---

1. 22 MSS (incl. R, Ky) add *suvarṇamayāṇāṃ* or var.
2. 14 MSS (O2 *et al.*). R *skandhāḥ*, Ky °*dha*. N1 omits.

muktāmayāni phalāni | keṣāṃcid ānanda vṛkṣāṇāṃ saptaratnamayāni mūlāni saptaratnamayāḥ[1] skandhāḥ saptaratnamayā viṭapāḥ saptaratnamayāḥ śākhāḥ saptaratnamayāni pattrāṇi saptaratnamayāni puṣpāṇi saptaratnamayāni phalāni | sarveṣāṃ cānanda teṣāṃ vṛkṣāṇāṃ mūlaskandhaviṭapaśākhāpattrapuṣpaphalāni mṛdūni sukhasaṃsparśāni sugandhīni | vātena preritānāṃ[2] ca teṣāṃ valgumanojñanirghoṣo[3] niścaraty asecanako 'pratikū[R42a]laḥ śravaṇāya ||

evaṃrūpair ānanda saptaratnamayair vṛkṣaiḥ saṃtataṃ[4] tad buddhakṣetraṃ samantāc ca kadalīstambhaiḥ saptaratnamayai ratnatālapaṅktibhiś cānuparikṣiptaṃ sarvataś ca hema[Ky30a]jālapraticchannaṃ samantataś ca saptaratnamayaiḥ padmaiḥ saṃcchannam | santi tatra padmāny ardhayojanapramāṇāni | santi yojanapramāṇāni | santi dvitricatuḥpañcayojanapramāṇāni | santi yāvad daśayojanapramāṇāni | sarvataś ca ratnapadmāt ṣaṭtriṃśadraśmikoṭīsahasrāṇi[5] niścara[R42b]nti | sarvataś ca raśmimukhāt ṣaṭtriṃśadbuddhakoṭīsahasrāṇi[6] ni[N122b]ścaranti | suvarṇavarṇaiḥ kāyair dvātriṃśanmahāpuruṣalakṣaṇadharair[7] yāni pūrvasyāṃ di[Ky30b]śy aprameyāsaṃkhyeyāsu lokadhātuṣu[8] gatvā sattvebhyo dharmaṃ deśayanti | evaṃ[9] dakṣiṇapaścimottarāsu dikṣv adha ūrdhvam anuvidikṣv[10] aprameyāsaṃkhyeyāṃl lokadhātūn gatvā sattvebhyo dharmaṃ deśayanti ||

---

1. 4 MSS (incl. R) omit *mūlāni saptaratnamayāḥ*.
2. So A. Tib *bskyod na*. 6 MSS (Ox *et al.*) *preritena* (=Mn); R, N1 *ritānañ*; Ky *caritena*; most other MSS (T5 *et al.*) *ritena*.
3. °*nirghoṣo* (=A). R °*nirghoṣon*, N1 °*ni*(*ghoṣo*), Ky °*ghoṣo*.
4. So A, Mn. N3 *santataṃ*, Tib *gaṅ* (*ba*). R *samantataḥ*, most other MSS (incl. Ky) *satataṃ*, N1 omits.
5. 4 MSS (T5 *et al.*). R *ṣaṭtriṅśatṣaṭtriṅśad*°, Ky *ṣaḍtriṃgad*°. N1 °*sahasrā*.
6. 6 MSS (T6 *et al.*). N1 *ṣaṭtriṃśat*°, R *ṣaṭtriṅśatṣaṭtriṅśad*°, Ky *ṣaḍtriṃśataṣaḍtriṃśad*°.
7. 21 MSS (incl. Ky). R *dvātriṃśadbhi mahā*°, N1 °*dvātriśatmahāpuruṣalakṣaṇaiḥ*.
8. 31 MSS (T5 *et al.*). R, Ky °*dhātu*; N1 *lokatūn*.
9. N1 omits *evaṃ* … *deśayanti* (38.20).
10. R adds *cānāvaraṇe loke* (=A, Af), all other MSS (incl. Ky) *gatāvaraṇe loke*, whereas Tib omits.

tasmin khalu punar ānanda buddhakṣetre sarvaśaḥ kālaparvatā na santi sarvato ratnaparvatāḥ[1] sarva[R43a]śaḥ sumeravaḥ parvatarājānaḥ[2] sarvaśaś cakravāḍamahācakravāḍāḥ parvatarājānaḥ[3] | mahāsamudrāś ca na santi[4] | samantāc ca tad buddhakṣetraṃ samaṃ ramaṇīyaṃ pāṇitalajātaṃ nānāvidharatnasaṃnicitabhūmibhāgam ||

evam ukta āyuṣmān ānando bhagavantam etad avocat | ye punas te bhagavaṃś cāturmahārā[Ky31a]jakāyikā devāḥ sumerupārśvanivāsinas trāyastriṃśā vā sumerumūrdhni nivāsinas te kutra pratiṣṭhitāḥ | bhagavān āha | tat kiṃ manyasa ānanda ye ta iha sumeroḥ parvatarāja[R43b]syopari yāmā devās tuṣitā devā nirmāṇaratayo devāḥ paranirmitavaśavartino[5] devā brahmakāyikā devā brahmapurohitā devā mahābrahmaṇo devā yāvad akaniṣṭhā devāḥ kutra te pratiṣṭhitā iti |[6] āha | acintyo bhagavan karmāṇāṃ[7] vipā[N123a]kaḥ karmābhisaṃskāraḥ | bhagavān āha | labdhas tvayānandehācintyaḥ karmāṇāṃ[8] vipākaḥ karmābhisaṃskāro na punar[9] buddhānāṃ bhagavatām acintyaṃ buddhādhiṣṭhānam | kṛtapuṇyānāṃ ca sattvānām avaropitakuśa[Ky31b]lamūlānāṃ tatrācintyā puṇyā vibhūtiḥ |[10] āha | na me 'tra bhagavan kā[R44a]cit kāṃkṣā vā vimatir vā vicikitsā vā | api tu khalv aham anāgatānāṃ sattvānāṃ kāṃkṣāvimativicikitsāṃ nirghātāya tathāgatam etam arthaṃ paripṛcchāmi | bhagavān āha | sā-

---

1. Tib *ri thams cad kyaṅ rin po che'i ri śa stag go* in the affirmative sense ('Even all the mountains are only of jewels') for [*na santi*] *sarvato ratnaparvatāḥ.*
2. 11 MSS (incl. R, N1). 19 MSS (incl. Ky) *parvatarājā(ḥ).*
3. 28 MSS (incl. R, N1). 7 MSS (incl. Ky) *parvatarājā(ḥ).*
4. All MSS but R, N1 omit *mahāsamudrāś ca na santi.*
5. *paranirmita°.* 20 MSS (T4 *et al.*). R, N1, Ky *parinirmita°.*
6. 25 MSS (incl. Ky) add *ānanda.*
7. R (=A). O3, N2 *karmāṇā*; most other MSS (incl. N1, Ky) *karmaṇā(ṃ).*
8. R, N1 (=A). As, K2, K9 *karmmāṇāṃ*; most other MSS (incl. Ky) *karmaṇā(ṃ).*
9. All MSS but R, N1 (*puna*) omit.
10. 23 MSS (incl. Ky) add *ānanda.*

dhu sādhv ānandaivaṃ te karaṇīyam ‖

tasyāṃ khalv ānanda sukhāvatyāṃ lokadhātau nānāprakārā nadyaḥ pravahanti | santi tatra mahānadyo yojanavistārāḥ | santi yāvad viṃśatitriṃśaticatvāriṃśatpañcāśad[1] yāvad yojanaśatasahasravistārā dvādaśayojanāvedhāḥ[2] | sarvāś ca nadyaḥ[3] sukhavāhinyo nānāsurabhi[R44b]gandhavārivāhinyo nānāratnaluḍitapuṣpasaṃghātavāhinyo nānāmadhurasvaranirghoṣāḥ | [Ky32a] tāsāṃ cānanda koṭīśatasahasrāṅgasaṃprayuktasya divyasaṃgīti[N1 23b]saṃmūrcchitasya tūryasya kuśalaiḥ saṃpravāditasya tāvan manojñanirghoṣo[4] niścarati | yathārūpas tāsāṃ mahānadīnāṃ nirghoṣo niścarati gambhīra ājñeyo vijñeyo 'nelaḥ[5] karṇasukho hṛdayaṃgamaḥ premaṇīyo valgumanojño 'secanako 'pratikūlaḥ śravaṇāyācintyaśāntam[6] anātmeti sukhaśravaṇīyo yas teṣāṃ sattvānāṃ śrotrendriyābhāsam[7] āgacchati ‖ [R45a] tāsāṃ khalu punar ānanda mahānadīnām ubhayatas tīrāṇi nānāgandharatnavṛkṣaiḥ saṃtatāni yebhyo nānāśākhāpattrapuṣpamañjaryo 'valambante | tatra ye sattvās teṣu nadītīreṣv ākāṃkṣanti divyāṃ nirāmiṣāṃ[8] ratikrīḍāṃ cānubhavi[Ky32b]tuṃ teṣāṃ tatra nadīsv avatīrṇānām ākāṃkṣatāṃ gulphamātraṃ vāri saṃtiṣṭhate | ākāṃkṣatāṃ jānumātraṃ kaṭīmātraṃ kakṣamātram ākāṃkṣatāṃ kaṇṭhamātraṃ vāri saṃtiṣṭhate | divyāś ca ratayaḥ prādurbhavanti | tatra ye sattvā ākāṃkṣanti śītaṃ vāri bhavatv iti teṣāṃ śītaṃ bhavati | ya ā[R45b]kāṃkṣanty uṣṇaṃ bhavatv iti

---

1. Tib adds *dpag tshad bcu* (**daśayojana*) before *viṃśati°*; T.360, 310.5, 363 十由旬 ('ten yojanas').
2. 5 MSS (T4 *et al.*). R *dvādaśadvādaśayoja°*. N1 *°yojanodvedhāḥ*, Ky *°ādvedhā*.
3. 30 MSS (T5 *et al.*). R, N1 *nadyāḥ*; Ky *nayaḥ*.
4. So A. R *manojñetinirghoṣo*, N1 *manonir°*, 21 MSS (incl. Ky) *manojñaghoṣo*.
5. 10 MSS (Ro *et al.*). R *anenaḥ*, N1 *aneka*, Ky *nalaḥ*.
6. 7 MSS (incl. N1). R *śravaṇāyaḥ acittya°*, most other MSS (incl. Ky) *anitya(ṃ)* (=Tib *mi rtag pa*) for *°acintya°*.
7. 18 MSS (T5 *et al.*). R *śrotendriyābhāsam*, N1 *srotendriyaṃ ābhāṣam*, some MSS (incl. Ky) *śrotrendriyānāṃ bhāsam*.
8. *divyāṃ nirāmiṣāṃ* (=A). R, N1 *divyaṃ* (*°yan*) *nir°*, 6 MSS (T4 *et al.*) *divyānir°*, all other MSS (incl. Ky) *divyābhirāmaramaṇīyāṃ* or var.

teṣām uṣṇaṃ [N124a] bhavati | ya ākāṃkṣanti[1] śītoṣṇaṃ bhavatv iti teṣāṃ śītoṣṇam eva tad vāri bhavaty anusukham || tāś ca mahānadyo divyatamālapattrāgarukālānusāritagaroragasāracandanavaragandhavāsitavāriparipūrṇāḥ pravahanti divyotpalapadmakumudapuṇḍarīkasaugandhikādipuṣpasaṃcchannā haṃsasārasacakravākakāraṇḍavaśukasārikākokilakuṇālaka[Ky33a]laviṅkamayūrādimanojñasvarās[2] tathāgatābhinirmitapakṣisaṃghaniṣevitapulinā dhārtarāṣṭropaśobhi[R46a]tāḥ sūpatīrthā vikardamāḥ suvarṇavālikāsaṃstīrṇāḥ | tatra yadā te sattvā ākāṃkṣanti | īdṛśā asmākam[3] abhiprāyāḥ paripūryantām iti | tadā teṣāṃ tādṛśā evābhiprāyā dharmyāḥ paripūryante || yaś cāsāv ānanda tasya vāriṇo nirghoṣaḥ sa manojño niścarati yena sarvāvat[4] tad buddhakṣetram abhivijñapyate | tatra[5] ye sattvā nadītīreṣu sthitā ākāṃkṣanti māsmākam ayaṃ śabdaḥ śrotrendriyābhāsam āgacchatv iti teṣāṃ sa divyasyāpi śrotrendriyasyābhāsaṃ nā[N124b]gacchati | [R46b] yaś ca yathārūpaṃ śabda[Ky33b]m ākāṃkṣati[6] śrotuṃ sa tathārūpam eva manojñaṃ śabdaṃ śṛṇoti | tad yathā | buddhaśabdaṃ dharmaśabdaṃ saṃghaśabdaṃ pāramitāśabdaṃ bhūmiśabdaṃ balaśabdaṃ vaiśāradyaśabdam āveṇikabuddhadharmaśabdam abhijñāśabdaṃ[7] pratisaṃvicchabdaṃ śūnyatānimittāpraṇihitānabhisaṃskārājātānutpādābhāvānirodhaśabdaṃ[8] śāntapraśāntopaśāntaśabdaṃ mahāmaitrīmahākaruṇāmahāmuditāmahopekṣāśabdam anutpattikadharmakṣāntyabhiṣekabhūmipratilambhaśabdaṃ ca śṛ[R47a]ṇoti | sa evaṃrūpāṃś chabdāṃś chrutvodāra-

---

1. 13 MSS (Ox *et al.*). R *ākānti*, N1 *ākākṣanti*, Ky omits.
2. All MSS but R insert *krauñca* (=Tib *khruṅ khruṅ*) or similar between °*sārasa*° and °*cakravāka*°.
3. So A. R, N1 *īdṛśāsmākam*; Ky *kīdṛśā asmākaṃ*.
4. So A, Mn. 16 MSS (K5 *et al.*) *sarvāvan*, 19 MSS (incl. R, Ky) *sarvāvantaṃ* or var., N1 *sarvvan*.
5. So A. Tib *de na*. 6 MSS (incl. R) *taṃ*; N1, Ky omit.
6. 23 MSS (T5 *et al.*). R, N1 *ākākṣanti*; Ky *ākākṣenti*.
7. All MSS but R, N1 omit.
8. °*anirodha*°. T5. Suppor. Tib *'gag pa med pa*, T.310.5, 363 無滅 ('no cessation'). N1 (illegible), all other MSS (incl. R, Ky) °*nirodha*° (=A, Mn, W, V).

prītiprāmodyaṃ pratilabhate[1] vivekasahagataṃ virāgasahagataṃ śāntasahagataṃ nirodhasahagataṃ dharmasahagataṃ bodhiparinispattikuśalamūlasahagataṃ ca ||

sarvaśaś cānanda sukhāvatyāṃ [Ky34a] lokadhātāv akuśalaśabdo nāsti | sarvaśo nīvaraṇaśabdo nāsti | sarvaśo 'pāyadurgativinipātaśabdo nāsti | sarvaśo duḥkhaśabdo nāsti | aduḥkhāsukha[N1 25a]vedanāśabdo 'pi tāvad ānanda tatra nāsti | kutaḥ punar duḥkhaṃ duḥkhaśabdo vā bhaviṣyati ||

[R47b] tad anenānanda paryāyeṇa sā lokadhātuḥ sukhāvatīty ucyate saṃkṣiptena na punar vistareṇa | kalpo 'py ānanda[2] parikṣayaṃ gacchet sukhāvatyāṃ[3] lokadhātau sukhakāraṇeṣu parikīrtyamāneṣu | na tv eva śakyaṃ teṣāṃ sukhakāraṇānāṃ paryanto 'dhigantum ||

tasyāṃ khalu punar ānanda sukhāvatyāṃ lokadhātau ye sattvāḥ pratyājātāḥ pratyājaniṣyante[4] vā sarve ta evaṃrūpeṇa varṇena balena sthāmnā[Ky34b]rohapariṇāhenādhipatyena puṇyasaṃcayenābhijñābhir vastrābharaṇodyānavimānakūṭāgāraparibho[R48a]gair evaṃrūpaśabdagandharasasparśaparibhogair evaṃrūpaiś ca sarvopabhogaparibhogaiḥ[5] samanvāgatāḥ | tad yathāpi nāma devāḥ paranirmitavaśavartinaḥ ||

na khalu punar ānanda sukhāvatyāṃ lokadhātau sattvā audārikaṃ kavaḍīkārāhāram āharanti | api tu khalu punar yathārūpam evāhāram ākāṃkṣanti tathārūpam āhṛtam eva saṃjānanti | prīṇitakāyāś ca bhavanti prīṇitagātrāḥ | na teṣāṃ bhūyaḥ kāye prakṣepaḥ karaṇīyaḥ | te prī[N1 25b]ṇitakāyā yathārūpāṇi[6] gandhajātāny ā-

---

1. 24 MSS (T6 *et al.*). R, N1 *pratilabhante*; Ky *pratilasbhate.*
2. Tib adds *rgyas par byas* (N, L *byed*) *na*, corresponding to *vistareṇa.*
3. N1 omits *sukhāvatyāṃ ... ānanda* (42.14).
4. Tib inserts *skye pa* (**pratyājāyante*) between *pratyājātāḥ* and *pratyājaniṣyante*. Cf. T.310.5 現生 ('be born at present').
5. 5 MSS (T5 *et al.*). R *sarvopabhāgaparibhogaḥ*, N1 °*paribhoger eva*, Ky *sarve 'pi bhogaparibhogaiḥ.*
6. So W. Tib *ji lta bu.* All MSS (incl. R, Ky, prob. N1) *tathārūpāṇi.*

[R48b]kāṃkṣanti tādṛśair eva gandhajātair divyais tad buddhakṣetraṃ sarvam eva nirdhū[Ky35a]pitaṃ bhavati | tatra yas taṃ gandhaṃ nāghrātukāmo bhavati tasya sarvaśo gandhasaṃjñāvāsanāpi na samudācarati | evaṃ ye yathārūpāṇi gandhamālyavilepanacūrṇacīvaracchatradhvajapatākātūryāṇy ākāṃkṣanti teṣāṃ tathārūpair eva taiḥ sarvaṃ tad buddhakṣetraṃ parisphuṭaṃ bhavati ||

te yādṛśāni[1] cīvarāṇy ākāṃkṣanti nānāvarṇāny anekaśatasahasravarṇāni teṣāṃ tādṛśair eva cīvararatnaiḥ sarvaṃ tad buddhakṣetraṃ parisphuṭaṃ bhavati | prāvṛtam eva cātmānaṃ saṃ[R49a]jānanti | te yathārūpāṇy ābharaṇāny ākāṃkṣanti tad yathā śīrṣābharaṇāni vā karṇābha[Ky35b]raṇāni vā grīvāhastapādābharaṇāni[2] vā yad idaṃ makuṭāni kuṇḍalāni kaṭakān keyūrān[3] vatsahārān rucakahārān karṇikā mudrikāḥ suvarṇasūtrāṇi mekhalāḥ suvarṇajālāni[4] sarvaratnakaṅkaṇījālāni[5] te tathārūpair ābharaṇair anekara[N126a]tnaśatasahasrapratyuptaiḥ sphuṭaṃ tad buddhakṣetraṃ paśyanti sma yad idam ābharaṇavṛkṣāvasaktais taiś cābharaṇair alaṃkṛtam ātmānaṃ saṃjānanti ||

te yādṛśaṃ vimānam ākāṃkṣa[R49b]nti yad varṇaliṅgasaṃsthānaṃ yāvad ārohapariṇāhaṃ nānāratnamayaniryūhaśatasahasrasamalaṃkṛtaṃ nānādivyadūṣyasaṃstīrṇaṃ vicitropadhāna[Ky36a]vinyastaratnaparyaṅkaṃ tādṛśam eva vimānaṃ teṣāṃ purataḥ prādurbhavati | te teṣu mano'bhinirvṛtteṣu[6] vimāneṣu saptasaptāpsaraḥsahasraparivṛtāḥ puraskṛtā viharanti krīḍanti ramante paricārayanti ||

na ca tatra lokadhātau devānāṃ manuṣyāṇāṃ vā nānātvam asty anyatra saṃvṛtivyavahāreṇa devā manuṣyā veti saṃkhyāṃ

---

1. *te yādṛśāni.* All MSS but R, N1 omit.
2. All MSS but R read *grīvābharaṇāni (vā) hastapādābharaṇāni* or var.
3. 9 MSS (As *et al.*). R *kaiyūrāṃ*, N1 *kaiyūrā*, Ky *keyūrānuprāna.*
4. All MSS but R add *muktājālāni*, of which 28 MSS (incl. Ky) further add *sarvaratnajālāni* or var.
5. 7 MSS (incl. R). 28 MSS (incl. Ky) *svarṇaratnakiṃkiṇījālāni* or var.
6. R *manobhinirvṛteṣu.* N1 *manobhinirmiteṣu*, all other MSS (incl. Ky) *manonirvṛtteṣu* or var.

gacchanti | tad ya[R50a]thānanda rājñaś cakravartinaḥ purato manuṣyahīno manuṣyapaṇḍako na bhāsate na tapati na virocate na bhavati viśārado na prabhāsvara evam eva devānāṃ paranirmitavaśavartināṃ[1] purataḥ śakro devānām indro na bhāsate na tapati na virocate yad i[N126b]dam udyānavimānavastrābharaṇair ā[Ky36b]dhipatyena varddhyā[2] vā prātihāryeṇa vaiśvaryeṇa vā | na tu khalu punar dharmābhisamayena dharmaparibhogeṇa vā | tatrānanda yathā devāḥ paranirmitavaśavartina evaṃ sukhāvatyāṃ lokadhātau ma[R50b]nuṣyā draṣṭavyāḥ ||

tasyāṃ khalu punar ānanda sukhāvatyāṃ lokadhātau pūrvāhṇakālasamaye pratyupasthite samantāc caturdiśam ākulasamākulā vāyavo vānti ye tān[3] ratnavṛkṣāṃś citrān darśanīyān nānāvarṇān anekavarṇān nānāsurabhidivyagandhaparivāsitān[4] kṣobhayanti saṃkṣobhayantīrayanti samīrayanti yato bahūni puṣpaśatāni[5] tasyāṃ ratnamayyāṃ pṛthivyāṃ prapatanti manojñagandhāni darśanīyāni | taiś ca puṣpais tad buddhakṣetraṃ samantāt saptapauruṣaṃ saṃskṛtaṃ rūpaṃ bhavati | [Ky37a] tad yathāpi nāma kaścid eva[6] puruṣaḥ kuśalaḥ pṛ[R51a]thivyāṃ puṣpasaṃstaraṃ saṃstṛṇuyād ubhābhyāṃ pāṇibhyāṃ samaṃ racayet sucitraṃ darśanīyam evam etad buddhakṣetraṃ taiḥ puṣpair nānāgandhavarṇaiḥ samantāt sapta[N127a]pauruṣaṃ sphuṭaṃ bhavati | tāni ca puṣpajātāni mṛdūni kācalindikasukhasaṃsparśāny aupamyamātreṇa yāni nikṣipte pāde caturaṅgulam avanamanty utkṣipte pāde caturaṅgulam evonnamanti[7] | nirgate punaḥ pūrvāhṇakālasamaye tāni puṣpāṇi niravaśeṣam antardhīyante | atha tad buddhakṣetraṃ viviktaṃ ram-

---

1. 13 MSS (K6 *et al.*). R, N1 *parinirmita*°; Ky *parinivṛta*°.
2. Em. R *vā ṛdhyā*. N1 *ṛddhyā*, Ky *rddhyā*.
3. *ye tān*. Em. R *yenāt*; N1 *yena*; B, O2 *te tāṃ*. 22 MSS (incl. Ky) *teṣāṃ* (=Mn). A *yenātra*, though not attested in any MSS.
4. °*parivāsitān*. 9 MSS (Ox *et al.*). R °*parivāsi*, N1 [++]*vāsitā*, Ky °*parivāsitāna*.
5. 32 MSS (T5 *et al.*). R, N1 *puṣpajātāni*; Ky *'satoni*.
6. *kaścid eva*. All MSS but R, N1 omit.
7. 22 MSS (K1 *et al.*). R *evonamanti*, N1 *namanti*, Ky *avanamanti*.

yaṃ śubhaṃ bhavaty apari[R51b]kliṣṭais taiḥ[1] pūrvapuṣpaiḥ | tataḥ [Ky37b] punar api samantāc caturdiśaṃ vāyavo vānti ye pūrvavad abhinavāni puṣpāṇy abhiprakiranti | yathā pūrvāhṇa evaṃ madhyāhne 'parāhṇe[2] kālasamaye[3] rātryāḥ prathame yāme madhyame paścime ca yāme | taiś ca vātair vāyadbhir nānāgandhaparivāsitais te sattvāḥ spṛṣṭāḥ santa evaṃ sukhasamarpitā bhavanti sma tad yathāpi nāma nirodhasamāpanno bhikṣuḥ ||

tasmiṃś cānanda buddhakṣetre sarvaśo 'gnicandra[Ky38a]-sūryagrahanakṣatratārārūpāṇāṃ tamo'ndhakārasya ca nāmadheyaprajñaptir api nāsti sarvaśo [R52a] rātriṃdivaprajñaptir api nāsty anyatra ta[N127b]thāgatavyavahārāt | sarvaśaś cāgāraparigrahasaṃjñā nāsti ||

tasyāṃ khalu punar ānanda sukhāvatyāṃ [Ky38a] lokadhātau kāle divyagandhodakameghā abhipravarṣanti | divyāni sarvavarṇikāni kusumāni divyāni saptaratnāni divyaṃ candanacūrṇaṃ divyāś ca cchatradhvajapatākā abhipravarṣanti | divyāni vimānāni[4] divyāni vitānāni dhriyante | divyāni ratnacchatrāṇi sacāmarāṇy ākāśe dhriyante | divyāni vādyāni pravādyante | divyāś cāpsaraso nṛtyanti sma ||

tasmin [R52b] khalu punar ānanda buddhakṣetre ye sattvā upapannā utpadyanta upapatsyante sarve te niyatāḥ samyaktve yāvan nirvāṇāt | tat kasya hetoḥ | nāsti tatra dvayo rāśyor[5] vyavasthānaṃ prajñaptir vā yad idam aniyatasya vā mithyātvaniyatasya vā ||

tad anenāpy ānanda paryāye[Ky38b]ṇa sā lokadhātuḥ sukhāvatīty ucyate saṃkṣiptena na punar vistareṇa | kalpo 'py ānanda[6]

---

1. All MSS but R (*tai*) omit.
2. All MSS but R (*aparāhne*) omit.
3. All MSS but R, N1 add *saṃdhyāyāṃ* or var.
4. *divyāni vimānāni.* All MSS but R omit.
5. 8 MSS (K2 *et al.*). R *rāsye*, N1 *nāsya*, Ky *rāṇyo.*
6. Tib adds *rgyas par bstan na ni*, corresponding to the preceding *vistareṇa.*

parikṣayet[1] sukhāvatyāṃ lokadhātau sukhakāraṇeṣu parikīrtyamāneṣu | na ca teṣāṃ sukhakāraṇānāṃ [N128a] śakyaṃ paryanto 'dhigantum ||

atha khalu bhagavāṃs tasyāṃ velāyām imā gā[R53a]thā abhāṣata ||[2]

sarve pi sattvāḥ sugatā[3] bhaveyuḥ
viśuddhajñānāḥ paramārthakovidā |
te kalpakoṭīm atha vāpi uttariṃ
sukhāvatīvarṇa prakāśayeyuḥ || 1 ||
kṣaya kalpakoṭīya[4] vrajeyu tāś[5] ca
sukhāvatīye na ca varṇa antaḥ[6] |
kṣayaṃ[7] na gacchet pratibhāna[8] teṣāṃ
prakāśayantāna[9] 'tha[10] varṇamālā[11] || 2 ||
ye lokadhātūṃ[12] paramāṇusādṛśāṃ[13]
chindeya[14] bhindeya[15] rajāṃś[16] ca kuryāt |
ato bahū [Ky39a] uttari[17] lokadhātū[18]

---

1. So A. R *parīkṣayet.* Ky *parikṣīyete,* 23 MSS (incl. N1) *parikṣīyeta* (=Mn).
2. The following verses are missing in Chin, whereas Tib has two additional verses. The metre is Triṣṭubh-Jagatī.
3. 7 MSS (incl. R, N1). Most other MSS (incl. Ky) *sukhitā(ḥ).*
4. 9 MSS (incl. N1). Most other MSS (incl. Ky) *kalpakoṭī.* Tib omits °*koṭī-*.
5. *vrajeyu tāś.* R, N1. Ky *vrajetsu nāś,* most other MSS (T5 *et al.*) *vrajesu rāś.*
6. R (=A). N1 *yanti,* Ky *sunuḥ.*
7. 20 MSS (Ox *et al.*). R, N1 *kṣayan;* Ky *kṣaya.*
8. Suppor. Tib *spobs pa.* N1 *prati[+]ṇa,* most other MSS (incl. R, Ky) *pratibhā ca* (=Mn).
9. 27 MSS (K5 *et al.*). R, Ky *prakāśayanto(n)na;* N1 *prakā(nsa)yantāna.*
10. R, N1. 22 MSS (incl. Ky) *tu.*
11. R, N1. 27 MSS (incl. Ky) *varṇ(ṇ)anānāṃ.*
12. R (=A). N1 *lokadhātūna,* Ky °*dhātau,* most other MSS °*dhātu.*
13. 19 MSS (incl. R). N1 *parāntādṛśā,* Ky *paramā(ṇu)ṣā.*
14. B, O2. R, N1 *cchindeya,* Ky *cchidyaya.*
15. R, N1. Ky *bhidyaya.*
16. R (=A, W). N1 *rajāś,* Ky *najjāś.*
17. *bahū uttari.* 21 MSS (incl. R). Some MSS (incl. N1) *bahūttari* (unmetr.), Ky *bahū uttani.*
18. N1 (=A, W). R *lokadhātuṃ,* all other MSS (incl. Ky) °*dhātu* (=Mn).

pūretva[1] dānaṃ ratanehi[2] dadyāt ‖ 3 ‖[3]
na tā[4] kalāṃ pī[5] upamāpi tasya
puṇyasya[6] bhontī[7] pṛthulokadhātavaḥ[8] |
yal[9] lo[R53b]kadhātūya sukhāvatīye
śrutvaiva[10] nāmaṃ[11] bhavatīha[12] puṇyaṃ ‖ 4 ‖
tato bahū puṇya bhaveta teṣāṃ
ye śraddhate[13] jinavacanaṃ[14] saprajñāḥ[15] |
śraddhā hi mūlaṃ[16] jagato 'sya[17] prāptaye
tasmād dhi śrutvā vimatiṃ[18] vinodayed[19] iti[20] ‖ 5 ‖

evam aprameyaguṇavarṇā ānanda sukhāvatī lokadhātuḥ ‖

tasya khalu punar ānanda bhagavato 'mitābhasya tathāgatasya daśasu dikṣv ekaikasyāṃ diśi gaṅgānadīvā[N128b]lukāsameṣu

---

1. R (=A). N1 *pūretu*, Ky *pūreta*.
2. 9 MSS (incl. R). N1 (illegible), Ky *tarayohi*.
3. Tib reads two verses between v.3 and v.4:
*gaṅ gis dpag tu med pa'i 'od mtshan daṅ // bde ba can gyi yon tan byaṅ* (D, N, L *kyad*) *'phags rnams // thos nas dga' ste thal mo sbyor byed pa // bsod nams 'di yi char yaṅ 'gyur ma yin //*
*de lta bas na de bźin gśegs pa de'i // yon tan thos nas dgu* (C, D, N, L *mgu*) *daṅ dad skyed* (N *skyes*) *la // bde ba can gyi 'jig rten khams mchog tu // 'gro* (N *'phro*) *bar bya phyir mos pa drag po skyed* (C, D, N, L *bskyed*) *//*.
4. *na tā*. R, N1. 27 MSS (incl. Ky) *naitā*.
5. Em. R *pi* (=A, Af, unmetr.). 29 MSS (incl. N1, Ky) *kalāpi* (=Mn) for *kalāṃ pī*.
6. 27 MSS (incl. R). N1 *puṇyañca*, Ky *puṇya*.
7. 27 MSS (incl. N1, Ky). R *bhotī*.
8. 29 MSS (incl. R, N1). Ky °*dhātu*.
9. R, N1. Ky omits.
10. 27 MSS (incl. R, Ky). Some MSS (incl. N1) *śrutveva*.
11. 28 MSS (T5 *et al.*). R, N1, Ky *nāma* (=A, Mn, V, unmetr.).
12. 27 MSS (incl. R, N1). Ky *bhavatīha*.
13. So Mn. 21 MSS (T5 *et al.*) *śraddhave*; R, N1 *śraddadheya*; Ky *śraddhayā*.
14. 5 MSS (incl. Ky). R, N1 °*vacana* (unmetr.).
15. So Mn. 24 MSS (incl. Ky) *saprajñaḥ*, R *saṃjñā*, N1 *samajñā*.
16. All MSS but R, N1 read *mūla*.
17. *jagato 'sya*. Em. 32 MSS (incl. R, Ky) *jagatasya* (=A, Mn, V, unmetr.), N1 *jajatasya*. Tib *don dam* (W **paramārtha*).
18. 12 MSS (incl. R, Ky). N1 *vimati* (unmetr.).
19. 25 MSS (incl. R, N1). Ky *vinodaye*.
20. All MSS but O2 have *iti*, which is not part of the verse proper.

buddhakṣetreṣu gaṅgānadīvālukāsamā buddhā bhagavanto nāmadheyaṃ[1] parikīrtayante varṇaṃ bhāṣante yaśaḥ prakāśayanti [R54a] guṇam udīrayanti | tat kasya hetoḥ | ye kecit sattvās tasya bhagavato 'mitābhasya tathāgatasya[2] nāmadheyaṃ śṛṇvanti śrutvā cāntaśa ekacittotpādam apy adhyāśa[Ky39b]yena prasādasahagatena cittam utpādayanti sarve te 'vaivartikatāyāṃ saṃtiṣṭhante 'nuttarāyāḥ samyaksaṃbodheḥ ||

ye cānanda kecit sattvās taṃ tathāgataṃ punaḥ punar ākārato manasikariṣyanti[3] bahv aparimitaṃ ca kuśalamūlam avaropayiṣyanti bodhāya cittaṃ pariṇāmya tatra ca lokadhātāv upapattaye praṇidhāsyanti teṣāṃ so 'mi[R54b]tābhas tathāgato 'rhan samyaksaṃbuddho maraṇakālasamaye pratyupasthite 'nekabhikṣugaṇaparivṛtaḥ puraskṛtaḥ sthāsyati | tatas te taṃ bhagavantaṃ dṛṣṭvā prasannacittāḥ[4] santi[5] tatraiva sukhāvatyāṃ lokadhātāv upapadyante[6] | ya ānandākāṃkṣeta[7] kulaputro vā kuladuhitā [Ky40a] vā kim ity ahaṃ dṛṣṭa eva dharme tam amitābhaṃ [N129a] tathāgataṃ paśyeyam iti tenānuttarāyāṃ samyaksaṃbodhau cittam utpādyādhyāśayapatitayā saṃtatyā tasmin[8] buddhakṣetre cittaṃ saṃpreṣyopapattaye[9] kuśalamūlāni ca pariṇāmayitavyāni ||

ye punas taṃ tathāgataṃ na bhūyo[10] manasikariṣyanti na[11] ca bahv aparimitaṃ kuśalamūlam abhīkṣṇam avaropayiṣyanti tatra ca bu[R55a]ddhakṣetre cittaṃ saṃpreṣayiṣyanti teṣāṃ yādṛśa eva so 'mitābhas tathāgato 'rhan samyaksaṃbuddho varṇasaṃsthānā-

---

1. Ky omits *nāmadheyaṃ … bhagavato* (48.3).
2. All MSS but R, N1 omit.
3. 33 MSS (incl. Ky). R, N1 *manasī°* (=A, Af).
4. All MSS but R, Kt add *cyutāḥ* (=Tib *śi 'phos te*) or var.
5. All MSS but R, prob. N1 read *santas* or var.
6. N1. R *upapadyate*, most other MSS (incl. Ky) *upapatsyante* or var.
7. *°ākāṃkṣeta*. 12 MSS (T5 *et al.*). R *ākāṃkṣata*, N1 *ākākṣeta*, Ky *ākakṣeta*.
8. R omits *tasmin … manasikariṣyanti* (48.20).
9. 14 MSS (C *et al.*). N1 *sampreṣyam upapattaye*, Ky *saṃpreṣyāpapattaya*.
10. Tib omits *na bhūyo*.
11. Tib omits *na*.

rohapariṇāhena bhikṣusaṃghaparivāreṇa tādṛśa eva buddhanirmito[1] maraṇakāle purataḥ sthāsyati | te tenaiva tathā[Ky40b]gatadarśanaprasādālambanena samādhināpramuṣitayā smṛtyā cyutās tatraiva buddhakṣetre pratyājaniṣyanti ||

ye punar ānanda sattvās taṃ tathāgataṃ daśacittotpādāt[2] samanusmariṣyanti spṛhāṃ ca tasmin buddhakṣetra utpādayiṣyanti gambhīreṣu ca dharmeṣu bhāṣyamāṇe[R55b]ṣu tuṣṭiṃ pratilapsyante na vipatsyante na viṣādam āpatsyante na saṃsīdam āpatsyante 'ntaśa ekacittotpādenāpi taṃ tathā[N129b]gataṃ manasikariṣyanti spṛhāṃ cotpādayiṣyanti tasmin buddhakṣetre te 'pi svapnāntaragatās[3] tam amitābhaṃ[4] tathāgataṃ drakṣyanti sukhāvatyāṃ lokadhātāv upapatsyante 'vaivartikāś ca [Ky41a] bhaviṣyanty anuttarāyāḥ samyaksaṃbodheḥ ||

imaṃ khalv ānandārthavaśaṃ saṃpaśyantas[5] te tathāgatā daśasu dikṣv aprameyāsaṃkhyeyāsu lokadhātuṣu tasyāmitābhasya tathāga[R56a]tasya nāmadheyaṃ parikīrtayanto varṇaṃ[6] ghoṣayantaḥ praśaṃsām[7] abhyudīrayanti | tasmin khalu punar ānanda buddhakṣetre daśabhyo digbhya ekaikasyāṃ diśi gaṅgānadīvālukopamā bodhisattvās tam amitābhaṃ tathāgatam upasaṃkrāmanti darśanāya vandanāya paryupāsanāya paripraśnīkaraṇāya taṃ ca bodhisattvagaṇaṃ tāṃś ca buddhakaṣetraguṇālaṃkāravyūhasaṃpadviśeṣān[8] draṣṭum[9] ||

---

1. 13 MSS (incl. prob. N1). R *buddhanirmitto*, Ky °*nirmiṃto*.
2. 6 MSS (incl. Ky). R [+]*śacittotpādāṃ*, N1 *darśanacittotpādā*, most other MSS *daśacittotpādān* or var. Tib *tha na sems bskyed pa gcig tsam* (**antaśa ekacittotpādenāpi*). Cf. T.360, 310.5 乃至十念 ('even for only ten moments of thought').
3. 9 MSS (T5 *et al.*). R *svapnāntarargatās*, N1 °*āntarggatopis*, Ky °*āntaragatam*.
4. 15 MSS (T5 *et al.*). R *amitābhaṃs*, N1 *a(tri)tābhaṃ*, Ky *amitāṃbha*.
5. 11 MSS (T5 *et al.*). R *sampasyantes*; N1, Ky *saṃpaśyantes*.
6. 15 MSS (Ro *et al.*). R *varṇṇā*, N1 °*āḥ*, most other MSS (incl. Ky) *varṇ(ṇ)a*.
7. R, N1 (*prasaṃsām*). Most other MSS (incl. Ky) *saṃpraśaṃsām* or var.
8. °*saṃpadviśeṣān* (=Mn). All MSS °*saṃpadaviśeṣān* or var.
9. 21 MSS (K1 *et al.*). R *draṣṭram*, N1 *draṣṭavyaṃ*, Ky *dra(ṣṭra)ṃ*.

atha khalu bhagavāṃs tasyāṃ ve[Ky41b]lāyām imam evārthaṃ bhūyasyā mātrayā paridīpayann imā[1] gāthā abhāṣata ||[2]

ya[R56b]thaiva gaṅgāya[3] nadīya[4] vālikā[5]
buddhāna[6] kṣetrā[7] purimeṇa[8] tāttakāḥ[9] |
yato[10] hi te [N130a] āgami buddha vandituṃ
saṃbodhisattvā amitāyu[11] nāyakaṃ[12] || 1 ||
bahupuṣpapuṭāṃ[13] gṛhītva te[14]
nānavarṇa[15] surabhī[16] manoramān[17] |
okiranti[18] naranāyakottamaṃ[19]
amita-āyu[20] naradevapūjitaṃ[21] || 2 ||

---

1. 23 MSS (T5 *et al.*). R, Ky *imāṃ*; N1 omits.
2. The following verses are missing in T.362, while T.360, 310 form one whole section that includes the present and following 10 verses (75.11-78.11). The metre of the present verses is Triṣṭubh-Jagatī, except that of v.2 and v.4, which is Vaitālīya.
3. All MSS but R, Ky read *gaṃgā* or var.
4. 8 MSS (incl. R, N1). 28 MSS (incl. Ky) *nadī.*
5. 33 MSS (incl. R). N1, Ky *vālukā.*
6. Ky omits [*buddhā*]*na* ... *saṃbodhisattvā* of this verse.
7. 19 MSS (incl. N1). R *kṣetrāṃ.*
8. R (*purimena*). N1 *purimeva.* All other MSS omit *purimeṇa* ... *saṃbodhisattvā* of this verse.
9. R (=A). N1 *tāntakāḥ.*
10. N1 (=A, Mn fn.). R *yatau.*
11. All MSS but Ky (*atāyu*). Tib *'od dpag med.*
12. 18 MSS (incl. N1). R *nāyakāṃ*, Ky *nāyakā.*
13. °*puṭāṃ.* R (A, Af °*puṭān*). N1 °*puṭād*, most other MSS (incl. Ky) °*puṭī*; Mn, V °*pūṭī.*
14. *gṛhītva te* (=Mn, V). 28 MSS (incl. Ky). R *gṛhītvā* (=A, Af, unmetr.), N1 *gṛhītvā tena.*
15. Em. 19 MSS (incl. R, Ky) *nānāvarṇa* (=A, Af, unmetr.). N1 *nānāvarṇā*, most other MSS (Ro *et al.*) °*varṇaṃ* (=Mn, V).
16. 18 MSS (incl. R). 12 MSS (incl. N1) *surabhi* (unmetr.).
17. R (=A). Ky *manoramāṃ*; N1, O3 °*ramā.*
18. R, N1. Ky *utkiṃranti*, most other MSS *ukiranti* or var.
19. °*ottamaṃ.* N1 (=Mn, V). R °*ottamam* (=A, Af), most other MSS (incl. Ky) °*māṃ.* The opening part (*okiranti nara*°) has 8 mātrās, an irregular but admissible exception to Vaitālīya known as Aparāntikā.
20. 28 MSS (incl. R, prob. N1). Ky *amitāyu* (unmetr.).
21. °*pūjitaṃ* (=Mn). All MSS but N1 ( °*pūjitam* =A, Af, V).

tatha[1] dakṣiṇāpaścima-uttarāsu[2]
buddhāna kṣetrā diśatāsu tāttakāḥ[3] |
yato yato āgami buddha vandituṃ[4]
saṃbodhisattvā amitāyu[5] nāyakaṃ || 3 ||
bahugandapuṭāṃ[6] gṛhītva te[7]
nānavarṇa[8] surabhī manoramān[9] |
okiranti[10] naranāyakottamaṃ[11]
amita-ā[R57a]yu[12] naradevapūjitaṃ[13] || 4 ||
pū[Ky42a]jitva[14] cā[15] te[16] bahubodhisattvā[17]
vanditva pādām amitaprabhasya[18] |
pradakṣinīkṛtya vadanti[19] caivaṃ[20]
aho 'dbhutaṃ śobhati buddhakṣetraṃ || 5 ||
te puṣpapūṭehi[21] puno kiranti[22]

---

1. N1 omits *tatha ... naradevapūjitaṃ* of v.4.
2. Em. almost all MSS (incl. R, Ky) *dakṣiṇapaścimottarāsu* (unmetr.).
3. R. Ky *yāvantakāḥ*.
4. 17 MSS (T5 *et al.*). R *vanditum* (=A).
5. Tib *'od dpag med.*
6. °*puṭāṃ*. R (A, Af °*puṭān*). Most other MSS (incl. Ky) °*puṭī(ṃ)*; Mn, V °*pūṭī.*
7. *gṛhītva te*. Cf. v.2, fn.14. 18 MSS (incl. R) *gṛhītvā* (=A, Af, Mn, V, unmetr.), Ky *gṛgṛhītvā*, most other MSS (T5 *et al.*) *gṛhītva*.
8. Em. almost all MSS (incl. N1, Ky) *nānāvarṇ(ṇ)a* (=A, Af, Mn, V, unmetr.), R *nānāvarṇṇā*.
9. Em. 33 MSS (incl. Ky) *manoramāṃ*. R °*ramā*. Cf. v.2, fn.17.
10. 27 MSS (incl. R). Ky *śakiranti*.
11. °*ottamaṃ*. R (=A, Mn, V). Ky °*ottamā*, most other MSS °*māṃ*; Af °*mam*. Cf. v.2, fn.19.
12. 32 MSS (incl. R, Ky).
13. °*pūjitaṃ* (=Mn). All MSS but R (°*pūjitam* =A, Af, V). Ky (°*pūjituṃ*).
14. 17 MSS (incl. R, N1). Ky *pūjita*.
15. N1. R *cān*, all other MSS (incl. Ky) *vā*.
16. 34 MSS (incl. R, Ky). N1 *ne*.
17. 31 MSS (incl. Ky). R, N1 °*satvān*.
18. *amitaprabha-*. Tib *dpag med 'od*.
19. 24 MSS (incl. N1). R *vandanti*, Ky *pravadanti*.
20. 31 MSS (incl. Ky). R, N1 *caiva*.
21. Em. 6 MSS (N4 *et al.*) *puṣpapūṭebhi*. R, prob. N1 °*puṭohi*; Ky °*puṭebhi*.
22. 26 MSS (T5 *et al.*). 3 MSS (incl. Ky) *punā kiranti*; R, N1 *manokiranti* (=A, Af). Cf. Karashima [2002] 151-52.

udagracittā atulāya[1] prītiye[2] |
vācaṃ[3] prabhāṣanti[4] purasta[5] nāyake
asmāpi[6] kṣetraṃ[7] siya evarūpaṃ[8] || 6 ||
taiḥ[9] puṣpapūṭā[10] iti kṣipta tatra
cchatraṃ[11] tadā[12] saṃsthihi[13] yojanāśataṃ[14] |
svalaṃkṛtaṃ[15] śobhati citradaṇḍaṃ[16]
chādeti[17] buddhasya samantakāyaṃ[18] || 7 ||
te bodhisattvās tatha satkaritvā
kathā[19] kathentī[20] iti tatra tuṣṭaḥ[21] |
sulabdha lābhāḥ [R57b] khalu tehi[22] sattvaiḥ
yehī śrutaṃ nāma[23] narottamasya[24] || 8 ||
asmehi[25] pī lābha sulabdha pūrvā[26]

---

1. 14 MSS (incl. R). N1 *atulyāya*, Ky *atulaya*.
2. 18 MSS (incl. Ky). R, N1 *prītaye*.
3. R (=A). N1 *bahu*, all other MSS *kāmaṃ* or var.
4. 35 MSS (incl. R, N1). Ky *prabhāṣantī*.
5. 29 MSS (incl. Ky). R, N1 *punas tu* (=A, Af). Tib *spyan snar* (**purasta*), T.361 於佛前住 ('standing in front of the Buddha'). Cf. Karashima, *loc. cit.*
6. 14 MSS (Ox *et al.*). 19 MSS (incl. R, N1) *asyāpi*, Ky *asyābhi*.
7. R, N1. T4 *kṣetre*, all other MSS (incl. Ky) *kṣetra*.
8. 14 MSS (incl. R, N1). Ky *aevarūpaṃ*.
9. R *tai(ḥ)*. N1 *tai*, all other MSS (incl. Ky) *ye* (=Mn, V).
10. O1 (=Mn). 27 MSS (incl. R, N1, Ky) *puṣpapuṭā* (=A, unmetr.).
11. 23 MSS (incl. R, Ky). N1 *cchatra*.
12. N1 omits.
13. 23 MSS (incl. R, N1). Ky *sasthita*.
14. 28 MSS (incl. Ky). R, N1 *yojanāśatāṃ* (=A, Af).
15. 20 MSS (incl. R, Ky). N1 *svalakṣana*.
16. R (=A). N1 *tasya daṇḍa*, 17 MSS (incl. Ky) *citrakhato* (=Mn, V).
17. Em. R, N1 *cchādenti*. Most other MSS (incl. Ky) *cchādanta*.
18. 21 MSS (incl. R, Ky). 8 MSS (incl. N1) *samantakāya*.
19. All MSS but R, N1 read *kathaṃ*.
20. R (=A). N1 *katha*[+], 16 MSS (incl. Ky) *karontī* (=Mn, V).
21. All MSS but R, N1 read *tuṣṭa tatra* or var.
22. 28 MSS (incl. Ky). 8 MSS (incl. R) *taihi*, N1 (*yuga*) *teḥ sa*.
23. 29 MSS (incl. N1, Ky). R *nāmu*.
24. 32 MSS (incl. N1, Ky). R *rottamasya*.
25. 17 MSS (T5 *et al.*). R *asyehi*, N1 *asyeha*, some MSS (incl. Ky) *asmīhi*.
26. 27 MSS (incl. R, N1). Ky *pūrvo*.

yad āgatā smā[1] ima[2] buddhakṣ[Ky42b]etraṃ |
paśyātha svapnopama kṣetra[3] kīdṛśaṃ
yat[4] kalpitaṃ[5] kalpasahasra śāstunā[6] || 9 ||
paśyātha[7] buddho varapuṇyarāśiḥ
parīvṛtaḥ[8] śobhati[9] bodhisattvaiḥ |
ami[N1 30b]tāsya[10] ābhā amitaṃ[11] ca tejaḥ[12]
amitā[13] ca āyūr[14] amitaś[15] ca saṃghaḥ[16] || 10 ||
smitaṃ[17] karotī[18] amitāyu nāthaḥ
ṣaṭtriṃśakoṭīnayutāni[19] arciṣāṃ[20] |
ye[21] niścaritvā mukhamaṇḍalātaḥ[22]
sphuranti[23] kṣetrāṇi sahasrakoṭīḥ[24] || 11 ||

---

1. *āgatā smā*. Em. almost all MSS *āgatā* (R, Ky *āgata*) *sya*. A *āgatasya*, Af *āgatā* (W *āgatāḥ*) *sma* (unmetr.), Mn (fn.3) *gatā smā*.
2. 32 MSS (incl. R, Ky). N1 *imi*.
3. R, N1. 17 MSS (incl. Ky) *maitra*.
4. 20 MSS (incl. R, N1). Ky *ya*.
5. Ky omits *kalpitaṃ* ... *paśyātha* of v.10.
6. 18 MSS (T4 *et al.*). 9 MSS (incl. R, N1) *sāstunā*.
7. 21 MSS (incl. R). N1 *yasyārtha*.
8. 9 MSS (incl. N1) *parīvṛto* (=W). R *parīvṛtuḥ* (A °*tu*); Ky, T3 *parivṛtaḥ*; 13 MSS (Ox *et al.*) *parivṛta* (=Mn, V).
9. 27 MSS (incl. Ky). R, N1 *sobhati*.
10. 7 MSS (incl. R). Most other MSS (incl. Ky, prob. N1) *amitābhasya* (=A, Mn, V, unmetr.).
11. T4, O2 (=A, W). R, N1 *amitañ*; most other MSS (incl. Ky) *amitā* (=Mn, V).
12. R, N1 (=A, W). Almost all other MSS (incl. Ky) *tejā* (=Mn, V).
13. 17 MSS (incl. R)(=A). N1 *amitā(c)*, 19 MSS (incl. Ky) *amitaṃ* (=Mn, V).
14. So Mn. Em. all MSS *āyur* (=A, Af, unmetr.).
15. Almost all MSS (incl. R, Ky). N1 *amitañ*.
16. Almost all MSS (incl. R, Ky). N1 *tejaḥ* (prob. by error).
17. So A, Mn, V. R, N1 *smita* (unmetr.); most other MSS (incl. Ky) *svasmitaṃ* (unmetr.) or var.
18. 26 MSS (T5 *et al.*). R, N1 *karontī*; some MSS (incl. Ky) *karoti*.
19. Em. R *ṣaṭtriṃśa(tko)ṭīnayutāṇi*, N1 °*kauṭīnayutāṇi*. Ky *ṣaḍtrigakoṭīnayutāna*, most other MSS (T5 *et al.*) *ṣaṭtriṃśakoṭīnayutāna*.
20. 26 MSS (incl. R, Ky). N1 *arcciṣā*.
21. 33 MSS (incl. R, N1). Ky *ya*.
22. 24 MSS (incl. Ky). R *mukhamaṇḍalābhaḥ*, N1 *a*[++]*yuamaṇḍalā*(*t*).
23. 32 MSS (incl. R). Ky *spharanti*, N1 *sphuranta*.
24. 20 MSS (incl. R, N1). 7 MSS (incl. Ky) °*koṭī*, some MSS (Ox *et al.*) °*koṭyaḥ*.

tāḥ[1] sarva[2] arcīḥ[3] punar etya[4] [R58a] tatra
mūrdhne[5] ca astaṃgami[6] nāyakasya |
devā[7] manuṣyā[8] janayanti prītiṃ[9]
arcis tadā astamitā[10] viditvā[11] || 12 ||
uttiṣṭhate buddhasuto mahāyaśā[12]
nāmnātha[13] so hī[14] avalokiteśvaraḥ[15] |
ko hetur atrā[16] bhagavan[17] ka[18] pratyayaḥ[19]
yena[20] smitaṃ kurvasi lokanātha[21] || 13 ||
taṃ[22] vyāka[Ky43a]rohī[23] paramārthakovidā[24]
hitānukampī[25] bahusattvamocakaḥ[26] |

---

1. 24 MSS (incl. Ky). R, N1 *tāṃ*; some MSS (K5 *et al.*) *tā*.
2. 15 MSS (incl. R, Ky). N1 *sarvvi*.
3. R (=A, W). Tib *'od 'phro*. N1 *arcci*. All other MSS (incl. Ky) *surīḥ* or var.
4. 20 MSS (T5 *et al.*). R *enya*, N1 *etyas*, most other MSS (incl. Ky) *ebhya*.
5. R (=A). N1 *mūrdhni*, 6 MSS (incl. Ky) *mūrddhaṃ*.
6. 32 MSS (incl. R, N1). Ky *aṣṭaṃgamito*.
7. Almost all MSS (incl. N1, Ky). R *deva*.
8. 34 MSS (incl. R, Ky). N1 *manuṣya*.
9. 10 MSS (incl. R, N1). Ox, H1 *prītim*, most other MSS (incl. Ky) *prīti*.
10. R, N1. 16 MSS (incl. Ky) *asyam idāṃ*.
11. Almost all MSS (incl. Ky). R, N1 *viditvāḥ*.
12. 16 MSS (T6 *et al.*). 10 MSS (incl. R) *mahāyasā*, Ky *°yaśāḥ*, N1 *mayasya*.
13. R (=A). 7 MSS (T5 *et al.*) *nāṃnātha*, N1 *nāmnārtha*, most other MSS (incl. Ky) *nātha* (=Mn, V, unmetr.).
14. So W. Almost all MSS (incl. R, N1, Ky) *hi* (=A, Af, Mn, V, unmetr.).
15. 34 MSS (incl. N1). R *avalokitesvaraḥ*, Ky *nuvalokiśvaraḥ*.
16. Em. almost all MSS (incl. R, N1, Ky) *atra* (=A, Af, Mn, V, unmetr.). W *atrā* or *atro*.
17. R, N1, T4. 16 MSS (T5 *et al.*) *bhagavaṃ*, Ky *bhagavān*.
18. 8 MSS (T5 *et al.*). R, N1 *ko* (=A, unmetr.); most other MSS (incl. prob. Ky) *kaḥ* (=Mn, V, unmetr.).
19. R, N1. 28 MSS (incl. Ky) *pretyayo*.
20. 30 MSS (incl. N1, Ky). R *yeta*.
21. 17 MSS (T5 *et al.*). Most other MSS (incl. R, N1, Ky) *°nāthaḥ*.
22. 32 MSS (incl. R, N1). Some MSS (incl. Ky) *ta*.
23. 26 MSS (incl. R, N1). Ky *vyāṃkarohī*.
24. R (=A). Tib *don dam mkhas pa*. N1 *paramārthavidā*, 25 MSS (incl. Ky) *yatra so rthakovido* (*'rtha°* = Mn, V).
25. Almost all MSS (incl. R, N1). Ky, K2, T3 *hitānukapī*.
26. 26 MSS (incl. R, N1). Ky *bahū°*.

śrutvā ti vācaṃ[1] paramāṃ[2] manoramāṃ
udagracittā[3] bhaviṣyanti sattvāḥ ‖ 14 ‖
ye bodhisattvā bahulokadhātuṣu[4]
sukhāvatīṃ[5] prasthita[6] buddha paśyanā[7] |
te śrutva[8] prītiṃ[9] vipulāṃ[10] janetvā[11]
kṣi[R58b]praṃ[12] imaṃ[13] kṣetra vilokayeyuḥ ‖ 15 ‖
āgatya ca kṣetram[14] idaṃ udāraṃ
ṛddhībalaṃ prāpuṇi kṣipram eva |
divyaṃ ca[15] cakṣus[16] tatha śrotra[17] divyaṃ[18]
jātismarāḥ paramatakovidāś[19] ca ‖ 16 ‖
amitāyu buddhas tada vyākaroti
mama hy ayaṃ[20] praṇi[N131a]dhir[21] abhūṣi[22] pūrva[23] |

---

1. Almost all MSS (incl. R, Ky). N1 *vāca.*
2. 27 MSS (incl. R, Ky). N1 *paramā.*
3. 28 MSS (incl. R). N1 *udagracittāṃ*, Ky *uda egracittā.*
4. R, N1, T3. Ky *bahū°*, 23 MSS (K1 *et al.*) *bahulokadhātukaḥ*, some MSS (T5 *et al.*) *°dhātavaḥ.*
5. 22 MSS (incl. R). 7 MSS (incl. N1) *sukhāvatī*, 5 MSS (incl. Ky) *°vati.*
6. 22 MSS (incl. R, N1). Ky *pratisthita.*
7. R, N1. Cf. *BHSG* 36.18 for *anā* (*ana*?). 23 MSS (incl. Ky) *paśyatāṃ.*
8. 20 MSS (incl. R, N1). 9 MSS (incl. Ky) *satva*, some MSS (K5 *et al.*) *śrutve.*
9. 19 MSS (incl. R). 12 MSS (incl. N1, Ky) *prīti.*
10. 17 MSS (incl. R). N1 *vipulāñ*, Ky *vipurāṃ.*
11. Almost all MSS (incl. R, Ky). N1 *janitvā.*
12. 29 MSS (incl. R, Ky). N1 *kṣipru.*
13. R (=A, Mn, V). N1 *imu*, almost all other MSS (incl. Ky) *imāṃ.*
14. 28 MSS (incl. R, N1). Ky *kṣetraṃm*, some MSS (B *et al.*) *kṣatram.*
15. Ky, T3 omit.
16. 33 MSS (incl. R, N1). Ky *cakṣu.*
17. 26 MSS (incl. R). N1 *srotra*, Ky *śotaṃ.*
18. 34 MSS (incl. R, Ky). N1 *divya.*
19. 13 MSS (incl. R, N1). 11 MSS (incl. Ky) *paramakovidāś.* Tib *blo gros mkhas mchog* may be a mistranslation.
20. 34 MSS (incl. R, Ky). N1 *adayaṃ.*
21. R (=A). N1 *prabhū*[+]*dhir*; Ky, T3 *praṇīdhī*; all other MSS *praṇidhi* (=Mn, W, V).
22. R, N1 (=A, W). 11 MSS (incl. Ky) *ca bhūmi*, some MSS (T4 *et al.*) *ca bhūṣi*, (T6 *et al.*) *ca bhūvi*, (Ox *et al.*) *babhūva* (=Mn, V).
23. 5 MSS (incl. R). 30 MSS (incl. N1, Ky) *pūrv*(*v*)*aṃ.*

kathaṃ pi sattvāḥ[1] śruṇiyāna[2] nāmaṃ[3]
vrajeyu kṣetraṃ[4] mama nityam eva ‖ 17 ‖
sa me ayaṃ[5] praṇidhi prapūrṇa[6] śobhanā[7]
sattvāś ca entī[8] bahulokadhātutaḥ[9] |
ā[Ky43b]gatya kṣipraṃ mama te[10] 'ntikasmin[11]
avivartikā[12] bhontiha ekajātiyā ‖ 18 ‖
tasmād[13] ya[14] icchātiha[15] bodhisattvaḥ[16] [R59a]
mamāpi[17] kṣetraṃ siya[18] evarūpaṃ[19] |
ahaṃ pi sattvā[20] bahu[21] mocayeyaṃ[22]
nāmena ghoṣeṇa 'tha[23] darśanena ‖ 19 ‖
sa śīghraśīghraṃ[24] tvaramāṇarūpaḥ[25]

---

1. All MSS but R, N1 read *sattvā*.
2. 8 MSS (incl. R). N1 *śruṇi*; Ky, T3 *śrutiyāta*, 5 MSS (T5 *et al.*) *śruṇiyona*, 14 MSS (T6 *et al.*) *śruṇiyāni* (=Mn, V).
3. R (=A). N1 *nāmayāmi*, almost all other MSS (incl. Ky) *nāma* (=Mn, V).
4. 28 MSS (incl. R, Ky). N1, K3 *kṣetra*.
5. All MSS but R (*aya*).
6. 11 MSS (incl. R, N1). 25 MSS (incl. Ky) *paripūrṇa*(*ṃ*) (unmetr.).
7. 28 MSS (incl. Ky). R, N1 *sobhanā*.
8. Em. R, N1 *enti* (=A, Af, W, unmetr.). 11 MSS (incl. Ky) *ebhir*, all other MSS *ebhi* (=Mn, V).
9. 27 MSS (incl. R, Ky). N1 °*dhātunaḥ*.
10. All MSS but R, N1 omit.
11. R, N1. Ky *antikesmin*, most other MSS (K1 *et al.*) *antikasmiṃ*.
12. R, N1 (=A). Almost all other MSS (incl. Ky) *avaivarttikā* (=Mn, V, unmetr.).
13. 27 MSS (N1, Ky). 8 MSS (incl. R) *tasyād*.
14. N1 omits.
15. 4 MSS (T5 *et al.*)(=W). R *icchātiya*, N1 *icchatiya*, most other MSS (incl. Ky) *icchatiha* (=A, Mn, V, unmetr.).
16. 32 MSS (incl. R). N1 *bodhisatvāḥ*, Ky °*satvā*.
17. 28 MSS (incl. R, Ky). 7 MSS (incl. N1) *samāpi*.
18. 29 MSS (incl. R, Ky). N1 *yasi*.
19. 32 MSS (incl. R, Ky). N1 *evarūpa*.
20. 9 MSS (incl. R, N1). 26 MSS (incl. Ky) *satvān*.
21. 34 MSS (incl. R). N1 *ahu*, Ky *bahū*.
22. 31 MSS (incl. R). N1 *mocayeyuḥ*, Ky *mocayayaṃ*.
23. 22 MSS (incl. N1, Ky). R *rtha*.
24. 6 MSS (incl. R). N1 *śīghraśīghra*, Ky *śighraṃ śighraṃ*.
25. 19 MSS (incl. R, N1). Ky, T3 *tvaramānurūpaḥ*, 15 MSS (T4 *et al.*) *tvaramāṇa-rūpaṃ*.

sukhāvatīṃ[1] gacchatu[2] lokadhātuṃ[3] |
gatvā ca pūrvaṃ[4] amitaprabhasya[5]
pūjetu buddhāna sahasrakoṭī || 20 ||
buddhāna[6] koṭīṃ[7] bahu[8] pūjayitvā
ṛddhībalenā[9] bahu[10] kṣetra gatvā |
kṛtvāna pūjāṃ[11] sugatāna santike
bhaktāgram[12] eṣyanti sukhāvatī ta iti[13] || 21 ||

tasya khalu punar ānanda bhagavato 'mitāyuṣas[14] tathāgatasyārhataḥ samyaksaṃbuddhasya bodhivṛkṣaḥ ṣoḍaśayojanaśatāny u[R59b]ccaistvenāṣṭau yojanaśatāny abhipralambi[Ky44a]taśākhāpattrapalāśaḥ pañcayojanaśatamūlārohapariṇāhaḥ sadāpattraḥ sadā[N131b]puṣpaḥ sadāphalo nānāvarṇo 'nekaśatasahasravarṇo nānāpattro nānāpuṣpo nānāphalo nānāvicitrabhūṣaṇasamalaṃkṛtaś candrabhāsamaṇiratnaparisphuṭaḥ śakrābhilagnamaṇiratnavicitritaś cintāmaṇiratnākīrṇaḥ sāgaravaramaṇiratnasuvicitrito divyasamatikrāntaḥ suvarṇasūtrābhipralambito rucakahāro ratnahāro vatsahāraḥ kaṭakahāro lo[R60a]hitamuktāhāro nīlamuktāhāraḥ siṃhalatāmekhalākalāparatnasūtrasarvaratnakañcukaśatābhivicitritaḥ suvarṇajālamuktājālasarvaratnajā[Ky44b]lakaṅkaṇījālāvanato makarasvastikanandyāvar-

---

1. 19 MSS (incl. R, N1). Ky *sukhāvatiṃ*, 12 MSS (K6 *et al.*) °*vatī*.
2. 26 MSS (incl. R, Ky). N1 *icchati*.
3. 30 MSS (incl. N1, Ky). R *lokadhātūṃ*.
4. O2 (=W). Almost all MSS (incl. R, N1, Ky) *pūrvam* (=A, Af, Mn, V, unmetr.).
5. *amitaprabha-*. Tib *'od dpag med*.
6. 32 MSS (incl. R, Ky). N1 *buddhān*.
7. All MSS but R read *koṭī* or var.
8. 34 MSS (incl. R). Ky, N3 *bahū* (unmetr.); N1 *ahu*.
9. So W. Almost all MSS (incl. R, Ky) *ṛddhībalena* (=A, Af, Mn, V, unmetr.), N1 *buddhībalena*.
10. 35 MSS (incl. R, N1). Ky, N3 *bahū* (unmetr.).
11. 26 MSS (incl. R, Ky). N1 *pūjā*.
12. R, prob. N1. Ky *bhaksagram*, almost all other MSS (T5 *et al.*) *bhaktyāgram*.
13. Ky, O2, T3 *taḥ* for *ta iti*. These three MSS suggest that *iti* is just a word to mark the end of the verse section.
14. 22 MSS (incl. R). N1 *mitāyus*, Ky *amitābha*, 10 MSS (T3 *et al.*) *amitābhasya* (=Tib).

tārdhacandrasamalaṃkṛtaḥ kiṅkiṇīmaṇisauvarṇasarvaratnālaṃkāravibhūṣito yathāśayasattvavijñaptisamalaṃkṛtaś ca ||

tasya khalu punar ānanda bodhivṛkṣasya[1] vātasamīritasya yaḥ śabdaghoṣo niścaranti so 'parimāṇāṃl lokadhātūn abhivijñapayati[2] | tatrānanda yeṣāṃ sattvānāṃ [R60b] bodhivṛkṣaśabdaḥ[3] śrotrāvabhāsam āgacchati teṣāṃ śrotrarogo na pratikāṃkṣitavyo yāvad bodhiparyantam | yeṣāṃ cāprameyāsaṃkhyeyācintyāmāpyāparimāṇānabhilāpyānāṃ[4] sattvānāṃ[5] bodhivṛkṣaś cakṣuṣa ābhāsam āgacchati teṣāṃ cakṣūrogo[6] na pra[Ky45a]tikāṃkṣitavyo yāvad bodhiparyantam | ye khalu punar ānanda sattvās tato bodhivṛkṣād gandhaṃ jighranti teṣāṃ yāvad bodhiparyantaṃ na jātu ghrāṇarogaḥ pratikāṃkṣitavyaḥ | ye sattvās tato bodhivṛkṣāt phalāny āsvādayanti teṣāṃ yāvad bodhiparyantaṃ [R61a] na jātu jihvārogaḥ pratikāṃkṣitavyaḥ | ye sattvās tasya bodhivṛkṣasyābhayā sphuṭā bhavanti teṣāṃ yāvad bodhimaṇḍaparyantaṃ na jātu kāyarogaḥ pratikāṃkṣitavyaḥ | ye khalu punar ānanda sattvās taṃ bodhivṛkṣaṃ dharmato nidhyāyanti teṣāṃ tata[7] upādāya yāvad bodhiparyantaṃ na jātu cittavikṣepaḥ pratikāṃkṣitavyaḥ || sarve ca te sattvāḥ sahadarśanāt tasya bodhivṛkṣasyāvaivartikāḥ [N132a] saṃtiṣṭhante [Ky45b] yad utānuttarāyāḥ samyaksaṃbodhes tisraś ca kṣāntīḥ pratilabhante yad idaṃ ghoṣānugām ānulomikīm a[R61b]nutpattikadharmakṣāntiṃ[8] ca | tasyaivāmitāyuṣas tathāgatasya pūrvapraṇidhānādhiṣṭhānena pūrvajinakṛtādhikāratayā pūrvapraṇidhānaparicaryayā ca susamāptayā[9] subhāvitayānūnāvikalayā ||

1. N1 omits *bodhivṛkṣasya* ... *ānanda* (58.16).
2. All MSS but R read *vijñāpayati* or var.
3. So A (=Tib). R *bodhivṛkṣaḥ śabdaḥ*. All other MSS (incl. Ky) *bodhivṛkṣaḥ*.
4. All MSS but R insert *atulya* (=Tib) between °*acintya*° and °*amāpya*°.
5. 31 MSS (incl. Ky) add *sa*.
6. N5, K4. All other MSS (incl. R, Ky) *cakṣurogo* or var.
7. 21 MSS (Ox *et al.*). 13 MSS (incl. R, N1) *tatra*, Ky *tat*.
8. °*kṣāntiṃ* (=A, Mn). Em. all MSS °*kṣāntiś*.
9. So A. R *susamāptāyā*, N1 *susamāptratayā*. 25 MSS (incl. Ky) *susamāpyayā*.

tatra khalu punar ānanda ye bodhisattvāḥ pratyājātāḥ pratyājāyante pratyājaniṣyante vā sarve ta ekajātipratibaddhās tata evānuttarāṃ samyaksaṃbodhim abhisaṃbhotsyante sthāpayitvā praṇidhānavaśaṃ[1] yena[2] bodhisattvā mahāsiṃhanādanāditā[3] udārasaṃnāhasaṃnaddhāḥ sarvasattvapa[R62a][Ky46a]rinirvāṇābhiyuktāś ca ‖

tasmin khalu punar ānanda buddhakṣetre ye śrāvakās te vyāmaprabhā ye bodhisattvās te yojanakoṭīśatasahasraprabhāḥ sthāpayitvā dvau bodhisattvau yayoḥ prabhayā sā lokadhātuḥ satatasamitaṃ nityāvabhāsasphuṭā | atha khalv āyuṣmān ānando [N132b] bhagavantam etad avocat | kiṃ nāmadheyau bhagavaṃs tau satpuruṣau bodhisattvau mahāsattvau | bhagavān āha | ekas tayor ānandāvalokiteśvaro bodhisattvo mahāsattvo dvitīyo mahāsthāmaprāpto nāma | ita evānanda [R62b] buddhakṣetrāc cyutvā[4] tatropapannau ‖

tatra cānanda buddhakṣetre ye bodhisattvāḥ [Ky46b] pratyājātāḥ sarve te dvātriṃśatā mahāpuruṣalakṣaṇaiḥ samanvāgatāḥ paripūrṇagātrā dhyānābhijñākovidāḥ prajñāprabhedakuśalās[5] tīkṣṇendriyāḥ susaṃvṛtendriyā ājñātendriyā[6] adīnabalendriyāḥ pratilabdhakṣāntikā anantāparyantaguṇāḥ ‖

tasmin khalu punar ānanda buddhakṣetre ye bodhisattvāḥ pratyājātāḥ sarve te 'virahitā buddhadarśanena dharmaśravaṇenāvinipātadharmāṇo yāvad bodhiparyantam | sarve ca te [R63a] tata upādāya na jātv ajātismarā[7] bhaviṣyanti sthāpayitvā tathārūpeṣu kalpasaṃkṣobheṣu ye pūrvasthānapraṇihitāḥ pañcasu kaṣāyeṣu var-

---

1. 21 MSS (Ox *et al.*). 10 MSS (incl. R, N1) °*vaśena* or var., Ky °*caśaṃ*.
2. So W. Most MSS (incl. R, N1, Ky) *ye te*.
3. So A. R °*nāditaḥ*. N1 °*nadinaḥ*, most other MSS (incl. Ky) °*nādina* or var.
4. All MSS but R, N1, K6 add *tau* or var.
5. 31 MSS (T5 *et al.*). R, N1 *prajñāprabhedakovidākuśalāḥ*; Ky °*bhedaśakuśalās*.
6. 6 MSS (incl. R, N1 °*yāḥ*). 15 MSS (incl. Ky) *ājñātāvīndriyā*, Tib *kun śes pa'i dbaṅ po* (**ājñātendriya*).
7. So A, W. Tib *tshe rabs mi dran pa* (**ajātismara*). R, prob. N1 *na jātismaro*. Almost all other MSS (incl. Ky) *jātismarā* or °*smaro*.

tamāneṣu yadā buddhānāṃ bhaga[Ky47a][N133a]vatāṃ loke prādurbhāvo bhavati tad yathāpi nāma mamaitarhi ||

tasmin khalu punar ānanda buddhakṣetre ye bodhisattvāḥ pratyājātāḥ sarve ta ekapurobhaktenānyāṃl lokadhātūn gatvānekāni buddhakoṭīnayutaśatasahasrāṇy u[Ky47b]patiṣṭhanti yāvac cākāṃkṣanti buddhānubhāvena | te yathā cittam utpādayanty evaṃrūpaiḥ puṣpadīpadhūpagandhamālya[R63b]vilepanacūrṇacīvaracchatradhvajapatākāvaijayantītūryasaṃgītivādyaiḥ[1] pūjāṃ kuryāma iti teṣāṃ sahacittotpādāt tathārūpāṇy eva sarvapūjāvidhānāni pāṇau prādurbhavanti | te taiḥ puṣpair yāvad vādyais teṣu buddheṣu bhagavatsu pūjāṃ kurvanto bahv aparimāṇāsaṃkhyeyaṃ kuśalamūlam upacinvanti | sacet punar ākāṃkṣanty evaṃrūpāḥ puṣpapuṭāḥ pāṇau prādurbhavantv iti[2] teṣāṃ sahacittotpādān nānāvarṇā anekavarṇā nānāgandhā divyāḥ puṣpapuṭāḥ pāṇau prādurbhavanti | te tais tathā[Ky48a]rūpaiḥ puṣpapuṭais tān buddhān bhagavato 'vakiranti [N133b] smābhyavakiranty[3] abhiprakiranti[4] | teṣāṃ ca yaḥ sarvaparīttaḥ puṣpapuṭa [R64a] utsṛṣṭo daśayojanavistāraṃ puṣpacchatraṃ prādurbhavaty upary antarīkṣe | dvitīye cānutsṛṣṭe na prathamo dharaṇyāṃ prapatati | santi tatra puṣpapuṭā ya utsṛṣṭāḥ santo viṃśatiyojanavistārāṇi puṣpacchatrāṇy upary antarīkṣe prādurbhavanti | santi[5] triṃśaccatvāriṃśatpañcāśat | santi[6] yāvad yojanaśatasahasravistārāṇi puṣpacchatrāṇy upary antarīkṣe prādurbhavanti | tatra ya udāraṃ prītiprāmodyaṃ saṃjanayanty udāraṃ ca cittaudbilyaṃ pratilabhyante te bahv aparimitam asaṃkhyeyaṃ ca[7] kuśala[R64b]mūlam avaropya bahūni buddhakoṭīnayutaśatasahasrāṇy

---

1. All MSS but R read °*dhūpadīpa*° for °*dīpadhūpa*°. Tib omits °*vaijayantī*°.
2. *prādurbhavantv iti* (=Mn). 13 MSS (T4 *et al.*) °*bhavatv iti.* R, Ky *prādurbhavanti* (=A); N1 °*bhavati.* R omits *iti … prādurbhavanti* (60.14).
3. All MSS but R, prob. N1 omit *sma.* N1 adds *sma* after °*abhyavakiranty.*
4. N1 adds *sma.*
5. N1 omits *santi … prādurbhavanti* (60.22).
6. Ky, T3 have a long insertion. See Af, 1097-1101.
7. All MSS but R, N1 place *ca* after *bahūni* in the next line.

upasthāyaikapūrvāhṇena punar api sukhāvatyāṃ lokadhātau pratiṣṭhante tasyaivāmitāyuṣas tathāga[Ky53a]tasya pūrvapraṇidhānādhiṣṭhānaparigraheṇa pūrvadattadharmaśravaṇena pūrvajināvaropitakuśalamūlatayā pūrvapraṇidhānasamṛddhiparipūryānūnayā suvibhaktabhāvitayā ||

tasmin khalu punar ānanda buddhakṣetre ye bodhisattvāḥ pratyājātāḥ sarve te sarvajñatāsahagatām eva dharmakathāṃ kathayanti | na ca [N134a] tatra buddhakṣetre sattvānāṃ kācit pa[R65a]rigrahasaṃjñāsti | te sarve tad buddhakṣetraṃ samanucaṃkramāṇā[1] anuvicaranto na ratiṃ nāratim utpādayanti prakrāmantaś cānapekṣā eva prakrāmanti na sāpekṣāḥ | sarvaśaś caiṣām evaṃ cittaṃ nāsti | tatra khalu punar ānanda [Ky53b] sukhāvatyāṃ lokadhātau ye sattvāḥ pratyājātā nāsti teṣām anyātakasaṃjñā nāsti svakasaṃjñā nāsti mamasaṃjñā nāsti vigraho nāsti vivādo nāsti virodhaḥ | samacittās te hitacittā[2] maitracittā mṛducittāḥ snigdhacittāḥ karmaṇyacittāḥ prasannaci[R65b]ttāḥ sthiracittā vinīvaraṇacittā akṣubhitacittā aluḍitacittāḥ prajñāpāramitācaryācaraṇacittāś cittādhārabu[Ky54a]ddhipraviṣṭāḥ sāgarasamāḥ prajñayā merusamā buddhyānekaguṇasaṃnicayā bodhyaṅgasaṃgītyā vikrīḍitā buddhasaṃgītyābhiyuktāḥ[3] | māṃsacakṣuḥ pravicinvanti[4] divyaṃ cakṣur abhinirharanti prajñācakṣurgatiṃgatā dharmacakṣu[N134b]ḥpāraṃgatā buddhacakṣur niṣpādayanto deśayanto dyotayanto vistareṇa prakāśayanto 'saṅgajñānam abhinirharantas traidhātukasamatayābhiyuktā[5] dā[R66a]ntacittāḥ śāntacittāḥ sarvadharmānupalabdhisamanvāgatāḥ samudayaniruktikuśalā dharmaniruktisamanvāgatā hārāhārakuśalā nayānayasthānakuśalā lokikīṣu kathāsv anapekṣā vihara[Ky54b]nti lokotta-

---

1. Em. N1 *samanucaṃkramamāṇā*, R *samanacaṃkramamāṇāḥ*. All other MSS (incl. Ky) *anucaṃkra(ma)māṇā* or var.
2. All MSS but R, N1 omit *te hitacittā*.
3. All MSS but R read *buddhasaṃgītyabhiyuktāḥ*.
4. 30 MSS (T5 *et al.*)(=Mn). R, Ky *praticinvanti* (=A, Af), N1 *prativindhanti*.
5. All MSS but R, N1 read °*samatāyām abhiyuktā* or var.

rābhiḥ kathābhiḥ sāraṃ pratyayanti | sarvadharmaparyeṣṭikuśalāḥ sarvadharmaprakṛtivyupaśamajñānavihāriṇo 'nupalambhagocarā niṣkiṃcanā nirupādānā niścintā nirupāyāsā[1] anupādāya suvimuktā anaṅgaṇā aparyantasthāyino 'bhijñāsv [R66b] amūlasthāyino 'saṅgacittā[2] anavalīnā gambhīreṣu dharmeṣv abhiyuktā na saṃsīdanti | duranubodhabuddhajñānapraveśodgatā ekāyanamārgānuprāptā[3] nirvicikitsās tīrṇakathaṃkathā aparapratyayajñānā anadhimāninaḥ ||

sume[N135a]rusamā jñāne 'bhyudgatāḥ sāgarasamā buddhyākṣobhyā ca[Ky55a]ndrasūryaprabhātikrāntāḥ prajñābhayā[4] pāṇḍarasuśuklaśubhacittatayā ca | uttaptahemavarṇasadṛśāvabhāsanirbhāsaguṇapradhānatayā ca | vasuṃdharāsadṛśāḥ sarvasattvaśubhāśubhakṣamaṇatayā | apsadṛśāḥ[5] sarvakleśamalanidhāvanapravāhaṇatayā[6] | agnirājasadṛśāḥ sarvadharmamanyanākleśanirdahanatayā vāyusadṛśāḥ sarvalokāsañjanatayā[7] ākāśasadṛśāḥ sarvadharmanairvedhikatayā sarvaśo niṣkiṃcanatayā ca | padmasadṛśāḥ sarvalokānupaliptatayā kālānusārimahāmeghasadṛśā dharmābhigarjanatayā[8] [R68a][9] mahāvṛṣṭisadṛśā dharmasalilābhipravarṣaṇatayā[10] | ṛṣabhasadṛśā mahāgaṇābhibhavanatayā mahānāgasadṛśāḥ paramasudāntacittatayā bha-

---

1. So A. N1 *nirupāyāsāḥ*, R *nirupāyāsaḥ*. Most other MSS (incl. prob. Ky) *nirupadhayaḥ* (=Mn, V).
2. R *saṃgacittāḥ*, Tib *sems chags pa med pa*. N1 omits. Most other MSS (incl. Ky) *'saṅgācārikā*.
3. *ekāyana°*. 27 MSS (incl. N1), Tib *bgrod pa gcig pu*. R *ekāyatana°*, Ky *ekā ena°*.
4. 23 MSS (incl. Ky). R *prajñayāḥ*, N1 *prajñāprabhayāḥ*.
5. So A, Mn. Tib *chu daṅ 'dra ba*. N1 *apsarasadṛśāḥ*, 18 MSS *susadṛśāḥ*. Some MSS (incl. Ky) *sūryasadṛśāḥ*. R is missing one leaf (67ab), equivalent to the short passage from *apsadṛśāḥ* to *dharmābhigarjanatayā* (62.16).
6. All MSS but N1 read *°mūla°* for *°mala°*. *°pravāhaṇatayā*, attested in 21 MSS (T5 *et al.*); Ky *°pravāhatayā*; N1 *°nirddhāpanatayā*.
7. *°asañjanatayā* (=A, Mn). Tib *mi chags pa'i phir*. 14 MSS (incl. N1, Ky) *°asarjjanatayā*, 11 MSS (H1 *et al.*) *°asajjanatayā*.
8. Ky omits *dharmābhigarjanatayā* ... *mahānāgasadṛśāḥ* (62.18).
9. A wrongly reads "R67a", a mistake that continues into the following folio numbers. It is regrettable that this erroneous number was recently written on the original palm-leaf manuscript of R. See Inokuchi [1986] plate, 44-56.
10. 24 MSS (incl. N1)(=Mn). R *°abhivarṣeṇatayā* (*°varṣaṇatayā* =A, Af).

drāśvājāneyasadṛśāḥ su[Ky55b]vinītatayā siṃhamṛgarājasadṛśā vikramavaiśāradyāsaṃtrastatayā nyagrodhadrumarājasadṛśāḥ sarvasattvaparitrā[N1 35b]ṇatayā sumeruparvatarājasadṛśāḥ[1] sarvaparapravādyakampanatayā gaganasadṛśā aparimāṇamaitrībhāvanatayā mahābrahmasamāḥ sarvakuśalamūladharmādhi[R68b]patyapūrvaṃgamanatayā pakṣisadṛśā asaṃnicayasthānatayā garuḍadvijarājasadṛśāḥ parapravādividhvaṃsanatayā | udumbarapuṣpasadṛśā durlabhotpattyarthitayā[2] | nāgavat susamāhitā avikṣiptā ajihmendriyā[3] viniścayakuśalāḥ kṣāntisauratya[Ky56a]bahulā anīrṣukāḥ parasaṃpattyaprārthanatayā viśāradā dharmakathāsv atṛptā dharmaparyeṣṭau vaiḍūryasadṛśāḥ śīlena ratnākarāḥ śrutena mañjusvarā[4] mahādharmadundubhighoṣeṇa[5] mahādharmabherīṃ[6] parāghnanto[7] mahādha[R69a]rmaśaṅkham āpūrayanto mahādharmadhvajam[8] ucchrāpayanto dharmolkāṃ[9] prajvālayantaḥ prajñāvilokino 'saṃmūḍhā nirdoṣāḥ śāntakhilāḥ śuddhā nirāmagandhā alubdhāḥ saṃvibhāga[N1 36a]ratā muktatyāgāḥ prasṛtapāṇayo dānasaṃvibhāgaratā dharmāmiṣābhyāṃ dāne 'matsariṇo 'saṃsṛṣṭā[10] anuttrastamānasā[11] viraktā dhīrā vīrā[12]

---

1. All MSS but R, N1 omit *sumeru°*.
2. So A. Tib *'byuṅ bar* (N *ba*) *dka' ba'i phyir*. R *durlabhotpratyarthina*, N1 *durllabhotyarthinaḥ*, Ky *durlabhāpratyarthi*, most other MSS *durlabhāpratyarthita* (*°arthitayā* =Mn, V).
3. So A. Tib *dbaṅ po rmugs pa med pa*. R *ajihvendriya*, N1 *ajihvendriyatayā*, most other MSS (incl. Ky) *ajihmendriyatayā* (=Mn, V).
4. 22 MSS (Ox *et al.*). R *ma(ñju)śvarāḥ*, N1 *majasvārāḥ*, Ky *maṃjusparā*.
5. R, Ky, T3 omit *°dharma°*. All MSS but R read *°nirghoṣeṇa* or var. for *°ghoṣeṇa*. Sc starts with a fragment partially corresponding to the text here. Cf. Harrison *et al.* [2002] 189ff.
6. 28 MSS (T5 *et al.*). R, N1, Ky *mahādharmabherī*; Sc *dharmabherī°*.
7. 25 MSS (incl. R, Ky). N1 *marāghnanto*, 9 MSS (L *et al.*) *parāhanaṃto*, Sc *°parāhanaṃtaḥ*.
8. 9 MSS (incl. R, N1) omit *mahā°*.
9. 8 MSS (T5 *et al.*). R, N1 *dharmolkā*; Ky *dharmokā*.
10. Sc *asaṃ(kl)i(ṣṭ)ā*, which is not attested in Nepalese MSS, although it may conform to Tib *'dres pa med pa* (**asaṃsṛṣṭa*).
11. So A, W. Em. all MSS *uttrastamānasā* or var., Tib *yid 'jigs pa med pa* (**anuttrastamānasa*). Sc *at(ra)s(ta)m(a)n(a)s(a)*, carrying a similar meaning.
12. All MSS but R, N1 omit.

dhaureyā dhṛtima[Ky56b]nto hrīmanto 'sādṛśyā[1] nirargaḍāḥ prāptābhijñāḥ suratāḥ sukhasaṃvāsā arthakarā lokapradyotā nāyakā nandīrāgā[R69b]nunayapratighaprahīṇāḥ[2] śuddhāḥ śokāpagatā nirmalās trimalaprahīṇā[3] vikrīḍitābhijñā hetubalikāḥ praṇidhānabalikā ajihmā akuṭilāḥ ||

ye te bahubuddhakoṭīnayutaśatasahasrāvaropitakuśalamūlā utpāṭitamānaśalyā apagatarāgadveṣamohāḥ śuddhāḥ śuddhādhimuktā jinavarapraśastā lokapaṇḍitā uttaptajñānasamudāgatā jinastutāś[4] cittaudbilyasamanvāgatāḥ śūrā dṛḍhā asamā[5] akhilā atulā [Ky57a] arajasaḥ[6] sahitā udārā ṛṣabhā [R70a] hrīmanto dhṛtimantaḥ[7] smṛtimanto matimanto gatimantaḥ pra[N137a]jñāśastrapraharaṇāḥ puṇyavanto dyutimanto vyapagatakhilā malaprahīṇā abhiyuktāḥ sātatyeṣu[8] dharmeṣu[9] ||

īdṛśā ānanda tasmin buddhakṣetre bodhisattvā mahāsattvāḥ[10] saṃkṣiptena | vistareṇa punaḥ sacet kalpakoṭīnayutaśatasahasrasthitikenāpy āyuṣpramāṇena tathāgato nirdiśed na tv eva śakyaṃ

---

1. So A. R, N1 *asādṛśyāḥ*. 21 MSS (incl. Ky) *suvyūḍhasatvā* or var.; T4 *suvyūḍhaśalyāḥ*, corresponding to Tib *zug rṅu byuṅ* (N *phyuṅ*) *ba* (*Mvy* 7216 *ābṛḍha-śalya*) and Sc *āvrīḍha*(*śalyāḥ*). Cf. T.360 拔諸欲刺 ('pulled out the thorns of desire'), T.310.5 拔諸毒箭 ('pulled out poisonous arrows').
2. °*pratighaprahīṇāḥ*. Em. R °*pratighaḥ prahīṇāḥ*, N1 °*prati*(*ghāḥ prahīṇa*). All other MSS show quite different readings, such as Ky *nāpadāgantu dhīro yogaṃ tamanaṣṭapraṇekasvaṣṭāḥ*, for *nāyakā…śuddhāḥ*.
3. R, N1. Sc *tṛmalapr*(*ah*)*ī*(*ṇāḥ*). Suppor. Tib *dri ma gsum spaṅs pa*, T.360 滅三垢障 ('destroyed the hindrances of the three defilements'), T310.5 永離三垢 ('ever free from the three defilements'). All other MSS (incl. Ky) *nimeṣaprahīṇā* or var.
4. All MSS but R, N1 read *jinasutāś* or var.
5. 5 MSS (incl. R) *asamāḥ*. Tib *mñam pa med pa*. 22 MSS (incl. Ky) *amamā*.
6. 8 MSS (incl. R) *arajasaḥ* (=A). 24 MSS (incl. Ky) *arajaskāḥ* (=Mn). Tib *rdul med pa* seems to correspond to both readings.
7. *hrīmanto dhṛtimantaḥ*. Repetition of *dhṛtimanto hrīmanto* above.
8. So A. Tib *rtag tu* (**sātatya*). R, N1 *sātatveṣu*.
9. All MSS but R, N1 read *smṛtiyuktāḥ śāntajñānārambhāḥ* or var. for *abhiyuktāḥ sātatyeṣu dharmeṣu*.
10. *bodhisattvā mahāsattvāḥ*. R, N1. 7 MSS (T5 *et al.*) and Tib omit *mahāsattvāḥ*, all other MSS (incl. Ky) read *sattvāḥ*.

teṣāṃ satpuruṣāṇāṃ guṇaparyanto ’dhigantum[1] | na ca tathāgatasya vaiśāradyopacchedo bhavet | tat kasya hetoḥ | ubha[R70b]yam apy etad ānandācintyam atulyaṃ yad idaṃ teṣāṃ ca bodhisattvānāṃ guṇā[Ky57b]s tathāgatasya cānuttaraṃ prajñāpratibhānam ||[2]

api cānandottiṣṭha paścānmukho bhūtvā puṣpāṇy avakīryāñjaliṃ pragṛhya praṇipata[3] | eṣāsau[4] dig yatra sa bhagavān amitābhas tathāgato ’rhan samyaksaṃbuddhas tiṣṭhati dhriyate yāpayati dharmaṃ ca deśayati virajo viśuddho yasya tan nāmadheyam anāvaraṇaṃ[5] daśadiśi loke vighuṣṭam[6] ekaikasyāṃ diśi [N137b] gaṅgānadīvālikāsamā buddhā bhagavanto varṇayanti stuvanti[7] praśaṃsanty asakṛd asakṛd asaṅga[R71a]vāco ’prativākyāḥ ||

evam ukta āyuṣmān ānando bhagavantam etad avocat | icchāmy a[Ky58a]haṃ bhagavaṃs[8] tam amitābham amitaprabham[9] amitāyuṣaṃ tathāgatam arhantaṃ samyaksaṃbuddhaṃ draṣṭuṃ tāṃś ca bodhisattvān mahāsattvān bahubuddhakoṭīnayutaśatasahasrāvaropitakuśalamūlān ||

samanantarabhāṣitā cāyuṣmatānandeneyaṃ vāk | atha tāvad eva so ’mitābhas tathāgato ’rhan samyaksaṃbuddhaḥ svapāṇitalāt tathārūpāṃ prabhāṃ[10] prāmuñcad yayedaṃ koṭīśatasahasratamaṃ

---

1. Sc *(adhi)gacchey(am)*, suggesting the optative form.
2. T.360 inserts the long passage known as the 'Three Poisons and Five Evils,' which is a rearrangement of a similar sort of passages from T.361 and T.362. No equivalents are found in the MSS, including Sc.
3. So A, Mn, V. Tib *phyag ’tshal cig (*praṇipata)*, Sc *(praṇi)pata*. 7 MSS (T5 *et al.*) *praṇipataḥ*, 4 MSS (T6 *et al.*) °*patā*, 16 MSS (K1 *et al.*) °*patāṃ*, R *praṇipatyaḥ*, N1 °*pātaḥ*, Ky °*pratā*.
4. R, N1 (=A). 13 MSS (incl. Ky) and Sc *eṣā sā* (=Mn).
5. All MSS but R, N1 read *anāvaraṇe* or var.
6. 14 MSS (K1 *et al.*). R, N1 *vighuṣṭaḥ*; Ky *vidyuṣṭaṃ*.
7. 16 MSS (incl. R, N1, Ky). 13 MSS (Ox *et al.*) *stutivanti*, Sc *stunvaṃti*.
8. All MSS but R give the vocative case: *bhagavan* (N1 *et al.*), *bhagavans* (Ky *et al.*), *bhagavaṃs* (As *et al.*) as well as Tib *bcom ldan ’das*. R *bhagavantaṃ* (acc. =A). Sc *(bha)gavaṃtaṃ* (Harrison *et al.* [2002] 194, fn.51) could be deciphered as *(bha)gavaṃ* (voc.) *taṃ*.
9. 31 MSS (include. R, N1). 5 MSS (incl. Ky), Tib and Sc omit.
10. All MSS but R, N1 read *raśmiṃ* or var.

buddhakṣetraṃ mahatāvabhāsena sphuṭam[1] abhūt | tena khalv api [R71b] samayena sarvatra[2] koṭīśatasahasrabuddhakṣetrāṇāṃ ye kecit kālaparvatā vā ratnaparvatā vā merumahāmerumucilindamahāmucilindacakravāḍamahācakravāḍā vā [Ky58b] bhittayo[3] vā stambhā vā vṛkṣagahanodyānavimānāni vā[4] divyamānuṣyakāṇi tāni sarvāṇi tasya tathāgatasya tayā prabhayābhinirbhinnāny abhūvan samabhibhūtāni | tad yathāpi nāma puruṣo vyāmamātrake[5] sthito[6] dvitīyaṃ puruṣaṃ pratyavekṣata[7] āditye[8] 'bhyudgata evam evāsmin buddhakṣetre bhikṣubhikṣuṇyupāsakopasikā devanā[R72a]gayakṣagandharvāsuragaruḍakinnaramahoragāś ca tasyāṃ velāyām adrākṣus tam amitābhaṃ tathāgatam arhantaṃ samyaksaṃbuddhaṃ sumerum iva parvatarājānaṃ sarvakṣetrābhyudgataṃ sarvā diśo 'bhibhūya bhāsamānaṃ tapantaṃ viro[Ky59a]camānaṃ bibhrājamānaṃ taṃ ca mahāntaṃ bodhisattvagaṇaṃ taṃ ca bhikṣusaṃghaṃ yad idaṃ buddhānubhāvena tasyāḥ prabhāyāḥ pariśuddhatvāt[9] | tad[10] yatheyaṃ mahāpṛthivy ekodakajātā bhavet tatra na vṛkṣā na parvatā na dvīpā na tṛṇagulmauṣadhivanaspatayo na nadīśvabhraprapā[R72b]tāḥ prajñāyerann anyatraikārṇavībhūtamahāpṛthivy ekā syāt | evam eva tasmin buddhakṣetre nāsty anyat kiṃcil liṅgaṃ vā nimittaṃ vānyatraiva vyāmaprabhāḥ śrāvakās te ca yojanakoṭīśatasahasraprabhā bodhisattvāḥ sa ca bhagavān amitābhas tathāgato 'rhan samyaksaṃbuddhas taṃ ca śrā[Ky59b]vakagaṇaṃ

---

1. Sc °*avabhāsitam.*
2. Sc *asmiṃ.*
3. All MSS but R, N1 read *cintayo, cintayā* or *vintayo.* Sc *ye cānye* for *vā bhittayo vā stambhā vā.*
4. All MSS but R, N1 omit.
5. Sc *grāmāṃtike.* No Nepalease MSS have equivalents, nor do Tib or Chin.
6. R (=A). N1 *sthitvā;* all other MSS (incl. Ky) *'nvito* or var. Sc *sthito.*
7. 4 MSS (incl. R). N1 *pratyavekṣyate,* 20 MSS (incl. Ky) *pratyavekṣet,* Sc *pratyavekṣe(ta).*
8. N1 omits the long passage from *āditye* to *upapatsyante* (73.1).
9. 31 MSS (T5 *et al.*). Tib *yoṅ su dag pa'i phyir.* R, Ky *pariśuddhatvāta.*
10. The passage from *tad* to *prādurbhavanti* (68.21) does not exist in Sc.

taṃ ca bodhisattvagaṇam abhibhūya sarvā diśaḥ prabhāsayan saṃdṛśyate | tena khalv api samayena tasyāṃ sukhāvatyāṃ lokadhātau bodhisattvāḥ śrāvakadevamanuṣyāś ca sarve ta imāṃ lokadhātuṃ[1] śākyamuniṃ ca tathāga[R73a]taṃ mahatā bhikṣusaṃghena parivṛtaṃ paśyanti sma dharmaṃ ca deśayantam ||

tatra khalu bhagavān ajitaṃ bodhisattvaṃ mahāsattvam āmantrayate sma | paśyasi tvam ajitāmuṣmin buddhakṣetre guṇālaṃkāravyūhasaṃpadam | upariṣṭāc cāntarīkṣa ārāmaramaṇīyāni vanaramaṇīyāny udyānaramaṇīyāni nadīpuṣkiriṇīramaṇī[Ky60a]yāni nānāratnamayotpalapadmakumudapuṇḍarīkākīrṇāni | adhastāc ca dharaṇitalam upādāya yāvad akaniṣṭhabhavanād gaganatalaṃ puṣpābhikīrṇaṃ[2] pu[R73b]ṣpāvalisamupaśobhitaṃ[3] nānāratnastambhapaṅktiparisphuṭaṃ tathāgatābhinirmitanānādvijasaṃghaniṣevitam |[4] āha | paśyāmi bhagavan | bhagavān āha | paśyasi punas tvam ajitaitān[5] aparān[6] dvijasaṃghān sarvabuddhakṣetrān buddhasvareṇābhijijñāpayato[7] yenaite bodhisattvā nityam avirahitā buddhānusmṛtyā |[8] āha | paśyāmi bhagavan | bhagavān āha | paśyasi punas tvam ajitātra buddhakṣetre ’mūn sattvān yojanaśatasahasrakeṣu vimāneṣv abhirūḍhān antarīkṣe ’saktān[9] krāmataḥ[10] |[11] āha paśyāmi bhagavan | bhaga[R74a]vān āha | tat kiṃ manyase ’jitāsti kiṃcin nānātvaṃ devānāṃ vā pa[Ky60b]ranirmitavaśavartināṃ sukhāvatyāṃ loka-

---

1. All MSS but R read *sahālokadhātuṃ* or var.; Tib *’jig rten gyi khams mi mjzed*; T.310.5, 363 娑婆世界 ('the Sahā World' or 'the World of Endurance').
2. 12 MSS (K1 *et al.*). R, Ky °*kīrṇṇa*.
3. *puṣpāvali*° (=A, Mn, V). R *puṣpāvalī*°. All other MSS *puṣpăvatĭ*°.
4. 24 MSS (incl. Ky) add *ajito bodhisatva* or var.
5. So A. R *ajitaḥ etān*. 24 MSS (incl. Ky) omit *paśyasi punas tvam ajita*.
6. So A. R *aparā*. All other MSS *amarān* or var.
7. °*abhijijñāpayato*. Em. R °*abhijijñāpayanti*, N3 °*abhijijñāpayaṃtaṃ*. Most other MSS (incl. Ky) °*abhivijñāpayantaṃ*.
8. 25 MSS (incl. Ky) add *ajita*.
9. So A, W. R *aśaktāṃ*, 7 MSS (incl. Ky) *sasaktāt*, most other MSS *sasaktān* or var.
10. So A. R *krāmat*. All other MSS (incl. Ky) *kramataḥ* or var.
11. 21 MSS add *ajita*, Ky *addhita*.

dhātau manuṣyāṇāṃ vā |[1] āha | ekam apy ahaṃ bhagavan nānātvaṃ na samanupaśyāmi yāvad maharddhikā atra sukhāvatyāṃ lokadhātau manuṣyāḥ ||

bhagavān āha | paśyasi punas tvam ajitātra sukhāvatyāṃ lokadhātāv ekeṣāṃ manuṣyāṇām udāreṣu padmeṣu garbhāvāsam | āha | tad yathāpi nāma bhagavaṃs trayastriṃśā devā yāmā devā vā pañcāśadyojanakeṣu vā yojanaśati[R74b]keṣu vā pañcayojanaśatikeṣu vā vimāneṣu praviṣṭāḥ krīḍanti ramanti paricārayanti | evam evāhaṃ bhagavann atra sukhāvatyāṃ lokadhātāv ekeṣāṃ manuṣyāṇām udāreṣu padmeṣu[2] garbhāvāsaṃ paśyāmi | santi khalu punar atra bhagavan sattvā ya aupapādukāḥ[3] padmeṣu paryaṅkaiḥ[4] prādurbhavanti | tat ko 'tra bhagavan hetuḥ kaḥ pratyayo[5] yad anye punar [Ky61a] garbhāvāse prativasanti | anye punar aupapādukāḥ paryaṅkaiḥ padmeṣu[6] prādurbhavanti | bhagavān āha | ye te 'jita bodhisattvā anyeṣu buddhakṣetreṣu sthitāḥ sukhāvatyāṃ lokadhātāv upapattaye vicikitsām utpādayanti te[R75a]na cittena kuśalamūlāny avaropayanti teṣām atra garbhāvāso bhavati | ye punar nirvicikitsāś chinnakāṃkṣāḥ sukhāvatyāṃ lokadhātāv upapattaye kuśalamūlāny avaropayanti buddhānāṃ bhagavatām asaṅgajñānam avakalpayanty abhiśraddadhaty adhimucyante ta aupapādukāḥ padmeṣu paryaṅkaiḥ prādurbhavanti | ye te 'jita bodhisattvā mahāsattvā anyatra buddhakṣetrasthāś cittam utpādayanty amitābhasya tathāgatasyārhataḥ samyaksaṃbuddhasya darśanāya na vicikitsām utpādayanti na kāṃ[R75b]kṣanty a[Ky61b]saṅgabuddhajñānaṃ svakuśalamūlaṃ cābhiśraddadhati teṣām aupapādukānāṃ

1. 24 MSS (incl. Ky) add *ajita*.
2. *udāreṣu padmeṣu*. 26 MSS (incl. Ky). R *udāra(ṃ) padmeṣu* (*udārapa*° =A, Af).
3. 29 MSS (T5 *et al.*). R, Ky *opapādukāḥ*.
4. 10 MSS (K1 *et al.*). R *paryaṅkauḥ*, 8 MSS (incl. Ky) *paṃkaiḥ*.
5. R (=A, Mn). Tib *rkyen*. 15 MSS (incl. Ky) *prayoga(ḥ)*, most other MSS *pratyāyoga* or var.
6. *paryaṅkaiḥ padmeṣu* (=A). R *paryaṅkaiḥ padme*. Most other MSS (incl. Ky) *paryaṃko paryaṃkeṣu* or var.

paryaṅkaiḥ padmeṣu[1] prādurbhūtānāṃ muhūrtamātreṇaivaivaṃrūpaḥ kāyo bhavati tad yathānyeṣāṃ ciropapannānāṃ sattvānām | paśyājita prajñādaurbalyaṃ[2] prajñāvaimātryaṃ prajñāparihāṇiṃ[3] prajñāparīttatāṃ yatra hi nāma[4] pañca varṣaśatāni parihīṇā bhavanti buddhadarśanād[5] bodhisattvadarśanāt saddharmaśravaṇād[6] dharmasāṃkathyāt[7] kuśalamūlacaryāyāḥ parihīṇā[8] bhavanti sarvakuśalamūlasampatter yad idaṃ vicikitsāpatitaiḥ saṃjñāma[R76a]nasikāraiḥ | tad yathājita rājñaḥ kṣatriyasya mūrdhnābhiṣiktasya bandhanāgāraṃ bhavet sarvasauvarṇavaiḍūryapratyuptam avasaktapaṭṭamālyadāmakalāpaṃ[9] nānāraṅgavitatavitānaṃ dūṣyapaṭṭasaṃcchannaṃ nānāmuktakusumābhikīrṇam udāradhūpanirdhūpitaṃ prāsādaharmyagavākṣavedikātoraṇavicitrasarvaratnapratimaṇḍitaṃ[10] hemaratnakaṅkaṇījālasaṃcchannaṃ[11] caturaśraṃ catuḥsthūṇaṃ[12] caturdvāraṃ catuḥso[Ky62a]pānakam | tatra tasya rājñaḥ putraḥ kenacid eva kṛtyena prakṣipto jāmbūnadasuvarṇa[R76b]mayair nigaḍair baddho bhavati | tasya ca tatra paryaṅkaḥ prajñaptaḥ syād anekagoṇikāstīrṇas tūlikāpalalikāstīrṇaḥ[13] kācilindikasukhasaṃsparśaḥ[14] kāliṅgaprāvaraṇapratyāstaraṇaḥ[15] sottarapaṭacchadana ubhayāntalohitopadhānaś

---

1. All MSS but R omit *padmeṣu*.
2. R (=A). 24 MSS (incl. Ky) *prajñāśeṣaṃ* or var, 10 MSS (T5 *et al.*) *prajñāviśeṣaṃ* (=Mn, V) or var.
3. 8 MSS (T5 *et al.*). All other MSS (incl. R, Ky) °*parihāṇi* or var.
4. *yatra hi nāma*. R (=A, W). All other MSS (incl. Ky) *ye tu hitāya* or var.
5. Ky omits *buddhadarśanād* ... *bhavanti* (69.6).
6. All MSS but R omit *sad*°.
7. Em. R *dhārmasaṃkathyāt* (=A). 18 MSS (K1 *et al.*) *dharmasaṃkathanāt* or var.
8. 16 MSS (T5 *et al.*). R *parihīṇo*.
9. *avasakta*° (=A, Mn, V). R *avaśakta*°, 11 MSS (incl. Ky) *avasanna*°.
10. All MSS but R read °*sapta*° for °*sarva*°.
11. °*saṃcchannaṃ*. 21 MSS (T5 *et al.*). R °*sannannaṃ*, Ky °*cchannaṃ*.
12. T3 (=A, Mn). 8 MSS (incl. R) *catusthūṇaṃ*, Ky, O1 *catusphuraṇaṃ*.
13. *tūlikāpalalikā*°. Em. R *nūlikāpalikā*°, O2 *tūlikāstīrṇa*. 9 MSS (incl. Ky) *bhūlikāvarṇṇakā*°, 11 MSS (T4 *et al.*) °*parṇṇakā*°. Cf. Fujita [1970] 189-91.
14. All MSS but R omit.
15. So W. 19 MSS (incl. Ky) °*pratyāstaraṇa*, some MSS (T5 *et al.*) °*pratyāstareṇa*. R omits °*pratyāstaraṇaḥ*. Cf. Fujita, *loc. cit.*

citro darśanīyaḥ | sa tatrābhiniṣaṇṇo[1] vābhinipanno[2] vā bhavet | bahu cāsyānekavidhaṃ śucipraṇītaṃ pānabhojanaṃ tatropanāmyet | tat kiṃ manyase 'jitodāras tasya rājaputrasya sa paribhogo bhavet |[3] āha | udāro bhagavan | bhagavān āha | tat kiṃ manyase 'jitāpi [R77a] tv āsvādayet sa tan[4] nigamayed vā tena vā tuṣṭiṃ vidyāt | āha | no hīdaṃ bhagavan | api tu khalu punar yatra vyapanīto[5] rājñā tatra bandhanāgāre prakṣipto bhavet sa tato mo[Ky62b]kṣam evākāṃkṣet[6] | abhijātān[7] kumārān amātyān[8] stry-āgārāñ[9] śreṣṭhino gṛhapatīn koṭṭarājño[10] vā paryeṣed ya enaṃ tato bandhanāgārāt parimocayeyuḥ | kiṃ cāpi bhagavaṃs tasya kumārasya[11] tatra bandhanāgāre nābhiratiḥ | nātra parimucyate[12] yāvan na rājā prasādam upadarśayati | bhagavān āha | evam evājita ye te [R77b] bodhisattvā vicikitsāpatitāḥ kuśalamūlāny avaropayanti kāṃkṣanti buddhajñānam asamasamajñānam[13] | kiṃ cāpi te buddhanāmaśravaṇena tena ca cittaprasādamātreṇātra sukhāvatyāṃ lokadhātāv upapadyante na tu khalv aupapādukāḥ padmeṣu paryaṅkaiḥ prādurbhavanti | api tu padmeṣu garbhāvāse prativasanti | kiṃ cāpi teṣāṃ tatrodyānavimānasaṃjñāḥ saṃtiṣṭhante nāsty uccāraprasrāvaṃ[14] nāsti kheṭasiṃhā[Ky63a]ṇakaṃ na pratikūlaṃ manasaḥ pravartate | api tu khalu punaḥ pañca varṣaśatāni virahitā bhavanti [R78a] buddhadarśanena dharmaśravaṇena bodhi-

---

1. 5 MSS (L *et al.*). R, Ky °*niṣarṇṇo.*
2. All MSS but R read *vābhisaṃpanno* or var.
3. 23 MSS (incl. Ky) add *ajita.*
4. All MSS but R read *tat(r)a* for *sa tan.*
5. Em. 24 MSS (incl. Ky) *vyapanīte.* R *vyapanītena.*
6. 13 MSS (C *et al.*). R *evākākṣayet* (A, Af °*kāṃkṣayet*), Ky *evākāṃjat.*
7. 23 MSS (T5 *et al.*). R *abhijātābhijātāṃ*, Ky *abhijātāt.*
8. 5 MSS (L *et al.*). Some MSS (incl. R) *amātyā*, Ky *amābhyāṃ.*
9. T5, T6, S. R *styāgārāṃ*, Ky *styago.*
10. So A. R *koṭṭarājñā*, Ky *kroṭṭarājāṃś*, most other MSS *koṭṭarājāṃ* or var.
11. All MSS but R, T3 add *rāja*°.
12. Sc *parimucyeta.*
13. Sc *asamasamajñāne.*
14. 24 MSS (T5 *et al.*). R, Ky °*prasrāva.*

sattvadarśanena dharmasāṃkathyaviniścayena sarvakuśaladharmacaryābhiś ca | kiṃ cāpi te tatra nābhiramante na tuṣṭiṃ vidanti[1] | api tu khalu punaḥ pūrvāparādhaṃ[2] kṣapayitvā te bhūyas tataḥ paścān niṣkrāmanti na caiṣāṃ tato niṣkrāmatāṃ niṣkramaḥ prajñāyata ūrdhvam[3] adhas tiryag vā | paśyājita yatra hi nāma pañcabhir varṣaśatair bahūni buddhakoṭīnayutaśatasahasrāṇy upasthātavyāni bahv asaṃkhyeyāprameyāṇi ca kuśalamūlāny avaropayitavyāni ca[4] syur buddha[R78b]dharmāś ca parigṛhītavyās tat sarvaṃ vicikitsādoṣeṇa virāgayanti[5] | paśyājita kiyanmahate 'narthāya bodhisattvānāṃ vicikitsā saṃvartata iti | tasmāt tarhy a[Ky63b]jita bodhisattvair nirvicikitsair bodhāya cittam utpādya kṣipraṃ sarvasattvahitasukhādhānāya sāmarthyapratilambhārthaṃ sukhāvatyāṃ lokadhātāv upapattaye kuśalamūlāni pariṇāmayitavyāni yatra bhagavān amitāyus[6] tathāgato 'rhan samyaksaṃbuddhaḥ ||

evam ukte 'jito bodhisattvo bhagavantam etad avocat | kiyantaḥ punar bhagavan bodhisattvā ito buddhakṣetrā[R79a]t pariniṣpannā anyeṣāṃ vā buddhānāṃ bhagavatām antikād ye sukhāvatyāṃ lokadhātāv upapatsyante | bhagavān āha | ito hy ajita buddhakṣetrād dvāsaptatikoṭīnayutāni bodhisattvānāṃ pariniṣpannāni yāni sukhāvatyāṃ lokadhātāv upapatsyante pariniṣpannānām avaivartikānāṃ bahubuddhakoṭīśatasahasrāvaropitaiḥ kuśalamūlaiḥ kaḥ punar vādas tataḥ parīttataraiḥ kuśalamūlaiḥ | [Ky64a] duṣprasahasya tathāgatasyāntikād aṣṭādaśakoṭīnayutāni bodhisattvānāṃ sukhā-

---

1. So A. R *vindati*, 11 MSS (incl. Ky) *vijānanti* (=Mn, V).
2. R (=A, W). All other MSS *pūrvāparāṃ*.
3. Ro (=A, Mn). Tib *steṅ* (**ūrdhvam*). 12 MSS (incl. R, Ky) *ur(d)dham*, most other MSS *ūr(d)dham*.
4. All MSS but R omit *ca syur buddhadharmāś ca parigṛhītavyās*, for which Tib has an equivalent: *saṅs rgyas kyi chos dpag tu med pa yoṅs su gzuṅ* (N *yoṅsu bzuṅ*) *bar bya ba de thams cad kyaṅ*.
5. All MSS but R read *vināśayanti* or var. Cf. *BHSD* s.v. *virāgayati*.
6. So A. R *mitāyuṣas*. Almost all other MSS *amitābhas* (=Mn, V).

vatyāṃ lokadhātāv upapatsya[R79b]nte | pūrvottare[1] digbhāge ratnākaro nāma tathāgato viharati tasyāntikān navatibodhisattvakoṭyaḥ sukhāvatyāṃ lokadhātāv upapatsyante | jyotiṣprabhasya tathāgatasyāntikād dvāviṃśatibodhisattvakoṭyaḥ sukhāvatyāṃ lokadhātāv upapatsyante | amitaprabhasya[2] tathāgatasyāntikāt pañcaviṃśatibodhisattvakoṭyaḥ sukhāvatyāṃ lokadhātāv upapatsyante | lokapradīpasya tathāgatasyāntikāt ṣaṣṭibodhisattvakoṭyaḥ sukhāvatyāṃ lokadhātāv upapatsyante | nāgābhibhuvas tathāga[R80a]tasyāntikāc catuḥṣaṣṭibodhisattvakoṭyaḥ sukhāvatyāṃ lokadhātāv upapatsyante | virajaprabhasya[3] tathāgatasyāntikāt pañcaviṃśatibodhisattvakoṭyaḥ sukhāvatyāṃ lokadhātāv upapatsyante |[4] siṃhasya[5] tathāgatasyāntikād aṣṭādaśabodhisattvasahasrāṇi sukhāvatyāṃ lokadhātāv upapatsyante | śrīkūṭasya tathāgatasyāntikād ekāśītibodhisattvakoṭīnayutāni[6] sukhāvatyāṃ lokadhātāv upapatsyante | narendrarājasya tathāgatasyāntikād daśabodhisattvakoṭīnayutāni sukhāvatyāṃ [R80b] lokadhātāv upapatsyante | balābhijñasya tathāgatasyāntikād dvādaśabodhisattvasahasrāṇi sukhāvatyāṃ lokadhātāv upapatsyante | puṣpadhvajasya tathāgatasyāntikāt pañcaviṃśatir[7] vīryaprāptā bodhisattvakoṭya ekaprasthānasaṃsthitā ekenāṣṭāhena navanavatikalpakoṭīnayutaśatasahasrāṇi paścānmukhīkṛtya yāḥ sukhāvatyāṃ lokadhātāv upapatsyante | jvalanādhipates[8] tathāgata-

---

1. R *pūr(vvo)ttare*, suppor. Tib *byaṅ śar* (**uttarapūrva*), T.310.5 東北[方]('north-eastern [direction]'). All other MSS (incl. Ky) *pūrvāntare* (=A, Mn, V) or var.
2. Almost all MSS (incl. R, Ky), suppor. T.361 無極光明 ('Unbounded Light'), T.363 無量光 ('Immeasurable Light'). Tib *dbyaṅs dpag med* (**amitasvara* or *°ghoṣa*), corresponding to T.360 無量音 ('Immeasurable Sound'), T.310.5 無量聲 ('Immeasurable Voice').
3. Ky omits *virajaprabhasya … upapatsyante* (72.11).
4. 29 MSS (incl. Ky) add *siṃhasya tathāgatasyāntikāt ṣoḍaśabodhisatva*[Ky64b]-*koṭyaḥ sukhāvatyāṃ lokadhātāv upapatsyante* or var.
5. Ky omits *siṃhasya … upapatsyante* (72.14).
6. 17 MSS (T5 *et al.*). R *ekāśītīr bodhisattva°*.
7. So A, W. Almost all MSS (incl. R, Ky) *pañcaviṃśati*.
8. R omits the portion from *°pates* of *jvalanādhipates* to *eko°* of *ekonasaptatir* (73.2).

syāntikād dvādaśabodhisattvakoṭyaḥ sukhāvatyāṃ lokadhātāv upapatsyante | [N137b] vaiśāradyaprāptasya[1] tathāgatasyāntikād ekonasaptatir bodhisattvakoṭyo yāḥ sukhāvatyāṃ lokadhātāv upapatsyante 'mi[Ky65a]tābhasya tathāgatasya darśanāya [R81a] vandanāya paryupāsanāya[2] paripṛcchanāyai paripraśnīkaraṇāya | etenājita paryāyeṇa paripūrṇakalpakoṭīnayutaṃ[3] nāmadheyāni parikīrtayeyaṃ teṣāṃ tathāgatānāṃ yebhyas te bodhisattvā upasaṃkrāmanti sukhāvatīṃ lokadhātuṃ tam amitābhaṃ tathāgataṃ draṣṭuṃ vandituṃ paryupāsituṃ na ca śakyaḥ paryanto 'dhigantum ||

paśyājita kiyatsulabdhalābhās te sattvā[4] ye 'mitābhasya tathāgatasyārhataḥ samyaksaṃbuddhasya nāmadheyaṃ śroṣyanti | nāpi te sattvā hīnādhimuktikā bhavi[R81b]ṣyanti ye 'ntaśa ekacittaprasādam api tasmiṃs tathāgate pratilapsyante 'smiṃś ca dharmaparyāye | tasmāt[5] tarhy ajitārocayāmi[6] vaḥ pra[N138a]tivedayāmi vaḥ[7] sadevaksya lokasya purato 'sya dharmaparyāyasya śravaṇāya tri[Ky65b]sāhasramahāsāhasram api lokadhātum agniparipūrṇam[8] avagāhyātikramyaikacittotpādam[9] api vipratisāro[10] na kartavyaḥ |

---

1. N1 begins *vaiśāradyaprāptasya* in the middle of the first line of folio 37b. Cf. Af, 1198, 1375.
2. 25 MSS (T5 *et al.*). R, N1 *paryupāśanāya*; Ky *paryūpāśa*°.
3. 5 MSS (T5 *et al.*). Most other MSS (incl. R, Ky) °*nayuta* or °*niyuta*. N1 °*niyutasatasahasra*.
4. Sc *bodhisatvānāṃ*. The suggestion that the shift from *sattva-* to *bodhisattva-* is "typical of the differences between the Early and Later Recensions of the *LSukh*"(Harrison *et al.* [2002] 200, fn. 72) does not seem to be valid in light of *satvā* that immediately follows found in Sc.
5. Tib enlarges the following section, which is roughly equivalent to T.310.5. Cf. Fujita [1975] 226.
6. 9 MSS (T5 *et al.*). R, N1 *ajitaḥ ārocayāmi*; almost all other MSS (incl. Ky) *ta ārocayāmi*.
7. So A. R *va*. N1 *ca*, all other MSS (incl. Ky) omit.
8. K1, T6, S (=W). Some MSS (incl. R) *agniparipūrṇām*, most other MSS (incl. Ky) °*pūrṇam*, Sc *agnipratipūrṇām*.
9. 11 MSS (K1 *et al.*). R, N1 *avagrāhyati*°; Ky *avagāhvāti*°.
10. So A. R, N1 *vipratisārāḥ*. All other MSS (incl. Ky) *pratisāro* or var.; Sc omits, instead reading *(ekaci)ttam utpādayitavyaṃ*, giving rise to contextual alteration.

tat kasya hetoḥ | bodhisattvakoṭyo hy ajitāśravaṇād eṣām evaṃ-rūpāṇāṃ dharmaparyāyāṇāṃ vivartante 'nuttarāyāḥ samyaksaṃ-bodheḥ | tasmād asya [R82a] dharmaparyāyasyādhyāśayena śravaṇo-dgrahaṇadhāraṇārthaṃ paryavāptaye vistareṇa saṃprakāśanārthāya bhāvanārthaṃ ca sumahad vīryam ārabdhavyam | antaśa eka-rātriṃdivasam apy ekagodohamātram apy antaśaḥ pustakagatā-varopitam api kṛtvā sulikhito dhārayitavyaḥ | śāstṛsaṃjñā ca tatropādāya[1] kartavyecchadbhiḥ[2] kṣipram aparimitān sattvān avai-vartikāṃś[3] cānuttarāyāṃ samyaksaṃbodhau pratiṣṭhāpayituṃ tac[4] ca tasya bhagavato 'mitābhasya tathāgatasya bu[R82b][Ky66a]ddha-kṣetraṃ draṣṭum ātmanaś ca viśiṣṭāṃ buddhakṣetraguṇālaṃkāra-vyūhasaṃpadaṃ parigṛhītum iti | api tu [N1 38b] khalv ajitātyarthaṃ sulabdhalābhās[5] te sattvā avaropitakuśalamūlāḥ pūrvajinakṛtā-dhikārā buddhādhiṣṭhānādhiṣṭhitāś ca bhaviṣyanti yeṣām anāgate 'dhvani yāvat saddharmavipralope vartamāna ima evaṃrūpā udārā dharmaparyāyāḥ sarvabuddhasaṃvarṇitāḥ sarvabuddhapraśastāḥ sar-vabuddhānujñātā mahataḥ sarvajñajñānasya kṣipram āhārakāḥ śro-trāvabhāsam āgacchanti | ye[6] śrutvā codāraṃ[7] prītiprāmodyaṃ pratilapsyanta udgrahī[R83a]ṣyanti dhārayiṣyanti vācayiṣyanti pary-avāpsyanti parebhyaś ca vistareṇa saṃprakāśayiṣyanti bhāvanā-bhiratāś ca bhaviṣyanty antaśo likhitvā pūjayiṣyanti bahu ca [Ky66b] te puṇyaṃ prasaviṣyanti yasya na sukarā saṃkhyā kar-tum | iti hy ajita yat tathāgatena kṛtyaṃ[8] kṛtaṃ tan mayā |

---

1. Em. N1 *tatrotpādāya*. R °*utpādyāya*, most other MSS (incl. Ky) °*upādhyāye* or var.
2. 24 MSS (incl. Ky) *karttavyā* / *icchadbhiḥ*. 10 MSS (incl. R, N1) *icchati* without *kartavyā*.
3. Em. R, N1 *avaivarttikāś*. Most other MSS (incl. Ky) *avaivarttikatve*.
4. So Mn. 11 MSS (incl. R) *tañ* or var. 10 MSS (incl. Ky) *taiś*.
5. 14 MSS (T4 *et al.*). 13 MSS (incl. Ky) *sulabdhālābhās*, R *sulabdhaṃ lābhās*, N1 *lābhās*.
6. 16 MSS (K1 *et al.*). Some MSS (incl. Ky) *ya*. R, N1 omit.
7. So A. R *codārāṃ*, N1 °*rā*, all other MSS (incl. Ky) *codāra*.
8. All MSS but R, N1 read *karttavyaṃ* or var. Sc *kartavyaṃ*.

yuṣmābhir idānīṃ nirvicikitsair[1] yogaḥ karaṇīyaḥ[2] | mā saṃśayatāsaṅgam[3] anāvaraṇaṃ buddhajñānam | mā bhūt sarvākāravaropetaratnamayapadmabandhanāgārapraveśaḥ[4] | durlabho hy ajita buddhotpādo [R83b] durlabhā dharma[N139a]deśanā durlabhā kṣaṇasampat | ākhyātā cājita[5] mayā sarvakuśalamūlapāramitāprāptiḥ[6] | yūyam idānīm abhiyujyata pratipadyadhvam[7] | asya khalu punar ajita dharmaparyāyasya[8] mahatīṃ parīndanāṃ karomy avipraṇāśāya[9] | mā buddhadharmāṇām antardhānāya[10] parākramiṣyatha | mā tathāgatājñāṃ kṣobhayiṣyatha ||

atha khalu bhagavāṃs tasyāṃ velāyām imā gāthā abhāṣata ||[11]

neme[12] akṛtapuṇyānāṃ[13]
śravā bhe[Ky67a]ṣyanti īdṛśāḥ |
ye tu te śūra[14] siddhārthāḥ[15]
te[16] śroṣyanti[17] imāṃ[18] girāṃ[19] || 1 ||

---

1. So A, W. Also Sc. R *nivicikitsair*. N1 *nirvvicikitsye*, Ky *nirvici*.
2. Sc *vīryam ārabdhavyaṃ* for *yogaḥ karaṇīyaḥ*.
3. So Mn. 12 MSS (O2 *et al.*) *saṃśayata asaṃgam*. R, N1 *saṃśayatam asaṃgam*; Ky °*yataḥ asaṃgam*.
4. °*ratnamaya*° (=A). R °*ratnamayā*°, N1 °*ratnamayo*°, Ky °*ratnamaye* (=Mn).
5. 21 MSS (Ky *et al.*). R *ākhyābhāvaḥ ajita*; N1 *ākhyātā ca*; Ox, T3 *ākhyātājita* (=A, Af); Sc *ākhyātā mayājita*.
6. *sarva*°. Almost all MSS (incl. Sc). R, N1 *pūrva*°.
7. 22 MSS (T6 *et al.*). R *pratipadyavai*, N1 °*pa(dyai)ḥ*, Ky *pratidyadhvaṃ*.
8. Sc *sūtrāṃtasyārthāya* for *dharmaparyāyasya*.
9. Sc omits *avipraṇāśāya / mā*.
10. *mā ... antardhānāya*. Mn *anaṃtardhānāya* (=Sc), which is not attested in any Nepalese MSS, but corresponds to Tib *mi nub par bya ba'i phyir*.
11. The following verses are missing in Sc and T.362, while in T.361, 360 there is one whole section that combines the present verses with the preceding 21 ones. The metre is Triṣṭubh-Jagatī, except that of v.1 and v.2, which is Śloka. Cf. 50, fn.2.
12. R, N1. Ky *na ma*, most other MSS *na me*.
13. 30 MSS (incl. R, Ky). N1 °*puṇyānā*.
14. 25 MSS (incl. Ky). 6 MSS (incl. R, N1) *sūra*.
15. 25 MSS (incl. Ky). R °*ārthaḥ*, N1 °*ārthā*.
16. R, N1. Most other MSS (incl. Ky) omit.
17. 21 MSS (incl. N1, Ky). R *sroṣyanti*. 23 MSS (incl. Ky) add *ca*.
18. 17 MSS (incl. R, N1). 9 MSS (incl. Ky) *imā*.
19. R, N1. All other MSS (incl. Ky) *giraṃ* or var.

dṛṣṭo[1] yaiś ca[2] hi saṃbuddho[3]
lokanātha[4] pra[R84a]bhaṃkaraḥ |
sagauravaiḥ[5] śruto dharmaḥ[6]
prītiṃ prāpsyanti te parāṃ[7] || 2 ||
na śakya[8] hīnebhi[9] kuśīdadṛṣṭibhiḥ
buddhāna[10] dharmeṣu prasāda vindituṃ[11] |
ye pūrvabuddheṣu[12] akārṣu[13] pūjāṃ
te[14] lokanāthāṃ[15] caryāsu[16] śikṣiṣu[17] || 3 ||
yathāndhakāre[18] puruṣo[19] hy acakṣuḥ[20]
mārgaṃ na jāne kutu[21] saṃprakāśayet |
sarve[22] tathā śrāvaka buddhajñāne[23]
ajānakāḥ[24] kiṃ punar anya[25] sattvāḥ[26] || 4 ||

---

1. 22 MSS (incl. R, Ky). Some MSS (incl. N1) *dṛṣṭau*.
2. *yaiś ca*. Almost all MSS (incl. R, Ky). N1 *yai va*.
3. 28 MSS (incl. R, Ky). N1 *sambaddho*.
4. 25 MSS (incl. R, N1). Some MSS (incl. Ky) °*nāthaḥ*.
5. 26 MSS (incl. R, Ky). N1 *sagauravai*.
6. 8 MSS (incl. R). Ox, H1 *dharmmaṃ*; all other MSS (incl. N1) *dharma*.
7. 27 MSS (incl. R, Ky). N1 *parā*.
8. R, N1. 10 MSS (incl. Ky) *śakta* (=A, Mn, V).
9. R (=A). 27 MSS (incl. Ky) *hīnehi* (=Mn, V), N1 *hīneti*.
10. R (=A, Mn, V). 16 MSS (incl. Ky) *buddha*, N1 *buddhān*.
11. 23 MSS (incl. Ky). R *vinditum* (=A, Af), N1 *vandituṃ*.
12. R, prob. N1 (=A). Tib *sṅon kyi saṅs rgyas*. Most other MSS (incl. Ky) *buddhapūjeṣu* or var.
13. R (=A). 12 MSS (incl. Ky) *akāṣi*, N1 *cakāśa*, most other MSS *akārṣi* (=Mn, V).
14. 25 MSS (incl. R, N1). Some MSS (incl. Ky) *tai* or *trai*.
15. 8 MSS (incl. R). N1 °*nāthā*, some MSS (T6 *et al.*) °*nāthān* (=A), most other MSS (incl. Ky) °*nāthāna* (=Mn, V).
16. The metre requires svarabhakti, as in *cariyāsu*. Cf. Fukui [1998] 3.
17. 31 MSS (incl. R, Ky). N1 *śikṣasu*.
18. 22 MSS (incl. R, Ky). N1 *yathāndhakāreṣu*.
19. 31 MSS (incl. R, N1). Ky *ṣuruvo*.
20. 32 MSS (incl. R, Ky). N1 *cakṣuṣaḥ*.
21. 30 MSS (incl. N1, Ky). R *kratu*.
22. R, N1 (=A). 17 MSS (incl. Ky) *sarv(v)an* (°*aṃ*), 15 MSS (T5 *et al.*) *sarv(v)a*.
23. 30 MSS (incl. R). N1 °*jñā(ni)tā*, Ky °*jñāna*.
24. 29 MSS (incl. R, Ky). Some MSS (incl. N1) *ajānakā*.
25. All MSS but R, N1 read *adya* (=Mn, V).
26. Almost all MSS (incl. R, Ky). N1 *sarvveḥ*.

buddho hi buddhasya guṇā prajānate[1]
na devanāgāsurayakṣaśrāvakāḥ[2] |
pratyekabuddhāna[3] pi ko[4] gatīpatho[5]
buddha[N1 39b]sya jñāne hi prakāśyamāne[6] ‖ 5 ‖
yadi[7] sarvasattvāḥ[8] sugatā[9] bhaveyuḥ
viśu[R84b]ddhajñānā[10] paramārthakovidā[11] |
te kalpakoṭīr[12] atha[13] vāpi uttare
ekasya[14] buddhasya guṇāṃ ka[Ky67b]theyuḥ ‖ 6 ‖
atrāntare[15] nirvṛta te[16] bhaveyuḥ
prakāśamānā[17] bahukalpakoṭīḥ[18] |
na ca buddhajñānasya pramāṇu[19] labhyate
tathā hi jñānāścariyaṃ[20] jinānāṃ[21] ‖ 7 ‖
tasmān[22] naraḥ[23] paṇḍita vijñajātiyaḥ

---

1. 31 MSS (incl. R, Ky). N1 *prajāna*.
2. All MSS but N1 (°*śrāvakā*).
3. R, N1 (=A, W). Tib *raṅ saṅs rgyas kyi*. All other MSS (incl. Ky) *anekabuddhāna* (=Mn, V) or var. All MSS but R, N1 read *anekabuddhāna* (=Mn, V).
4. R, N1 (=A). Most other MSS (incl. Ky) *no* (=Mn, V).
5. 16 MSS (incl. Ky)(=W). Most other MSS (incl. R, N1) *gatīyatho* (=A, Mn, V *gatī yatho*).
6. 31 MSS (incl. R, Ky). N1 *prasasyamānā*.
7. N1 omits (*ya*)*di* ... *bhaveyuḥ* of this verse.
8. 30 MSS (incl. R). Ky *sarvamatvāḥ*.
9. R (=A). Tib *bde bar gśegs*. 27 MSS (incl. Ky) *samatā* (=Mn, V).
10. R, O2 (=A). 23 MSS (incl. Ky) *viśuddhajñāne* (=Mn, V), N1 *buddhajñānā*.
11. All MSS but R, N1 read *paramārthakovidāḥ* or °*kāvidā*(*ḥ*).
12. 28 MSS (incl. R). N1 *kalpakoṭī*, Ky °*koṭir*.
13. All MSS but N1 (*tatha*).
14. 11 MSS (incl. R, N1). Most other MSS (incl. Ky) *naikasya*.
15. 32 MSS (incl. R, N1). Ky, B *atrāntara*.
16. 6 MSS (incl. Ky) omit *te*.
17. 30 MSS (incl. Ky). R *prakāśyamānā*, N1 *prakāsya*[++].
18. 29 MSS (incl. R, Ky). N1 *bahukalpakoṭī*.
19. 27 MSS (incl. N1, Ky). R *pramāṇḍa*.
20. R. N1 *jñānācariyañ*, 21 MSS (incl. Ky) *jñānāścaryaṃ* (=Mn, V, unmetr.). A *jñānāś cariyaṃ*.
21. 32 MSS (incl. R, N1). Ky *jinānā*.
22. 30 MSS (incl. R). N1 *tasmāt*, Ky *tasyān*.
23. 32 MSS (incl. Ky). R *taraḥ*, N1 *nara*.

yo mahya vākyaṃ[1] abhiśraddadheyuḥ[2] |
kṛtsnāṃ[3] sa[4] sākṣī[5] jinajñānarāśiṃ[6]
buddha prajānā[7] ti girām udīrayet[8] || 8 ||
kadāci labhyāti[9] manuṣyalābhaḥ
kadāci buddhāna pi prādurbhāvaḥ |
śraddhātha[10] prajñā[11] sucireṇa lapsyate[12]
tasyārthaprāptyai[13] janayātha[14] vīryaṃ || 9 ||
[R85a] ya īdṛśāṃ[15] dharma[16] śruṇitva śreṣṭhāṃ[17]
labhyanti prītiṃ[18] sugataṃ[19] smarantaḥ[20] |
te mitram asmākam atītam[21] adhvani
ye buddhabodhāya[22] janenti[23] cchandam iti[24] || 10 ||

---

1. 16 MSS (incl. Ky). Most other MSS (incl. R, N1) *vākyam* (=A, Af, Mn, V, W, unmetr.).
2. 19 MSS (incl. R, Ky). N1 *abhiśradda*[+]*yaḥ*.
3. So A, Mn. B *kṛ(tsna)*, Ro [+]*tsnāṃ*, 19 MSS (incl. Ky) *kṛṣṇā*, R *kṛtajñā*, N1 °*jña*.
4. 23 MSS (incl. R, Ky). N1 omits.
5. 17 MSS (incl. R, N1). Ky *mākṣī*.
6. O2 (=A, W). Tib *rgyal ba'i ye śes phuṅ po*. R, N1 *jinajñānarāsiṃ*; Ky *jinajñānarāmāṃ*. 7 MSS (Ox *et al.*) °*mārgān* (=Mn, V).
7. R, N1. 18 MSS (incl. Ky) *prajāna*, 7 MSS (Ox *et al.*) °*naṃ* (=Mn, V).
8. 26 MSS (incl. N1, Ky). R *adīrayet*.
9. All MSS but R, N1 read *labhyati* (= Mn, V, unmetr.) or var.
10. R, N1 (=W). Most other MSS (incl. Ky) *śraddhārtha* or var.
11. 25 MSS (incl. R, N1). Some MSS (incl. Ky) omit.
12. R, N1 (=A). Tib *rñed par 'gyur*. All other MSS (incl. Ky) *labhyate* (=Mn, V) or var.
13. 23 MSS (incl. Ky). R *tasyārthaprajñair*, N1 °*prajñai*.
14. R, N1 (=A). 8 MSS (incl. Ky) *janayata*, most other MSS *janayeta* (=Mn, V).
15. 18 MSS (incl. prob. R). 5 MSS (incl. Ky) *īdṛśān*, N1 *īdṛśā*.
16. All MSS but Ky, O1 (*dharmaṃ*).
17. 6 MSS (incl. R). N1 *śreṣthaṃ*, Ky *śeṣṭaṃ*, most other MSS *śreṣṭā̆ṃ*.
18. 26 MSS (incl. R). N1, O3 *prīti*; Ky, T2 *prātiṃ*.
19. R (=A, V). 24 MSS (incl. N1) *sugata* (=Mn), some MSS (incl. Ky) *sugate*.
20. 26 MSS (incl. R, N1). Ky *smaranti*.
21. 20 MSS (incl. R, N1). Some MSS (incl. Ky) *atīvam*.
22. 12 MSS (incl. R, N1)(=W). Tib *saṅs rgyas byaṅ chub*. 23 MSS (incl. Ky) omit *buddha*°, of which 6 MSS (Ox *et al.*) read *cāpi* instead (Mn, V *cāpi bodhāya*); A *buddhā bodhāya* (unmetr.).
23. 13 MSS (incl. R, N1). Ky *janacchati*.
24. All MSS but O2 have *iti*, which is not part of the verse.

asmin khalu punar dharmaparyāye bhagavatā[1] bhāṣyamāṇe dvādaśānāṃ sattvanayutakoṭīnāṃ virajo vigatamalaṃ dharmeṣu dharmacakṣur viśuddhaṃ caturviṃśatyā koṭībhir [Ky68a] anāgāmiphalaṃ[2] prāptam[3] | aṣṭānāṃ bhikṣuśatānām anupādāyāśravebhyaś cittāni vimuktā[N140a]ni |[4] pañcaviṃśatyā bodhisattvakoṭībhir anutpattikadharmakṣāntipratilabdhāḥ | deva[R85b]mānuṣikāyāś ca prajāyāś catvāriṃśatkoṭīnayutaśatasahasrāṇām anutpannapūrvāṇy anuttarāyāṃ samyaksaṃbodhau cittāny utpannāni sukhāvatyupapattaye[5] ca kuśalamūlāny avaropitāni bhagavato 'mitābhasya darśanakāmatayā | sarve te tatrotpadyānupūrveṇa mañjusvarā nāma tathāgatā anyeṣu lokadhātuṣūpapatsyante | aśītiś ca nayutakoṭyo dīpaṃkareṇa tathāgatena labdhakṣāntikā avaivartyā[6] anuttarāyāḥ samyaksaṃbodher amitāyuṣaiva tathāgatena paripācitāḥ pū[R86a]rvabodhisattvacaryāṃ[7] caratā tāś ca sukhāvatyāṃ lo[Ky68b]kadhātāv upapadya pūrvapraṇidhānacaryāḥ paripūrayiṣyanti ||

tasyāṃ ca velāyām ayaṃ trisāhasramahāsāhasro lokadhātuḥ ṣaḍvikāraṃ prākampat | vividhāni ca prātihāryāṇi saṃdṛśyanti[8] | jānumātraṃ ca māndāravapuṣpaiḥ[9] pṛthivyāṃ saṃstṛtam abhūt | divyamānuṣyakāṇi ca tūryāṇi saṃpravāditā[N140b]ny abhūvan | anumodanāśabdena ca yāvad akaniṣṭhabhavanaṃ vijñaptam abhūt ||

---

1. All MSS but R, N1 omit. So omits Sc.
2. All MSS but R, N1 omit *anāgāmi°*, equivalent to Tib *phyir mi 'oṅ ba.*
3. Sc *anuprāptavān*, not attested in any Nepalese MSS or Tib.
4. For the following sentence, Sc reads *catasraś ca bodhisatvakoṭyo 'vaivartikabhūm(im anuprāptā anuttarāyāṃ) samyaksaṃbodhau*, which roughly corresponds to a passage found in T.360, 361, 362, 310.5. Sc subsequently reads *atha khalu bhagavāṃs tasyāṃ velāyām imāṃ gāthā abhāṣata //*, followed by fourteen verses from the *Foming-jing* (佛名經)(T.440, 441) plus four unknown verses, of which the last one has only one word. Cf. Harrison *et al.* [2002] 206 ff.
5. 12 MSS (incl. R, N1). 23 MSS (incl. Ky) *sukhāvatyāṃ lokadhātāv upapattaye.*
6. All MSS but R, N read *avaivartikā* or var.
7. *°caryāṃ*. 14 MSS (T5 *et al.*). 16 MSS (incl. N1, Ky) *°caryā*, R (illegible).
8. R (=A). 25 MSS (incl. N1, Ky) *saṃdṛśyante*. 23 MSS (incl. Ky) add *sma*.
9. All MSS but R, N1 omit *jānumātraṃ ca māndāravapuṣpaiḥ*.

idam avocad bhagavān | āttamanā[1] ajito bodhisattvo mahā-[R86b]sattva āyuṣmāṃś cānandaḥ sā ca sarvāvatī parṣat sadeva-mānuṣāsuragandharvaś ca loko bhagavato bhāṣitam abhyanandann iti ||

bhagavato 'mitābhasya[2] guṇaparikīrtanaṃ[3] bodhisattvānām avaivartikabhūmipraveśaḥ | amitābhavyūhaparivartaḥ[4] sukhāvatīvyūhaḥ[5] samāptaḥ[6] ||[7]

---

1. 6 MSS (Ox *et al.*) put special punctuation marks after *āttamanā*. Likewise, A *āttamanā, ajito* and V *āttamanāḥ* /. Cf. Fujita [1975] 230.
2. 26 MSS (incl. Ky, N1) add *tathāgatasya*.
3. 8 MSS (T2 *et al.*) *sukhāvatīguṇavarṇaparikīrttana* (°*kīrtanaṃ* =Mn, V).
4. 19 MSS (incl. Ky, prob. R, N1). 16 MSS (K1 *et al.*) *amitābhasya vyūhaparivartaḥ* (=A, Af); 13 MSS (T2 *et al.*) *amitābhasya parivartaḥ*. Cf. Tib *de bźin gśegs pa 'od dpag tu* (N omits) *med pa'i* (N, L *kyi*) *saṅs rgyas kyi źiṅ gi yon tan* (N, L omit) *bkod pa* [N, L *pa'i le'u*] (**amitābhasya tathāgatasya buddhakṣetraguṇavyūha*[*-parivarta*]).
5. 26 MSS (incl. R, Ky). 8 MSS (T2 *et al.*) *sukhāvatīvyūhamahāyānasūtra*(*ṃ*).
6. R, N1. 7 MSS (T2 *et al.*) *samāptam* (°*aṃ*), 17 MSS (incl. Ky) *saṃpūrṇ*(*ṇ*)*aḥ*, 8 MSS (T4 *et al.*) *saṃpūrṇ*(*ṇ*)*ām* (°*aṃ*).
7. 16 MSS (incl. Ky) add *iti śrīmad amitābhasya* (Ky °*tāmbha*°) *tathāgatasya sukhāvatīvyūhamahāyānasūtraṃ samāptaṃ* (°*taḥ*, °*tā*, °*tāḥ*) // (*śubhaṃ*) //, 8 MSS (T5 *et al.*) *iti śrī amitābhasya sukhāvatīvyūha nāma mahāyānasūtraṃ samāptaṃ* (°*taḥ*) //.

   20 MSS (incl. R, N1) quote a well-known Āryā-stanza, while Mn and V present it as the body text:

   *ye dharmā hetuprabhavā hetu*(*ṃ*) *teṣāṃ tathāgato hy avadat* /
   *teṣāṃ ca yo nirodho* (°*dha*) *evaṃvādi* (°*dī*) *mahāśramaṇaḥ* //

# A ROMANIZED TEXT

# OF

# THE *SMALLER SUKHĀVATĪVYŪHA*

[M92][Mf79] namaḥ sarvajñāya[1] ||

evaṃ mayā śrutam[2] ekasmin samaye bhagavāñ śrāvastyāṃ viharati sma jetavane 'nāthapiṇḍadasyārāme mahatā bhikṣusaṃghena sārdham ardhatrayodaśabhir bhikṣuśatair abhijñātābhijñātaiḥ[3] sthavirair mahāśrāvakaiḥ sarvair arhadbhiḥ | tad yathā | sthavireṇa ca śāriputreṇa | mahāmaudgalyāyanena ca | mahākāśyapena ca | mahākapphiṇena[4] ca | mahākātyāyanena ca | mahākoṣṭhilena[5] ca | revatena ca | cūḍapanthakena[6] ca | nandena ca | ānandena[7] ca | rāhulena ca | gavāṃpatinā ca | bharadvājena[8] ca | kālodayinā ca | vakkulena ca | aniruddhena[9] ca | etaiś cānyaiś ca saṃbahulair[10] mahāśrāvakaiḥ |[11] saṃbahulaiś ca bodhisattvair mahāsattvaiḥ | tad yathā | mañjuśriyā ca kumārabhūtena | ajitena[12] ca bodhisattvena | gandhahastinā[13] ca bodhisattvena | nityodyuktena ca bodhisattvena |

---

1. Tib *saṅs rgyas daṅ* / (D, L omit *śad*) *byaṅ chub sems dpa' thams cad la phyag 'tshal lo.* Chin omit. Cf. *L.Sukh*, 3, fn.3. All Siddham texts have a *siddham* symbol before *namaḥ.*
2. All modern editions but Mf punctuate here, whereas no Siddham texts do, and Tib does after *'di skad bdag gis thos pa dus gcig na.* Cf. *L.Sukh*, 4, fn.1.
3. Suppor. T.366 衆所知識 ('well-known to the people'); T.367 衆望所識 ('known to the people with hope). Em. Ko, Iy, Jo, Ji, Ht *abhijñātābhājñātaiḥ*. Ag and Tib omit. K, A, V *abhijñātābhijñātaiḥ*; M, W *abhijñānābhijñātaiḥ*.
4. Tib *ka bi* (C, D, N, L *pi*) *na chen po* (**mahākapphiṇa*) after *kā tya 'i* (C, D, N, L *tyā 'i*) *bu chen po* (**mahākātyāyana*), the word order reversed. T.366 摩訶劫賓那 (*mo he jie bin na*) after 迦留陀夷 (*jia liu tuo yi*), with a different word alignment; T.367 omits the names of 12 disciples from *mahākapphiṇa* to *vakkula*.
5. So K. Iy *mahākoṣṭhelena*; Ht *°koṣṭilena*; Ag, Ko, Jo, Ji *°koṣṭelena*. A *°koṣṭilena*; M, W, V *°kauṣṭhilena*.
6. Em. Ag *cuḍipanthakena*; Ko, Iy, Jo, Ji, Ht *śuḍipanthakena*. Tib *lam phran bstan* (**cūḍapanthaka*); T.366 周梨槃陀迦 (*zhou li pan tuo jia*); K *chuḍḍapaṃthakena*; M, W *śuddhipaṃthakena*; A, V *°panthakena*.
7. M, Mf *cānandena*.
8. Tib *ba* (C, D, N, L *bha*) *ra dhva dza* (**bharadvāja*). T.366 賓頭盧頗羅墮 (*bin tou lu po luo duo*).
9. M, Mf *cāniruddhena*.
10. Ag, Iy, Jo, Ji, and Tib omit *saṃbahulair*.
11. M, W, K, A omit daṇḍa.
12. M, Mf *°bhūtenājitena*.
13. T.367 omits.

anikṣiptadhureṇa[1] ca bodhisattvena | etaiś cānyaiś ca saṃbahulair bodhisattvair mahāsattvaiḥ | śakreṇa ca devānām indreṇa | brahmaṇā ca sahāṃpatinā | etaiś cānyaiś ca saṃbahulair devaputranayutaśatasahasraiḥ ||

[M93] tatra khalu bhagavān āyuṣmantaṃ śāriputram āmantrayati sma | asti śāriputra paścime digbhāga ito buddhakṣetrāt[2] koṭiśatasahasraṃ buddhakṣetrāṇām atikramya sukhāvatī nāma lokadhātuḥ | tatrāmitāyur nāma tathāgato 'rhan samyaksaṃbuddha etarhi tiṣṭhati dhriyate yāpayati dharmaṃ ca deśayati | tat kiṃ manyase śāriputra kena[3] kāraṇena sā lokadhātuḥ sukhāvatīty [Mf80] ucyate | tasyāṃ[4] khalu punaḥ śāriputra sukhāvatyāṃ lokadhātau nāsti sattvānāṃ kāyaduḥkhaṃ na cittaduḥkham[5] apramāṇāny eva sukhakāraṇāni | tena kāraṇena sā lokadhātuḥ sukhāvatīty ucyate ||

punar aparaṃ śāriputra sukhāvatī lokadhātuḥ saptabhir[6] vedikābhiḥ saptabhis[7] tālapaṅktibhiḥ[8] kaṅkaṇījālaiś[9] ca samalaṃkṛtā samantato 'nuparikṣiptā citrā darśanīyā caturṇāṃ[10] ratnānām[11] | tad yathā suvarṇasya rūpyasya vaiḍūryasya sphaṭikasya | evaṃrūpaiḥ śāriputra buddhakṣetraguṇavyūhaiḥ samalaṃkṛtaṃ tad buddhakṣetram[12] ||

punar aparaṃ śāriputra sukhāvatyāṃ lokadhātau saptaratna-

1. T.366 omits. M, Mf *bodhisattvenānikṣipta°*.
2. Attested in Ag, suppor. Tib *saṅs rgyas kyi śiṅ 'di nas* (**ito buddhakṣetrāt*) (=K, A). Iy *buddhakṣetrat*; Jo *°kṣatrat*; Ko, Ji, Ht *°kṣetrān*; M, W, V *°kṣetraṃ*. Cf. *L.Sukh*, 71.17 (*ito buddhakṣetrāt*).
3. Ag omits *kena ... tasyāṃ* (84.11).
4. So K. Ko, Iy, Jo, Ji, Ht *tasya*. Tib *de na*. M, W, V *tatra*.
5. All Siddham texts *cittaduḥkhaṃ* (=M, W, K, A). V adds daṇḍa.
6. Tib *rim pa bdun*, corresponding to T.366, 377 七重 ('seven rows').
7. *Do.*
8. Iy *tālapaktibhiḥ*.
9. *kaṅkaṇī°* Ag, Ko, Iy, Ji, Ht. Jo *kaṃkaṇā°*; M, W, V *kiṃkiṇī°*.
10. *catur-*. Tib (D, L) *bźi*, (P, C, N) *bdun* (*sapta-*).
11. All Siddham texts *°nāṃ* (=M, K).
12. Iy *buddhakṣetraṃ* (=M, K), Jo *°kṣetra*.

mayyaḥ puṣkariṇyaḥ | tad[1] yathā suvarṇasya rūpyasya vaiḍūryasya sphaṭikasya lohitamuktasyāśmagarbhasya[2] musāragalvasya saptamasya ratnasya | aṣṭāṅgopetavāriparipūrṇāḥ[3] samatīrthikāḥ[4] kākapeyāḥ[5] suvarṇavālukāsaṃstṛtāḥ | tāsu ca puṣkariṇīṣu samantāc caturdiśaṃ catvāri sopānāni citrāṇi darśanīyāni caturṇāṃ ratnānām[6] | tad yathā suvarṇasya rūpyasya vaiḍūryasya sphaṭikasya | tāsāṃ ca puṣkariṇīnāṃ samantād ratnavṛkṣā jātāś citrā darśanīyāḥ[7] saptānāṃ ratnānām[8] | tad yathā suvarṇasya rūpyasya vaiḍūryasya sphaṭikasya lohitamuktasyāśmagarbhasya[9] musāragalvasya saptamasya [M94] ratnasya | tāsu ca puṣkariṇīṣu santi padmāni jātāni[10] nīlāni nīlavarṇāni nīlanirbhāsāni nīlanidarśanāni | pītāni pītavarṇāni pītanirbhāsāni pītanidarśanāni | lohitāni lohitavarṇāṇi lohitanirbhāsāni lohitanidarśanāni | avadātāny[11] avadātavarṇāny[12] avadātanirbhāsāny[13] avadātanidarśanāni | citrāṇi citravarṇāni citranirbhāsāni citranidarśanāni[14] śakaṭacakrapramāṇapariṇāhāni | evaṃ-

---

1. Ag, Ko, Iy, Jo omit *tad yathā ... saptamasya ratnasya*. So Tib, Chin, A. Furthermore, all these but Ag add this after *suvarṇavālukāsaṃstṛtāḥ* below. Iy, Jo omit *lohita° ... ratnasya* from this addition.
2. All Siddham texts *lohitamuktasya aśma°*. Here *lohitamukta-* (m. or n.) is a peculiar form. Cf. *BHSD* s.vv. *lohitamuktā*, *°kti*, *°ktikā*.
3. *aṣṭāṅgopeta° ... kākapeyāḥ*. For this phrase, see Fujita [1970] 207-8; [2001] 59-61, 263-64.
4. All Siddham texts. M, V *samatīrthakāḥ*.
5. Ag, Jo *kākapeyaḥ*; Ko, Ji, Ht *kākā°*; Iy *kākapeya*; M, A, V *°peyā*; W *°yāḥ*.
6. Ag, Ko, Iy, Ji, Ht *°nāṃ* (=M, W, K, A).
7. All Siddham texts. M, W *°nīyā*.
8. All Siddham texts *°nāṃ* (=M, W, K, A).
9. Cf. fn.2 above.
10. Tib adds a section regarding the 'gold lotus': *'di lta ste* / [D *gser daṅ* /] *gser gyi kha dog* / *gser gi 'od 'byuṅ ba* / *gser lta bu* (C, D, N, L *bur*) *ston pa* / (**tad yathā* [*suvarṇāni*] *suvarṇavarṇāni suvarṇanirbhāsāni suvarṇanidarśanāni*).
11. All Siddham texts *°dātāni* (=K).
12. All Siddham texts *°varṇāni* (=K, A).
13. All Siddham texts *°bhāsāni* (=K, A).
14. A adds punctuation. T.366 omits the equivalent for 'various'(*citra*) following the four colors qualifying the lotus. T.367 has 四形四顯四光四影 ('four forms, four appearances, four lights, and four shadows'), which is problematic. Cf. Fujita [2001] 264.

rūpaiḥ śāriputra buddhakṣetraguṇavyūhaiḥ samalaṃkṛtaṃ tad buddhakṣetram[1] ||

[Mf81] punar aparaṃ śāriputra tatra buddhakṣetre nityapravāditāni divyāni tūryāṇi suvarṇavarṇā ca mahāpṛthivī ramaṇīyā | tatra ca buddhakṣetre triṣkṛtvā[2] rātrau triṣkṛtvā[3] divasasya[4] puṣpavarṣaṃ pravarṣati divyānāṃ māndāravapuṣpāṇām[5] | tatra ye sattvā upapannās[6] ta ekena purobhaktena[7] koṭiśatasahasraṃ buddhānāṃ vandanty anyāṃl[8] lokadhātūn[9] gatvā | ekaikaṃ ca tathāgataṃ koṭiśatasahasrābhiḥ puṣpavṛṣṭibhir abhyavakīrya punar api tām eva lokadhātum āgacchanti divāvihārāya | evaṃrūpaiḥ śāriputra buddhakṣetraguṇavyūhaiḥ samalaṃkṛtaṃ tad buddhakṣetram[10] ||

punar aparaṃ śāriputra tatra buddhakṣetre santi haṃsāḥ krauñcā[11] mayūrāś ca | te triṣkṛtvā[12] rātrau triṣkṛtvā[13] divasasya saṃnipatya saṃgītiṃ kurvanti[14] svakasvakāni ca rutāni pravyāharanti | teṣāṃ pravyāharatām indriyabalabodhyaṅgaśabdo niścarati[15] | tatra teṣāṃ manuṣyāṇāṃ[16] taṃ śabdaṃ śrutvā buddha-

---

1. All Siddham texts °*kṣetraṃ* (=M, W, K).
2. Ag, Ko *triṣkritva*; Ji, Ht °*tvā*; Iy *treṣkretva*; Jo °*kratva*; M, W, K, V *triṣkṛtvo*; A °*tvā*.
3. All Siddham texts *triṣkritvā*; M, W, K, V *triṣkṛtvo*; A °*tvā*.
4. Tib *ñin lan gsum / mtshan lan gsum du*; T.366, 367 晝夜六時 ('six times during the day and night') for *triṣkṛtvā rātrau triṣkṛtvā divasasya*.
5. Ag, Ko *māndāravapuṣpaṇaṃ*; Iy, Jo °*paṇāṃ*; Ji, Ht °*pāṇāṃ* (=M, W, K, A).
6. Ag, Iy, Ji, Ht *upapannāḥ*; Ko °*nnaḥ*; Jo °*nnā* (=A).
7. Tib *sṅa dro gcig bshin du*. Cf. *ekapurobhaktena* (=Tib *sṅa dro gcig bshin*) in *L.Sukh*, 19.5, 60.4.
8. Ag, Ko *anyāṃ*; Iy °*yā* (=A); Jo °*ya*; Ji, Ht *ānyāṃ*.
9. Ag, Ko, Ji, Ht *lokadhātuṃ* (=A); Iy °*dhātu*; Jo °*dhatuṃ*.
10. All Siddham texts °*kṣetraṃ* (=M, W, K, A).
11. Ag, Ko, Ji, Ht *kroṇdhaḥ*; Iy, Jo *krañcaḥ*; K *kroṃcā*; A *krauñcāḥ*.
12. Ag, Iy, Jo. Ko, Ji, Ht *triṣkratvā*; M, W, K, V *triṣkṛtvo*; A °*tvā*.
13. Ag, Iy, Jo. Ji, Ht *triṣkratvā*; Ko [+]*ṣkratvā*; M, W, K, V *triṣkṛtvo*; A °*tvā*.
14. Ji, Ht and all modern editions add *sma*; Iy, Jo *smaḥ*; Ag, Ko and Tib omit.
15. All Siddham texts *niścaraṃti* (=A).
16. Tib *sems can gaṅ dag der skyes pa de dag gis* for *tatra teṣāṃ manuṣyāṇāṃ*. T.366 其土衆生 ('sentient beings of that land'), T.367 彼土衆生 (*do.*).

manasikāra utpadyate dharmamanasikāra utpadyate saṃghamanasikāra utpadyate | tat kiṃ manyase śāriputra tiryagyonigatās te [M95] sattvāḥ | na punar evaṃ draṣṭavyam[1] | tat kasmād dhetoḥ | nāmāpi śāriputra tatra buddhakṣetre nirayāṇāṃ nāsti tiryagyonīnāṃ yamalokasya[2] nāsti | te punaḥ pakṣisaṃghās[3] tenāmitāyuṣā tathāgatena nirmitā[4] dharmaśabdaṃ niścārayanti | evaṃrūpaiḥ śāriputra buddhakṣetraguṇavyūhaiḥ samalaṃkṛtaṃ tad buddhakṣetram[5] ||

punar aparaṃ śāriputra tatra buddhakṣetre tāsāṃ ca tālapaṅktīnāṃ teṣāṃ ca kaṅkaṇījālānāṃ[6] vāteritānāṃ valgur manojñaḥ śabdo niścarati | tad yathāpi nāma śāriputra koṭiśatasahasrāṅgikasya[7] divyasya tūryasya cāryaiḥ[8] saṃpravāditasya valgur manojñaḥ śabdo niścarati |[9] evam eva śāriputra tāsāṃ ca tāla[Mf82]paṅktīnāṃ teṣāṃ ca kaṅkaṇījālānāṃ[10] vāteritānāṃ valgur manojñaḥ śabdo niścarati | tatra teṣāṃ manuṣyāṇāṃ[11] taṃ śabdaṃ śrutvā buddhānusmṛtiḥ kāye saṃtiṣṭhati dharmānusmṛtiḥ kāye saṃtiṣṭhati saṃghānusmṛtiḥ kāye saṃtiṣṭhati | evaṃrūpaiḥ śāriputra buddhakṣetraguṇavyūhaiḥ samalaṃkṛtaṃ tad buddhakṣetram[12] ||

tat kiṃ manyase śāriputra kena kāraṇena sa tathāgato 'mitā-

---

1. All Siddham texts *draṣṭavyaṃ* (=M, W, K, A).
2. *yamaloka-*. Tib *gśin rje'i 'jig rten*. T.366, 367 三惡趣 or 三惡道 ('the three evil realms'), which normally consist of *niraya*, *tiryagyoni* and *pretaviṣaya* instead of *yamaloka*.
3. All Siddham texts °*saṃghāḥ* (=A).
4. Ag, Iy, Jo, Ji Ht *nirmitāḥ* (=A); Ko °*taḥ*
5. All Siddham texts °*kṣetraṃ* (=M, W, K, A).
6. *kaṅkaṇī*°. All Siddham texts. M, W, V *kiṃkiṇī*°.
7. All Siddham texts *koṭīśata*° (=K); M, W, A, V *koṭiśata*°.
8. *āryaiḥ*. Ag, Ko, Iy, Jo (=M, K, A, V). Ji, Ht *āryoḥ*. W assumes *vādakaiḥ* or a synonym according to Tib *rol mo mkhan gyis* for *āryaiḥ*. *L.Sukh*, 40.9: *tūryasya kuśalaiḥ saṃpravāditasya*, offers the possible reading of *kuśalaiḥ*. Cf. Fujita [2001] 266-67.
9. M, W omit daṇḍa.
10. Cf. fn.6 above.
11. Tib *der mi de dag gis* for *tatra teṣāṃ manuṣyāṇāṃ*. T.367 彼土衆生 ('sentient beings of that land'), no equivalent occurs in T.366.
12. All Siddham texts °*kṣetraṃ* (=M, W, K, A).

yur[1] nāmocyate | tasya khalu punaḥ śāriputra tathāgatasya teṣāṃ ca manuṣyāṇām[2] aparimitam āyuṣpramāṇam[3] | tena kāraṇena sa tathāgato 'mitāyur[4] nāmocyate | tasya ca śāriputra tathāgatasya daśa kalpā anuttarāṃ samyaksaṃbodhim abhisaṃbuddhasya | tat kiṃ manyase śāriputra kena kāraṇena sa tathāgato 'mitābho[5] nāmocyate | tasya khalu punaḥ śāriputra tathāgatasyābhāpratihatā[6] sarvabuddhakṣetreṣu | tena kāraṇena sa tathāgato 'mitābho[7] nāmocyate | [M96] tasya ca śāriputra tathāgatasyāprameyaḥ śrāvakasaṃgho[8] yeṣāṃ na sukaraṃ pramāṇam ākhyātuṃ śuddhānām arhatām[9] | evaṃrūpaiḥ śāriputra buddhakṣetraguṇavyūhaiḥ samalaṃkṛtaṃ tad buddhakṣetram[10] ||[11]

punar aparaṃ śāriputra ye 'mitāyuṣas[12] tathāgatasya[13] buddhakṣetre sattvā upapannāḥ śuddhāḥ bodhisattvā avinivartanīyā[14] ekajātipratibaddhās[15] teṣāṃ śāriputra bodhisattvānāṃ na sukaraṃ pramāṇam ākhyātum anyatrāprameyāsaṃkhyeyā iti saṃkhyāṃ gacchanti ||

tatra khalu punaḥ śāriputra buddhakṣetre sattvaiḥ praṇidhā-

---

1. All Siddham texts *mitāyur* (=A). Tib *tshe dpag med* (*amitāyus*); T.366 阿彌陀 (*a mi tuo*), T.367 無量壽 ('Immeasurable Life').
2. All Siddham texts °*yāṇāṃ* (=A). Tib omits *teṣāṃ ca manuṣyāṇām*, while T.366 其人民 ('those human beings'), T.367 諸有情 ('sentient beings').
3. Ag, Ko, Iy, Jo *āyuṣprāmāṇaṃ* (=A); Ji, Ht *āyuḥpramāṇaṃ* (=M, W, K); V °*ṇam*.
4. All Siddham texts *mitāyur* (=A).
5. Ag, Iy, Ji, Jo *mitābha*; Ht °*bhā*; Ko *mibha*; A *mitābho*. Tib *'od dpag med* (*amitābha*); T.366 阿彌陀, T.367 無量光 ('Immeasurable Light').
6. All Siddham texts *tathāgatasyābhā aprati*° (=K, A).
7. All Siddham texts *mitābha*; A *mitābho*.
8. Ag, Iy, Jo, Ji, Ht °*saṃghaḥ* (=A); Ko °*saghaḥ*.
9. Ag, Iy *arhatāṃ* (=M, W, K, A); Jo *arhatā*; Ko *ārhaṃtāṃ*; Ji, Ht *ārhaṃtānāṃ*.
10. Ji, Ht °*kṣetraṃ* (=M, W, K, A); Ag, Ko, Iy, Jo °*kṣetra*.
11. K ends here, titling his work 'Part I', though the remaining portion was never published.
12. Ag, Iy, Jo, Ht *mitāyuṣas* (=A); Ko *mitayuṣas*; Ji *amitāyuṣas*.
13. Tib omits *'mitāyuṣas tathāgatasya*, but adds *der* (**tatra*) instead.
14. Ko *avinivarttanīyā*. Ag, Iy, Jo, Ji, Ht °*nīyāḥ* (=A).
15. Ag, Ko *ekajātipratibaddhāḥ*; Ji °*pratibandhāḥ*; Ht °*pratibandhā*; Iy *ekajātibaddhāḥ*; Jo °*baddhaḥ*.

naṃ kartavyam[1] | tat kasmād dhetoḥ | yatra hi nāma tathārūpaiḥ satpuruṣaiḥ saha samavadhānaṃ bhavati | nāvaramātrakeṇa śāriputra kuśalamūlenāmitāyuṣas tathāgatasya buddhakṣetre sattvā upapadyante | yaḥ kaścic chāri[Mf83]putra kulaputro vā kuladuhitā vā tasya bhagavato 'mitāyuṣas[2] tathāgatasya nāmadheyaṃ śroṣyati śrutvā ca manasikariṣyati |[3] ekarātraṃ vā dvirātraṃ vā trirātraṃ vā catūrātraṃ vā pañcarātraṃ vā ṣaḍrātraṃ vā saptarātraṃ vāvikṣiptacitto[4] manasikariṣyati |[5] yadā[6] sa kulaputro vā kuladuhitā vā kālaṃ kariṣyati tasya kālaṃ kurvataḥ so 'mitāyus[7] tathāgataḥ śrāvakasaṃghaparivṛto[8] bodhisattvagaṇapuraskṛtaḥ purataḥ[9] sthāsyati |[10] so 'viparyastacittaḥ[11] kālaṃ kariṣyati ca[12] | sa kālaṃ kṛtvā tasyaivāmitāyuṣas[13] tathāgatasya buddhakṣetre sukhāvatyāṃ lokadhātāv upapatsyate | tasmāt tarhi śāriputredam[14] arthavaśaṃ saṃpaśyamāna[15] evaṃ[16] vadāmi |[17] satkṛtya kulaputreṇa vā kuladuhitrā vā tatra buddhakṣetre cittapraṇidhānaṃ kartavyam[18] ||

---

1. All Siddham texts *kartavyaṃ* (=M, W, A). Tib *dge ba'i rtsa ba rnams gus par yoṅs su bsṅo bar bya'o* for *praṇidhānaṃ kartavyam.*
2. Ag, Ko, Iy, Ji, Ht *mitāyuṣas* (=A); Jo *yuṣas.*
3. M, W, A omit daṇḍa.
4. Ag, Ko, Ji, Ht *vā avikṣiptacitto*; Jo *vā avikṣeptacitto*; Iy *vā °citte*; A *vā avikṣiptacitte.*
5. M, W, A omit daṇḍa.
6. Tib reads the passage from *yadā* to *upapatsyate* (89.13) with a modification, resulting in a complicated context. Cf. Fujita [1975] 240.
7. Ag, Ko, Jo, Ji, Ht *mitāyuṣas*; Iy *mitāyus* (=A). Tib *'od dpag med*; T.366 阿彌陀, T.367 無量壽
8. All Siddham texts *°parivṛtaḥ* (=A).
9. Ag, Jo *puratas*; Ko *purava*; Ji, Ht *pūrvata*; Iy *purata* (=A).
10. M, W, A omit daṇḍa.
11. Ag, Ko, Ji, Ht *viparyasyacittaṃ*; Jo *viparyastacitva*; Iy *°yastacitta* (=A).
12. Ag omits *ca / sa kālaṃ*; Ji, Ht *tasya* for *ca / sa*; W omits *ca*, while Ko, Iy, Jo include it.
13. Iy *tasyavā°*. Tib *'od dpag med* for *amitāyus*. Cf. T.366 阿彌陀, T.367 無量壽.
14. All Siddham texts *śāriputra idam* (=M, W, A, V).
15. All Siddham texts *saṃpaśyamānaḥ* (=A).
16. V *eva* (prob. by error).
17. M, W, A omit daṇḍa.
18. All Siddham texts *kartavyaṃ* (=M, W, A).

tad yathāpi nāma śāriputrāham[1] etarhi tāṃ[2] parikīrtayāmi |[3] evam eva [M97] śāriputra pūrvasyāṃ diśy akṣobhyo nāma tathāgato[4] merudhvajo nāma tathāgato mahāmerur nāma tathāgato meruprabhāso nāma tathāgato mañjudhvajo nāma tathāgata evaṃpramukhāḥ śāriputra pūrvasyāṃ diśi gaṅgānadīvālukopamā buddhā bhagavantaḥ svakasvakāni buddhakṣetrāṇi jihvendriyeṇa saṃcchādayitvā[5] nirveṭhanaṃ kurvanti | pattīyatha[6] yūyam idam acintyaguṇaparikīrtanaṃ sarvabuddhaparigrahaṃ nāma dharmaparyāyam[7] ||

evaṃ dakṣiṇasyāṃ diśi candrasūryapradīpo nāma tathāgato yaśaprabho[8] nāma tathāgato mahārciskandho[9] nāma tathāgato merupradīpo nāma tathāgato 'nantavīryo nāma tathāgata evaṃpramukhāḥ śāriputra dakṣiṇasyāṃ diśi gaṅgānadīvālukopamā buddhā bhagavantaḥ svakasvakāni buddhakṣetrāṇi jihvendriyeṇa saṃcchādayitvā[10] nirveṭhanaṃ kurvanti | pattīyatha[11] yūyam idam acintyaguṇaparikīrtanaṃ sarvabuddhaparigrahaṃ [Mf84] nāma dharmaparyāyam[12] ||

---

1. All Siddham texts *śāriputra aham* (=M, W, A, V).
2. Ko, Jo, Ji, Ht add *yathā* (=A); Iy *methā*; Ag presents no additions, nor do M, W, V.
3. M, W, A omit daṇḍa. The following names of Buddhas in the six directions are divergent among Skt, Tib and T.366; 367. Cf. Fujita [2001] 147-51.
4. Ag *tathā gataḥ* (prob. by scribal error); Ko, Iy, Jo, Ji, Ht *tathāgataḥ* (=A). Cases similar to *tathāgato* or *tathāgata*, frequently appearing in the following sections, will not be noted.
5. Ag. Iy *saṃcchādayatvā*; Ko, Ji, Ht °*yetvā* (=A), Jo *saṃcchadayetvā*.
6. All Siddham texts. M (followed by W, V) *pratīyatha*, which is not attested in any Siddham texts. Tib *yid ches par gyis śig*; T.366 當信 ('should believe'), T.367 應信受 ('should believe and accept').
7. Ag *dharmaparyaya(m)*; Ko, Iy, Jo °*paryayaṃ*; Ji, Ht °*paryāyaṃ* (=M, W, A).
8. Ag, Ko, Iy, Ji, Ht *yaśaḥprabho*, followed by M, Mf, W, V. However, according to Jo *yaśaprabho* and other instances (cf. 92.1, 2), BHS *yaśa* is preferable to *yaśas* in this Sūtra. A omits *yaśaprabho nāma tathāgato*.
9. Repeated below in the sections pertaining to the northern and upper directions. Tib *'od 'phro phuṅ po* (**arciskandha*); T.366 大焰肩 ('Great Shoulders of Flame'), T.367 大光蘊 ('Great Mass of Light').
10. Ag, Ko, Iy *saṃcchādatvā*; Jo *saṃcchadatva*; Ji, Ht *saṃcchādyatvā*; A *saṃcchāda[yi]tvā*.
11. Ag, Ko, Iy, Ji, Ht (=A). Jo *paṃttīyatha*; M, W, V *pratīyatha*.
12. Ag, Jo *dharmaparyayaṃ*; Ko, Iy, Ji, Ht °*paryāyaṃ* (=M, W, A).

evaṃ paścimāyāṃ diśy amitāyur[1] nāma tathāgato 'mitaskandho[2] nāma tathāgato 'mitadhvajo[3] nāma tathāgato mahāprabho nāma tathāgato mahāratnaketur nāma tathāgataḥ śuddharaśmiprabho nāma tathāgata evaṃpramukhāḥ śāriputra paścimāyāṃ diśi gaṅgānadīvālukopamā buddhā bhagavantaḥ svakasvakāni buddhakṣetrāṇi jihvendriyeṇa saṃcchādayitvā[4] nirveṭhanaṃ kurvanti | pattīyatha[5] yūyam idam acintyaguṇaparikīrtanaṃ sarvabuddhaparigrahaṃ nāma dharmaparyāyam[6] ||

evam uttarāyāṃ diśi mahārciskandho[7] nāma tathāgato vaiśvānaranirghoṣo nāma tathāgato dundubhisvaranirghoṣo[8] nāma tathāgato [M98] duṣpradharṣo nāma tathāgata ādityasaṃbhavo nāma tathāgato jālinīprabho[9] nāma tathāgataḥ prabhākaro[10] nāma tathāgata evaṃpramukhāḥ[11] śāriputrottarāyāṃ[12] diśi gaṅgānadīvālukopamā buddhā bhagavantaḥ svakasvakāni buddhakṣetrāṇi jihvendriyeṇa saṃcchādayitvā[13] nirveṭhanaṃ kurvanti | pattīyatha[14] yūyam idam acintyaguṇaparikīrtanaṃ sarvabuddhaparigrahaṃ nāma dharmaparyāyam[15] ||

---

1. Ko, Ji, Ht *amitāyur* ; Ag, Iy, Jo *amiytayur.* Tib *tshe dpag med*; T.366, 367 無量壽.
2. All Siddham texts *tathāgataḥ amitaskandho* (=A).
3. All Siddham texts *tathāgataḥ amitadhvajo* (=A).
4. Ag, Ko, Iy, Jo *saṃcchādya* (=A); Ji, Ht *saṃcchādyatvā.*
5. Cf. 90, fn.11 above.
6. Iy, Jo *dharmapariyayaṃ*; Ag, Ko, Ji, Ht °*pariyāyaṃ* (=M, W, A).
7. Cf. 90, fn.9 above. Tib *'od 'phro'i phuṅ po chen po* (**mahārciskandha*); T.366 焰肩 ('Shoulders of Flame'), T.367 大蘊 ('Great Mass').
8. Ag and Tib, T.366 omit.
9. Ag, Ji, Ht *jāliniprabho* (=A); Ko *jālina*°; Iy *jālani*°; Jo *jaleni*° (=M, W, V). Tib *dra ba can gyi 'od* (*jālinīprabha*, *Mvy* 705); T.366 網明 ('Brilliance of Net'), T.367 光網 ('Net of Light').
10. Tib *'od kyi 'byuṅ gnas* (**prabhā-ākara*); T.366, 367 omit. Cf. *L.Sukh*, 8.10: *prabhākaro* (Tib *'od mdzad = prabhā-kara*).
11. Ag, Ko, Jo, Ji, Ht (=W, A, V). Iy *evapramukhā*; M *evaṃpramukhā.*
12. All Siddham texts *śāriputra uttarāyāṃ* (=A).
13. Cf. fn.4 above.
14. Cf. 90, fn.11 above.
15. Iy, Jo *dharmapariyayaṃ*; Ag °*pariyāyaṃ*; Ko, Ji, Ht °*paryāyaṃ* (=M, W, A).

evam adhastāyāṃ diśi siṃho nāma tathāgato yaśo[1] nāma tathāgato yaśaprabhāso[2] nāma tathāgato dharmo nāma tathāgato dharmadharo nāma tathāgato dharmadhvajo nāma tathāgata evaṃpramukhāḥ śāriputrādhastāyāṃ[3] diśi gaṅgānadīvālukopamā buddhā bhagavantaḥ svakasvakāni buddhakṣetrāṇi jihvendriyeṇa saṃcchādayitvā[4] nirveṭhanaṃ kurvanti | pattīyatha[5] yūyam idam acintyaguṇaparikīrtanaṃ sarvabuddhaparigrahaṃ nāma dharmaparyāyam[6] ||

evam upariṣṭhāyāṃ diśi brahmaghoṣo nāma tathāgato nakṣatrarājo nāma tathāgata indraketudhvajarājo nāma tathāgato [Mf85] gandhottamo nāma tathāgato gandhaprabhāso nāma tathāgato mahārciskandho[7] nāma tathāgato ratnakusumasaṃpuṣpitagātro nāma tathāgataḥ sālendrarājo nāma tathāgato ratnotpalaśrīr nāma tathāgataḥ sarvārthadarśo nāma tathāgataḥ sumerukalpo nāma tathāgata evaṃpramukhāḥ śāriputropariṣṭhāyāṃ[8] diśi gaṅgānadīvālukopamā buddhā bhagavantaḥ svakasvakāni buddhakṣetrāṇi jihvendriyeṇa saṃcchādayitvā[9] nirveṭhanaṃ kurvanti | pattīyatha[10] yūyam idam acintyaguṇaparikīrtanaṃ sarvabuddhaparigrahaṃ nāma dharmaparyāyam[11] ||

[M99] tat kiṃ manyase śāriputra kena kāraṇenāyaṃ dharmaparyāyaḥ[12] sarvabuddhaparigraho nāmocyate[13] | ye kecic chāriputra[14]

---

1. All Siddham texts and modern editions *yaśo* (nom. sg. m. of BHS *yaśa-*).
2. All Siddham texts. M, Mf, W, V *yaśaḥprabhāso*.
3. Ag, Ko, Ji, Ht *śāriputra adhastāyāṃ* (=A); Iy, Jo °*tāya*.
4. Cf. 91, fn.4 above.
5. Cf. 90, fn.11 above.
6. Ko *dharmaparyāyāṃ*; Jo °*paryyāyraṃ*; Ag, Iy, Ji, Ht °*paryāyaṃ* (=M, W, A).
7. Cf. 90, fn.9 above. T.366 大焰肩. Tib, T.367 omit.
8. Ag, Ko, Ji, Ht *śāriputraḥ upa*°; Iy, Jo °*putra upa*°.
9. Ag, Ko, Iy *saṃcchādya* (=A); Jo *saṃcchadya*; Ji, Ht *saṃcchādyatvā*.
10. Ko, Iy, Ji, Ht (=A). Ag *mattīyatha*; Jo *paṃttīyathā*; M, W, V *pratīyatha*.
11. All Siddham texts *dharmaparyāyaṃ* (=M, W, A).
12. Ag, Ko, Ji, Ht *dharmaparyāyaṃḥ*; Iy, Jo °*paryāyaṃ*; A °*yam*.
13. Ho *nāma ucyat*[*e y*]*e*, in a fragment that continues onward up to *śrāddhaiḥ kulaputraiḥ* (93.12) in the next paragraph.
14. Ho [*ś*]*ārad*[*v*]*at*[*ī*].. for *śāriputra*.

kulaputrā vā kuladuhitaro vāsya[1] dharmaparyāyasya nāmadheyaṃ śroṣyanti[2] teṣāṃ ca buddhānāṃ bhagavatāṃ[3] nāmadheyaṃ dhārayiṣyanti sarve te buddhaparigṛhītā[4] bhaviṣyanty avinivartanīyāś ca bhaviṣyanty anuttarāyāṃ samyaksaṃbodhau | tasmāt tarhi śāriputra śraddadhādhvaṃ pattīyathāvakalpayatha[5] mama ca teṣāṃ ca buddhānāṃ bhagavatām ||

ye kecic chāriputra kulaputrā vā kuladuhitaro vā tasya bhagavato 'mitāyuṣas[6] tathāgatasya buddhakṣetre cittapraṇidhānaṃ kariṣyanti kṛtavanto[7] vā kurvanti vā sarve te 'vinivartanīyā bhaviṣyanty anuttarāyāṃ samyaksaṃbodhau[8] tatra ca buddhakṣetra[9] upapatsyanty upapannā vopapadyanti[10] vā | tasmāt tarhi śāriputra[11] śrāddhaiḥ kulaputraiḥ kuladuhitṛbhiś ca tatra buddhakṣetre cittapraṇidhir utpādayitavyaḥ ||

tad yathāpi nāma śāriputrāham[12] etarhi teṣāṃ buddhānāṃ bhagavatām evam acintyaguṇān parikīrtayāmi |[13] evam eva śāriputra mamāpi te buddhā bhagavanta[14] evam acintyaguṇān pari-

---

1. All Siddham texts *vā asya* (=A).
2. Ho *śruṇiṣyanti.*
3. Ko, Ji *bhagavātāṃ*, Iy °*vaṃtāṃ*; Ht °*vānāṃ*; A °*vatām.*
4. Ho .. *parigrahī*[*t*]*ā.*
5. Ag, Ko (with the variant °*āvakaṅkṣayatha*). Iy °*āvakalmayatha* (A °*āva-kalpayatha*); Jo °*āvakalmayathā*; Ji, Ht *pattīyathā ma kaṅkṣayatha*; M, W, V *pratīyatha mākāṃkṣayatha.* T.366 當信受 ('should believe and accept'), T.367 應信受領解…勿生疑慮 ('should believe, accept and understand. ... Do not have doubts'). Tib omits. Cf. Fujita [2001] 272-73.
6. All Siddham texts *mitāyuṣas*, A *mitāyusas.* Tib *'od dpag med* for *amitāyus.*
7. All Siddham texts *kṛtaṃ* (=M, W, V), A *kṛtam.* They show a lax alternation between sg. and pl., as well as Ho *k*(*a*)*riṣyati: karonti vā · kṛtaṃ vā.* Emendation to *kṛtavanto*, already suggested by Nanjo [1897] 216, is tentatively based on Cl. Skt. grammaticality in the present context.
8. Iy *samyaksabodhau*, W *saṃbodheḥ.* Ho .. *bodhāya.*
9. All Siddham texts *buddhakṣetre* (=A); Ho *b*[*u*]..*kṣetre.*
10. Ag, Iy, Jo, Ji, Ht *vā upapadyaṃti* (=A); Ko *upa*° (without *vā*).
11. Ho *śārad..tīp*[*u*]*t*[*r*]*a.*
12. All Siddham texts °*putra aham* (=A).
13. M, W omit daṇḍa.
14. All Siddham texts *bhagavaṃtaḥ* (=A).

kīrtayanti | suduṣkaraṃ bhagavatā śākyamuninā śākyādhirā[Mf86]-jena kṛtam[1] | sahāyāṃ lokadhātāv[2] anuttarāṃ[3] samyaksaṃbodhim abhisaṃbudhya[4] sarvalokavipratyayanīyo[5] dharmo deśitaḥ kalpaka-ṣāye sattvakaṣāye dṛṣṭikaṣāya[6] āyuṣkaṣāye kleśakaṣāye[7] | tan ma-māpi śāriputra paramaduṣkaraṃ yan mayā sahāyāṃ lokadhātāv[8] anuttarāṃ samyaksaṃbodhim abhisaṃbudhya[9] sarvalokavipratyaya-nīyo[10] dharmo deśitaḥ sattvakaṣāye[11] dṛṣṭikaṣāye kleśakaṣāya[12] āyuṣ-kaṣāye kalpakaṣāye ||

[M100] idam avocad bhagavān | āttamanā[13] āyuṣmāñ śāripu-tras[14] te ca bhikṣavas[15] te ca bodhisattvāḥ sadevamānuṣāsuragan-dharvaś ca loko bhagavato bhāṣitam abhyanandan[16] ||

sukhāvatīvyūho[17] nāma mahāyānasūtram[18] ||[19]

---

1. All Siddham texts *kṛtaṃ* (=M, W).
4. Iy, Jo *lokadhātāc*; A *lokaahātav* (no doubt by error).
3. Ag *atanurāṃ*; Ko, Ji, Ht *ānuttarāṃ*; A *anuttarām*.
4. All Siddham texts *abhisaṃbuddhya* (=A).
5. Ji °*vipratyayānīyo*; Ht °*yāniyo*. Tib *mi mthun pa*; T.366 難信 ('difficult to believe'), T.367 極難信 ('most difficult to believe'). Cf. Fujita [2001] 273.
6. All Siddham texts *dṛṣṭikaṣāye* (=A).
7. T.366, 367 add 五濁 ('five defilements'). Cf. *L.Sukh*, 59.24: *pañcasu kaṣāyeṣu*.
8. All Siddham texts *lokadhātau*; A °*dhātav*.
9. Ag, Ko, Ji, Ht *abhisaṃbuddhya* (=A). Iy, Jo *abhisabuddhya*.
10. Ji °*vipratyayānīyo*; Ht °*yāniye*. Cf. fn.5 above.
11. Ag omits *sattvakaṣāye ... kalpakaṣāye* (94.8).
12. Ko, Iy, Jo, Ji, Ht *kleśakaṣāye* (=A).
13. M (followed by V) *bhagavān āttamanāḥ /*, corrected by W as the present text reads. Cf. Fujita, *loc. cit.*
14. All Siddham texts *āyuṣmāṃ cchāriputra*; A *āyuṣmāṃś chāri*°.
15. Ag, Iy, Jo *bhikṣavaḥ* (=A); Ko, Ji, Ht °*vāḥ*.
16. Ag, Ji, Ht *abhyanandanīḥ*; Ko °*nandadī*; Iy, Jo °*nanda*; A °*nandaṃ*.
17. All Siddham texts *sukhāvatīvyūhaṃ*; A *sukhvatīāvyūhaṃ* (surely a misprint); M, W, V °*vyūho*.
18. All Siddham texts °*sūtraṃ* (=A).
19. Tib *'phags pa bde ba can gyi bkod pa źes bya ba theg pa chen po'i mdo rdzogs sho* (C, D, N, L *so*)*//* (**ārya-sukhāvatīvyūha nāma mahāyānasūtraṃ samāptam*).

# APPENDIX I

## WORD INDEX TO THE *LARGER SUKHĀVATĪVYŪHA*

- Numerals are the pages and lines of this work (F).
- Numerals in italics denote a part of a verse.
- Superscripts denote the frequency of recurrence of an entry word: e.g. $4.10^4$ is for 4 times on p. 4, *l.* 10 of F .

### a


aṃsa → ekâ~
akaniṣṭha °ṣṭhā 39.14
akaniṣṭha-bhavana
°naṃ 79.20
°nād 67.11
a-kampana → sarva-para-pra= vādy-~tā
a-kuṭila °lāḥ 64.5
a-kuśala °lasya 17.14
akuśala-śabda °do 42.4
a-kuhaka °ko 29.14
a-kṛta-puṇya °yānāṃ *75.11*
a-kṣaṇa °ṇān *27.5*
akṣaṇôpapatti °ttayaḥ 35.24
a-kṣubhita-citta °ttā 61.16
a-kṣobhya
°yā 62.8
°yāṇi 34.5
a-khila °lā 64.9
a-gaṇita °taṃ 35.4
a-gaṇya °yāni 34.7
agaru → divya-tamālapattrâ~···
agni °ni *27.8*
agni-candra-sūrya-graha-nakṣatra-tārā-rūpa °pāṇāṃ 45.8
agni-paripūrṇa °ṇam 73.16
agni-rāja-sadṛśa °śāḥ 62.13
agra → ud-~···, bhaktâ~, vālâ ~···
agra-śreṣṭha
°ṣṭho *12.1*
°ṣṭhāṃ *11.9*
aṅga 34.22
→ koṭīśatasahasrâ~···, bodhy-~ ···
aṅgaṇa → an-~
aṅgula → catur-~
a-cakṣus °kṣuḥ *76.9*
a-cintya
°yaḥ 39.16 °yo 39.14
°yam 65.3 °yaṃ 39.17
°ye 8.7
°yā 39.19
°yāni 34.8
→ aprameyâsaṃkhyeyâ~···
acintya-guṇâlaṃkāra-vyūha-sam= anvāgata °taṃ 14.22
acintya-guṇâkarâtman °ne *3.5*
acintya-prabha °bho 33.4
acintya-śānta °tam 40.12
acintyâparyanta °taṃ 33.17
a-jāta → śūnyatânimittâpraṇihitâ= nabhisaṃskāra~···
a-jāti-smara °rā 59.23
a-jānaka °kāḥ *76.12*
a-jita
°to 71.16 80.1
°ta 67.7 67.14 67.18 67.20

68.4 68.15 68.21 69.2
69.8 70.3 70.5 70.13
71.5 71.9 71.11 71.19
73.5 73.10 73.14 74.1
74.12 74.23 75.3 75.5
75.6
°taṃ 67.6
a-jihma
°mo 29.10
°mā 64.4
ajihmêndriya °yā 63.8
a-jñāna-vidhvaṃsana °no 9.16
añjali °liṃ 5.9 10.9 65.5
aṇu → paramâ~···
atas °to *46.16*
ati-√kram °kramya 73.17
ati-kramaṇa → buddhakṣetra-koṭī-niyuta-···~tā
ati-krānta → candrasūrya-prabhâ~, devamanuṣya-viṣayâ~, sam-~, surabhi-divyâ~···
atirekâtyudāra-praṇītâprameyatara
°rāṃ 14.8
atîta
°taḥ 31.17 °to 31.20
°tam *78.10*
°te 8.5
atītânāgata-pratyutpanna
°nnān 6.17 °nnāṃs 6.6
°nnebhyaḥ 3.3
atîva 5.17
a-tula
°lāya *52.1*
°lā 64.9
atula-śiva °va *26.13*
a-tulya
°yaṃ 65.3
°yāṃ *11.15*
°yāni 34.8
→ anantâ~···, aprameyâsaṃ=khyeyâcintyâ~
atulya-dakṣiṇīya °yaḥ *26.2*
°yo *28.1*
atulya-prabha °bho 33.4
atulyânanta > atulyananta *26.15*
a-tṛpta °tā 63.10
aty-artha °thaṃ 74.12
aty-udāra → atirekâ~···
atra *12.7* 39.19 67.18 68.2
68.4 68.9 68.11 68.12
68.17 70.11 70.15
atrā *54.7*
atrântara °re *77.9*
atha 5.7 6.10 6.14 10.7
12.13 13.6 13.14 14.19
25.16 *28.8* 31.18 35.14
44.25 46.4 46.8 *46.13*
50.1 *54.6* *56.10* 59.9
65.17 75.10 *77.7* *78.6*
adas
asau 10.9 65.6 asāv 41.11
amuṣmin 67.7
amūn 67.18
a-dīna-balêndriya °yāḥ 59.18
aduḥkhâsukha-vedanā-śabda °do 42.6
a-duṣṭa °ṭo 29.9
adbhuta °taṃ *51.12*
adya 6.4 6.5 6.15 6.16
a-dhana → bahu-~
adhas 71.5 adha 32.13
38.19
adhastāt °tāc 67.10
adhi-kāra → pūrva-jina-···~
adhi-√gam
°gacched 16.26
°gantum 30.12 30.17 30.23
32.5 35.9 42.13 46.2
65.1 73.9 °tuṃ 33.14
adhi-pati → jvalanâ~
adhi-mātra °raṃ 10.5[2]
adhi-mānin → an-~

adhi-mukta → śuddhâ~
adhi-mukti → udārâ~ka, hīnâ~ka
adhi-√muc °mucyante 68.20
adhivāsana-jātīya °yaḥ 29.8
adhi-ṣṭhāna → pūrvapraṇidhānâ=~, buddhâ~…
adhi-ṣṭhita → buddhādhiṣṭhānâ~
adhîṣṭa °ṭās 30.22
adhy-āśaya °yena 48.5 74.3
adhyāśaya-patita °tayā 48.18
adhvan °ni 8.6 74.15 *78.10*
°ny 14.17
an-aṅgaṇa °ṇā 62.4
an-adhimānin °ninaḥ 62.7
an-anta
°ta *11.17*
°tā *11.13*
°tu *10.16*
°tayā 32.2
°taiḥ 32.2
→ atulyâ~
ananta-ghoṣa °ṣaḥ *10.17*
ananta-teja(s) °jā *11.4* *27.6*
ananta-buddhakṣetra °rāṃ *26.9*
anantâtulya-buddhi > anantatulya=buddhe *10.12*
anantâparyanta
°tas 35.6
°teṣu 33.11
→ daśa-dig-~…
anantāparyanta-guṇa °ṇāḥ 59.19
an-anya-karman °māṇo 34.12
an-apekṣa °kṣā 61.10 61.26
an-abhilāpya → aprameyâsaṃ=khyeyâcintyâtulyâmāpyâpari=māṇâ~, aprameyâsaṃkhyeyâ=cintyâmāpyâparimāṇâ~
an-abhisaṃskāra → śūnyatâ…~…
an-abhisaṃbuddha °dho 31.17
a-naya → nayâ~…
an-artha °thāya 71.9
an-avalīna °nā 62.5
an-āgata
°taḥ 31.20
°te 14.17 74.14
°tānāṃ 39.21
→ atītâ~…
an-āgāmi-phala °laṃ 79.3
an-ātman °mā 40.13
an-āvaraṇa °ṇaṃ 65.9 75.2
a-nikṣipta-dhura °raḥ 29.11
a-nimitta → śūnyatâ~…
a-niyata °tasya 45.23
a-niruddha °dhena 4.14
a-nirodha → śūnyatânimittâpra=ṇihitânabhisaṃskārâjātâ…~…
an-īrṣuka °kāḥ 63.9
anu-kampaka
°ko 13.10
°kānāṃ 7.20
anu-kampā
°pām 13.10 20.5
°payā *3.7*
→ lokâ~
anu-kampin → hitâ~
anu-ga → ghoṣâ~
anu-gata → samantâ~
anu-√grah °gṛhṇīyād 20.12
anu-jñāta → ājñâ~, sarvabuddhâ~
an-uttara
°raḥ 10.1
°raṃ 33.18 65.4
°rāṃ 12.15 12.18 14.21 15.4 15.8 15.11 15.16 15.20 15.24 16.5 16.9 16.14 16.18 16.22 16.24 16.28 17.2 17.5 17.6 17.9 17.12 17.15 17.19 18.2 18.9 18.13 19.2 19.9 19.18 19.22 20.5 20.10 20.14 20.19 20.22 21.6 21.11 21.16 21.20

22.6 22.12 23.1 23.6
23.11 23.15 23.19 24.4
24.9 24.14 24.21 25.4
25.9 25.14 31.16 31.21
35.18 59.2
°rāyāḥ 25.8 48.7 49.13
58.20 74.2 79.12
°rāyāṃ 12.16 17.22 18.17
18.22 30.10 48.17 74.9
79.7
an-uttrasta-mānasa °sā 63.17
an-utpattika-dharma-kṣānti °tiṃ
58.21
anutpattikadharmakṣānti-pratilabdha
°dhāḥ 79.5
anutpattikadharmakṣānty-abhiṣeka=
bhūmi-pratilambha-śabda °daṃ
41.22
an-utpanna-pūrva °vāṇy 79.7
an-utpāda → śūnyatâ···~···
an-utsṛṣṭa °ṭe 60.18
anu-naya → nandī-···~···
an-upaccheda → buddha-netry-~
anu-parikṣipta °taṃ 38.10
an-upalabdhi → sarva-dharmâ~
···
an-upalambha-gocara °rā 62.2
an-upalipta °to 8.13
→ sarvalokâ~tā
an-upādāya 62.3 79.4
anu-pūrva °veṇa 79.10
anu-prāpta → ekâyana-···~
anuprāpta-svakârtha °thair 4.5
anu-bodha → dur-~···
anu-bhāva °vo 7.22
→ buddhâ~
anu-√bhū °bhavituṃ 40.17
anu-√mud °modate 14.14
anumodanā-śabda °dena 79.20
anu-vicarat °ranto 61.10
anu-vidiś °dikṣv 32.13 38.19
anu-vyañjana → lakṣaṇâ~···
anu-sukha °kham 41.2
anu-smaraṇa → kalpakoṭīniyuta=
śatasahasrâ~tā
anu-√smṛ °smareyus 17.23
anu-smṛti → buddhâ~
an-ūna °nayā 61.4
anūnâvikala °layā 58.24
an-eka
°kā *11.12*
°kāni 30.7 60.4
aneka-guṇa-saṃnicaya °yā 61.18
aneka-goṇikā-stīrṇa °ṇas 69.16
aneka-bhikṣu-gaṇa-parivṛta °taḥ
48.12
aneka-yojana-koṭī-nayuta-śata-saha=
sra-prabhā °bhayā 32.19
aneka-ratna-śata-sahasra-pratyupta
°taiḥ 43.15
aneka-varṇa
°ṇā 36.5 60.13
°ṇān 44.13
aneka-vidha °dhaṃ 70.2
aneka-śata-sahasra-varṇa
°ṇo 57.12
°ṇāḥ 36.5
°ṇāni 43.7
anela °laḥ 40.11
anta °taḥ *46.11*
→ an-~, ubhayâ~···, pary-~,
sam-~
antara → atrâ~
antara-gata → svapnâ~
antarā 24.4 24.20
antarīkṣa
°kṣād 21.8
°kṣe 60.18 60.20 60.22
67.19 °kṣa 67.8
antar-√dhā °dhīyante 44.25
antar-dhāna °nāya 75.8
antaśas 16.26 °śaḥ 15.23
16.17 17.11 74.6 °śa
15.19 48.5 49.9 73.12

74.5 °śo 16.4 16.8
16.12 17.4 18.7 20.12
74.21
antika
°kāt 14.3 72.5 72.7 72.10
72.18 °kād 71.18 71.24
72.4 72.12 72.13 72.15
72.17 73.1 73.2 °kān
72.2 °kāc 72.9
'ntikasmin *56.5*
andha-kāra
°ram *27.4*
°re *76.9*
→ avidyâ~···, tamo'ndhakāra
anna → sarvâ~···
anya
°yaḥ *10.19*
°ya *10.13* *76.12*
°yat 66.19
°ye 68.13²
°yāṃl 60.4
°yaiś 5.3
°yeṣāṃ 13.4 69.2 71.18
°yeṣu 17.21 68.15 79.11
°ṣv 33.11
°yāni 19.5
→ an-~···, tad-~
anyatamânyatama °maiḥ 19.15
anyatra 15.14 17.8 43.25
45.11 66.18 66.20 68.22
anyathātva °tvaṃ 7.15
anya-buddhakṣetrôpapanna °nnā
23.18
anyātaka-saṃjñā °jñā 61.13
apa-gata → śokâ~, vy-~···
apagata-rāga-dveṣa-moha °hāḥ
64.7
apa-√nī °niya *27.5*
a-para °rān 67.15
a-para-pratyaya-jñāna °nā 62.7
apa-rādha → pūrvâ~
aparâhṇa °ṇe 45.4
a-pariklisṭa °tais 45.1
a-parimāṇa
°ṇāṃl 58.4
°ṇair 32.1
→ aprameyâsaṃkhyeyâcintyâ=
tulyâ~, apremeyâsaṃkhyeyâ=
cintyâtulyâ···~···, aprameyâ=
saṃkhyeyâcintyâmāpyâ~···
aparimāṇa-maitrī-bhāvanatā °tayā
63.4
aparimāṇâsaṃkhyeya °yaṃ
60.11
a-parimita
°tam 35.14 60.24 °taṃ
35.8 48.9 48.21
°tān 74.8
a-paryanta °tam 35.15
→ acintyâ~, anantâ~
aparyanta-sthāyin °no 62.4
apāya-durgati-vinipāta-śabda °do
42.6
api 5.14 6.13 7.15 7.21
*10.16* *10.17* *10.18* 13.3
15.20 15.24 16.4 16.8
16.18 16.27 16.28 17.4
17.11 17.14 20.13 21.4
23.9 *28.1* 31.20 32.10
34.14 34.15² 34.16 34.21
39.20 41.14 42.7 42.19
42.22 43.4 44.17 45.2
45.7 45.10² *46.8* *47.2*
49.9 49.10 *52.3* *56.8*
60.2 61.1 65.5 66.1 66.7
67.2 68.6 70.5 70.6
70.10 70.15 70.17 70.18
70.20 71.2 71.3 73.11
73.13 73.16 73.17 74.7
74.12 *77.7* apy 33.11
33.16 34.15² 35.22 42.10
45.25 45.26 48.5 64.16
65.2 68.1 74.6²
pi *12.2* *12.10* *46.6* *56.1*

*56.9 77.3 78.5*
pī *47.2 52.12*
apêkṣā → an-apekṣa, sâpekṣa
a-pracarita-pūrva °vāṃ 14.5
a-praṇihita → śūnyatâ···~···
a-pratikūla °laḥ 38.7 40.12
a-prati-vākya °yāḥ 65.11
a-pratihata °taḥ 30.2
apratihata-prabha °bho 33.1
apratihata-raśmi-rāja-prabha °bho 33.1
apratihata-hetu-jñāna-darśana °no 7.10
a-pramuṣita °tayā 49.3
a-prameya
°yaḥ 34.1
°yam 33.16
°yāt 34.17
°ye 8.6
°yāṃ *27.16*
°yeṣu 17.16 °ṣv 7.8
°yāṇi 34.7
→ asaṃkhyeyâ~
aprameya-guṇa-varṇa °ṇā 47.10
aprameyatara → atirekâ···~
aprameyâsaṃkhyeya
°ya 35.7
°yā 17.17 30.12 30.20
°yāṃl 38.20
°yeṣu 18.4 19.26
°yāni 30.9
°yāsu 38.17 49.15
aprameyâsaṃkhyeyâcintyâtulya
°yeṣu 21.17
aprameyâsaṃkhyeyâcintyâtulyâ=parimāṇa
°ṇān 24.2 24.19
°ṇeṣu 22.2 22.8 22.15
°ṇāni 21.3
aprameyâsaṃkhyeyâcintyâtulyâmā=pyâparimāṇânabhilāpya °yāni 29.3 31.2
aprameyâsaṃkhyeyâcintyâmāpyâ=parimāṇânabhilāpya °yānāṃ 58.7
a-prārthana → para-saṃpatty-~tā
ap-sadṛśa °śāḥ 62.12
ap-saras °so 45.18
→ sapta-saptâpsaraḥ-···
ap-skandha °dho 34.21 35.4
a-bhāva → śūnyatânimittâpraṇi=hitânabhisaṃskārâjātâ···~···
abhi-kīrṇa → nānā-mukta-···~, puṣpâ~
abhi-√kṝ °kiri *28.10*
abhi-garjana → dharmâ~tā
abhi-jāta
°tasya 21.9
°tān 70.8
→ nava-navâ~···
abhijāta-kulôpapatti °ttiṃ 24.7
abhi-jijñāpayat °to 67.15
abhi-√jñā °jānāmi 6.1
abhi-jñā
°jñābhir 42.17
°jñāsv 62.4
→ dhyānâ~···, kusumâbhijña, puṣpāvatī-···âbhijña, prāptâbhi=jña, balâbhijña, vikrīḍitâbhijña, ṣaḍ-abhijña
abhijñātâbhijñāta °taiḥ 4.8 5.3
abhijñā-śabda °daṃ 41.19
abhi-√nand abhyanandann 80.3
abhi-nandita → brahma-svara-···~
abhi-nava °vāni 45.3
abhi-nipanna °nno 70.1
abhi-nirbhinna °nnāny 66.6
abhi-nirmita → tathāgatâ~···
abhi-nirvṛtta → mano'bhinirvṛtta
abhi-nirharat °rantas 61.23
abhi-nirhāra → sarva-puṣpa-dhūpa-···~, sarva-vastra-···~, sarva-vādya-···~, sarvânna-···~,

sarvopabhogaparibhogâ~
abhi-nir-√hṛ °haranti 61.20
abhi-niṣaṇṇa °ṇṇo 70.1
abhi-prakīrṇa → kusuma-vṛṣṭy-~
abhi-pra-√kṝ °kiranti 45.3 60.16
abhi-prayuktavat °vān 29.20
abhi-pralambita → suvarṇasūtrâ ~
abhipralambita-śākhā-pattra-palāśa °śaḥ 57.10
abhi-varṣaṇa → dharma-salilâ~tā
abhi-praviṣṭa °ṭāny 21.14
abhi-pra-√vṛṣ °varṣanti 45.14 45.16
abhi-prāya °yāḥ 41.9 °yā 41.10
abhi-bhavana → mahā-gaṇâ~tā
abhi-√bhū
°bhavati *27.9*
°bhūya 66.12 67.1
abhi-bhū → candrâ~, nāgâ~
abhibhūya-candra-sūrya-jihmīkara=ṇa-prabha °bho 33.5
abhibhūya-narendrâsurendra-prabha °bho 33.4
abhibhūya-lokapāla-śakra-brahma-śuddhāvāsa-maheśvara-sarvade=va-jihmīkaraṇa-prabha °bhaḥ 33.5
abhi-mukha → uttari-caryâ~
abhi-yukta °tāḥ 61.19 64.12
°tā 61.23 62.5
→ nityâ~, sarvaloka-···~, sarva-lokârthâ~, sarvasattva-parinirvāṇâ~
abhi-√yuj °yujyata 75.6
abhi-rata → bhāvanâ~
abhi-rati °tiḥ 70.11
abhi-√ram °ramante 71.2
abhi-rūḍha °ḍhān 67.19
abhi-rūpa- → sarvalokâ~
abhi-lagna → śakrâ~···
abhi-lāpya → an-~
abhi-vicitrita → siṃhalatā-···~
abhi-vi-√jñā
°jñāpayati 58.4
°jñāpyate 41.12
abhi-vṛṣṭa → saptaratnâ~
abhi-śrad-√dhā
°dadhati 68.25 °ty 68.20
°dadheyuḥ *78.1*
abhi-ṣikta °tasya 69.8
abhiṣeka-bhūmi → anutpattika=dharma-kṣānty-~···
abhi-√ṣṭu (√stu)
abhyaṣṭāvīt 10.11
°ṣṭutya 12.14
abhi-saṃskāra → an-~, karmâ~
abhi-samaya → dharmâ~
abhi-saṃbuddha
°dha 31.18 31.21
°dhasya 14.21 16.25 17.2 17.7 35.19
→ an-~
abhi-saṃ-√budh
°budhyeyam 12.19 15.4 15.8 15.11 15.16 15.21 16.1 16.5 16.9 16.15 16.18 16.23 17.1 17.5 17.9 17.12 17.15 17.20 18.2 18.10 18.14 19.3 19.10 19.19 19.23 20.6 20.10 20.15 20.19 21.1 21.6 21.12 21.16 21.20 22.7 22.13 23.2 23.7 23.11 23.15 23.20 24.5 24.9 24.14 24.22 25.4 25.10 25.15
°bhotsyante 59.3
°budhya 31.17
abhisaṃboddhu-kāma °maḥ 12.16
abhīkṣṇa °ṇam 48.21

abhy-ava-√kṝ °kiranty 60.16
abhy-ut-√kṣip °kṣipet 34.18
abhy-utkṣipta °ta 34.20 34.23
abhy-ud-√īr
°īrayanti 49.17
°īrayeyur 17.18
abhy-udgata
°ta 66.8
°tāḥ 62.8
→ citta-dhārā-····~, sarva-kṣetrâ~
a-matsarin °riṇo 63.17
a-manuṣya → devâsura-····~
amātya °yān 70.8
a-māpya → aprameyâsaṃkhyeyâ=cintyâ~···, aprameyâsaṃkhye=yâcintyâtulyâ~···
a-māyāvin °vī 29.10
a-mita
°taś *53.7*
°taṃ *53.6*
°tā 32.4 *53.6* *53.7*
amita-prabha
°bho 32.24
°bha *10.12*
°bham 65.13
°bhasya *51.10* *57.2* 72.5
amita-prabhāsa °so 32.24
amitâbha
°bhas 48.11 48.23 65.7 65.18 66.21 °bha 32.23 °bho 32.1
°bham 65.13 °bhaṃ 48.16 49.11 49.19 66.11 73.8
°bhāya *3.4* *3.6*
°bhasya 32.12 32.15 32.21 33.13 34.1 34.12 35.8 35.20 47.11 48.4 49.15 68.23 73.4 73.10 74.10 79.9 80.5
amitābha-vyūha-parivarta °taḥ 80.6
amitâyus
°yus 71.14 °yur 35.15
°yu *50.6* *51.4* *53.8* *55.11*
°yuṣaṃ 65.14
°yuṣā 79.13
°yuṣe *3.4*
°yuṣas 35.17 57.8 58.22 61.2
amita-āyu *50.10* *51.8*
a-mūḍha °ḍho 29.9
a-mūla-sthāyin °no 62.4
a-mogha-rāja °jena 5.1
ayana → ekâ~···
a-yuta °tāni 34.5
a-rajas °saḥ 64.10
a-rati °tim 61.10
argaḍa → nir-~
arcis
°cis *54.4*
°cīḥ *54.1*
°ciṣāṃ *53.9*
arṇavī-bhūta → ekâ~···
artha
°tham 6.9 6.13 °thaṃ 7.7 8.2 39.22 50.1
°thāya 7.5 8.1 29.12
→ aty-~, an-~, dharma-cakra-···~, paramâ~···, bhāvanâ~, śravaṇô···~, saṃprakāśanâ~, sarvalokâ~···, sāmarthya-····~, siddhâ~, svakâ~
artha-kara °rā 64.2
artha-kāma
°mo 13.9
°mānāṃ 7.19
artha-prāpti °tyai *78.7*
artha-vaśa °śaṃ 49.14
arthitā → durlabhô···~
ardha → sârdham
ardha-candra → makara-····~···
ardha-yojana-pramāṇa °ṇāni 38.12

arhat
°han 8.8 9.22 13.6 32.1 48.12 48.23 65.7 65.18 66.22 71.14
°hantaṃ 65.14 66.11
°hataḥ 6.6 10.3 57.9 68.23 73.11 °to 23.10
°hadbhiḥ 4.3
°hatsu 7.8
alaṃ-kāra °rasya 20.12
→ acintya-guṇâ~···, guṇâ~···, buddhakṣetra-guṇa-vyūhâ~···, buddhakṣetra-guṇâ~···, sarva-ratnâ~
alaṃ-kṛta
°tam 43.17
°tāṃ *3.9*
→ sam-~, sv-~
a-luḍita-citta °ttāḥ 61.17
a-lubdha °dhāḥ 63.15
alpaka
°kā 28.13
°kānāṃ 28.13
alpêccha °cchaḥ 29.9
ava-√kṝ
°kiranti 60.15
°kīrya 65.5
okiranti *50.9* *51.7*
ava-√kḷp °kalpayanty 68.20
ava-√gāh °gāhya 73.17
a-vaṅka °ko 29.10
ava-tarat °ran 30.1
ava-tīrṇa °ṇānām 40.18
ava-nata → suvarṇajāla-···~
ava-√nam °namanty 44.23
ava-bhāsa °sena 66.1
→ uttapta-hema-···~···, nityâ~···, śrotrâ~
ava-√ruh
°ropayanti 68.17 68.19 70.14
°ropayiṣyanti 48.9 48.21
°ropya 60.25
°ropayituṃ 19.12
ava-ropayitavya °yāni 71.7
ava-ropita °tāni 79.9
→ pustaka-···~, bahu-buddha-koṭī-śata-···~
avaropita-kuśala-mūla
°lāḥ 74.13
°lānāṃ 39.18
→ bahu-buddha-koṭī-nayuta-···~, pūrvajinâ~tā
ava-√lamb °lambante 40.16
ava-līna → an-~
avalokitêśvara °raḥ *54.6* °ro 59.12
ava-śiṣṭa °ṭa 34.21 35.4
ava-śeṣa → nir-~
ava-sakta → ābharaṇa-···~
avasakta-paṭṭa-mālya-dāma-kalāpa °paṃ 69.9
a-vikala → anūnâ~
a-vikṣipta °tā 63.8
a-vikṣepa → cittâ~tā
a-vitatha-vīrya-bala °laṃ *12.8*
avidyândhakāra-vidhvaṃsana-kara °ro 9.4
a-vinipāta-dharman °māṇo 59.21
a-vipraṇāśa °śāya 75.7
a-virahita °tā 59.21 67.16
a-vivartika °kā *56.6*
avīci-gata > avicigatu *12.11*
a-vaivartika
°kāḥ 58.19 °kāś 49.12
°kā 25.8 25.13
°kāṃś 74.8
°kānāṃ 71.21
avaivartikatā °tāyāṃ 48.6
avaivartika-bhūmi-praveśa °śaḥ 80.6
a-vaivartya °yā 79.12
a-śaṭha °ṭho 29.10

aśīti °tiś 79.11
a-śubha → śubhâ~
a-śeṣa °ṣān *27.5*
aśma-garbha °bhasya 36.18
→ maṇi-muktā-···~···
aśmagarbha-maya
°yāḥ 36.10 37.19 37.24
°yā 37.22
°yāṇām 37.5
°yāṇi 37.5 37.10 37.13
37.16 37.27 °ṇy 37.6
aśmagarbha-varṇa °ṇā 36.10
aśra → catur-~
a-śravaṇa °ṇād 74.1
aśva → bhadrâ~···
aśva-jit °tā 4.9
aṣṭa(n)
°ṭau 57.10
°ṭānām 79.4
aṣṭa-vimokṣa-dhyāyin °yibhir
4.7
aṣṭā-daśa-koṭī-nayuta °tāni
71.24
aṣṭādaśa-bodhisattva-sahasra
°rāṇi 72.12
aṣṭâha °hena 72.19
√as
asmi 12.15
asti *10.19 11.2 27.12*
*28.15* 42.5[2] 42.6[2] 42.7
45.10 45.12 45.22 61.9
61.11 61.13[2] 61.14[4] 67.20
70.19 °ty 32.21 43.25
45.10 66.19 70.19
sma 4.2
santi *12.6* 35.23 36.6
36.7[2] 36.8[2] 36.9 36.11[2]
36.12 36.13 36.15 36.16
38.12[2] 38.13[2] 39.2 39.4
40.3[2] 48.14 60.19 60.21[2]
68.10 °ty 36.10
āsīt 8.7
syāt 66.19 syād 69.16
syān 20.21
siya *26.1 26.3 28.1 52.3*
*56.8*
siyā *25.20 26.6 26.10*
*26.14*
syur 15.10 15.23 16.21
18.16 21.11 21.15 71.8
a-saṃsṛṣṭa °tā 63.17
a-sakṛt °kṛd 65.11[2]
a-sakta °tān 67.19
a-saṃkhyeya
°yam 33.17 °yaṃ 60.24
°ye 8.6
°yeṣu 7.9
°yāni 34.7
→ aparimāṇâ~, aprameyâ~
asaṃkhyeyatara °re 8.6
asaṃkhyeyâprameya °yāṇi 71.7
a-saṅga °gam 75.2
asaṅga-citta °ttā 62.4
asaṅga-jñāna °nam 61.22
68.19
asaṅgajñāna-darśin °śī *27.19*
asaṅga-jñānin °nī *12.9*
asaṅga-buddha-jñāna °naṃ
68.24
asaṅga-vāc °co 65.11
asaṅga-prabha °bho 32.24
a-sañjana → sarvalokâ~tā
a-sattvatā °tayā *12.4*
a-sadṛśa °śa *12.3*
a-saṃtrasta → vikrama-···~tā
a-saṃnicaya-sthānatā °tayā 63.6
a-sama °mā 64.9
asama-sama °mas 12.19
asamasama-jñāna °nam 70.14
a-samāpta-prabha °bho 32.24
a-saṃmūḍha °ḍhā 63.14
a-sādṛśya °yā 64.1
a-sukha → aduḥkhâ~···
asura

°ro 15.3
°raṃ 15.7
°rāḥ 35.24
→ deva-nāga-···~···, deva-nāgâ ~···, devâ~···, sa-deva-···~
asurêndra → abhibhūya-narendrâ ~···
a-secanaka °ko 38.7 40.12
astaṃ-√gam °gami *54.2*
astam-ita °tā *54.4*
√ah āha 31.19 34.21 35.1 39.10 39.14 39.15 39.19 39.22 59.11 67.13 67.14 67.17[2] 67.19 67.20 68.1 68.4 68.6 68.14 70.4[2] 70.6 70.12 71.19
aha → aṣṭâ~
aho *51.12*

## ā

ā-kara → acintya-guṇâ~···, dharmâ~, puṣpâ~, ratnâ~
ā-√kāṃkṣ
°kāṃkṣati 41.16
°kāṃkṣanti 40.17 40.21 41.1 41.9 41.13 42.23 42.25 43.5 43.7 43.10 43.18 60.5 °ty 40.22 60.12
°kāṃkṣet 70.8
°kāṃkṣeta 48.15
°kāṃkṣeyus 23.14 °yuḥ 19.12 25.3
ā-kāṃkṣat
°kṣann 7.11 °kṣaṃs 34.9
°kṣatāṃ 40.18 40.19 40.20
ā-kāra
°rāḥ 19.17
°rān 12.20
°rair 19.12
°rato 48.9
→ sarvâ~, sâ~
ā-kāśa °śe 45.17
ākāśa-sadṛśa °śāḥ 62.14
ā-kīrṇa → cintā-maṇi-···~, nānā-ratna-mayô···~, bahu-deva-···~
ākula-samākula °lā 44.11
ā-khyāta °tā 75.5
ā-gata °tā *53.1*
→ an-~, tathâ~ (*cf.* gata), sam-~, sam-anv-~, sam-ud-~, sv-~
ā-√gam
°gacchati 40.14 41.15 58.6 58.9
°gacchanti 74.18
°gacchatv 41.14
°gami *50.5* *51.3*
°gatya *55.7* *56.5*
ā-gāmi(n) → an-···~
āgāra → kūṭâ~, bandhanâ~, stry-~
āgāra-parigraha-saṃjñā °jñā 45.11
āghrātu-kāma °mo 43.3
ā-√car °caritvā *27.10*
ā-cārya → buddha-dharma-···~···, sarvalokâ~
ā-jāneya → bhadrâ···~···
ā-jñā → tathāgatâ~, samyag-~ ···
ājñātêndriya °yā 59.18
ājñāta-kauṇḍinya °yena 4.9
ājñânujñāta → tathāgatâ~
ā-jñeya °yo 40.11
ātta-manas °nā 80.1
ātma(n)
°mānaṃ 23.5 43.9 43.17
°manaś 74.11
→ acintya-guṇâkarâ~, an-~, praty-~···

ātma-parôbhaya °yaṃ 29.19
ātma-bhāva °vena 31.7
→ nārāyaṇa-····~···
ādarśa-maṇḍala °le 21.5
ādi → divyô···~···, dvitīya-····~,
maṇi-muktā-····~, śrāvakasanni=
pātâ~, haṃsa-····~···
āditya °ye 66.8
ā-dhāna → sarvasattva-hita-····~
ā-dhāra → cittâ~···
ādhipatya °yena 42.16 44.5
→ sarva-kuśala-mūla-····~···
ānana → candrâ~, vimalâ~,
sūryâ~
ānantarya-kārin °riṇaḥ 18.8
ā-nanda
°daḥ 80.2 °da 5.7 °do
6.12 8.4 31.15 39.7 59.9
65.12
°da 6.9 7.3 7.4 7.8 7.11[2]
7.16 7.17 8.2 8.5 8.9
9.21 10.3 10.7 12.13
12.22 13.6 13.14 14.6
14.13 14.19 25.16 28.11
28.12 28.16 31.13 31.20
32.10 32.21 32.23 33.12
33.16 34.1 34.8 34.16
34.19 35.8 35.14 35.16
35.20 35.22 36.2 36.5
36.18 37.7 37.11 37.14
37.17 37.20 37.24 37.27
38.1 38.4 38.8 39.1
39.10 39.16 40.1 40.2
40.7 40.14 41.11 42.4
42.7 42.9 42.10 42.14
42.21 44.1 44.8 44.10
45.8 45.13 45.20 45.25
45.26 47.10 47.11 48.8
48.15 49.5 49.14 49.17
57.8 58.3 58.5 58.10
58.16 59.1 59.6 59.12
59.13 59.15 59.20 60.3
61.6 61.12 64.14 65.3
65.5
°dam 5.5 6.8 7.2
°dena 5.2 65.17
→ āryâ~
ānulomika °kīm 58.21
√āp → pary-ava-~, pra-~
ā-√pad °patsyante 49.8 49.9
ā-pūrayat °yanto 63.13
ā-bharaṇa
°ṇāny 43.10
°ṇair 43.14 43.16
→ udyāna-vimāna-····~, karṇâ~,
grīvā-····~, vastrâ~···, śīrṣâ~
ābharaṇa-vṛkṣâvasakta °tais
43.16
ā-bhā
°bhā *53.6*
°bhayā 21.18 58.14
→ candrasūryâ~, candrâ~,
narendrâ~, prajñâ~, amitâbha
ā-bhāsa °sam 58.8 °saṃ
41.15
→ śrotrendriyâ~
ā-√mantr °mantrayate 67.6
āmātya → śreṣṭhi-····~···
āmiṣa → dharmâ~, nir-~
āyuṣ-pramāṇa
°ṇam 13.12 35.14 °ṇaṃ
17.8 17.10 35.9
°ṇena 64.16
āyuṣmat
°mān 5.7 6.12 8.4 31.15
39.7 59.9 65.12 °māṃś
80.2
°mantam 5.5 6.8 7.2
°matā 5.2 65.17
āyus °yūr *53.7*
→ amitâ~
ā-rakṣita → sv-~···
ā-rabdhavya °yam 74.5
ā-√rabh

°rabhiṣye *11.19*
°rabhya 33.14
ārāma-ramaṇīya °yāni 67.8
ā-√ruc
°rocayāmi 73.14
°rocayanti 6.13 °ty 6.10
āroha-pariṇāha
°haṃ 43.19
°hena 42.16
→ pañca-yojana-śata-···~,
varṇa-saṃsthānâ~
ārjava °vo 29.14
ārya → sarva-buddha-bodhisattvâ
~···
āryânanda °da 7.21
ā-lambana → tathāgata-darśana-···
~
ā-lāpa → priyâ~
ā-varaṇa → an-~, sad-dharma-
···~···
ā-varta → nandy-~
āvali → puṣpâ~···
ā-vāsa → garbhâ~, śuddhâ~
ā-vṛta → prâ~, sad-dharma···~
āveṇika-buddha-dharma-śabda
°dam 41.18
ā-vedha °dhena 34.17
→ dvādaśa-yojanâ~
ā-śaya °yaṃ 13.7
→ adhy-~, kuśalâ~, yathâ~···
āścarya → jñānâ~
ā-śraya °yāṃ *3.10*
ā-śrava °vebhyaś 79.4
→ kṣīṇâ~
√ās → pary-upa-~
ā-saṅga → uttarâ~
āsana °nād 5.7 10.7
→ śayanâ~
ā-√svad
°svādayanti 58.13
°svādayet 70.5
ā-hāra °ram 42.23
→ kavaḍīkārâ~, hārâ~···
ā-hāraka °kāḥ 74.17
ā-√hṛ °haranti 42.22
ā-hṛta °tam 42.23
āho 6.10 31.17
āhna → madhyâ~, aparâhṇa,
pūrvâhṇa

i

√i
entī *56.4*
eṣyanti *57.7*
etya *54.1*
→ praty-~, sam-~
icchat °cchadbhiḥ 74.8
icchā → alpêccha
itas itaḥ 6.1 31.23 ita
59.13 ito 8.6 71.17
71.19
iti 6.7 6.11 7.1 *11.19* 13.5
14.6 14.12 15.15 20.3
20.13 22.6 *28.10* 31.12
32.10 34.8 34.21 35.13
39.14 40.13 40.21 40.22
41.2 41.10 41.14 43.25
*47.9* 48.17 *52.4* *52.9*
*57.7* 60.8 60.13 71.10
74.12 74.23 *78.11* 80.4
ity 8.4 32.23 33.7 35.7
35.15 42.9 45.26 48.16
ti *78.3*
idam
ayaṃ 14.15 41.13 *55.12*
*56.3* 79.16
ayu *28.3* *28.5*
imam 50.1 imaṃ 49.14
*55.6*
ima *53.1*
anena 32.23 33.12 42.9

45.25
asya 30.7 31.1 32.4 33.8 *47.8* *53.6* 70.2 73.15 74.3 75.6
asmin 66.8 79.1 °miṃś 73.13
idam 5.5 20.5 43.16 44.5 45.23 80.1 idaṃ 15.10 16.21 18.1 19.9 19.13 20.1 20.13 33.17 43.12 *55.7* 58.21 65.3 65.19 66.15 69.7 70.6
iyaṃ 65.17 66.16
imām 29.1 imāṃ 67.3 *75.14*
ime *75.11* ima 74.15
imi *25.19*
imān 25.16 28.19
imā 25.17 46.4 50.2 75.10
ābhir 10.11 12.14
idānīm 75.5 °nīṃ 75.1
indra °ro 44.4
→ asurê~, narê~, lokê~
indriya °yāṇi 5.10 5.13 5.18 °ṇy 6.2 7.14
→ ajihmê~, a-dīna-···~, ājñātê~, tīkṣṇê~, śrotrê~, su-saṃ=vṛtê~
indriya-bala-vaikalya °yaṃ 23.18
iyat
iyantaḥ 35.1 °to 34.6² 35.9
iyanti 32.5² 32.6² 32.7² 32.8² 32.9 34.3² 34.4³ 34.5 34.6 35.10² 35.11 35.12³ 35.13 °ty 34.5² 34.6 34.7³ 34.8
iyatyaḥ 34.2 °yo 35.11
iva 66.12
√iṣ
icchāmy 65.13
icchāti *56.7*
→ pary-~, pra-~, saṃ-pra-~
iha *10.13* *10.19* *12.2* 19.25 35.16 39.11 39.16 *47.5* *56.6* *56.7*

ī

√īkṣ → praty-ava-~
īdṛśa
°śāḥ *75.12* °śā 41.9 64.14
°śāṃ *78.8*
√īr īrayanti 44.14
→ abhy-ud-~, ud-~, sam-~, sam-ud-~
īśvara → avalokitê~, girirāja=ghoṣê~, mahê~, lokê~···, jāmbū-dvīpê~tva

u

ukta
°taś 12.22
°te 6.8 7.2 71.16 °ta 6.12 14.13 31.15 39.7 65.12
uccāra-prasrāva °vaṃ 70.19
uccaistva °tvena 57.10
uc-chrāpayat °yanto 63.13
uc-chrita → ṣoḍaśayojanaśatô~
uta 6.10 31.17 58.20
ut-kṣipta °te 44.23
→ abhy-~
uttapta-jñāna-samudāgata °tā 64.8
uttapta-vaiḍūrya-nirbhāsa °so 9.1

uttapta-hema-varṇa-sadṛśâvabhāsa-nirbhāsa-guṇa-pradhānatā °tayā 62.10
uttama → naranāyakô~, narô~
uttama-dama-śamatha-prāpta °taiḥ 4.6
uttara → an~, dakṣiṇa-···~, pūrvô~, lokô~, sô~···
uttarâsaṅga °gaṃ 5.8 10.8
uttari 7.14 14.3 *46.16*
°riṃ *46.8*
°re *77.7*
'ttari *11.17*
uttari-karaṇīya °yaṃ 5.4
uttari-caryâbhimukha °khānāṃ 19.1
ut-trasta → an-~···
ut-√thā (√sthā)
°tiṣṭhate *54.5*
°tiṣṭha 65.5
°thāya 5.7 10.7
ut-patti → durlabhôtpatty-···, an-~ka-···
ut-√pad
°padyanta 45.21
°padyeta 16.17
udapādi 8.8 9.22
°pādayāmi 12.17
°pādayanti 48.6 61.10 68.16 68.24 °ty 60.6 68.22
°pādayeyuḥ 22.10
°pādayiṣyanti 49.6 49.10
°pādyeta 19.25
°padya 79.10
°pādya 17.22 48.18 71.11
ut-panna
°nnasya 35.18
°nnāni 79.8
→ an-~···, praty-~, sahô~
ut-pala → divyô~···, nānā-ratna-mayô~···
utpala-gandha °dho 31.4
utpāṭita-māna-śalya °yā 64.6
ut-pāda → an-~, cittô~, buddhô~
ut-pāditavat °vān 29.6 29.7
ut-√sah °sahe 13.3
ut-sṛṣṭa
°ṭo 60.17
°ṭāḥ 60.19
→ an-~, nityô~···, vākkarmô~
udaka → ekô~···, gandhô~
udaka-bindu
°duḥ 34.23 35.1 °dur 34.20
°dum 34.18
ud-agra-citta °ttā *52.1* *55.2*
udāra
°ras 70.3 °raḥ 7.3 °ro 70.4
°raṃ *55.7* 60.23$^2$ 74.18
°ru *12.1*
°rā 64.10 74.15
°reṣu 68.5 68.10
→ aty-~, buddhakṣetrô~tā
udāratara
°raṃ 14.6
°rāṃ 14.4
udāra-dhūpa-nirdhūpita °taṃ 69.11
udāra-prīti-prāmodya °yaṃ 41.23
udāra-varṇa-bodhi-vṛkṣa °kṣaṃ 20.18
udāra-saṃnāha-saṃnaddha °dhāḥ 59.4
udārâdhimuktika °kaḥ 10.6
ud-√īr
°īrayanti 48.3
°īrayet *78.3*
udumbara-puṣpa °pāṇāṃ 7.18
udumbarapuṣpa-sadṛśa °śā 63.7
ud-gata → abhy-~, dur-anu=

bodha-····～
ud-√grah
°grahīṣyanti 74.19
°gṛhītum 32.22 34.2
ud-grahaṇa → śravaṇô～
ud-deśa °śo 20.21
→ sô～
ud-yāna → vastrâ···～···, vṛkṣa-···
～···
udyāna-ramaṇīya °yāni 67.9
udyāna-vimāna-vastrâbharaṇa
°ṇair 44.5
udyānavimāna-saṃjñā °jñāḥ
70.18
un-√nam °namanti 44.23
un-namana °nā *11.2*
un-miñji °jiḥ 7.3
upa-gata °tasya *26.7*
upa-√ci °cinvanti 60.11
upa-ccheda → an-～, vaiśāradyô
～
upa-tīrtha → sû～
upa-√dṛś °darśayati 70.12
upa-dhāna → ubhayâ···～, vicitrô
～···, sarva-sukhô～
upa-√nam °nāmyet 70.2
upa-√naś °naśyeyuḥ 7.15
upa-niśā °śām 34.15
upa-√nī °nayi *27.6*
upa-nyāsa → upamô～
upa-patti °ttaye 18.6 48.11
48.19 68.16 68.18 71.13
→ akṣaṇô～, abhijāta-····～,
sukhāvaty-～
upa-√pad
°padyate 30.7
°padyante 48.15 70.16
°padyerann 18.7
°patsyante 45.21 49.12
71.19 71.21 72.1 72.3
72.5 72.6 72.8 72.10
72.11 72.13 72.14 72.16
72.18 72.21 73.1 73.3
79.11
°padya 79.15
upa-panna
°nnau 59.13
°nnā 45.21
→ anya-····～, cirô～
upa-bhoga → sarvô～···
upa-mā
°mām 34.15
°mā *47.2*
→ gaṅgānadīvālukôpama, daka-
candrôpama, svapnôpama
upamôpanyāsa °so 32.21
upari 5.17 39.11 °ry 60.18
60.20 60.22
upariṣṭāt °ṭāc 67.8
upa-labdhi → an-～
upa-lambha → an-～···
upa-lipta → an-～
upa-śānta → śānta-praśāntô～···
upa-śobhita → dhārta-····～,
padma-vīthy-～, sam-～
upa-saṃharat °taḥ 7.9
upa-saṃ-√kram
°krāmanti 49.19 73.7
°kramya 14.10
upa-√sthā
°tiṣṭhanti 60.5
°tiṣṭheran 19.8
°sthāya 61.1
upa-sthātavya °yāni 71.6
upa-√han °hanyate 7.10 7.16
upâ-√dā °dāya 13.10 20.5
21.8 33.13 58.17 59.23
67.11 74.8
→ an-upādāya
upâdāna → nir-～
upâdhyāya → buddha-dharma-···
～···
upâyāsa → nir-～
upâsaka → bhikṣu-bhikṣuṇy-～···

upâsikā → bhikṣu-bhikṣuṇy-···~
upêkṣā → mahô~
upêta → sarvâkāra-···~···
ubha °bhābhyāṃ 44.19
ubhaya °yam 33.16 65.2
→ ātma-parô~, sva-parô~
ubhayatas 40.14
ubhayânta-lohitôpadhāna °naś 69.18
uraga → mahô~
uraga-sāra → divya-tamāla=pattrâ···~···
uruvilvā-kāśyapa °pena 4.11
ulkā → dharmô~
ulkā-mukha °khena 5.16
ul-lokanīya-prabha °bho 33.3
uṣitavat °vadbhiḥ 4.4
uṣṇa °ṇaṃ 40.22 41.1
→ śītô~

ū

ūna → an-~, ekô~···
ūrdhva °vam 32.13 38.19 71.5

ṛ

ṛddha °dhā 35.21
→ sam-~
ṛddhi °dhyā 44.6
→ sam-~, maharddhika
ṛddhi-bala
ṛddhī-balaṃ *55.8*
ṛddhī-balenā *57.5*
ṛddhimat °tāṃ 34.11
ṛddhi-vaśitā-parama-pāramitā-prāpta °tā 15.18
ṛddhivaśitā-prāpta °taḥ 34.9
√ṛdh → sam-~
ṛṣabha °bhā 64.10
ṛṣabha-sadṛśa °śā 62.17

e

eka
ekas 59.11 eka 34.20 34.23 35.1
ekam 34.18 68.1
ekena 72.19
ekasya *77.8*
ekasmin 4.1
ekā 66.18
ekeṣāṃ 68.5 68.9
→ an-~, praty-~···
eka-kṣaṇa-vyatihāra °reṇa 24.2 24.18
eka-godoha-mātra °ram 74.6
eka-cittôtpāda
°dam 48.5 73.17
°dena 49.9
eka-citta-kṣaṇa-lava °vena 15.19
eka-citta-prasāda °dam 73.12
eka-jāti °tiyā *56.6*
ekajāti-pratibaddha °dhās 59.2
°dhāḥ 18.16
eka-dvi-tri-catuḥ-pañca-daśa-viṃ=śati-triṃśac-catvāriṃśad-yojana-prabhā °bhayā 32.17
eka-piṇḍa-pāta °tena 7.12
eka-pudgala °laṃ 5.4
eka-purobhakta °tena 19.5 60.4
eka-pūrvâhṇa °ṇena 61.1
eka-prasthāna-saṃsthita °tā 72.19
eka-buddhakṣetra °re 14.1
eka-rātri °riṃ 34.10

eka-rātriṃ-divasa °sam 74.5
eka-varṇa °ṇāḥ 15.10
ekâṃsa °sam 5.7 10.8
ekârṇavībhūta-mahāpṛthivī °vy 66.18
ekâyana-mārgânuprāpta °tā 62.6
ekâśīti-buddha-koṭī-nayuta-śata-sahasra °rāṇāṃ 13.7
ekâśīti-buddha-koṭī-niyuta-śata-sahasra °rāṇāṃ 13.14
ekâśīti-buddhakṣetra-koṭī-nayuta-śata-sahasra °rāṇāṃ 14.7
ekâśīti-bodhisattva-koṭī-nayuta °tāni 72.13
ekaika °kasyāṃ 32.13 47.12 49.18 65.9
ekôdaka-jāta °tā 66.16
ekôna-saptati °tir 73.2
etad
eṣo 7.22
etam 6.9 6.13 7.7 8.2 39.22
etena 73.5
etad 5.9 6.8 6.12 7.2 7.7 8.5 12.15 13.1 14.11 14.14 14.20 31.15 33.16 39.7 44.20 59.10 65.3 65.12 71.16
eṣā 65.6
ete 67.16
eti *12.6*
etān 67.14
ebhiś 5.3
ebhi *10.15* *11.10*
eṣām 61.11 74.1 eṣāṃ 24.3 24.20 71.4
etarhi 31.18 31.21 60.2 °hy 14.16
etādṛśa °śi *11.19*
enad enaṃ 70.9
eva 5.13 5.18 6.14 7.19 7.22 *11.9* *11.13* 13.2 13.3 16.25 18.18 19.25 21.11 21.14 23.5 *28.10* 29.8 29.20 30.4 30.5 31.20 34.17 35.7 35.14 36.21 36.24 37.2 37.4 37.6 41.2 41.10 41.16 42.12 42.23² 43.1 43.2 43.6 43.8 43.9 43.21 44.3 44.17 44.23 47.5 48.14 48.16 48.22 49.1 49.2 49.3 50.1 *50.3* *55.8* *56.2* 58.22 59.2 59.13 60.9 61.2 61.7 61.11 64.16 65.18 66.8 66.19 66.20 68.9 69.1 69.14 70.8 70.13 79.13
evam 5.12 5.18 6.8 6.12 7.2 7.7 7.19 12.22 14.13 31.15 35.4 35.6 39.7 44.3 44.19 47.10 65.12 66.8 66.19 68.9 70.12 71.16 evaṃ 4.1 6.1 6.2 6.3 6.11 6.15 8.3 8.12 19.25 21.2 29.21 30.17 32.13 38.19 40.1 43.4 44.8 45.3 45.6 *51.11* 61.11
evaṃ-rūpa
°paḥ 69.1
°paṃ 31.1
°peṇa 42.15
°pāṃ 29.1
°payā 28.11 28.12
°pāḥ 60.12 °pā 74.15
°pān 25.16 28.19 °pāṃś 41.23
°paiḥ 60.6 °paiś 42.18
°pair 38.8
°pāṇāṃ 28.14 34.11 74.1
°pāṇi 14.17
eva-rūpaṃ *26.3* *52.3* *56.8*
eva-rūpā *25.19* *27.12* *28.3*

evaṃ-rūpa-śabda-gandha-rasa-sparśa-paribhoga °gair 42.18
evaṃ-varṇa °ṇam 20.13
evaṃ-vidha °dhaṃ 23.9
evaṃ-vibhūti °ti 20.13
eṣin → hitaiṣin

**ai**

aiśvarya °yeṇa 44.6

**o**

om oṃ 3.1
oṣadhi → tṛṇa-···~···

**au**

audārika °kaṃ 42.21
audbilya → cittau~
aupapāduka
°kāḥ 68.11 68.13 68.20 70.16
°kānāṃ 68.25
aupamya-mātra °reṇa 44.22

**k**

kakṣa-mātra °ram 40.19
kaṅkaṇī-jāla → sarva-ratna-~, suvarṇajāla-···~···, hema-ratna-~···
kaṅkara °rāṇi 34.4
kañcuka → siṃhalatā-···~···
kaṭaka °kān 43.12
kaṭaka-hāra °ro 57.16
kaṭī-mātra °raṃ 40.19
kaṇṭha-mātra °raṃ 40.20
katama °mo 34.19
√kath
kathayanti 61.7
kathentī *52.9*
kathayeyur 19.22
katheyuḥ *77.8*
kathaṃ-kathā → tīrṇa-~
katham °thaṃ *56.1*
kathā
°thāṃ 19.22
°thā *52.9*
°thābhiḥ 62.1
°thāsv 61.26
→ kathaṃ-~, dharma-~
kathita °tā 14.8
kadalī-stambha °bhaiḥ 38.9
kadā-cid > kadāci *78.4* *78.5*
kanaka-vicitra-kānana °nāṃ *3.8*
kapphina → mahā-~
√kamp → pra-~
kampana → a-~
kambala → pāṇḍu-~
kara → artha-~, avidyâ···~, ā-~, dīpaṃ-~, prabhaṃ-~, prabhā-~, su-~
karaṇa → kalya-···~, cittaudbi=lya-~, jihmī-~, paripraśnī-~, prīti-prāmodya-···~
karaṇīya
°yaḥ 42.25 75.1
°yam 40.1
→ uttari-~
karuṇā → mahā-~
karṇa-sukha °kho 40.11
karṇâbharaṇa °ṇāni 43.11
karṇikā °kā 43.13
kartavya
°yaḥ 20.21 73.17

°yaṃ 23.4
°yā 74.8
kardama → tamālapattra-···~, vi-~
karmaṇya-citta °ttāḥ 61.15
karman °māṇāṃ 39.15 39.16
→ an-anya-~, cīvara-dhāvana-···~, nāma-~, vāk-~
karmâbhisaṃskāra °raḥ 39.15
°ro 39.16
karmāra °reṇa 5.15
karmāra-putra °reṇa 5.15
kalaviṅka → haṃsa-···~···
kalā °lām 34.15 °lāṃ *47.2*
kalāpa → avasakta-···~, siṃha=latā-···~···
kalpa
°po 42.10 45.26
°paṃ 7.12 33.13
°pe 8.6
°pās 35.17 °pāḥ 35.10
°pān 14.3
→ dvā-catvāriṃśat-~, sumeru-~
kalpa-koṭĭ
°ṭīm *46.8*
°ṭyaḥ 35.11
°ṭīya *46.10*
°ṭīr *77.7*
→ bahu-~
kalpa-koṭī-nayuta → paripūrṇa-~
kalpa-koṭī-nayuta-śata-sahasra
°raṃ 7.13
°rāṇi 31.3 35.13
→ nava-navati-~
kalpakoṭīnayutaśatasahasra-gaṇanā
°nayā 17.11
kalpakoṭīnayutaśatasahasra-sthitika
°kena 64.15
kalpa-koṭī-niyuta-śata-sahasra
°ram 16.27
kalpakoṭīniyutaśatasahasrânusmara=ṇatā °tayā 15.23
kalpa-koṭī-śata °tāni 35.12
kalpa-koṭī-śata-sahasra °rāṇi 35.13
kalpa-koṭī-sahasra °rāṇi 35.12
kalpa-gaṇanā °nā 35.16
kalpa-śata
°taṃ 7.12
°tāni 35.10
kalpa-śata-sahasra
°raṃ 7.13
°rāṇi 35.11
kalpa-saṃkṣobha °bheṣu 59.24
kalpa-saṃkhyā °yā 35.16
kalpa-sahasra
°raṃ 7.13
°ra *53.3*
°rāṇi 35.10
kalpita °taṃ *53.3*
kalya-laghu-gati-vicakṣaṇa-buddhi-prāmodya-karaṇa °ṇy 33.10
kalyāṇa °ṇaṃ 7.4
kalyāṇa-mitra → buddha-dharma-···~···
kavaḍīkārâhāra °ram 42.22
kaṣāya °yeṣu 59.24
√kāṃkṣ kāṃkṣanti 70.14 °ty 68.24
→ ā-~
kāṃkṣā °kṣā 39.20
→ chinna-kāṃkṣa
kāṃkṣā-vimati-vicikitsā °sāṃ 39.21
kācalindika-sukha-saṃsparśa
°śāny 44.22
kācilindika-sukha-saṃsparśa °śaḥ 69.17
kānana → kanaka-···~
kāma → abhisaṃboddhu-~, artha-~, āghrātu-~, caritu-~, satkartu-~, darśana-~tā
kāma-bhoga °gāṃ *26.11*

kāma-vyāpāda-vihiṃsā-vitarka
°kān 29.5
kāmavyāpādavihiṃsā-saṃjñā °jñā 29.6
kāya
°yo 15.3 69.2
°yaṃ 15.7
°ye 42.24
°yā 35.24
°yair 38.16
→ jana-~, prīṇita-~, samanta-~
kāya-roga °gaḥ 58.15
kāya-sukha-saṃjanana °nanī 33.8
kāyika → cātur-···~, brahma-~
kāra → adhi-~, andha-~, alaṃ-~, ā-~, kavaḍī-~···, amas-~, pra-~, manasi-~, vi-~, abhi-saṃ-skāra, pari-ṣkāra
kāraṇa → sukha-~
kāraṇḍava → haṃsa-···~···
kārin → ānantarya-~
kāruṇika °ko 9.19
kāla
°lo 14.15
°lena 8.7
°le 45.14
→ maraṇa-~
kāla-parvata °tā 39.1 66.3
kāla-samaya °ye 45.4
→ pūrvāhṇa-~, maraṇa-~
kālânusāri(n) → divya-tamālapattrâ···~···
kālānusāri-mahāmegha-sadṛśa °śā 62.16
kāliṅga-prāvaraṇa-pratyāstaraṇa °ṇaḥ 69.17
√kāś → pra-~, saṃ-pra-~
kāśyapa → uruvilvā-~, kumāra-~, nadī-~, bhadra-~, mahā-~
kiṅkiṇī-maṇi-sauvarṇa-sarva-ratnâ=laṃkāra-vibhūṣita °to 58.1
kiṃ-cana → niṣ-~
kiṃ-cid
kaścid *10.19* 16.25 34.17 44.17 °cit 20.11
kiṃcin 67.20 °cil 66.19
kenacid 69.14
kasyacid 23.3 °cit 20.20
kācit *10.13* 16.17 39.20 61.8
kecid 36.11 °cit 48.3 48.8 66.2
keṣāṃcid 37.7 37.11 37.14 37.17 37.20 37.23 37.26 38.1
kin-nara → deva-nāga-···~···, devâsura-···~···
kim
kaḥ 35.5 68.12 71.22 ka *54.7* ko *54.7* 68.12 77.3
kim 34.22 48.16 kiṃ 6.9 31.15 34.19 39.10 59.10 67.20 70.3 70.4 70.10 70.14 70.18 71.2 76.12
kasya 7.10 7.16 33.16 45.22 48.3 65.2 74.1
kimpila °lena 4.15
kiyat °yantaḥ 71.16
kiyat-sulabdha-lābha °bhās 73.10
kiyan-mahat °te 71.9
kīdṛśa °śaṃ *53.2*
kīrṇa → abhi-~, abhi-pra-~, ā-~
√kīrt → pari-~
kuṭila → a-~
kuṇāla → haṃsa-···~···
kuṇḍala °lāni 43.12
kutas °taḥ 42.7
kutu *76.10*
kutra 39.9 39.14

kumāra
°rasya 70.11
°rān 70.8
kumāra-kāśyapa °pena 4.12
kumuda → divyô···~···, nānā-ratna-mayô···~···
kurvat °vanto 60.11
kula → abhijāta-~···, ā-~, śreṣṭhi-···~
kula-duhitṛ °tā 48.15
kula-putra °ro 48.15
kuśala
°laḥ 44.18
°laṃ 31.1
°laiḥ 40.9
→ a-~, nayâ···~, prajñā-pra=bheda-~, viniścaya-~, sam=udaya-···~, sarva-dharma-pary=eṣṭi-~, hārâhāra-~
kuśala-dharma → sarva-~···, sarvasattva-~···
kuśala-mūla
°lam 48.9 48.21 60.11 60.25
°lena 22.4 24.7 24.12
°lāni 18.6 30.6 48.19 71.13 °ny 19.12 68.17 68.19 70.13 71.7 79.9
°laiḥ 71.22 71.23
→ avaropita-~, bodhi-parinis=patti-~···, bodhisattvacaryā-···~···, sarva-~···, sarva-parītta-~, sva-~
kuśalamūla-caryā °yāyāḥ 69.6
kuśala-śata-sahasra °ra *27.13*
kuśalâśaya °yānāṃ 33.10
kuśīda-dṛṣṭi °ṭibhiḥ *76.5*
kusuma
°mu *28.6*
°māni 45.15
→ mukta-~
kusuma-prabha °bho 9.10
kusuma-vṛṣṭy-abhiprakīrṇa °ṇo 9.10
kusuma-saṃbhava °vo 9.7
kusumâbhijña °jño 9.15
kuhaka → a-~
kūṭa → gṛdhra-~, meru-~, śūra-~, śrī-~, siṃha-sāgara-~, sumeru-~
kūṭâgāra → vastrâ···~···
kūpa → roma-~
√kṛ
karomy 75.7
kurvasi *54.8*
karotī *53.8*
kuryāt *46.15*
kuryāma 60.8
akārṣīt 14.6
akārṣu *76.7*
kareya *26.5*
kṛtvā 5.8 10.8 74.7
kṛtvāna *57.6*
kartum 74.22
→ guru-~, namas-~, paścān-mukhī-~, pradakṣiṇī-~, manasi-~, vy-ā-~, sat-~
kṛta °taṃ 74.23
→ alaṃ-~, guru-~, paryantī-~, puras-~, pūrva-jina-~···, pramāṇī-~, sat-~, sam-alaṃ-~, saṃ-skṛta
kṛta-puṇya °yānāṃ 39.18
→ a-~
kṛtya
°yaṃ 74.23
°yena 69.14
kṛtsna °nāṃ *78.2*
√kṝ kiranti *51.13*
→ abhi-~, abhi-pra-~, abhy-ava-~, ava-~
√kḷp → ava-~
ketu → dharma-~, dhūma-~, brahma-~, mahā-~

keyūra °rān 43.12
keśarin °rī 9.16
kokila → haṃsa-…~…
koṭī̆
°ṭīṃ *57.4*
°ṭībhir 79.3
→ kalpa-~, nayuta-~, buddha-~, buddhakṣetra-~, bodhisat=tva-~, varṣa-~, vālâ…~, vrata-…~, śrāvaka-~, sahasra-~
koṭī-nayuta → aṣṭā-daśa-~, ekāśīti-bodhisattva-~, kalpa-~, daśa-bodhisattva-~, dvā-sapta=ti-~, ṣaṭ-triṃśat-~
koṭī-nayuta-śata-sahasra °raṃ 34.11
→ aneka-yojana-~…, kalpa-~, catvāriṃśat-~, nidhāna-~, buddha-~, buddhakṣetra-~, lokadhātu-~…, varṣa-~
koṭī-nayuta-śata-sahasratama °me 31.23
koṭī-niyuta-śata-sahasra → kalpa-~, buddha-~, buddhakṣetra-~…, sattva-~
koṭī-śata → kalpa-~, buddha=kṣetra-~, śrāvaka-~
koṭī-śata-sahasra → kalpa-~, bahu-buddha-~…, buddha=kṣetra-~, yojana-~…, śrāvaka-~
koṭī-śata-sahasratama °maṃ 65.19
koṭīśatasahasra-buddhakṣetra °rāṇāṃ 66.2
koṭīśatasahasrâṅga-saṃprayukta °tasya 40.7
koṭī-sahasra → kalpa-~, bud=dhakṣetra-~, śrāvaka-~, ṣaṭtriṃśad-…~
koṭṭa-rājan °jño 70.9
kovida → dhyānâ…~, para-citta-…~, para-mata-~, paramâ=rtha-~
kauṇḍinya → ājñāta-~
√kram → ati-~, upa-saṃ-~, niṣ-~, parâ-~, pra-~
krāmat °taḥ 67.19
→ niṣ-~, pra-~
√krīḍ krīḍanti 43.23 68.8
krīḍā → rati-~
kleśa → niḥ-~, sarva-~…, sarva-dharma-manyanā-~…
kṣaṇa → a-~, eka-~…, citta-~
kṣaṇa-saṃpad °pat 75.4
kṣatriya °yasya 69.8
→ śreṣṭhi-…~…
kṣamaṇa → sarvasattva-śubhâ…~tā
kṣaya
°yaṃ *46.12*
°ya *46.10*
→ pari-~
kṣānti °tīḥ 25.13 58.21
→ an-utpattika-…~, dāna-damatha-…~…, śīla-~…, pratilabdha-~ka, labdha-~ka
kṣānti-sauratya-bahula °lā 63.9
√kṣi kṣapayitvā 71.3
→ pari-~
√kṣip → abhy-ut-~
kṣipta
°to 5.17
°ta *52.4*
→ anu-pari-~, ut-~, ni-~, pra-~, vi-~, saṃ-~
kṣipra °ram 12.18 *55.8* 74.8 74.17 °raṃ *12.6* *26.8* *55.6* *56.5* 71.12
kṣīṇa → pari-~…
kṣīṇâśrava °vair 4.3
√kṣubh
kṣobhayanti 44.13

kṣobhayiṣyatha 75.9
→ saṃ-～
kṣubhita → a-～…
kṣetra
°ram *55.7* °raṃ *52.3*
*56.2* *56.8*
°ra *12.1* *26.3* *53.2* *55.6*
*57.5*
°rā *11.17* *50.4* *51.2*
°rāṇi *53.11*
→ buddha-～, sarva-～…
kṣema °mā 35.21
kṣobhya → a-～

**kh**

khadira-vanika °kena 4.16
khalu 5.19 7.3 10.3 28.16
31.20 34.1 35.20 39.1
40.14 42.14 42.21 42.22
44.7 44.10 45.13 45.20
46.4 47.11 49.17 50.1
*52.10* 57.8 58.3 58.10
58.16 59.1 59.6 59.20
60.3 61.6 61.12 67.6
68.10 70.6 70.20 71.3
75.6 75.10 79.1 °lv 5.7
7.21 10.7 12.13 13.14
25.16 32.10 35.22 36.1
39.21 40.2 49.14 59.9
66.1 67.2 70.16 74.12
khu *25.20* *26.11*
khādya → sarvânna-…-～…
khila → a-～, vyapagata-～,
śānta-～
khila-doṣa °ṣaṃ *11.3*
→ vyapagata-～
kheṭa-siṃhāṇaka °kaṃ 70.19

**g**

gagana °ne *28.8*
gagana-tala °laṃ 67.11
gagana-sadṛśa °śā 63.4
gaṅgā
°gayā *11.13*
°gāya *50.3*
gaṅgā-nadī-vālikā-sama
°mā 65.10
°māni 32.11 32.14
gaṅgānadī-vālukā-sama
°mā 48.1
°mān 18.21
°meṣu 47.12
gaṅgānadīvālukôpama °mā
49.18
gaṅgā-raja-samāna > gaṅgaraja=
samāna *11.16*
√gaṇ
gaṇayet 34.11
gaṇayeyuḥ 34.13
gaṇa → bodhisattva-～, bhikṣu-
～, maṇi-～, mahā-～…,
śrāvaka-～
gaṇanā °nām 16.26
→ kalpa-～, kalpakoṭīnayuta=
śatasahasra-～, saṃkhyā-～
gaṇayat
°yanto 16.28
°yadbhis 35.3 °bhiḥ 34.14
gaṇita
°to 34.14 34.16
°taṃ 35.3
→ a-～
gaṇya → a-～
gata °tāḥ *12.6*
→ anu-～, antara-～, apa-～,
avīci-～, ā-～, ud-～, upa-～,
gatiṃ-～, tathā-～ (*cf.* ā-gata),
nir-～, parṣad-～, pāra-～,
pāraṃ-～, pustaka-～…,

bodhisattvacaryā-···~, vi-~···,
saha-~, su-~
gati °tiyā *26.12*
→ kalya-···~···, dur-~, naraka-
~
gatiṃ-gata → prajñā-cakṣur-~
gati-patha > gatīpatho *77.3*
gatimat °mantaḥ 64.11
gativat °vān 10.5
gandha °dhaṃ 43.3 58.11
→ utpala-~, evaṃ-rūpa-···~···,
candana-~, tagara-~, divya-
~, divya-tamālapattrâ···~···,
nānā-~, nānā-surabhi-~···,
nirāma-~, puṣpa-dīpa-···~···,
puṣpa-dhūpa-~···, manojña-~,
rūpa-···~···, sarva-puṣpa-~···,
sarva-puṣpa-···~···, su-gandhin
gandha-jāta
°tair 43.1
°tāny 42.25
gandha-puṭa → bahu-~
gandha-mālya-vilepana-cūrṇa-cīva=
ra-cchatra-dhvaja-patākā-tūrya
°yāṇy 43.4
gandha-rāja → mahā-~···
gandharva → deva-nāga-···~···,
devâsura-···~···, sa-deva-mānu=
ṣâsura-~
gandha-saṃjñā-vāsanā °nā 43.3
gandhôdaka → divya-~
gabhīra > gabhiru *10.20*
√gam
gacchati 35.7
gacchanti 44.1
gacchet 42.11 *46.12*
gacchatu *57.1*
gatvā 19.6 38.18 38.20
*57.2* *57.5* 60.4
→ adhi-~, astaṃ-~, ā-~, ni-
~, nir-~
gambhīra
°ra 40.10
°reṣu 49.7 62.5
garuḍa → deva-nāga-···~···,
devâsura-···~···
garuḍa-dvija-rāja-sadṛśa °śāḥ
63.6
garbha → aśma-~, vaiḍūrya-~,
suvarṇa-~
garbhâvāsa
°so 68.17
°sam 68.5 °saṃ 68.10
°se 68.13 70.17
gavâkṣa → prāsāda-···~···
gavāṃ-pati °tinā 4.11
gaveṣaka °ko *11.15*
gahana → vṛkṣa-~···
gātra → paripūrṇa-~, prīṇita-~
gāthā
°thā 25.18 46.4 50.2 75.10
°thābhir 10.11 12.14
√gāh → ava-~
girā °rām *78.3* °rāṃ *75.14*
giri-rāja-ghoṣa °ṣo 8.14
girirājaghoṣêśvara °ro 9.9
gīta → nānā-vidha-nṛtta-~···,
sarva-nṛtya-~···
guṇa
°ṇam 48.3
°ṇās 65.4
°ṇā *77.1*
°ṇāṃ *77.8*
→ acintya-~···, anantāparyanta-
~, aneka-~···, aprameya-~···,
uttapta-hema-···~···, prabhā-~
···, bahu-~···, buddhakṣetra-~
···, mahā-~···
guṇa-parikīrtana °naṃ 80.5
guṇa-paryanta °to 33.14 65.1
guṇavat °vān 29.15
guṇa-vyūha-saṃpad °daṃ 12.21
guṇâlaṃkāra-vyūha-saṃpad °dam
67.7

→ buddhakṣetra-~
√gup → vi-~
guru-√kṛ °kuryāmo 19.27
guru-kṛta °tā 30.13 30.21
gulpha-mātra °raṃ 40.18
gulma → tṛṇa-~···
gṛdhra-kūṭa °ṭe 4.2
gṛha → rāja-~
gṛha-pati °tīn 70.9
→ śreṣṭhi-gṛhapaty-···
go-cara → an-upalambha-~
goṇikā → aneka-~···
go-doha → eka-~···
gaurava → sa-~
√grah gṛhītva *50.7* *51.5*
→ anu-~, ud-~, pari-~, pra-~, prati-~
graha → agni-candra-···~···
grāma-nagara-nigama-janapada-rāṣṭra-rājadhānī °nīṣv 29.21
grīvā-hasta-pādâbharaṇa °ṇāni 43.11
glāna-pratyaya-bhaiṣajya → cīvara-piṇḍapāta-···~

## gh

ghaṭikā → nānā-surabhi-gandha-~···
ghoṣa °ṣeṇa *56.10*
→ ananta-~, giri-rāja-~, brahma-~, mahā-dharma-dundubhi-~, śabda-~, sūrya-~
ghoṣayat °yantaḥ 49.16
ghoṣânuga °gām 58.21
√ghrā jighranti 58.11
→ āghrātu-···
ghrāṇa-roga °gaḥ 58.11

## c

ca $4.9^{4}$ $4.10^{4}$ $4.11^{3}$ $4.12^{3}$ $4.13^{3}$ $4.14^{3}$ $4.15^{4}$ $4.16^{4}$ $5.1^{4}$ $5.2^{4}$ $5.3^{3}$ 5.5 5.6 5.10 $7.6^{2}$ 7.9 7.14 $8.3^{2}$ 10.1 10.2 *10.13* *11.2* *12.4* 12.20 12.22 13.12 14.1 14.3 14.4 14.5 14.6 14.17 15.13 15.14 18.6 18.7 18.9 19.1 21.15 22.2 22.10 22.11 24.3 24.20 *28.10* 28.12 28.14 29.17 29.21 30.3 $30.4^{2}$ 30.5 30.6 30.15 30.20 30.22 31.5 31.9 31.10 31.11 31.19 31.22 32.4 33.8 33.12 33.14 33.15 33.18 34.11 35.8 35.16 $35.21^{4}$ $35.22^{2}$ 35.24 36.5 36.11 36.12 36.13 36.15 36.16 36.18 38.4 38.6 38.9 $38.10^{2}$ 38.11 38.14 38.15 $39.4^{2}$ 39.18 40.5 40.7 40.17 40.20 41.2 41.11 41.15 41.23 42.3 42.4 42.18 42.24 43.9 43.16 43.24 44.16 44.21 $45.5^{2}$ 45.8 45.9 45.11 45.16 45.18 46.2 *46.10* *46.11* *46.15* 48.5 48.8 48.9 48.10 48.19 48.21 48.22 49.6 49.7 49.10 49.12 49.20 49.21 *51.11* *53.6* *53.7*$^{2}$ *54.2* *55.7* *55.9* *55.10* *56.4* *57.2* 58.2 58.7 58.18 58.20 58.22 58.24 59.5 59.15 59.22 60.5 60.16 60.18 60.23 60.24 61.8 61.10 61.11 62.10 62.11 62.15 65.1 65.3 65.4

65.5 65.8 65.15 65.17
66.10 66.14$^2$ 66.20 66.21
66.22 67.1 67.3 67.4
67.5 67.8 67.10 68.25
69.16 70.2 70.10 70.15$^2$
70.18 71.2$^2$ 71.4 71.7
71.8$^2$ 73.9 73.13 74.5
74.7 74.9 74.10 74.11
74.14 74.18 74.20 74.21$^2$
75.5 *76.1* *77.11* 79.6
79.9 79.11 79.14 79.16
79.17 79.18 79.19 79.20
80.2$^2$ 80.3 cā *51.9*
cakra → dharma-~···
cakra-vartitva °tve 30.18
cakra-vartin °naḥ 44.1
cakra-vāka → haṃsa-···~···
cakra-vāḍa-mahā-cakra-vāḍa °ḍāḥ 39.3
→ meru-mahāmeru-···~
cakṣus
°kṣus *55.9* °kṣur 61.20
°kṣuṣā 20.13
°kṣuṣa 58.8 °kṣuṣo 16.3
→ a-~, dharma-~, buddha-~, māṃsa-~, prajñā-cakṣur-···
cakṣū-roga °go 58.9
catur °rṇāṃ 36.13
→ eka-dvi-···-catuḥ-···, dvi-tri-catuḥ-···
catur-aṅgula °lam 44.23$^2$
catur-aśra °raṃ 69.13
catur-diśam 44.11 °śaṃ 45.2
catur-dvāra °raṃ 69.13
catur-viṃśati °tyā 79.3
catur-śīti-yojana-sahasra °rāṇy 34.16
catuḥ-ṣaṣṭi-bodhisattva-koṭī °ṭyaḥ 72.9
catuḥ-sopānaka °kam 69.13
catuḥ-sthūṇa °ṇaṃ 69.13
catvāriṃśat → triṃśac-~···, dvā-~···, viṃśati-triṃśati-~···, eka-dvi-···-catvāriṃśad-···
catvāriṃśat-koṭī-nayuta-śata-sahasra °rāṇām 79.7
candana → tamālapattra-~···, divya-tamālapattrâ···~···, divya-rucira-~
candana-gandha °dho 8.11 9.11
→ surabhi-divyâ···~
candana-cūrṇa °ṇaṃ 45.15
candra → agni-~···, ardha-~, daka-~···, sāgara-meru-~
candra-prabha °bho 9.9
candra-bhānu °nur 9.8
candra-bhāsa-maṇi-ratna-parisphuṭa °ṭaḥ 57.13
candra-sūrya-jihmīkaraṇa °ṇo 8.21
→ abhibhūya-~···
candrasūrya-prabhâtikrānta °tāḥ 62.9
candrasūryâbhā > candrasūrya-ābhā *27.7*
candrânana °no 8.13
candrâbhā > candra-ābhā *10.14*
candrâbhibhū °bhūr 8.17
√car
acarat 30.3 30.5
caritva *27.16*
→ ā-~, niś-~, pari-~, pra-~, sam-ud-ā-~
caraṇa → vidyā-~···, prajñā=pāramitā-···~···
carat
°ran 29.18 30.3 31.14
°rann 29.3
°ratā 30.9 79.14
°rato 31.2
°ranto 22.17
→ anu-vi-~
cari → purima-~

carita → citta-~···, pra-~
caritu-kāma °mānāṃ 18.21
caryā °yāsu *76.8*
→ uttari-~···, kuśalamūla-~, pūrva-praṇidhāna-~, prajñā=pāramitā-~···, bodhisattva-~, samanta-bhadra-~···, sarva-kuśala-dharma-~
√cal °latu *28.5*
cātur-mahārāja-kāyika °kā 39.8
cāmara → sa-~
√ci → upa-~, pra-vi-~
citta
°ttam 12.17 17.22 19.25 48.6 48.18 60.6 68.22 71.11 °ttaṃ 18.6 48.10 48.19 48.22 61.11
°ttu *12.10*
°ttena 68.16
°ttāni 79.5 °ny 79.8
→ a-kṣubhita-~, a-luḍita-~, asaṅga-~, udagra-~, karma=ṇya-~, dānta-~, para-~···, prajñāpāramitā-···~, prasanna-~, bodhi-~, mṛdu-~, maitra-~, vi-nīvaraṇa-~, śānta-~, śubha-~, sama-~, suvimukta-~, sthira-~, snigdha-~, hita-~, parama-sudānta-~tā
citta-kṣaṇa → eka-~···
citta-carita-parijñānatā °tayā 16.13
citta-dhārā-buddhi-saṃkusumitâ=bhyudgata °to 9.1
citta-prasāda → eka-~
cittaprasāda-mātra °reṇa 70.15
citta-vikṣepa °paḥ 58.18
cittâdhāra-buddhi-praviṣṭa °ṭāḥ 61.17
cittâvikṣepatā °tāyai 18.1
cittôtpāda → eka-~, daśa-~, saha-~
cittotpāda-parivarta °taiḥ 18.8
cittaudbilya °yaṃ 60.23
cittaudbilya-karaṇa °ṇī 33.8
cittaudbilya-samanvāgata °tāḥ 64.8
citra
°ro 70.1
°rān 44.12
→ divya-~, vi-~, su-~
citra-daṇḍa °ḍaṃ *52.6*
cintā → niś-cinta
cintā-maṇi-ratnâkīrṇa °ṇaḥ 57.14
cintita °tu *11.1*
cintya → a-~
cira → su-~
cirôpapanna °nnānāṃ 69.2
cīvara °rāṇy 43.7
→ gandha-mālya-···~···, puṣpa-dīpa-···~···, puṣpa-dhūpa-···~···, sarva-puṣpa-gandha-···~···, sarva-vastra-~
cīvara-dhāvana-śoṣaṇa-sīvana-raja=na-karman °ma 23.4
cīvara-piṇḍapāta-śayanāsana-glāna-pratyaya-bhaiṣajya-pariṣkāra °raiḥ 20.1 30.13
cīvara-ratna °naiḥ 43.8
→ nava-navâ···~
cunda → mahā-~
cūrṇa °ṇā *28.9*
→ gandha-mālya-···~···, canda=na-~, puṣpa-dīpa-···~···, puṣpa-dhūpa-···~···, sarva-puṣpa-gandha-···~···
cūla-pantha °thena 5.2
ced 17.23 cet 15.10 15.18 15.23 19.17 20.4
√cyu cyutvā 15.6 59.13
cyuta °tās 49.3

## ch



## j

°nam 7.10
°ne 62.8 *77.4*
→ a-～…, a-para-…～, asaṅga-～, asamasama-～, uttapta-～…, jina-～…, para-citta-～…, praty-ātma-…～, buddha-～, viśuddha-～, sarvajña-～, sarva-dharma-prakṛti-…～…
jñāna-darśana °nam 7.9
→ apratihata-hetu-～
jñāna-skandha °dhaṃ *27.17*
jñānâścarya °cariyaṃ *77.12*
jñānin → asaṅga-～
jyotiṣ-prabha
°bho 8.16
°bhasya 72.3
jvalanâdhipati °tes 72.21

t

tagara → divya-tamālapattrâ…～…
tagara-gandha °dho 9.12
tac-chravaṇa-sahagata °tena 22.4 24.7 24.11
tata → vi-～, sa-～…, saṃ-～
tatas 48.13 °taḥ 45.1 71.3 71.23 °taś 15.6 °ta *11.17* 58.17 59.2 59.22 °to 7.14 14.8 47.6 58.10 58.12 70.7 70.9 71.4
tatra *12.6* 15.5 15.9 18.5 18.7 18.11 18.15 19.11 19.20 19.24 20.11 20.16 20.20 21.7 21.13 23.8 23.12 25.1 25.6 25.11 30.4 305 30.7[2] 35.22 36.6 36.18 38.12 39.19 40.3 40.16 40.18 40.21 41.8 41.12 42.7 43.2 43.24 44.8 45.22 48.10 48.14 48.21 49.3 *52.4* *52.9* *54.1* 58.5 59.1 59.13 59.15 60.19 60.23 61.8 61.12 66.16 67.6 69.14 69.16 70.1 70.2 70.7 70.11 70.18 71.2 74.8 79.10
tatrā *11.18*
tathā 7.16 *11.9* 12.18 35.17 *76.11* *77.12*
tatha *10.17* *11.6* *51.1* *52.8* *55.9*
→ vi-tatha
tathāgata
°tas 10.9 12.22 14.10 14.13 °taḥ 7.11 7.16 14.14 33.12 °ta 7.12 °to 6.4 6.5 6.15 6.17 8.8 8.9 8.10 8.11 8.12 9.21 12.19 13.6 31.20 31.21 32.1 32.23 35.15 48.11 48.23 64.16 65.7 65.18 66.21 71.14 72.2
°tam 7.7 8.1 39.22 49.19 65.14 66.11 °taṃ 12.14 48.8 48.17 48.20 49.5 49.9 49.11 67.4 73.8
°tena 14.7 74.23 79.12 79.13
°tasya 6.1 7.10 7.14 7.21 10.3 14.2 28.17 32.12 32.15 32.22 33.13 33.15 33.18 34.1 34.13 35.8 35.18 47.11 48.4 49.16 57.8 58.22 61.2 65.1 65.4 66.6 68.23 71.24 72.4 72.5 72.7 72.8 72.10 72.12 72.13 72.15 72.16 72.18 72.21 73.2 73.4 73.10 74.10
°te 73.13

°tā 49.14 79.10
°tān 6.6
°tānām 7.19 °nāṃ 13.4 73.7
°teṣv 7.8
tathāgata-darśana-prasādâlambana
°nena 49.2
tathāgata-bodhisattva-pūjā-pratyarha
°hasya 21.9
tathāgata-vyavahāra °rāt 45.11
tathāgatâjñā °jñāṃ 75.8
tathāgatâjñânujñāta °tair 23.6
tathāgatâbhinirmita-nānā-dvija-saṃgha-niṣevita °tam 67.13
tathāgatābhinirmita-pakṣi-saṃgha-niṣevita-pulina °nā 41.7
tathāgatābhinirmita-manojña-svara-nānā-dvija-saṃgha-niṣevita
°tā 36.3
tathā-rūpa
°pam 41.16 42.23 °paṃ 23.14
°pāṃ 25.3 65.19
°pā 19.17
°paiḥ 60.15 °pair 43.5 43.14
°peṣu 59.23
°pāṇi 30.5 °ṇy 60.9
tathā-vidha °dhaṃ 29.19
tad
sa 10.7 12.13 12.22 13.6 13.14 14.9 14.13 14.19 20.17 24.3 24.20 25.16 28.11 28.16 29.1 29.7 29.18 30.2 31.1 31.13 31.16 31.20 31.21 32.23 34.9 $35.1^2$ 35.15 41.11 41.14 41.16 41.23 *56.3* *56.11* 65.6 66.21 70.1 70.3 70.5 70.7 *78.2* so 13.2 48.11 48.23 *54.6* 58.4 65.18
tam 48.16 49.11 49.19 65.13 66.11 73.8 taṃ 12.13 13.1 14.13 14.19 23.17 43.2 48.8 48.13 48.20 49.5 49.9 49.20 *54.9* 58.16 $66.14^2$ 66.22 67.1
tena 5.9 6.10 6.14 8.2 $8.7^2$ 10.9 *11.2* 13.1 14.6 14.10 14.14 14.20 30.9 35.3 35.15 48.17 49.2 66.1 67.2 68.16 70.5 70.15
tasmāt 71.10 73.14 °mād *47.9* *56.7* 74.3 °mān *77.13*
tasya 6.3 8.5 $8.10^2$ 8.11 10.3 12.17 13.7 13.12 14.3 14.10 28.16 31.7 32.12 32.15 32.21 33.13 33.17 34.1 35.6 35.8 35.14 35.17 35.20 41.11 43.3 *47.2* 47.11 48.3 49.15 57.8 58.3 58.14 58.19 58.22 61.2 66.6 69.14 69.16 70.3 70.10 72.2 74.10 *78.7*
tasmin 10.10 15.2 15.13 15.17 15.22 16.2 16.6 16.11 16.16 16.20 16.24 17.3 17.6 17.13 39.1 45.20 48.18 49.6 49.10 49.17 59.6 59.20 60.3 61.6 64.14 66.19 °miṃś 45.8 °miṃs 73.13
tad 4.8 5.11 5.14 7.18 14.22 21.2 21.4 23.9 29.20 32.23 34.8 34.16 35.1 38.8 39.4 41.2 41.12 41.17 42.9 42.19 43.1 43.6 43.8 43.10 43.15 44.1 44.16 44.17

44.25 45.7 45.25 60.2 61.9 66.7 66.15 68.6 69.2 69.8 tat 7.10 7.16 33.16 34.19 39.10 45.22 48.3 65.2 67.20 68.12 70.3 70.4 71.8 74.1 tan 20.4 65.8 70.5 74.23 tac *12.4* 74.9
sā 33.8 36.1 42.9 45.25 59.8 80.2
tāṃ *3.11*
tayā 32.11 32.16 66.6
tasyāḥ 33.15 66.15
tasyāṃ 14.19 25.17 40.2 42.14 44.10 44.14 45.13 46.4 50.1 66.10 67.2 75.10 79.16
tau 59.10
tayor 59.11
te *12.10* 15.6 15.10 15.18 15.23 16.3 16.7 16.12 16.21 18.7 18.12 18.16 19.5 19.21 20.4 20.8 20.21 21.18 22.17 23.13 25.2 25.8 25.12 34.12 36.5 39.8 39.9 39.14 41.9 42.25 43.7 43.10 43.14 43.18 43.22 45.6 45.21 *46.8* 48.6 48.13 49.2 49.10 49.14 *50.5* *50.7* *51.5* *51.9* *51.13* *52.8* *55.5* *56.5* 58.18 59.6 59.7 59.16 59.21 59.22 60.6 60.10 60.14 60.24 61.7 61.9 61.15 64.6 66.20 67.3 68.15 68.21 70.13 70.15 71.2 71.3 73.7 73.10 73.12 74.13 74.22 *75.13* *75.14* *76.4* *76.8* *77.7* *77.9* *78.10* 79.10 ta 7.3 39.11 42.15 *57.7* 59.2 60.4 67.3 68.20 tā *47.2*
tān 44.12 60.15 tāṃś 12.20 49.21 65.15
ta *11.14*
tais 60.14 taiḥ 43.6 44.20 45.1 *52.4* 60.10 tair 34.14 35.2 taiś 43.16 44.16 45.5
tehi *52.10*
teṣām 13.14 14.7 18.17 30.16 41.1 61.13 68.17 68.25 °ṣāṃ 16.17 17.23 19.17 20.3 30.22 38.4 38.6 40.13 40.18 40.22 41.2 41.10 41.14 42.12 42.24 43.5 43.8 43.21 46.2 *46.12* *47.6* 48.11 48.22 58.6 58.9 58.11 58.13 58.15 58.17 60.8 60.13 60.16 65.1 65.3 70.18 73.7
teṣu 40.16 43.22 60.10
tāni 34.10 35.24 44.21 44.24 66.5
tāḥ *54.1* tāś 14.1 41.2 *46.10* 79.14
tāsāṃ 40.7 40.10 40.14
tad-anya °yeṣu 24.10 24.17 25.6
tadanya-buddhakṣetra-stha °thā 23.21
tadā 41.10 *52.5* *54.4*
tada *55.11*
tad-buddhakṣetra °re 19.4 20.7
√tap tapati *27.7* 44.2 44.4
→ pra-~
tapa(s) → vrata-~-···
tapat °pantaṃ 66.13
tamāla-pattra → divya-~···
tamālapattra-candana-kardama °mo 9.15

tamo'ndhakāra °rasya 45.9
tarhi 6.14 °hy 35.14 71.10 73.14
tala → gagana-~, dharaṇi-~, pāṇi-~
tāttaka °kāḥ *50.4* *51.2*
tādṛśa
°śa 49.1
°śam 43.21
°śā 41.10
°śair 43.1 43.8
tāpin > tapina *10.15*
tārā-rūpa °pāṇi 34.10
→ agni-candra-⋯~
tāla → ratna-~⋯
tāvat °vad 15.3 15.8 15.11 15.15 15.20 15.24 16.4 16.9 16.14 16.18 16.22 16.28 17.4 17.8 17.11 17.14 17.19 18.2 18.9 18.13 19.2 19.9 19.18 19.22 20.5 20.9 20.14 20.18 20.22 21.5 21.11 21.15 21.20 22.6 22.12 23.1 23.6 23.11 23.15 23.19 24.4 24.8 24.14 24.21 25.4 25.9 25.14 30.9 30.12 30.20 34.22 42.7 65.17 °van 40.9
tiryag-yoni
°nir 15.2 35.23
°niṃ 15.6
tiryañc °yag 34.17 71.5
tiṣya °yo 9.5
tīkṣṇêndriya °yāḥ 59.17
tīra °rāṇi 40.15
→ nadī-~
tīrṇa-kathaṃ-kathā °thā 62.7
tu 7.21 13.3 32.10 39.20 42.22 44.6 70.6 70.16 70.17 70.20 71.3 74.12 *75.13* tv 31.20 42.12 64.16 70.5
tulya → a-~
tuṣita °tā 39.11
→ saṃ-~tva
tuṣṭa °ṭaḥ *52.9*
→ saṃ-~
tuṣṭi °ṭiṃ 49.7 70.5 71.2
tūrya
°yasya 40.9
°yāṇi 79.19
→ gandha-mālya-⋯~, puṣpa-dīpa-⋯~⋯
tūrya-śata °tā *28.8*
tūlikā-palalikā-stīrṇa °ṇaḥ 69.17
tṛṇa-gulmauṣadhi-vanas-pati
°tayo 66.17
tṛtīya → dvitīya-~⋯, prathama-dvitīya-~
tṛtīya-dhyāna-samāpanna °nnasya 23.10
tṛpta → a-~
√tṝ atārṣi *11.3*
tejas °jaḥ *53.6*
→ ananta-~
toraṇa → prāsāda-⋯~⋯
√tyaj tyaktvā 29.19
tyāga → mukta-~
trayas-triṃśa °śā 68.6
trātṛ → sarvasattva-~
trāyas-triṃśa °śā 39.9
tri
tisraś 58.20
trayāṇāṃ 36.12
→ eka-dvi-~⋯, dvi-~⋯
triṃśac-catvāriṃśat-pañcāśat °śat 60.21
triṃśat → eka-dvi-⋯-triṃśac-⋯, dvā-~
triṃśati → viṃśati-~⋯
tri-mala-prahīṇa °ṇā 64.4
tri-vidhă °dha *27.20*
tri-sāhasra-mahā-sāhasra

°ro 79.16
°ram 73.16
trisāhasramahāsāhasra-paryāpanna
°nnā 16.26
trisāhasramahāsāhasra-lokadhātu
°tau 34.9
traidhātuka-samatā °tayā 61.23
tvad
tvam 7.4 67.7 67.14 67.17
68.4 tvaṃ 7.6 7.22
13.1
tvayā 39.16
tava *3.7* *3.10* 5.10
te *3.6* 6.9 8.3 *10.19* 40.1
ta 7.3
ti *55.1*
yūyam 75.5
yuṣmābhir 75.1
vaḥ 73.14 73.15
tvaramāṇa-rūpa °paḥ *56.11*

d

daka-candrôpama °mo 9.3
dakṣa °kṣeṇa 5.15
dakṣiṇa °ṇaṃ 5.8 10.8
dakṣiṇa-paścimôttara °rāsu
32.13 38.19
dakṣiṇāpaścima-uttarāsu *51.1*
dakṣiṇīya → atulya-~
daṇḍa → citra-~
datta → pūrva-~···
dama → uttama-~···
damatha → dāna-~···
damya → puruṣa-~···
darśana
°nena *56.10*
°nāya 49.20 68.23 73.4
→ jñāna-~, tathāgata-~···,
buddha-~, bodhisattva-~,
saha-~, lokadhātu-···~tā
darśana-kāmatā °tayā 79.9
darśanīya
°yaḥ 31.5 70.1
°yam 44.19
°yān 44.12
°yāni 44.15
darśin → asaṅgajñāna-~
daśa(n)
°śa 35.17
°śabhiś 18.7
°śabhyo 49.18
°śasu 14.5 22.14 47.12
49.15
→ aṣṭā-~···, eka-dvi-···~···
daśa-cittôtpāda °dāt 49.5
daśa-dig-anantâparyanta-lokadhātu-
pratiṣṭhita °tebhyaḥ 3.1
daśa-diś °śi *26.8* 65.9
daśa-diśā °śata *12.5*
daśadiśā-lokavidu > daśadiśa=
lokavidū *12.9*
daśa-bala-dhārin °ri *26.2*
daśa-bodhisattva-koṭī-nayuta °tāni
72.15
daśa-yojana-pramāṇa °ṇāni
38.13
daśayojana-vistāra °raṃ 60.17
dahara °ro 29.7
√dā dadyāt *47.1*
→ upâ-~, sam-ā-~
dāna
°naṃ *47.1*
°ne 63.17
dāna-damatha-śīla-kṣānti-vīrya-
dhyāna-samādhi °dhi *11.8*
dāna-pāramitā °tāyām 30.3
dāna-saṃvibhāga-rata °tā 63.16
dānta → su-~
dānta-citta °ttāḥ 61.23
dāma → avasakta-···~···
dig-bhāga °ge 72.1

diva °vena 34.10
→ rātriṃ-〜…
divasa → rātriṃ-〜
divya
°yaṃ 45.15 *55.9*$^{2}$ 61.20
°yena 20.12
°yasya 16.3 16.7 41.14
°yāṃ 40.17
°yāḥ 60.14 °yāś 40.20
45.15 45.18
°yais 43.1
°yāni 45.14 45.15 45.16$^{2}$
45.17 45.18
→ surabhi-〜…, nānā-〜…
divya-gandha → nānā-surabhi-〜
…
divya-gandhôdaka-megha °ghā
45.14
divya-citra °raṃ *26.4*
divya-tamālapattrâgaru-kālānusāri-
tagarôragasāra-candana-vara-
gandha-vāsita-vāri-paripūrṇa
°nāḥ 41.3
divya-maṇi-prabha °bho 33.1
divya-mānuṣyaka °kāṇi 66.5
79.19
divya-rucira-candana °nasya
*28.9*
divya-saṃgīti-saṃmūrcchita
°tasya 40.8
divya-samatikrānta °taḥ 57.15
divyôtpala-padma-kumuda-puṇḍarī=
ka-saugandhikâdi-puṣpa-saṃ=
cchanna °nnā 41.4
√diś
deśayati 31.19 31.22 65.8
deśayanti 38.18 38.20
deśayatu 12.18
→ nir-〜
diś
dig 65.6
diśi *26.16* *27.12* 31.23
32.10 32.14 47.12 49.18
65.9 °śy 38.17
diśaḥ 67.1 °śo 66.12
digbhya 49.18
dikṣv 14.5 22.14 32.13
38.19 47.12 49.15
→ daśa-〜, daśa-dig-…, vi-〜,
catur-diśam
diśatā °tāsu *51.2*
diśā → daśa-〜, vi-〜, sarva-〜
dīna → a-〜…
dīpa → puṣpa-〜…
dīpaṃ-kara
°ro 8.7
°reṇa 79.11
°rasya 8.8
duḥkha °khaṃ 42.8
→ a-〜…
duḥkha-prāpta °to *26.5*
duḥkha-śabda °do 42.6 42.8
duḥkhita °tānāṃ *27.11*
dundubhi → mahā-dharma-〜…
dur-anubodha-buddha-jñāna-prave=
śôdgata °tā 62.6
dur-gati → apāya-〜…
dur-labha
°bho 75.3
°bhā 75.4$^{2}$
→ su-〜
durlabhôtpatty-arthitā °tayā 63.7
duṣṭa → a-〜
duṣ-prasaha °hasya 71.23
duhitṛ → kula-〜
dūṣya → nānā-divya-〜…
dūṣya-paṭṭa-saṃcchanna °nnaṃ
69.10
dṛḍha °ḍhā 64.9
√dṛś
drakṣyanti 49.11
adrākṣus 66.10
dṛṣṭvā 48.14
draṣṭum 49.22 74.11 °ṭuṃ

65.14 73.8
→ upa-∼, saṃ-∼
dṛṣṭa
°ṭo *76.1*
°ṭa 48.16
dṛṣṭi → kuśīda-∼
deva
°vās 39.11 °vāḥ 39.8
39.12 39.14 42.19 44.8
°vā 15.15 39.12$^{2}$ 39.13$^{3}$
43.25 *54.3* 68.6$^{2}$
°vānām 44.4 °nāṃ 7.6
10.1 15.13 43.24 44.3
67.21
→ nara-∼…, yaśo-∼, sa-∼…,
sarva-∼, sa-∼ka
devatā
°tā 6.9 6.13
°tānāṃ *27.8*
deva-nāga-yakṣa-gandharvâsura-garuḍa-kinnara-mahoraga
°gāś 66.9
deva-nāgâsura-yakṣa-śrāvaka
°kāḥ *77.2*
deva-manuṣya → bahu-∼…,
śrāvaka-∼
devamanuṣya-viṣayâtikrānta
°tasya 21.8
devamanuṣya-samatikrānta °tena
21.19
deva-mānuṣika °kāyāś 79.6
deva-rājatva °tve 30.19
deva-saṃgha °ghā *28.6*
devâsura-nāga-yakṣa-gandharva-garuḍa-mahoraga-kinnara-manu=ṣyâmanuṣya °yāṇāṃ 33.9
deśanā → dharma-∼
deśayat
°yantam 67.5
°yanto 61.22
doṣa → khila-∼, nir-∼,
vicikitsā-∼, sarva-∼…
doha → go-∼
daurbalya → prajñā-∼
dyutimat °manto 64.12
dyotayat °yanto 61.22
draṣṭavya
°yam 35.4
°yāḥ 44.9
druma-rāja → nyagrodha-∼…
dvā-catvāriṃśat-kalpa °pāṃs
13.12
dvā-triṃśat °tā 4.3 18.12
59.16
dvātriṃśan-mahāpuruṣa-lakṣaṇa-dhara °rair 38.16
dvā-daśa °śānāṃ 79.2
dvādaśa-bodhisattva-koṭī °ṭyaḥ
73.1
dvādaśa-bodhisattva-sahasra °rāṇi
72.17
dvādaśa-yojanâvedha °dhāḥ
40.5
dvāra → catur-∼
dvā-viṃśati-bodhisattva-koṭī
°ṭyaḥ 72.4
dvā-saptati-koṭī-nayuta °tāni
71.20
dvi
dvau 59.8
dvayo 36.11 45.22
→ eka-∼…
dvi-ja-rāja → garuḍa-∼…
dvija-saṃgha °ghān 67.15
→ tathāgatâbhinirmita-…∼…,
tathāgatābhinirmita-manojña-…
∼…
dvitīya
°yo 59.12
°yaṃ 22.12 66.7
°ye 60.18
→ prathama-∼…
dvitīya-tṛtīyâdi °dīnāṃ 35.5
dvi-tri-catuḥ-pañca-yojana-pramāṇa

°ṇāni 38.13
dvīpa °pā 66.17
→ jāmbū-~···
dveṣa → apagata-···~···

## dh

dhara → dvātriṃśan-···~, mahā-guṇa-~
dharaṇī̆
°ṇyāḥ 30.8
°ṇyāṃ 60.19
dharaṇi-tala °lam 21.7 67.10
dharma
°maḥ *76.3* °mo *10.20*
°maṃ 12.18 31.19 31.22 38.18 38.20 65.8 67.5
°me 48.16
°māṃ 19.22
°ma *78.8*
°meṣu 49.7 64.13 *76.6* 79.2 °ṣv 62.5
°mato 58.17
→ an-utpattika-~···, kuśala-~, buddha-~, mahā-~···, rūpa-śabda-gandha-rasa-spraṣṭavya-~, sad-~···, sarva-~···, sarva-kuśala-mūla-~···
dharma-kathā
°thāṃ 61.7
°thāsv 63.10
dharma-ketu °tur 9.18
dharma-cakra-pravartanârtha °thaṃ 30.21
dharma-cakṣus °kṣur 79.3
dharmacakṣuḥ-pāraṃgata °tā 61.21
dharma-deśanā
°nā 75.4
°nām 25.2
dharman → a-vinipāta-~
dharma-nirukti-samanvāgata °tā 61.25
dharma-paribhoga °geṇa 44.7
dharma-paryāya
°yasya 73.15 74.3 75.6
°ye 73.13 79.1
°yāḥ 74.16
°yāṇāṃ 74.2
dharma-paryeṣṭi °ṭau 63.10
→ śukla-~, sarva-~···
dharma-mati °tir 9.20
dharmamati-vinandita-rāja °jo 9.5
dharma-śabda °daṃ 41.17
→ āveṇika-···~
dharma-śravaṇa °ṇena 59.21 70.21
→ pūrva-datta-~
dharma-salilâbhipravarṣaṇatā °tayā 62.17
dharma-sahagata °taṃ 42.2
dharma-sāṃkathya °yāt 69.5
dharma-sāṃkathya-viniścaya °yena 71.1
dharma-svāmin °mī *11.6*
dharmâkara °ro 10.4 10.7 12.13 13.14 14.19 25.16 28.11 28.16 31.13 31.16
dharmâbhigarjanatā °tayā 62.16
dharmâbhisamaya °yena 44.7
dharmâmiṣa °ṣābhyāṃ 63.16
dharmôlkā °kāṃ 63.13
dharmya °yāḥ 41.10
√dhā → antar-~, abhi-śrad-~, pra-ṇi-~, śrad-~
dhātu → nirvāṇa-~···, loka-~
dhāraṇa → śravaṇô···~···
dhāraṇī-pratilabdha °dhā 22.5
dhārayitavya °yaḥ 74.7
dhārā → citta-~···
dhārin → daśa-bala-~

dhārta-rāṣṭrôpaśobhita °tāḥ 41.7
dhāvana → cīvara-~···, ni-~
dhīmat °taḥ *3.10*
dhīra °rā 63.17
dhura → a-nikṣipta-~
√dhū → vi-~
dhūpa °pasya 21.9
→ udāra-~···, puṣpa-~···, puṣpa-dīpa-~···, sarva-puṣpa-~···
dhūma-ketu °tuṃ *27.2*
√dhṛ
dhriyate 31.19 31.22 65.7
dhriyante 45.17$^{2}$
dhārayiṣyanti 74.19
dhṛtimat °mantaḥ 64.10 °to 64.1
dhaureya °yā 64.1
dhyāna → tṛtīya-~···, dāna-damatha-···~···, śīla-···~···,
dhyānâbhijñā-kovida °dāḥ 59.17
dhyāyin → aṣṭa-···~
√dhyai → ni-~
dhvaja → gandha-mālya-···~···, chatra-~···, puṣpa-~, puṣpa-dīpa-···~···, puṣpa-dhūpa-···~···, mahā-dharma-~, sarva-puṣpa-···~···

n

na 5.19 6.12 6.13 7.9 7.14 7.15$^{2}$ *10.13* *10.15* *10.19* *11.2* *12.12* 13.3 15.10 15.18 15.23 16.3 16.7 16.12 16.21 17.16 17.18$^{2}$ 17.19 18.1 18.7 18.12 18.16 19.8 19.17 19.21 20.4 20.8 20.12 20.18 20.21 21.2 21.11 21.13 21.15 21.19 22.5 22.17 23.4 23.9 23.14 23.22 24.7 24.12 24.17 25.3 25.8 25.13$^{2}$ *25.19* *26.3* *26.5* *26.8* *27.7* *27.12* 28.15$^{2}$ 29.5 29.6$^{2}$ 30.1 30.11 30.16 30.22 31.20$^{2}$ 32.4 32.21 33.14 33.15 34.2 34.14 34.16 35.9 35.23$^{3}$ 35.24$^{3}$ 39.2 39.4 39.17 39.19 41.15 42.5$^{2}$ 42.6$^{2}$ 42.7 42.10 42.12 42.21 42.24 43.3 43.4 43.24 44.2$^{4}$ 44.3 44.4$^{2}$ 44.5 44.6 45.10$^{2}$ 45.12 45.22 45.26 46.2 *46.11* *46.12* *47.2* 48.20$^{2}$ 49.8$^{3}$ 58.6 58.9 58.11 58.13 58.15 58.18 59.23 60.18 61.8 61.10$^{2}$ 61.11$^{2}$ 61.13$^{2}$ 61.14$^{4}$ 62.5 64.16 65.1 66.16$^{2}$ 66.17$^{3}$ 66.19 68.2 68.23 68.24 70.11$^{2}$ 70.12 70.16 70.19$^{3}$ 71.2$^{2}$ 71.4 73.9 73.11 73.17 74.22 *75.11* *76.5* *76.10* *77.2* *77.11*
nakṣatra → agni-candra-···~···
nagara → grāma-~···
√nad
nada 14.16
nadi *27.14*
→ saṃ-pra-√ṇad
nada → jāmbū-~···
nadī
°dīya *50.3*
°dyaḥ 40.3 40.5
°dīṣv 40.18
→ gaṅgā-~···, mahā-~
nadī-kāśyapa °pena 4.12
nadī-tīra °reṣu 41.13 °ṣv 40.16

nadī-puṣkiriṇī-ramaṇīya °yāni
67.9
nadī-śvabhra-prapāta °tāḥ 66.17
√nand → abhi-~
nanda °dena 5.2
nandika °kena 4.15
nandī-rāgânunaya-pratigha-prahīṇa
°ṇāḥ 64.2
nandy-āvarta → makara-···~···
nabha(s)
°bha *27.7*
°bhātu *28.6*
√nam → ava-~, un-~, upa-~,
pari-√ṇam, pra-√ṇam
namas °mo 3.1 *3.4*[2] *3.5*[2] *3.6*
namas-kāra → pañca-maṇḍala-~
namas-√kṛ °kṛtya 10.10
naya → a-~, anu-~
nayânaya-sthāna-kuśala °lā
61.25
nayuta °tāni 34.5
→ koṭī-~
nayuta-koṭī °ṭyo 79.11
→ sattva-~
nara
°raḥ *77.13*
°ra *26.5*
°rāṇāṃ *28.2*
°rāṇa *26.6*
→ kin-~, sarva-~
naraka-gati °tismi *27.2*
nara-deva-pūjita °taṃ *50.10*
*51.8*
nara-nāyaka °ko *28.2*
naranāyakôttama °maṃ *50.9*
*51.7*
narêndra
°raḥ *27.20* °ro 9.18
°ra *26.1* *28.3*
→ abhibhūya-~···
narendra-rāja(n)
°jā *11.5*
°jasya 72.14
narendrâbhā > narendra-ābha
*27.9*
narôttama °masya *52.11*
nava → abhi-~, nava-~···
navati → nava-~···
navati-bodhisattva-koṭī °ṭyaḥ
72.2
nava-navati-kalpa-koṭī-nayuta-śata-
sahasra °rāṇi 72.20
nava-navâbhijāta-cīvara-ratna
°naiḥ 23.4
√naś → upa-~, vi-pra-√ṇaś
nāga → deva-~···, devâ···~···,
mahā-~
nāgavat 63.8
nāgâbhibhū
°bhūr 8.14
°bhuvas 72.8
nātha
°thaḥ *53.8*
°thā *26.15*
°thān *11.14*
→ loka-~
nāda → mahā-siṃha-~···,
brahma-svara-~···, siṃha-~
nādita → mahā-siṃha-···~
nānā → tathāgatâbhinirmita-~···,
tathāgatābhinirmita-manojña-···
~···, sugandhi-~···
nānā-gandha °dhā 60.14
→ surabhi-~···
nānā-gandha-parivāsita °tais
45.5
nānā-gandha-ratna-vṛkṣa °kṣaiḥ
40.15
nānā-gandha-varṇa °ṇaiḥ 44.20
nānātva °tvam 43.24 °tvaṃ
15.14 67.20 68.1
nānā-divya-dūṣya-saṃstīrṇa °ṇaṃ
43.20
nānā-pattra °ro 57.12

nānā-puṣpa °po 57.13
nānā-puṣpa-phala-samṛddha °dhā 36.2
nānā-prakāra °rā 40.2
nānā-phala °lo 57.13
nānā-madhura-svara-nirghoṣa
°ṣāḥ 40.7
nānā-mukta-kusumâbhikīrṇa
°ṇam 69.10
nānā-raṅga-vitata-vitāna °naṃ 69.10
nānā-ratna-maya-niryūha-śata-saha=sra-samalaṃkṛta °taṃ 43.19
nānā-ratna-mayôtpala-padma-ku=muda-puṇḍarīkâkīrṇa °ṇāni 67.9
nānā-ratna-luḍita-puṣpa-saṃghāta-vāhin °nyo 40.6
nānā-ratna-vṛkṣa °kṣebhyo 23.14
nānā-ratna-stambha-paṅkti-pari=sphuṭa °ṭaṃ 67.12
nānā-varṇa
°ṇo 57.12
°ṇā 36.5 60.13
°ṇān 44.12
°ṇāny 43.7
nāna-varṇa *50.8* *51.6*
nānāvarṇatā °tāṃ 20.13
nānā-vicitra-bhūṣaṇa-samalaṃkṛta
°taś 57.13
nānā-vidha-nṛtta-gīta-vādita-ratna-varṣa °ṣair 20.3
nānā-vidha-ratna-saṃnicita-bhūmi-bhāga °gam 39.5
nānā-śākhā-pattra-puṣpa-mañjarī
°ryo 40.15
nānā-surabhi-gandha-ghaṭikā-śata-sahasra °rāṇi 21.10
nānā-surabhi-gandha-vāri-vāhin
°nyo 40.6
nānā-surabhi-divya-gandha-pari=vāsita °tān 44.13

nāma-karman °ma 33.13
nāma-dheya
°yam 17.14 65.8 °yaṃ 17.17 17.23 18.5 22.4 22.10 22.16 23.17 23.22 24.6 24.11 25.7 25.12 48.1 48.4 49.16 73.11
°yu *26.8*
°yau 59.10
°yāni 73.6
→ saha-~…
nāmadheya-prajñapti °tir 45.9
nāma(n)
°ma 5.14 8.7 8.9 8.10 8.11 8.12 8.13$^{3}$ 8.14$^{3}$ 8.15$^{3}$ 8.16$^{3}$ 8.17$^{2}$ 8.18$^{2}$ 8.19$^{2}$ 8.20$^{3}$ 8.21$^{2}$ 9.1$^{2}$ 9.2 9.3$^{3}$ 9.4$^{2}$ 9.5$^{2}$ 9.6$^{2}$ 9.7$^{2}$ 9.8$^{3}$ 9.9$^{3}$ 9.10$^{2}$ 9.11$^{3}$ 9.12$^{3}$ 9.13$^{3}$ 9.14$^{2}$ 9.15$^{3}$ 9.16$^{2}$ 9.17$^{3}$ 9.18$^{4}$ 9.19$^{3}$ 9.20$^{4}$ 9.21 10.4 21.4 23.10 24.1 24.18 32.1 35.21 42.19 44.17 45.7 *52.11* 59.13 60.2 66.7 68.6 69.4 71.5 72.2 79.10
°maṃ *47.5* *56.1*
°mnā *54.6*
°mena *56.10*
→ buddha-~…, mahā-~
nāma-saṃketa-saṃvṛti-vyavahāra-mātra °rā 15.14
nāyaka
°kaṃ *50.6* *51.4*
°kasya *54.2*
°ke *52.2*
°kā 64.2
→ nara-~
nārāyaṇa-vajra-saṃhatanâtmabhāva-sthāma-pratilabdha °dhā 20.8
niḥ-kleśa °śair 4.3

ni-kṣipta °te 44.22
→ a-~…
ni-gaḍa °ḍair 69.15
ni-√gam °gamayed 70.5
ni-gama → grāma-…~…
nitya °yam *56.2* 67.16
nitya-saṃnaddha °dho 29.13
nityâbhiyukta °taḥ 29.11
nityâvabhāsa-sphuṭa °ṭā 59.9
nityôtsṛṣṭa-prabha °bho 33.1
ni-dhāna °na *27.11*
nidhāna-koṭī-nayuta-śata-sahasra
°rāṇi 30.7
ni-dhāvana → sarva-kleśa-…~…
ni-√dhyai °dhyāyanti 58.17
nibandhanīya-prabha °bho 33.3
nimitta °ttaṃ 66.20
→ a-~
ni-yata °tāḥ 16.21 45.21
→ a-~, mithyātva-~, samanta-bhadra-…~
ni-yuta → koṭī-~…
nir-aya
°yo 15.2
°yaṃ 15.6
°yāḥ 35.23
nir-argaḍa °ḍāḥ 64.1
nir-avaśeṣa °ṣam 44.25
nirāma-gandha °dhā 63.15
nir-āmiṣa °ṣāṃ 40.17
nir-ukti → dharma-~…, sam=udaya-~…
nir-upādāna °nā 62.3
nir-upāyāsa °sā 62.3
ni-rodha → a-~
nirodha-samāpanna °nno 45.7
nirodha-sahagata °taṃ 42.2
nir-gata °te 44.24
nir-√gam °gaccheyur 23.19
nir-ghāta °tāya 39.21
nir-ghoṣa °ṣaḥ 41.11 °ṣo 40.10
→ nānā-madhura-…~, mano=jña-~
nir-dahana → sarva-dharma-manyanā-…~tā
nir-√diś
°diśed 64.16
°diśya 25.17 28.19
nir-deśa → vākkarma-~, sa-~
nir-doṣa °ṣāḥ 63.14
nir-dhūpita
°taṃ 43.2
°tāny 21.10
→ udāra-dhūpa-~
nir-bhāsa → uttapta-hema-…~…, pīta-~, mahā-gandha-…~, ratna-~, vaiḍūrya-~
nir-mala °lās 64.3
nir-māṇa °ṇaḥ 29.16
nirmāṇa-rati °tayo 39.12
nir-mita °to 9.12
→ abhi-~, buddha-~, para-~…, su-~tva
nir-yūha → nānā-ratna-maya-~…
nir-vāṇa °ṇāt 45.22
→ pari-~
nirvāṇa-dhātu-saukhya °yaṃ *12.3*
nir-vāpita → pari-~
nir-vicikitsa
°sās 62.6 °sāś 68.18
°sair 71.11 75.1
nir-vṛta °ta *77.9*
→ pari-~
ni-lapaka °ko 29.14
ni-vāsin °nas 39.9
→ sumeru-pārśva-~
ni-√vṛt °vartayiṣye *12.12*
niś-√car
°carati 40.9 40.10 41.12
°ty 38.7
°caranti 31.10 38.15 38.16 58.4

°caritvā *53.10*
niś-cinta °tā 62.3
ni-ṣevita → tathāgatâbhinirmita-…~, tathāgatābhinirmita-…~…
niṣka → jāmbū-nada-…~
niṣ-kiṃcana °nā 62.2
niṣkiṃcanatā °tayā 62.15
niṣ-√kram °krāmanti 71.4
niṣ-krama °maḥ 71.4
niṣ-krāmat °tāṃ 71.4
niṣ-paridāha °hasya 23.10
niṣ-pādayat °yanto 61.22
√nī → apa-~, upa-~, sam-ud-ā-~
nīta °to 30.2
→ vy-apa-~, pra-ṇīta
nīla-muktā-hāra °raḥ 57.17
nīvaraṇa → vi-~…
nīvaraṇa-śabda °do 42.5
nu nv 19.25
√nud → vi-~
√nṛt nṛtyanti 45.18
nṛtta → nānā-vidha-~…
nṛtya → sarva-~…
netra → vimala-~, viśāla-~
netrī → buddha-netry-…
nairvedhika → sarva-dharma-~tā
no 70.6
nyagrodha-druma-rāja-sadṛśa
°śāḥ 63.2

## p

pakṣi-saṃgha → tathāgatābhi=nirmita-~…
pakṣi-sadṛśa °śā 63.6
paṅkti → nānā-ratna-stambha-~…, ratna-tāla-~
pañca(n)
°ca 14.3 69.4 70.20
°cabhir 71.6
°cānāṃ 36.14
°casu 59.24
→ eka-dvi-…~…, dvi-tri-…~…
pañca-maṇḍala-namaskāra °reṇa 22.16
pañca-yojana-śata-mūlâroha-pari=ṇāha °haḥ 57.11
pañca-yojana-śatika °keṣu 68.7
pañca-viṃśati
°tir 72.18
°tyā 79.5
pañcaviṃśati-bodhisattva-koṭī
°ṭyaḥ 72.5 72.10
pañcāśat → triṃśac-…~, viṃ=śati-triṃśati-…~
pañcāśad-yojanaka °keṣu 68.7
paṭa-cchadana → sôttara-~
paṭṭa → avasakta-~…, dūṣya-~…
paṇḍaka → manuṣya-~
paṇḍita °ta *77.13*
→ loka-~
√pat → pra-~, pra-ṇi-~
patākā → gandha-mālya-…~…, chatra-…~, puṣpa-dīpa-…~…, puṣpa-dhūpa-…~, sarva-puṣpa-…~…
pati → gavāṃ-~, gṛha-~, vanas-~
patita → adhyāśaya-~, vicikitsā-~
pattra °rāṇi 37.10 37.16 37.19 37.23 37.26 37.29 38.3
°ṇy 37.13
→ abhipralambita-…~…, tamā=la-~, nānā-~, nānā-śākhā-~…, mūla-…~…, sadā-~
patha → gati-~, svarga-~
√pad → ā-~, ut-~, upa-~, prati-~, vi-~
pada → jana-~

padma
°māny 38.12
°maiḥ 38.11
°meṣu 68.5 68.10 68.11 68.14 68.21 69.1 70.16 70.17
→ udāra-~, divyô···~···, nānā-ratna-mayô···~···, ratna-~, sarvâkāra-···~···
padma-vīthy-upaśobhita °to 9.11
padma-sadṛśa °śāḥ 62.15
pantha °thena 5.1
→ cūla-~
para
°reṇa 8.9 8.10 8.11 8.12 9.21
°rāṃ *76.4*
°rāṃś 30.3 30.5
°rebhyaś 74.20
→ a-~, ātma-~···, sva-~···
para-citta-jñāna-kovida °dā 16.12
paratara °raṃ 8.9 8.10 8.11 8.12 9.21
para-nirmita-vaśa-vartin
°naḥ 42.19 °na 44.8
°no 39.12
°nāṃ 44.3 67.21
para-pravādi(n) → sarva-para-~ ···
parapravādi-vidhvaṃsanatā °tayā 63.6
parama °māṃ *55.1*
→ ṛddhi-vaśitā-~···
para-mata-kovida °dāś *55.10*
parama-śubha-varṇa-puṣkalatā °tayā 31.6
parama-sudānta-cittatā °tayā 62.18
paramâṇu-sādṛśa °śāṃ *46.14*
paramârtha-kovida °dā *46.7* *54.9* *77.6*
para-saṃpatty-aprārthanatā °tayā 63.9
parâ-√kram °kramiṣyatha 75.8
parā-ghnat °nanto 63.12
pari-√kīrt
°kīrtayante 48.2
°kīrtayeyaṃ 73.6
°kīrtayeyur 17.18
°kīrtayatu 12.20
pari-kīrtana → guṇa-~
pari-kīrtayat °yanto 49.16
pari-kīrtyamāna °neṣu 42.11 46.1
pari-kliṣṭa → a-~
pari-kṣaya °yaṃ 42.10
pari-√kṣi °kṣayet 46.1
parikṣīṇa-bhava-saṃyojana-sahasra °rair 4.4
pari-gṛhīta °tā 14.11
pari-gṛhītavat °vān 14.5
pari-gṛhītavya °yās 71.8
pari-√grah
°gṛhṇīṣe 13.2
°gṛhṇīyām 12.21
°gṛhīṣyanti 14.18
°gṛhya 14.1 14.9
°gṛhītum 74.12
pari-graha → āgāra-~···, pūrva=praṇidhānādhiṣṭhāna-~
parigraha-saṃjñā °jñā 16.17 61.8
pari-√car °cārayanti 43.23 68.8
pari-caryā → pūrvapraṇidhāna-~
pari-jñāna → citta-carita-~tā
pari-√ṇam (√nam)
°ṇāmayāmi 12.17
°ṇāmayeyus 18.6
°ṇāmya 48.10
pari-ṇāmayitavya °yāni 48.19 71.13
pari-ṇāha → āroha-~

pari-trāṇa → sarvasattva-~tā
pari-dīpayat °yann 50.2
pari-nirvāṇa → mahā-~, sarva=
sattva-~···
pari-nirvāpita → sarvaloka-~···
pari-nirvṛta °ta 31.17
pari-niṣṭhita → su-~
pari-niṣpatti → bodhi-~···
pari-niṣpanna
°nnā 71.17
°nnānām 71.21
°nnāni 71.20
pari-pācita °tāḥ 79.13
pari-pūri → pūrvapraṇidhāna-
samṛddhi-~
pari-pūrṇa
°ṇa *27.18*
°ṇaṃ 33.12
°ṇāṃ 13.7
°ṇāṃś 13.11
→ agni-~, divya-tamālapattrâ···
~
paripūrṇa-kalpa-koṭī-nayuta °taṃ
73.6
paripūrṇa-gātra °rā 59.17
pari-pṛcchanā °nāyai 73.5
pari-√pṝ
°pūryante 41.10
°pūryantām 41.9
°pūrayiṣyāma 13.5
°pūrayiṣyanti 79.15
pari-√prach °pṛcchāmi 39.22
paripraśnī-karaṇa °ṇāya 49.20
73.5
pari-praṣṭavya °yaṃ 7.7 8.2
pari-bhoga °go 70.3
→ evaṃ-rūpa-···~, dharma-~,
vastrâ···~, sarvô···~
pari-māṇa → a-~
pari-mita → a-~
pari-√muc
°mucyate 70.11
°mocayeyuḥ 70.10
pari-mṛṣṭa → su-~
pari-varta → cittotpāda-~,
amitābha-vyūha-~
pari-vāra → bhikṣusaṃgha-~
pari-vāsita → nānā-gandha-~,
nānā-surabhi-divya-···~
pari-vṛta
°taḥ 32.2
°taṃ 67.4
°parī-vṛtaḥ *53.5*
→ aneka-bhikṣu-···~, bhikṣu=
saṃgha-~, sapta-saptâ···~
pari-śuddha
°dhaś 5.10 °dho 5.13 5.17
5.18
°dhaṃ 5.12 6.2
°dha *27.10*
pariśuddhatva °tvāt 66.15
pari-śuddhi → buddhakṣetra-~
pari-ṣkāra → cīvara-piṇḍapāta-···
~, sarva-~···
pari-sphuṭa °ṭaṃ 43.6 43.9
→ candra-bhāsa-···~, nānā-
ratna-stambha-···~
pari-hāṇi → prajñā-~
pari-hīṇa °ṇā 69.4 69.6
parī-tta
°ttaṃ 34.22
°ttānāṃ 28.14
→ sarva-~, prajñā-~tā
parīttatara °raiḥ 71.23
parīndanā °nāṃ 75.7
pary-aṅka
°kaḥ 69.16
°kaiḥ 68.11 68.14 68.21
69.1 70.17
→ vicitrô···~
pary-anta °to 30.11 30.17
30.23 32.4 42.12 46.2
73.9
→ a-~, guṇa-~, bodhi-~,

bodhimaṇḍa-~, varṇa-~
paryantī-kṛta °taṃ 17.10
pary-ava-√āp °âpsyanti 74.19
pary-avadāta
°taḥ 5.17 °taś 5.13 5.19
°to 5.11
°taṃ 5.12 6.2
pary-avāpti °taye 74.4
pary-āpanna → trisāhasramahā=
sāhasra-~, buddhakṣetrakoṭī=
nayutaśatasahasra-~
pary-āya °yeṇa 32.23 33.12
42.9 45.25 73.5
→ dharma-~
pary-√iṣ °eṣed 70.9
pary-upa-√ās °âsituṃ 73.9
pary-upāsana °nāya 49.20 73.5
pary-eṣṭi → dharma-~
parvata
°te 4.2
°tā 66.17
→ kāla-~, ratna-~
parvata-rāja(n)
°jānaṃ 66.12
°jasya 39.11
°jānaḥ 39.3[2]
→ sumeru-~…
parṣad
°ṣat 80.2
°ṣadaṃ 14.15
parṣad-gata > parṣagato *27.14*
palalikā → tūlikā-~…
palāśa → abhipralambita-…~
√paś
paśyāmi 67.14 67.17 67.19
68.10
paśyasi 67.7 67.14 67.17
68.4
paśyanti 24.3 43.16 67.5
paśyeyam 48.17
paśya 69.2 71.5 71.9
73.10
paśyātha *53.2* *53.4*
paśyanā *55.4*
→ sam-anu-~
paścāt °cān 71.4
paścān-mukha °kho 65.5
paścān-mukhī-√kṛ °kṛtya 72.20
paścima
°me 45.5
°māyāṃ 31.22
→ dakṣiṇa-~…
pāṇi
°ṇau 60.9 60.12 60.14
°ṇibhyāṃ 44.19
→ prasṛta-~
pāṇi-tala °lābhyāṃ 31.10 31.12
→ sva-~
pāṇitala-jāta °taṃ 39.5
pāṇḍara-suśukla-śubha-cittatā
°tayā 62.9
pāṇḍu °ḍu 5.12
pāṇḍu-kambala °lair 5.16
pāda
°de 44.23[2]
°dau 14.2 14.10
°dām *51.10*
→ grīvā-…~…
pāna → sarvânna-~…
pāna-bhojana °naṃ 70.2
pāra °raṃ *11.3*
pāra-gata → sarva-prabhā-~
pāraṃ-gata → dharmacakṣuḥ-~
pārami → samādhi-mukha-~…,
sarva-pariṣkāra-…~…
pāramitā → ṛddhi-vaśitā-…~…,
dāna-~, prajñā-~, śīla-…~,
sarva-kuśalamūla-~…
pāramitā-śabda °daṃ 41.18
pārâyaṇika °kena 5.1
pārśva → sumeru-~…
pāla → loka-~
piṇḍa-pāta → eka-~, cīvara-~…
pīta-nirbhāsa

°saḥ 5.11 5.14 5.17 5.19
°sam 5.12 6.3
puṭa → gandha-~, puṣpa-~
puṇḍarīka → divyô···~···, nānā-ratna-mayô···~···
puṇya
°ya *47.6*
°yaṃ *47.5* 74.22
°yasya *47.3*
°yā 39.19
→ kṛta-~
puṇya-rāśi → vara-~
puṇyavat °vanto 64.11
puṇya-saṃcaya °yena 42.16
putra °raḥ 69.14
→ karmāra-~, kula-~, maitrā=yaṇī-~, rāja-~, śāri-~
pudgala → eka-~
punar 5.19 10.3 12.12 12.16 28.16 31.16 31.20 34.1 34.22 35.5 35.20 39.1 39.17 40.14 42.7 42.10 42.14 42.21 42.22 44.7 44.10 45.2 45.13 45.20 45.26 47.11 48.8 49.5 49.17 54.1 57.8 58.3 58.10 58.16 59.1 59.6 59.20 60.3 60.12 61.1 61.6 61.12 68.11 $68.13^2$ 68.18 70.6 71.17 71.23 75.6 *76.12* 79.1 °naḥ 12.16 28.15 44.24 48.8 64.15 70.20 71.3 °nas 6.9 15.6 39.8 48.20 67.14 67.17 68.4 °no *51.13*
puratas 18.1 °taḥ 28.17 43.21 44.4 49.2 °ta 28.19 °to 44.1 73.15
puras °rasta *52.2*
puras-kṛta
°taḥ 48.13 °to 18.1 32.2
°tā 43.23
purima °meṇa *50.4*
purima-cari °riṃ *27.10*
purima-jina °na *27.15*
puruṣa
°ṣaḥ 34.17 44.18 °ṣo 66.7 *76.9*
°ṣaṃ 66.8
→ mahā-~···, sat-~
puruṣa-damya-sārathi °thiḥ 10.1
puruṣa-vara °ru *27.11*
puro-bhakta → eka-~
puro-hita → brahma-~
pulina → tathāgatābhinirmita-pakṣi-···~
puṣkala → parama-śubha-···~tā
puṣkiriṇī → nadī-~···
puṣpa
°pāṇi 37.13 37.17 37.20 37.23 37.26 37.29 38.4 44.24 °ṇy 37.10 45.3 65.5
°pāḥ *28.7*
°pais 44.16 °pair 44.20 60.10
→ udumbala-~, divyô···~···, nānā-~, nānā-ratna-luḍita-~···, nānā-śākhā-···~···, pūrva-~, māndārava-~, mūla-···~, sadā-~, sarva-~···, sugandhi-···~···
puṣpa-cchatra
°raṃ 60.17
°rāṇy 60.20 60.22
puṣpa-jāta °tāni 44.21
puṣpa-dīpa-dhūpa-gandha-mālya-vi=lepana-cūrṇa-cīvara-cchatra-dhvaja-patākā-vaijayantī-tūrya-saṃgīti-vādya °yaiḥ 60.7
puṣpa-dhūpa-gandha-mālya-vilepa=na-cūrṇa-cīvara-cchatra-dhvaja-patākā °kābhir 20.2

puṣpa-dhvaja °jasya 72.18
puṣpa-puṭa
°ṭa 60.17
°ṭāḥ 60.12 60.14 °ṭā 60.19
°ṭais 60.15
°pūṭā *52.4*
°pūṭehi *51.13*
→ bahu-~
puṣpa-śata °tāni 44.14
puṣpa-saṃstara °raṃ 44.18
puṣpâkara °ro 9.3
puṣpâbhikīrṇa °ṇaṃ 67.11
puṣpāvatī-vana-rāja-saṃkusumitâ=bhijña °jño 9.2
puṣpâvali-samupaśobhita °taṃ 67.12
pustaka-gatâvaropita °tam 74.6
√pūj
pūjayemo 19.27
pūjetu *57.3*
pūjayiṣya *11.14*
pūjayiṣyanti 74.21
pūjitva *51.9*
pūjayitvā *57.4*
pūjā °jāṃ *57.6* 60.8 60.11 *76.7*
→ tathāgata-bodhisattva-~···, sarva-~···
pūjita °tāś 30.13 °tā 30.21
→ nara-deva-~
pūrṇa
°ṇena 4.10
°ṇā *27.13*
→ pari-~, pra-~
pūrva
°vaṃ 6.1 31.14 *57.2*
°va *55.12*
°vā *52.12*
°vasyāṃ 32.10 38.17
→ anu-~, an-utpanna-~, a-pracarita-~, bhūta-~
pūrvaṃ-gama °maḥ 29.15
→ maitreya-~
pūrvaṃ-gamana → sarva-kuśala-mūla-···~tā
pūrva-jina-kṛtâdhikāra °rā 74.13
pūrvajinakṛtādhikāratā °tayā 58.23
pūrvajinâvaropita-kuśala-mūlatā °tayā 61.3
pūrvatara °ram 6.1
pūrva-datta-dharma-śravaṇa °ṇena 61.3
pūrva-puṣpa °paiḥ 45.1
pūrva-praṇidhāna-caryā °yāḥ 79.15
pūrvapraṇidhāna-paricaryā °yayā 58.23
pūrvapraṇidhāna-samṛddhi-paripūri °ryā 61.4
pūrvapraṇidhānâdhiṣṭhāna °nena 32.17 58.22
pūrvapraṇidhānādhiṣṭhāna-parigraha °heṇa 61.2
pūrva-buddha °dheṣu *76.7*
pūrva-bodhisattva-caryā °yāṃ 79.13
pūrvavat °vad 45.2
pūrva-sthāna-praṇihita °tāḥ 59.24
pūrvâparādha °dhaṃ 71.3
pūrvâhṇa °ṇa 45.3
→ eka-~
pūrvāhṇa-kāla-samaya °ye 44.10 44.24
pūrvôttara °re 72.1
pṛthivī °vyāṃ 5.8 10.8 44.15 44.18 79.18
→ mahā-~
pṛthu °thu *26.9*
pṛthu-lokadhātu °tavaḥ *47.3*
√pṝ pūretva *47.1*
→ pari-~

poṣa → su-~
pauruṣa → sapta-~
pra-√āp
°âpuṇi *55.8*
°âpsyanti *76.4*
°âpuṇitvā *28.4*
pra-√iṣ °êṣayeyur 18.6
pra-√kamp °âkampat 79.17
pra-kāra → nānā-~
pra-√kāś
°kāśayanti 48.2
°kāśayeyuḥ *46.9*
pra-kāśamāna °nā *77.10*
pra-kāśayat
°yanto 61.22
°yantāna *46.13*
pra-kāśyamāna °ne *77.4*
pra-kṛti → sarva-dharma-~…
pra-√kram
°krāmanti 61.11
°âkrāmat 14.3
pra-krāmat °mantaś 61.10
pra-kṣipta °to 69.15 70.7
pra-kṣepa °paḥ 42.24
pra-√grah °gṛhya 65.6
pra-√car °caranti 36.1
pra-carita → a-~…
pra-calita °ta *28.7*
√prach → pari-~
pra-jā
°jāṃ *11.7*
°jāyāḥ 28.18 °yāś 79.6
pra-jāna °nā *78.3*
→ saṃ-~
pra-jñapta °taḥ 69.16
pra-jñapti °tir 45.23
→ nāmadheya-~, rātriṃ-…~
prajñaptika-saṃketa °tas 35.16
pra-√jñā
°jānāsi 6.11
°jānati *27.20*
°jānate *77.1*
°jānayantu *12.10*
°jñāyata 71.5
°jñāyeta 15.14
°jñāyerann 66.18
pra-jñā
°jñā *78.6*
°jñayā 61.18
→ śīla-…~…, samādhi-~…, sa-prajña, suvimukta-prajña
prajñā-cakṣur-gatiṃgata °tā 61.21
prajñā-daurbalya °yaṃ 69.3
prajñā-parihāṇi °ṇiṃ 69.3
prajñā-parīttatā °tāṃ 69.3
prajñā-pāramitā → śīla-…~
prajñāpāramitā-caryā-caraṇa-citta °ttāś 61.17
prajñā-pratibhāna °nam 33.18 65.4
prajñā-prabheda-kuśala °lās 59.17
prajñâbhā °bhayā 62.9
prajñāvat °vān 10.5
prajñā-vilokin °no 63.14
prajñā-vaimātrya °yaṃ 69.3
prajñā-śastra-praharaṇa °ṇāḥ 64.11
pra-jvālayat °yantaḥ 63.14
pra-√ṇam (√nam) °ṇamya 5.9 10.10
pra-ṇi-√dhā °dhāsyanti 48.11
pra-ṇidhāna °nam 14.6
→ pūrva-~…, buddhakṣetra=saṃpatti-~, mahā-~, vara-~
praṇidhāna-balika °kā 64.4
praṇidhāna-vaśa
°śaṃ 59.3
°śena 17.8
praṇidhāna-viśeṣa
°ṣāḥ 14.21
°ṣān 25.17 °ṣāṃs 18.17
pra-ṇidhi

°dhir *55.12*
°dhi *28.4* *56.3*
°dhīnāṃ 28.14
praṇidhi-bala °laṃ *12.12* *27.18*
praṇidhi-viśeṣa °ṣān 28.19
praṇidhi-saṃpad °dā 28.11 28.13
pra-ṇi-√pat
°pata 65.6
°patya 22.16
pra-ṇihita → a-~, pūrva-sthāna-~
pra-ṇīta → atirekâ···~···, śuci-~
praṇītatara °rāṃ 14.4
pra-√tap °tapasi *11.5*
pra-tāpavat °vān 8.9
prati-kāṃkṣitavya °yaḥ 58.12 58.14 58.16 58.18 °yo 58.6 58.9
prati-kūla °laṃ 70.19
→ a-~
prati-kṣepa → sad-dharma-~···
prati-√grah °gṛhṇīyur 20.4
prati-gha → nandī-···~···, vyapa=gata-khila-mala-~
prati-cchanna → hema-···~
pratijñā-pratipatti-sthita °to 29.1
prati-patti → pratijñā-~···
prati-√pad °padyadhvam 75.6
prati-pad → śaikṣa-~
prati-panna °nno 7.5
→ mahākaruṇā-~
prati-pādita °tāḥ 30.15
prati-baddha → ekajāti-~
prati-bhāna
°nam 7.4
°na *46.12*
→ prajñā-~
prati-maṇḍita → prāsāda-···~, muktakusuma-~···
prati-labdha → anutpattika=dharmakṣānti-~, dhāraṇī-~, nārāyaṇa-···~
pratilabdha-kṣāntika °kā 59.18
prati-√labh
°labhate 42.1
°labhante 58.21
°labheran 22.12 24.1 24.8 24.18 25.13 °raṃs 23.9
°lapsyante 49.7 73.13 °ta 74.19
°labhyante 60.24
prati-lambha → anutpattika=dharmakṣānty-···~···, sāmarth=ya-~···
prati-√vas °vasanti 68.13 70.17
prati-√vid °vedayāmi 73.14
prati-√śru pratyaśrauṣīt 8.4
prati-√ṣṭhā (√sthā)
°ṣṭhāpya 5.8 10.9
°ṣṭhāpayituṃ 74.9
prati-ṣṭhāpaka °kānāṃ 18.22
prati-ṣṭhāpita
°tās 30.16 °tāḥ 30.20
°tāś 30.18
°tāni 30.11
prati-ṣṭhita °tāḥ 39.10 °tā 39.14
→ daśa-dig-···~
pratisaṃvic-chabda °daṃ 41.19
pratisaṃvit-prāpta °tā 20.22
prati-hata → a-~
praty-aya °yaḥ *54.7* °yo 68.12
→ a-para-~···, glāna-~···
praty-arha → tathāgata-bodhi=sattva-···~
praty-ava-√īkṣ °êkṣata 66.8
praty-ā-√jan
°jāyante 59.1
°jāyeraṃs 16.2 16.7 16.11 16.17 16.21 18.12
°janiṣyanti 49.4

°janiṣyante 42.15 59.2
praty-ājāta °tās 15.9 15.17 23.13 °tāḥ 42.15 59.1 59.15 59.21 60.4 61.7 °tā 15.5 15.22 18.16 19.5 19.21 20.8 25.2 61.13
praty-ātma-mīmāṃsā-jñāna °nena 6.10 6.14
praty-āstaraṇa → kāliṅga-····~
praty-√i °ayanti 62.1
praty-utpanna °nno 31.18
→ atītâ···~
praty-upasthita °te 17.24 44.11 48.12
praty-upta → aneka-ratna-····~, sarva-sauvarṇa-····~
praty-eka-buddha °dhāna *77.3*
→ sarva-buddha-bodhisattvâ···~
pratyekabuddha-bhūta °tāḥ 16.27
prathama
°mo 60.18
°maṃ 34.13
°me 45.4
prathama-dvitīya-tṛtīya °yāḥ 25.13
prathama-sannipāta °to 35.2
prathita-yaśa(s) °śasya *3.10*
pradakṣiṇī-√kṛ °kṛtya 14.2 *51.11*
pra-dīpa → loka-~, sarva-puṣpa-gandha-····~
pra-dyota → loka-~
pra-dhāna → uttapta-hema-····~tā
pra-√pat
°patati 60.19
°patanti 44.15
°pateyur 15.7
pra-pāta → nadī-śvabhra-~
pra-pūrṇa °ṇa *56.3*
prabhaṃ-kara °raḥ *76.2*
pra-bhā
°bhā *10.13* 17.3 *27.8* 32.4 33.8
°bhām 33.14 °bhāṃ 65.19
°bha *11.18*
°bhayā 32.12 32.16 59.8 66.6
°bhāyāḥ 32.22 33.15 66.15
→ aneka-yojana-····~, eka-dvi-····~, candrasūrya-~···, yojanaśa=ta-~, yojana-śata-sahasra-~, yojanasahasra-~, vipula-~, vyāma-~, sarva-~···, acintya-prabha, atulya-prabha, aprati=hata-prabha, apratihata-raśmi-····-prabha, abhibhūya-····-prabha, amita-prabha, asaṅga-prabha, a-samāpta-prabha, ul-lokanīya-prabha, kusuma-prabha, can=dra-prabha, jyotiṣ-prabha, div=ya-maṇi-prabha, nityô····-prabha, nibandhanīya-prabha, pramoda=nīya-prabha, prahlādanīya-pra=bha, premaṇīya-prabha, mukta=kusuma-····-prabha, yojana-koṭī-···prabha, rañjanīya-prabha, va=ra-prabha, vimala-prabha, vira=ja-prabha, vyāma-prabha
prabhā-kara °ro 8.10
prabhā-guṇa-vibhūti °tis 33.18
pra-√bhāṣ °bhāṣanti *52.2*
pra-bhāsa → amita-~, suvarṇa-~
pra-bhāsayat °yan 67.1
pra-bhāsvara
°ra 44.3
°raṃ 21.2
pra-bhūta °ta *26.4*
pra-bheda → prajñā-~···
pra-māṇa
°ṇam 32.22 34.2 35.9
°ṇaṃ 32.4

°ṇa *12.7*
°ṇu *77.11*
→ āyuṣ-~, buddhakṣetrakoṭīna=yutaśatasahasra-~, yojana-~
pramāṇī-kṛta °tam 17.7
pra-√muc
°âmuñcad 65.19
°mocayeyaṃ *11.7*
pra-√mud °modaya 14.15
pra-muṣita → a-~
pra-meya → a-~
pramodanīya-prabha °bhaḥ 33.2
pra-√yā °yāmi *3.11*
pra-vacana °ne 10.4
pra-√vad °vādyante 45.18
pra-vara °ro *28.2*
pravara-vara °ra *27.17*
pra-vartana → dharma-cakra-~···
pra-√vah °vahanti 40.3 41.4
pra-√vā °vāti 31.4
pra-vāḍa → maṇi-muktā-···~···, mukta-cchatra-~···
pra-vādi(n) → para-~
pra-vādita °tāś 21.14
→ saṃ-~
pra-vāhaṇa → sarva-kleśa-···~tā
pra-vi-√ci °cinvanti 61.20
pra-vivikta °to 29.9
pra-viṣṭa °ṭāḥ 68.8
→ abhi-~, cittâdhāra-···~
pra-√vṛt °vartate 70.20
pra-√vṛṣ
°varṣa *28.6*
°varṣi *28.7*
pra-veśa → avaivartika-···~, dur-anubodha-···~···, sarvâkā=ra-···~
pra-√śaṃs °śaṃsanty 65.11
pra-śaṃsā °sāṃ 17.18 49.17
pra-√śam
°śami *27.1*
°śāmi *27.2*
pra-śasta → jina-vara-~, sarva=buddha-~
pra-śānta → śānta-~···
pra-sanna → vi-~
prasanna-citta °ttāḥ 48.14 61.16 °ttā 17.23
pra-saha → duṣ-~
pra-sāda
°dam 70.12 °daṃ 22.10
°da *76.6*
→ citta-~, tathāgata-darśana-~ ···
prasāda-sahagata °tena 48.5
pra-√sū °saviṣyanti 74.22
prasṛta-pāṇi °ṇayo 63.16
pra-√sthā °tiṣṭhante 61.1
pra-sthāna → eka-~···
pra-sthita °ta *55.4*
pra-syandat °dantaḥ 31.12
pra-srāva → uccāra-~
pra-haraṇa → prajñā-śastra-~
pra-hīṇa → nandī-···~, mala-~
prahlādanīya-prabha °bha 33.3
prātihārya
°yeṇa 44.6
°yāṇi 79.17
prādur-bhāva
°vaḥ $7.18^2$ 7.21 *78.5* °vo 28.14 60.1
°vāya 8.1
prādur-√bhū
°bhavati 43.21 °ty 60.18
°bhavanti 30.8 31.12 40.21 60.9 60.14 60.20 60.22 68.12 68.14 68.21 70.17
°bhavantv 60.13
°bhaveyur 19.18
prādur-bhūta °tānāṃ 69.1
prâpta
°tu *10.20*
°tam 79.4
→ anu-~, uttama-···~, ṛddhi-···

~, ṛddhivaśitā-~, duḥkha-~, pratisaṃvit-~, bala-~, bodhi-~, mahā-sthāma-~, vīrya-~, vaiśāradya-~, samādhi-mukha-…~, sarva-pariṣkāra-…~
prāpta-sena °no 9.8
prāptâbhijña °jñāḥ 64.1
→ mahāguṇadhara-…~
prâpti °taye *47.8*
→ artha-~, sarva-kuśalamūla-pāramitā-~
prāmāṇika °kī 17.3
prāmodya → kalya-…~…, prīti-~
prârthana → a-~
prâvaraṇa → kāliṅga-~…
prâvṛta °tam 23.5 43.9
prāsāda-harmya-gavākṣa-vedikā-toraṇa-vicitra-sarva-ratna-prati=maṇḍita °taṃ 69.11
prāsādika °ko 31.5
priyâlāpa °po 29.10
prīṇita-kāya °yāś 42.23 °yā 42.25
prīṇita-gātra °rāḥ 42.24
prīti
°tiṃ *54.3* *55.5* *76.4* *78.9*
°tiye *52.1*
prīti-prāmodya °yaṃ 60.23 74.18
→ udāra-~, bodhisattvacaryā-~…
prīti-prāmodya-sukha-karaṇa °ṇī 33.10
preta-viṣaya
°yo 15.3 35.23
°yaṃ 15.7
premaṇīya °yo 40.11
premaṇīya-prabha °bhaḥ 33.2
prêrita °tānāṃ 38.6

## ph

phala °lāni 36.20 36.22 36.23 37.1 37.3 37.7 37.10 37.14 37.17 37.20 37.23 37.26 38.1 38.4
°ny 37.5 58.12
→ an-āgāmi-~, nānā-~, nānā-puṣpa-~…, mūla-skandha-viṭa=pa-śākhā-pattra-puṣpa~, sadā-~

## b

baddha °dho 69.15
→ prati-~
bandhanâgāra
°raṃ 69.8
°rāt 70.10
°re 70.7 70.11
→ sarvâkāra-…~…
bala °lena 42.16
→ a-dīna-~…, indriya-~…, ṛddhi-~, daśa-~…, praṇidhi-~, vīrya-~, praṇidhāna-balika, hetu-balika
bala-prāpta
°tu *26.10* *26.14*
°tair 4.7
bala-śabda °daṃ 41.18
balâbhijña °jñasya 72.16
bahu
°hu *56.9* *57.4* *57.5* 70.2 74.21 °hv 48.9 48.21 60.11 60.24 71.7
°hū *46.16* *47.6*
°hava *26.9*
°hūni 19.6$^2$ 19.7$^2$ 44.14 60.25 71.6
°hvīr 19.7

bahu-adhana °nāna *26.4*
bahu-kalpa-koṭī °ṭīḥ *77.10*
bahu-gandha-puṭa °ṭāṃ *51.5*
bahu-guṇa-ratna-saṃcaya °yām *3.11*
bahu-jana-sukha °khāya 7.5
bahujana-hita °tāya 7.4
bahutara °ro 34.19
bahu-deva-manuṣyâkīrṇa °ṇā 35.22
bahu-puṣpa-puṭa °ṭāṃ *50.7*
bahu-buddha-koṭī-nayuta-śata-sahasrâvaropita-kuśala-mūla
°lā 64.6
°lān 65.15
bahu-buddha-koṭī-śata-sahasrâvaro=pita °taiḥ 71.22
bahu-bodhisattva °tvā *51.9*
bahula → kṣānti-···~, saṃ-~
bahu-lokadhātu
°tuṣu *55.3*
°tutaḥ *56.4*
bahu-sattva-mocaka °kaḥ *54.10*
bāṣpa °peṇa 4.9
bāhu → su-~
bindu → udaka-~
biṃbara °rāṇi 34.5
bibhrājamāna °naṃ 66.13
buddha
°dhas *55.11* °dho 10.2 *53.4* *77.1*
°dha *11.6* *11.11* *12.7* *28.10* *50.5* *51.3* *55.4* *78.3*
°dhasya *52.7* *77.1* *77.4* *77.8*
°dhā 6.10 6.13 17.17 20.4 30.12 30.20 48.1 65.10
°dhān 6.17 19.26 24.3 24.19 32.16 60.15
°dhānāṃ 39.17 60.1 68.19 71.18
°dhāna *50.4* *51.2* *57.3* *57.4* *76.6* *78.5*
°dheṣu 60.10
→ pūrva-~, praty-eka-~, ṣaṭtriṃśad-~···, saṃ-~, sarva-~
buddha-koṭī °ṭīr 19.7
buddha-koṭī-nayuta-śata-sahasra
°rāṇy 60.5 60.25 71.6
→ ekâśīti-~, bahu-~···
buddha-koṭī-niyuta-śata-sahasra
°rāṇi 19.8
→ ekāśīti-~
buddha-kṣetra
°ram 20.13 41.12 °raṃ 14.22 21.3 38.9 39.4 43.1 43.6 43.8 43.15 44.16 44.20 44.25 *51.12* *53.1* 61.9 66.1 74.10
°rasya 12.21
°rāt 71.17 °rād 71.20
°rāc 59.13
°re 15.2 15.5 15.9 15.13 15.17 15.22 16.2 16.6 16.11 16.16 16.20 16.24 17.3 17.6 17.13 18.6 18.7 18.11 18.15 19.11 19.20 19.24 20.11 20.16 20.20 21.7 21.13 23.8 23.12 25.1 25.6 25.11 31.23 39.1 45.8 45.20 48.18 48.22 49.4 49.10 49.18 59.6 59.15 59.20 60.3 61.6 61.8 64.14 66.9 66.19 67.7 67.18
°ra 49.6
°rāṇi 19.6 21.4 32.5
°reṣu 18.4 19.26 22.3 22.9 22.15 24.10 25.7 33.12 48.1 68.15 °ṣv 17.16
→ ananta-~, anya-~···, eka-~, ekāśīti-~···, koṭīśatasahasra-~,

tad-~, sarva-~
buddhakṣetra-koṭī °ṭī 32.7
buddhakṣetra-koṭī-nayuta-śata-saha=sra
°rād 16.8
°rāṇi 32.9 32.11 32.14
→ ekāśīti-~
buddhakṣetrakoṭīnayutaśatasahasra-paryāpanna °nnānāṃ 16.13
buddhakṣetrakoṭīnayutaśatasahasra-pramāṇa °ṇena 17.4
buddhakṣetra-koṭī-niyuta-śata-saha=srâtikramaṇatā °tayā 15.19
buddhakṣetra-koṭī-śata °tāni 32.7
buddhakṣetra-koṭī-śata-sahasra °rāṇi 32.8
buddhakṣetra-koṭī-sahasra °rāṇi 32.8
buddhakṣetra-guṇa-vyūhâlaṃkāra-saṃpad °daṃ 13.4
buddhakṣetra-guṇâlaṃkāra-vyūha °ham 23.13
buddhakṣetra-guṇâlaṃkāra-vyūha-saṃpad
°pad 14.11
°padam 14.4 °daṃ 13.2 13.8 74.11
°padas 13.15
buddhakṣetra-guṇâlaṃkāra-vyūha-saṃpad-viśeṣa °ṣān 49.21
buddhakṣetra-pariśuddhi °dhiṃ 29.2
buddhakṣetra-māhātmya °yaṃ 29.2
buddhakṣetra-śata °tāni 32.5
buddhakṣetra-śata-sahasra °rāṇi 32.6
buddhakṣetra-saṃpatti °ttiṃ 14.9
buddhakṣetrasaṃpatti-praṇidhāna °nāni 14.17
buddhakṣetra-saṃpad °dā 32.3
buddhakṣetra-sahasra °rāṇi 32.6
buddhakṣetra-stha °thāś 68.22
→ tadanya-~
buddhakṣetrôdāratā °tāṃ 29.2
buddha-cakṣus °kṣur 61.21
buddha-jñāna
°nam 70.14 75.2
°nasya *77.11*
°ne *76.11*
→ asaṅga-~, dur-anubodha-~ ...
buddha-darśana
°nena 59.21 70.21
°nād 69.5
buddha-dharma
°māś 71.8
°mebhyo 25.14
°māṇām 75.8
→ āvenika-~...
buddha-dharma-saṃghâcāryôpā=dhyāya-kalyāṇa-mitra-sagaurava °vo 29.12
buddha-nāma-śravaṇa °ṇena 70.15
buddha-nirmita °to 49.1
buddha-netry-anupaccheda °dāya 13.10
buddha-bodha °dhāya *78.11*
buddha-vara °ro *11.1* *11.4*
buddha-vihāra °reṇa 6.4 6.15
buddha-śata °tāni 19.6
buddha-śata-sahasra °rāṇi 19.7
buddha-śata-sahasra-koṭī °ṭy *11.12*
buddha-śabda °daṃ 41.17
buddha-saṃgīti °tyā 61.19
buddha-sahasra °rāṇi 19.6
buddha-siṃha-nāda °daṃ *27.14*
buddha-suta °to *54.5*
buddha-svara
°ro *10.17*

°reṇa 67.15
buddhâdhiṣṭhāna °nam 39.17
buddhādhiṣṭhānâdhiṣṭhita °tāś 74.14
buddhânubhāva °vena 19.9 25.17 60.6 66.15
buddhânusmṛti °tyā 67.16
buddhi °dhyā 61.18 62.8
→ anantâtulya-~, kalya-…~…, citta-dhārā-~…, cittâdhāra-~…, mahāguṇadhara-~…, sāgara-vara-~…
buddhôtpāda °do 75.3
bodha °dhāya 48.10 71.11
→ buddha-~
√budh → abhi-saṃ-~
bodhi °dhi *26.13* *28.4*
→ śiva-…~, saṃ-~
bodhi-citta °ttaṃ 22.10
bodhi-pariniṣpatti-kuśala-mūla-sahagata °taṃ 42.2
bodhi-paryanta °tam 58.7 58.10 59.22 °taṃ 58.11 58.13 58.17
bodhi-prāpta
°tasya 17.10 17.13 17.16 17.21 18.4 18.11 18.15 19.4 19.11 19.20 19.24 20.7 20.11 20.16 20.20 21.2 21.7 21.13 21.17 22.2 22.8 22.14 23.3 23.8 23.12 23.17 23.21 24.6 24.10 24.16 25.1 25.6 25.11
°te *25.20*
bodhi-maṇḍa °ḍaṃ *26.7*
bodhimaṇḍa-paryanta °tam 22.6
°taṃ 24.8 24.12 24.21 58.15
bodhi-vṛkṣa
°kṣaḥ 57.9 °kṣaś 58.8
°kṣaṃ 58.16
°kṣāt 58.12 °kṣād 58.10
°kṣasya 58.3 58.14 58.19
→ udāra-varṇa-~
bodhivṛkṣa-śabda °daḥ 58.5
bodhi-sattva
°tvaḥ 20.17 *56.7* °tvo 28.12 31.16 59.12 71.16 80.1
°tvaṃ 67.6
°tvasya 23.3
°tvau 59.8 59.11
°tvās 49.19 *52.8* 59.7
°tvāḥ 18.12 19.5 20.7 23.13 25.2 28.13 59.1 59.15 59.20 60.3 61.6 66.21 67.3 °tvā 14.16 19.12 22.3 22.15 23.18 23.22 24.2 24.17 24.18 25.7 25.12 *55.3* 59.4 64.14 67.16 68.15 68.21 70.13 71.17 73.7
°tvān 65.15
°tvaiḥ 32.2 *53.5* °tvair 5.6 71.11
°tvānām 19.25 80.5 °nāṃ 8.1 18.18 65.3 71.10 71.20 71.24
→ aṣṭādaśa-~…, ekāśīti-~…, tathāgata-~…, daśa-~…, dvā=daśa-~…, bahu-~, sarva-bu=ddha-~…
bodhisattva-koṭī
°ṭya 72.19 °ṭyo 73.3 74.1
°ṭībhir 79.5
→ catuḥ-ṣaṣṭi-~, dvādaśa-~, dvā-viṃśati-~, navati-~, pañcaviṃśati-~, ṣaṣṭi-~
bodhisattva-gaṇa °ṇam 67.1
°ṇaṃ 49.21 66.14
bodhisattva-caryā
°yāṃ 18.20 22.17 29.3 29.18 30.2 30.9 31.1

31.14
°yāyām 29.14
→ pūrva-~
bodhisattvacaryā-prīti-prāmodya-kuśala-mūla-samavadhāna-gata
°tā 24.13
bodhisattva-darśana
°nena 70.21
°nāt 69.5
bodhy-aṅga-saṃgīti °tyā 61.19
brahma(n) → abhibhūya-lokapā=la-…~…, mahā-~, sa-~ka
brahma-kāyika °kā 39.12
brahma-ketu °tur 9.19
brahma-ghoṣa °ṣo 8.16 9.14
brahma-purohita °tā 39.13
brahma-svara-nādâbhinandita °to 9.7
brāhmaṇa → śramaṇa-~, śre=ṣṭhi-…~…

**bh**

bhakta → puro-~, vi-~
bhaktâgra °ram *57.7*
bhagavat
°vān 4.1 6.8 7.2 10.2 12.17 12.20 13.3 14.20 31.19 35.1 39.10 39.15 39.22 59.11 65.6 66.21 67.6 67.14 67.17 67.20 68.4 68.14 70.4 70.12 71.14 71.19 80.1 °vāṃl 10.9 12.22 °vāṃs 5.9 8.5 46.4 50.1 75.10
°van 6.13 14.11 17.10 17.13 17.16 17.21 18.4 18.11 18.15 19.4 19.11 19.20 19.24 20.7 20.11 20.16 20.20 21.2 21.7 21.13 21.17 22.2 22.8 22.14 23.3 23.8 23.12 23.17 23.21 24.6 24.10 24.16 25.1 25.6 25.11 *27.19* 31.16 34.22 39.14 39.19 *54.7* 67.14 67.17 67.19 68.1 68.11 68.12 70.4 70.6 71.17
°vann 6.1 6.3 8.4 12.15 13.3 17.2 68.9 °vaṃś 39.8 °vaṃs 6.14 15.2 15.5 15.9 15.13 15.17 15.22 16.2 16.6 16.11 16.16 16.20 16.24 17.6 59.10 65.13 68.6 70.10
°vañ 5.14
°vantam 5.9 6.12 14.20 31.15 39.7 59.10 65.12 71.16 °taṃ 10.10 12.13 48.13
°vatā 14.7 79.1
°vataḥ 7.1 8.4 14.10 19.27 24.3 24.19 32.16 35.6
°ta 5.10 13.12 35.14 °to 5.13 5.18 14.1 14.3 28.16 32.12 32.15 33.17 35.8 35.17 35.20 47.11 48.3 57.8 60.15 74.10 79.9 80.3 80.5
°vantaḥ 6.10 6.14 20.4 30.12 30.21 °to 17.17 48.1 65.10
°vatām 39.17 68.19 71.18
°tāṃ 60.1
°vatsu 60.10
bhadra → samanta-~…
bhadra-kāśyapa °pena 4.12
bhadra-jit °tā 4.10
bhadrâśvâjāneya-sadṛśa °śāḥ 62.18
bhadrika °kā 7.3
bhara → su-~

bhavana → akaniṣṭha-~
bhava-saṃyojana → parikṣīṇa-~ …
√bhā → vi-~
bhāga °go 34.14
→ dig-~, nānā-vidha-ratna-…~, bhūmi-~
bhānu → candra-~
bhāva → a-~, anu-~, ātma-~, prādur-~, strī-~
bhāvana → aparimāṇa-…~tā
bhāvanâbhirata °tāś 74.20
bhāvanârtha °thaṃ 74.5
bhāvita → su-~, su-vibhakta-~
√bhāṣ
bhāṣante 48.2
abhāṣata 25.18 46.5 50.2 75.10
bhāṣeta 33.13
bhāṣeran 17.18
bhāṣasva 14.14
bhāṣatv 13.3
bhāṣiṣye 8.3
→ pra-~
bhāṣita °tam 80.3
→ sam-anantara-~
bhāṣyamāṇa
°ṇe 79.1
°ṇeṣu 49.7
√bhās
bhāsate 44.2 44.4
bhāsiṣu *10.15*
bhāsa → ava-~, ā-~, candra-~ …, nir-~, pra-~
bhāsamāna °naṃ 66.13
bhikṣā → su-bhikṣa
bhikṣu
°kṣus 12.13 14.19 28.16
°kṣuḥ 45.7 °kṣur 10.4 10.7 13.14 25.16 28.11 31.13 34.8
°kṣo 13.1 14.14 14.15
°kṣum 13.1 14.14
°kṣos 23.10 °kṣor 13.7
°kṣubhir 35.2
bhikṣu-gaṇa → aneka-~…
bhikṣuṇī → bhikṣu-bhikṣuṇy-…
bhikṣu-bhikṣuṇy-upāsakôpāsikā
°kā 66.9
bhikṣu-śata °tānām 79.4
bhikṣu-saṃgha
°ghaṃ 66.14
°ghena 4.2 67.4
bhikṣusaṃgha-parivāra °reṇa 49.1
bhikṣusaṃgha-parivṛta °taḥ 17.24
bhikṣu-sahasra °raiḥ 4.3
bhitti °ttayo 66.4
√bhid bhindeya *46.15*
bhinna → abhi-nir-~, śata-dhā-~
√bhū
bhavati 5.17 6.3 6.15 7.19 28.14 40.22 41.1 43.2 43.3 43.6 43.9 44.3 44.17 44.21 *47.5* 60.2 68.17 69.2 69.15 °ty 7.8 41.2 45.1
bhavanti 42.24 45.6 58.15 69.4 69.6 70.21
bhonti *56.6*
bhontī *47.3*
bhaveyam 12.20
bhavet 7.15 33.16 34.11 34.14 34.16 34.22 35.3 65.2 66.16 69.9 70.1 70.4 70.7 °ved 17.3 17.8 17.11 21.3 °ven 15.3 17.14 23.4
bhaveta *47.6*
bhaveyus 15.6 15.23 18.16 19.5 19.21 20.8 21.18 25.2 °yuḥ *46.6* *77.5*

*77.9* °yur 15.18 16.3 16.7 16.12 18.13 20.9 20.22 21.19 22.5 24.13 25.8 25.14
bhavatv 40.21 40.22 41.1
abhūt 8.9 8.10 8.11 8.12 13.13 28.12 29.1 29.8 29.17 29.21 30.2 31.5 31.13 35.2 66.1 79.18 79.20 abhūd 10.4 bhūt 75.2
abhūvan 66.6 79.19
abhūṣi *55.12*
bhaviṣyami *11.11*
bhaviṣyi *28.10*
bhaviṣyati 15.1 42.8
bhaviṣyanti *55.2* 59.23 73.12 74.14 °ty 49.12 74.21
bheṣyanti *75.12*
bhūtvā 65.5
bhavitva *11.6*
→ anu-~, abhi-~, prādur-~
bhūta → arṇavī-~, pra-~, pra=tyekabuddha-~, prādur-~, yathā-~, vaśī-~, sam-abhi-~
bhūta-pūrva °vam 8.5
bhūmi → abhiṣeka-~, avai=vartika-~…
bhūmi-bhāga → nānā-vidha-ratna-…~
bhūmi-śabda °daṃ 41.18
bhūyas
°yas 71.3 °yaḥ 42.24
°yaś 19.1 °yo *11.17* 48.20
°yasyā 50.2
bhūṣaṇa → nānā-vicitra-~…
bherī → mahā-dharma-~
bhaiṣajya → glāna-…~
bhoga → upa-~, kāma-~, pari-~
bhojana → pāna-~
bhojya → sarvânna-…~…

m

makara-svastika-nandyāvartârdha=candra-samalaṃkṛta °taḥ 57.19
makuṭa °ṭāni 43.12
mañjarī → nānā-śākhā-…~
mañju-svara °rā 63.11 79.10
maṇi → kiṅkiṇī-~…, candra-bhāsa-~…, cintā-~…, divya-~…, śakrâ…~…, sāgara-vara-~…, sūrya-~…
maṇi-gaṇa °ṇa *27.8*
maṇi-muktā-vaiḍūrya-śaṅkhaśilā-pravāḍa-sphaṭika-musāragalva-lohitamuktâśmagarbhâdi °dīnāṃ 19.13
maṇḍa °ḍa *12.2*
→ bodhi-~
maṇḍala → ādarśa-~, jānu-~, pañca-~…, mukha-~
mata → para-~…
mati → dharma-~, vi-~, siṃ=ha-~, smṛti-~
matimat °manto 64.11
matsarin → a-~
mad
aham 12.15 15.3 15.8 15.11 15.16 15.20 15.24 16.4 16.9 16.14 16.18 16.22 16.28 17.5 17.9 17.12 17.14 17.19 18.2 18.9 18.13 19.2 19.9 19.18 19.22 20.5 20.9 20.14 20.19 20.22 21.5 21.11 21.15 21.20 22.6 22.12 23.1 23.6 23.11

23.15 23.19 24.4 24.8
24.14 24.21 25.4 25.9
25.14 *28.1* 39.21 ahaṃ
5.19 8.3 *12.11* 12.18
12.20 13.3 17.24 48.16
*56.9* 65.13 68.1 68.9
ahu *11.6* *11.10* *11.14*
*26.1* *26.6* *26.10* *26.11*
*26.14*
mām 17.23
mayā 4.1 74.23 75.5
mama 12.1 12.7 12.10
14.20 17.22 18.5 22.4
22.9 22.16 23.17 23.22
24.6 24.11 25.7 25.12
*55.12* *56.2* *56.5* *56.8*
60.2
me 6.3 6.13 6.14 12.17
12.20 14.11 14.20 14.21
15.2 15.5 15.9 15.13
15.17 15.22 16.2 16.6
16.11 16.16 16.20 16.24
17.2 17.3 17.6 17.10
17.13 17.16 17.21 18.4
18.11 18.15 19.4 19.11
19.20 19.24 20.7 20.11
20.16 20.20 21.2 21.7
21.13 21.17 22.2 22.8
22.14 23.3 23.8 23.12
23.17 23.21 24.6 24.10
24.16 25.1 25.6 25.11
39.19 *56.3*
mi *25.19* *26.3* *26.7* *28.3*
mahya *78.1*
vayaṃ 13.5 19.25
asmehi *52.12*
asmākam 41.9 41.13 *78.10*
asma *52.3*
madhura °raḥ 29.10
madhura-svara → nānā-~···
madhyama °me 45.4
madhyâhna °ne 45.3

√man
manyase 7.7 8.2 67.20
70.3 70.4 °sa 34.19
39.10
mānayemaḥ 19.27
manas °saḥ 70.20
→ ātta-~
manasi-kāra → saṃjñā-~
manasi-√kṛ
°kuru 8.3
°kariṣyanti 48.9 48.20
49.9
manuṣya
°yāḥ 68.3 °yā 15.15
43.25 44.9 *54.3*
°yāṇām 68.5 68.10 °ṇāṃ
7.6 10.2 15.14 43.24
68.1
→ a-~, deva-~, devâsura-···~
···
manuṣya-paṇḍaka °ko 44.2
manuṣya-lābha °bhaḥ *78.4*
manuṣya-hīna °no 44.1
mano-jña
°jño 41.11
°jñaṃ 41.16
→ valgu-~
manojña-gandha °dhāni 44.15
manojña-nirghoṣa °ṣo 40.9
→ valgu-~
manojña-svara °rā 21.15
→ tathāgatābhinirmita-~···,
haṃsa-···~
mano'bhinirvṛtta °tteṣu 43.22
mano-rama
°māṃ *3.9* *55.1*
°mān *50.8* *51.6*
mano-hara °ra 29.7
√mantr → ā-~
manyanā → sarva-dharma-~···
mama-saṃjñā °jñā 61.14
mayūra → haṃsa-···~···

maraṇa → jarā-~
maraṇa-kāla °le 49.2
maraṇa-kāla-samaya °ye 17.24 48.12
mala → nir-~, vi-~, vigata-~, vyapagata-khila-~···, sarva-kleśa-~···
mala-prahīṇa °ṇā 64.12
→ tri-~
mahat
°hāntaṃ 66.14
°hatā 4.2 66.1 67.4
°hataḥ 74.17 °to 7.5
°hatīṃ 75.7
→ kiyan-~, su-~, tri-sāhasra-mahā-···
maharddhika °kā 68.2
mahā-kapphina °nena 4.14
mahā-karuṇā °ṇāṃ 13.11
→ mahāmaitrī-~···
mahākaruṇā-pratipanna °nnānāṃ 7.20
mahā-kāśyapa °pena 4.13
mahā-ketu °tur 9.17
mahā-gaṇâbhibhavanatā °tayā 62.17
mahā-gandha-rāja-nirbhāsa °so 8.19
mahā-guṇa-dhara °ro 9.14
mahāguṇadhara-buddhi-prāptâbhi=jña °jño 8.21
mahā-cakra-vāḍa → cakra-vāḍa-~
mahā-cunda °dena 4.14
mahā-dharma-dundubhi-ghoṣa °ṣeṇa 63.11
mahā-dharma-dhvaja °jam 63.13
mahā-dharma-bherī °rīṃ 63.12
mahā-dharma-śaṅkha °kham 63.12
mahā-nadī
°dyo 40.3 41.3
°dīnām 40.14 °nāṃ 40.10
mahā-nāga °gaiḥ 4.7
mahānāga-vihāra °reṇa 6.5 6.16
mahānāga-sadṛśa °śāḥ 62.18
mahā-nāman °mnā 4.9
mahā-parinirvāṇa °ṇād 16.22
mahā-puruṣa-lakṣaṇa °ṇaiḥ 18.13 59.16
→ dvātriṃśan-~···
mahā-pṛthivī °vy 66.16
→ ekârṇavībhūta-~
mahā-praṇidhāna °naṃ 29.12
mahā-brahmatva °tve 30.19
mahā-brahman °maṇo 39.13
mahābrahma-sama °māḥ 63.4
mahā-mucilinda → meru-mahā=meru-···~···
mahā-muditā → mahāmaitrī-···~···
mahā-megha → kālānusāri-~···
mahā-meru → meru-~···
mahāmaitrī-mahākaruṇā-mahāmu=ditā-mahopekṣā-śabda °dam 41.21
mahā-maudgalyāyana °nena 4.13
mahā-yaśas °śā *54.5*
mahā-rāja → cātur-~···
mahā-vṛṣṭi-sadṛśa °śā 62.16
mahā-vyūha °ho 9.13
mahā-śāla → śreṣṭhi-···~···
mahā-śrāvaka °kaiḥ 4.8 °kair 5.3
mahā-sattva
°tvaḥ 28.12 °tva 80.1
°tvo 31.16 59.12
°tvam 67.6
°tvau 59.11
°tvāḥ 64.14 °tvā 14.16 68.22
°tvān 65.15

°tvaiḥ 5.6
°tvānām 8.1 °nāṃ 18.18
mahā-saṃnāha-saṃnaddha
°dhānāṃ 18.18
mahā-samudra
°rāc 34.16
°rasya 34.22
°re 34.20 35.4
°rāś 39.4
mahā-siṃha-nāda-nādita °tā 59.4
mahā-sthāma-prāpta °to 59.12
mahêśvara → abhibhūya-lokapā=la-····~···
mahôpekṣā → mahāmaitrī-····~···
mahôraga → deva-nāga-····~, de=vâsura-····~···
mā 15.3 15.7 15.11 15.15 15.20 15.24 16.4 16.9 16.14 16.18 16.22 16.28 17.4 17.8 17.11 17.14 17.19 18.2 18.9 18.13 19.2 19.9 19.18 19.22 20.5 20.9 20.14 20.18 20.22 21.5 21.11 21.15 21.20 22.6 22.12 23.1 23.6 23.10 23.15 23.19 24.4 24.8 24.14 24.21 25.4 25.9 25.14 *26.1* *26.6* *26.10* *26.14* 41.13 75.1 75.2 75.7 75.8
māṃsa-cakṣus °kṣuḥ 61.20
mātra → adhi-~, eka-godoha-~, aupamya-~, kakṣa-~, kaṭī-~, kaṇṭha-~, gulpha-~, cittapra=sāda-~, jānu-~, nāma-saṃke=ta-····~, muhūrta-~, vyāma-~ka
mātrā °rayā 50.2
māna → utpāṭita-~···, nir-māṇa
mānasa → an-uttrasta-~
mānita °tāḥ 30.13 30.21
mānuṣa → sa-deva-~···, deva-mānuṣika
mānuṣya → divya-~ka
māndārava-puṣpa °paiḥ 79.18
māpya → a-~
māyāvin → a-~
māra → sa-~ka
mārga °gaṃ *76.10*
→ ekâyana-~···
mārdava °vo 29.14
mālā → varṇa-~
mālya → avasakta-····~···, gan=dha-~···, puṣpa-dīpa-····~···, puṣpa-dhūpa-····~···, sarva-puṣpa-····~···
māhātmya → buddhakṣetra-~
mita → a-~, nir-~, pari-~
mitra °ram *78.10*
→ kalyāṇa-~
mithyātva-niyata °tasya 45.23
mīmāṃsā °sā 7.4
→ praty-ātma-~···
mukta → adhi-~, vi-~
mukta-kusuma → nānā-~···
muktakusuma-pratimaṇḍita-prabha
°bho 8.17
mukta-cchatra °ro 9.16
mukta-cchatra-pravāḍa-sadṛśa °śo 9.4
mukta-tyāga °gāḥ 63.16
muktā → maṇi-~···, nīla-~···, lohita-~
muktā-jāla → suvarṇajāla-~···
mukha °khāt 31.4
→ abhi-~, ulkā-~, paścān-~, raśmi-~, samādhi-~···, saṃ-mukham
mukha-maṇḍala
°laṃ 21.5
°lātaḥ *53.10*
mukha-varṇa
°ṇaḥ 5.11 5.13 5.18

°ṇaṃ 6.2
°ṇasya 7.15
√muc
muñcayiṣya *11.18*
mocayeyaṃ *56.9*
→ adhi-~, pari-~, pra-~
mucilinda → mahā-~, meru-ma=hāmeru-~…
√mud → anu-~, pra-~
muditā → mahā
mudrikā °kāḥ 43.13
muni °ne *3.6*
→ śākya-~
musāra-galva °vasya 36.14 36.16 36.17
→ maṇi-muktā-…-~…
musāragalva-maya
°yāḥ 36.9 37.12 37.18
°yā 37.15
°yānāṃ 37.2
°yāni 37.1 37.9 37.21 37.26 37.29 °ny 37.2
musāragalva-varṇa °ṇā 36.8
muhūrta-mātra °reṇa 69.1
mūḍha → a-~, saṃ-~
mūrdhan
°dhnā 69.8
°dhne *54.2*
→ sumeru-~
mūla
°laṃ *47.8*
°lāni 37.8 37.11 37.15 37.18 37.21 37.27 38.2
°ny 37.24
→ a-~…, kuśala-~, pañca-yo=jana-śata-~…
mūla-skandha-viṭapa-śākhā-pattra-puṣpa °pāṇi 36.19 36.21 36.23 37.1 37.2 37.4 37.6
mūla-skandha-viṭapa-śākhā-pattra-puṣpa-phala °lāni 38.5
mṛga → siṃha-~…
mṛdu °dūni 38.5 44.21
mṛdu-citta °ttāḥ 61.15
mekhalā °lāḥ 43.13
→ siṃhalatā-~…
megha → divya-gandhô…~, mahā-~, vādya-~
meru → mahā-~, sāgara-~…, su-~
meru-kūṭa °ṭo 9.8
meru-mahāmeru-mucilinda-mahā=mucilinda-cakravāḍa-mahācakra=vāḍa °ḍā 66.3
meru-sama °mā 61.18
maitra-citta °ttā 61.15
maitrāyaṇī-putra °reṇa 4.11
maitrī → aparimāṇa-~…, mahā-~…
maitreya-pūrvaṃgama °maiś 5.5
mokṣa °kṣam 70.8
→ vi-~
mogha → a-~…
mocaka → bahu-sattva-~
moha → apagata-…~, sarva-doṣa-~
maudgalyāyana °no 34.8
→ mahā-~
maudgalyāyana-sadṛśa °śair 35.2


y


yakṣa → deva-nāga-~…, deva-nāgâ…~…, devâsura-…~…
yatas °to 44.14 *50.5* *51.3*[2]
yatra 21.3 24.1 24.18 30.6 30.7 65.6 69.4 70.6 71.5 71.14
yathā 4.8 5.11 5.14 7.18 *11.1* *11.13* 12.18 14.21 21.4

23.9 34.8 34.16 35.1 35.4 35.16 41.17 42.19 43.10 44.1 44.8 44.17 45.3 45.7 *50.3* 60.2 60.6 66.7 66.16 68.6 69.2 69.8 *76.9*
yatha *11.4* *27.19*
yathā-bhūta °taṃ 29.1
yathā-rūpa
°pas 40.10
°pam 42.22 °paṃ 23.13 41.15
°pāṃ 25.2
°pair 19.12
°pāṇi 42.25 43.4 °ṇy 43.10
yathâśaya-sattva-vijñapti-samalaṃ=kṛta °taś 58.2
yad
yas 7.6 7.22 40.13 43.2 yaḥ 20.16 34.23 58.4 60.16 yaś 41.11 41.15 ya *56.7* yo 34.19 34.20 35.7 *78.1*
yaṃ 14.16
yena 5.9 10.9 14.9 32.21 41.12 *54.8* 59.4 67.16
yasya 34.2 35.9 65.8 74.22
yad 5.5 8.7 15.10 16.21 18.1 19.9 19.13 20.1 20.5 29.18 29.19 29.21 31.1 33.17 43.12 43.16 43.18 44.5 45.23 *53.1* 58.20 58.21 65.3 66.14 68.12 69.7
yat *53.3* 74.23 yan 19.25 yal *47.4*
yā 14.6
yāṃ 13.5
yayā 65.19
yasyā 32.4
yayoḥ 59.8
ye *11.17* 14.20 15.5 15.9 15.17 15.22 16.2 16.6 16.11 16.16 16.20 17.21 18.5 18.12 18.15 19.4 19.11 19.20 20.7 21.17 22.15 23.12 24.11 25.1 25.7 25.11 32.17 39.7 39.10 40.16 40.21 41.13 42.14 43.4 44.12 45.2 45.20 *46.14* *47.7* 48.3 48.8 48.20 49.5 *53.10* *55.3* 58.10 58.12 58.14 58.16 59.1 59.6 59.7 59.15 59.20 59.24 60.3 61.6 61.12 64.6 66.2 68.14 68.17 68.21 70.13 71.18 73.10 73.12 74.18 *75.13* *76.7* *78.11* ya 40.22 41.1 48.15 60.19 60.23 68.11 70.9 *78.8*
yaiḥ 30.6 yaiś *76.1* yair 12.20
yehī *52.11*
yebhyas 73.7 °yo 40.15
yeṣām 74.14 °ṣāṃ 30.11 58.5 58.7
yāni 36.1 38.17 44.22 71.21
yās 13.14 yāḥ 22.9 72.20 73.3
yadā 41.9 60.1
yadi *77.5*
yaśas °śaḥ 48.2
→ prathita-~, mahā-~
yaśo-deva °vena 4.10
√yā
yāmi *3.7*
yāpayati 31.19 31.22 65.8
→ pra-~
yādṛśa
°śa 48.22

°śaṃ 43.18
°śāni 43.7
yāma
°me 45.4 45.5
°mā 39.11 68.6
→ su-~tva
yāvat
°vat 7.13 34.15 74.15
°vad 19.7 21.8 22.5
24.8 24.12 24.21 32.19
38.13 39.13 40.4² 43.19
58.7 58.9 58.11 58.13
58.15 58.17 59.22 60.10
60.21 67.11 68.2 79.20
°van 16.22 45.22 70.12
°vac 60.5 °val 32.20
°vantaḥ 30.15
°vanti 34.10
yuga-pad °pat 16.8
√yuj → abhi-~
yoga °gaḥ 75.1
yojana → aneka-~…, eka-dvi-…
~…, dvādaśa-~…, pañcāśad-
~ka
yojana-koṭī-śata-sahasra-prabha
°bhāḥ 59.7 °bhā 66.20
yojana-pramāṇa °ṇāni 38.12
→ ardha-~, daśa-~, dvi-tri-…
~
yojana-vistāra °rāḥ 40.3
→ daśa-~, viṃśati-~
yojana-śata
°tāny 57.10
yojanā-śataṃ *52.5*
→ pañca-~…, ṣoḍaśa-~
yojanaśata-prabhā °bhayā 32.18
yojana-śata-sahasraka °keṣu
67.18
yojana-śata-sahasra-prabhā
°bhayā 32.19
yojanaśatasahasra-vistāra
°rā 40.4
°rāṇi 60.21
yojana-śatika °keṣu 68.7
→ pañca-~
yojana-sahasra °ram 34.21
→ catur-śīti-~
yojanasahasra-prabhā °bhayā
32.19
yoni → tiryag-~

r

raṅga → nānā-~…
√rac racayet 44.19
rajata °tena 19.13
rajana → cīvara-dhāvana-…~…
raja(s) °jāṃś *46.15*
→ a-~, gaṅgā-~…, vi-~rañ=
janīya-prabha °bhaḥ 33.2
rata → abhi-~, saṃvibhāga-~,
su-~
rati
°tiṃ 61.10
°tayaḥ 40.20
→ a-~, abhi-~, nirmāṇa-~
rati-krīḍā °ḍāṃ 40.17
ratna
°nayoḥ 36.11
°nānāṃ 36.12 36.17
°nāni 35.24
ratano *26.6*
ratanehi *47.1*
→ aneka-~…, candra-bhāsa-…
~…, cintā-maṇi-~…, cīvara-
~, nānā-~…, nānā-vidha-~…,
nānā-vidha-…~…, bahu-guṇa-
~…, vicitrô…~…, śakrâ…~…,
sapta-~, sarva-~, sāgara-vara-
maṇi~…, sugandhi-…~…, he=
ma-~…
ratna-cchatra

°ro 9.11
°rāṇi 45.17
ratna-jaha °ho 8.20
ratna-jāla → suvarṇajāla-···~···
ratna-tāla-paṅkti °tibhiś 38.9
ratna-nirbhāsa °so 9.12
ratna-padma °māt 38.14
ratna-parvata °tāḥ 39.2 °tā 66.3
ratna-maya °yyāṃ 44.15
→ nānā-~···, sapta-~, sarva-~, sarvâkāra-···~···
ratna-vṛkṣa
°kṣāḥ 36.6 °kṣā 36.5
°kṣāṃś 44.12
→ nānā-~, nānā-gandha-~
ratnavṛkṣa-samalaṃkṛta °tā 36.3
ratna-śrī °rīr 9.18
ratna-sūtra → siṃhalatā-···~···
ratna-hāra °ro 57.16
ratnâkara
°ro 72.2
°rāḥ 63.11
√rabh → ā-~
√ram
ramanti 68.8
ramante 43.23
rameya *26.11*
→ abhi-~
ramaṇīya
°yaṃ 39.5
°yā 35.22
→ ārāma-~, udyāna-~, nadī-puṣkiriṇī-~, vana-~
ramya °yaṃ 44.25
raśmi → apratihata-~···, ṣaṭtriṃ=śad-~···
raśmi-mukha °khāt 38.15
rasa → evaṃ-rūpa-···~···, rūpa-···~···, sarvânna-···~···
rāga °ga *27.1*
→ apagata-~···, nandī-~···, vi-~
rāja(n)
°jā *26.6* 70.12
°jñā 70.7
°jñaḥ 69.8 69.14 °jñaś 44.1
→ agni-~···, apratihata-raśmi-~···, a-mogha-~, koṭṭa-~, gandha-~, giri-~···, druma-~, dvi-ja-~, dharmamati-···~, narendra-~, parvata-~, mahā-~, lokêśvara-~, vana-~, siṃha-mṛga-~···, siṃha-sāgara-···~, deva-~tva
rāja-gṛha °he 4.1
rāja-dhānī → grāma-···~
rāja-putra °rasya 70.3
rātri °ryāḥ 45.4
→ eka-~
rātriṃ-diva-prajñapti °tir 45.10
rātriṃ-divasa → eka-~
rādha °dhena 4.15
→ apa-~
rāśi °śyor 45.22
→ jina-jñāna-~, puṇya-~
rāṣṭra → grāma-···~···, dhārta-~···
rāhula °lena 5.2
√ruc → ā-~, vi-~
rucaka-hāra
°ro 57.16
°rān 43.13
rucira → divya-~···, su-~
√ruh → ava-~
rūpa °pam *10.16* °paṃ 44.17
→ abhi-~, evaṃ-~, tathā-~, tārā-~, tvaramāṇa-~, yathā-~
rūpa-śabda-gandha-rasa-spraṣṭavya-dharma °meṇa 30.1
rūpa-śabda-gandha-rasa-spraṣṭavya-saṃjñā °jñā 29.7

rūpya °yasya 36.11 36.12
36.13 36.14 36.15 36.17
rūpya-maya
°yāḥ 36.7
°yāṇy 36.21
rūpya-varṇa °ṇā 36.7
revata °tena 4.16
roga → kāya-~, ghrāṇa-~,
cakṣū-~, jihvā-~, śrotra-~
roma-kūpa → sarva-~
raupya-maya
°yāḥ 37.8 37.25 °yā
37.28
°yāṇām 36.20
°yāṇi 36.20 37.11 37.17
37.20 37.22

l

lakṣaṇa → mahā-puruṣa-~
lakṣaṇânuvyañjana-samalaṃkṛta
°tena 31.6
laghu → kalya-~…
latā → siṃha-~…
labdha °dhas 39.16
→ prati-~, su-~
labdha-kṣāntika °kā 79.12
√labh
labhyate *77.11*
labhyāti *78.4*
labhyanti *78.9*
lapsyate *78.6*
→ prati-~
√lamb → ava-~
lava → eka-citta-kṣaṇa-~
lābha
°bhāḥ *52.10*
°bha *52.12*
→ kiyat-…~, manuṣya-~, su=
labdha-~
lābhin °no 16.3 16.7
√likh likhitvā 74.21
likhita → su-~
liṅga °gaṃ 66.19
→ varṇa-~…
luḍita → a-~…, nānā-ratna-~…
lubdha → a-~
lehya → sarvânna-…~…
√lok → vi-~
loka
°ko 80.3
°kaṃ 32.20
°kena 23.1
°kasya 28.17 73.15
°ke 7.17 7.18 7.22 •12.19
*26.14* 28.14 35.24 60.1
65.9 °ka 8.8 9.22
°ki *10.19* *28.10*
→ sarva-~
loka-dhātu
°tuḥ 36.2 42.9 45.25
47.10 59.8 79.16 °tur
35.21
°tum 73.16 °tuṃ *57.1*
67.3 73.8
°tūya *47.4*
°tau 19.26 35.16 35.23
36.1 40.2 42.11 42.14
42.21 43.24 44.9 44.10
45.13 46.1 61.1 61.12
67.2 67.21 68.3 °tāv
31.23 42.4 48.10 48.14
49.12 68.5 68.9 68.16
68.18 70.16 71.13 71.19
71.21 72.1 72.3 72.4
72.6 72.8 72.9 72.11
72.12 72.14 72.16 72.17
72.21 73.1 73.3 79.14
°tūn 38.20 58.4 60.4
°tūṃ *11.16* *46.14*
°tū *46.16*
°tuṣu 24.17 38.18 49.15

79.11 °ṣv 17.21 21.18
→ trisāhasramahāsāhasra-~,
daśa-dig-…~…, pṛthu-~, ba=
hu-~, sarva-~, sahasra-~
lokadhātu-koṭī-nayuta-śata-sahasra-
darśanatā °tayā 16.4
loka-nātha
°tha *26.10* *54.8* *76.2*
°thāṃ *76.8*
loka-paṇḍita °tā 64.8
loka-pāla → abhibhūya-~…
lokapālatva °tve 30.18
loka-pradīpa °pasya 72.7
loka-pradyota °tā 64.2
loka-vid °vid 10.1
loka-vidu → daśadiśā-~
loka-sundara °ro 9.19
lokânukampā °pāyai 7.5
lokika °kikīṣu 61.26
lokêndra °ro 9.4 9.19
lokêśvara-rāja
°jas 10.9 12.22 13.6 14.13
°jo 9.21
°jaṃ 12.14
°jena 14.7
°jasya 10.3 14.2 28.17
lokôttara °rābhiḥ 61.26
lohita → ubhayâ…~…
lohita-muktā °tāyāś 36.16 °yā
36.18
→ maṇi-muktā-…~…
lohitamuktā-maya
°yāḥ 36.10 37.16 37.21
°yā 37.18
°yānāṃ 37.3
°yāni 37.3 37.10 37.13
37.24 37.29 °ny 37.4
lohitamuktā-varṇa °ṇā 36.9
lohitamuktā-hāra °ro 57.17

V

vakkula °lena 4.16
vaṅka → a-~
√vac
avocat 5.9 6.9 6.12 7.2
8.5 12.15 13.1 13.3
14.11 14.14 14.20 31.15
39.7 59.10 65.12 71.16
°cad 80.1
ucyate 32.24 33.7 35.15
42.10 45.26
vācayiṣyanti 74.19
vacana → jina-~
vajra → nārāyaṇa-~…
vata 6.4 6.5 6.16
vatsa-hāra
°raḥ 57.16
°rān 43.13
√vad vadanti *51.11*
→ pra-~
vadara °raṃ 5.12
vana-ramaṇīya °yāny 67.8
vana-rāja → puṣpāvatī-~…
vanas-pati → tṛṇa-…~
√vand
vandiṣyante 22.17
vanditvā 14.2 14.11
vanditva *51.10*
vandituṃ *50.5* *51.3* 73.9
vandana °nāya 49.20 73.4
vara °ram *12.2*
→ jina-~…, divya-tamāla=
pattrâ…~…, puruṣa-~, prava=
ra-~, buddha-~, śiva-~…,
sarvâkāra-~…, sāgara-~…
vara-puṇya-rāśi °śiḥ *53.4*
vara-praṇidhāna °na *25.20*
vara-prabha °bho 8.19
√varṇ varṇayanti 65.10
varṇa
°ṇa *46.11*

°ṇaṃ 17.18 48.2 49.16
°ṇena 42.15
→ aneka-~, aneka-śata-····~,
aprameya-····~, aśmagarbha-~,
uttapta-hema-~···, udāra-~···,
eka-~, evaṃ-~, chavi-~, nā=
nā-~, nānā-gandha-~, para=
ma-śubha-~···, mukha-~, mu=
sāra-galva-~, rūpya-~, lohi=
tamuktā-~, vaiḍūrya-~, su-~,
sukhāvatī-~, suvarṇa-~,
sphaṭika-~, sarva-varṇika
varṇa-paryanta °tam 20.12
varṇa-mālā °lā *46.13*
varṇa-liṅga-saṃsthāna °naṃ
43.18
varṇa-saṃsthānâroha-pariṇāha
°hena 48.23
vartamāna
°na 74.15
°neṣu 59.24
vartin → cakra-~, vaśa-~
varṣa → nānā-vidha-nṛtta-····~,
sugandhi-····~
varṣa-koṭī °ṭīm 13.7
varṣa-koṭī-nayuta-śata-sahasra
°ram 34.12
°reṇa 35.3
°rāṇi 29.4
varṣa-śata
°tāni 69.4 70.20
°tair 71.6
valgu-manojña °jño 40.12
valgumanojña-nirghoṣa °ṣo 38.6
vaśa → artha-~, praṇidhāna-~
vaśa-vartitva °tve 30.19
vaśa-vartin → para-nirmita-~
vaśitā → ṛddhi-~···, sarva-pariṣ=
kāra-~···
vaśī-bhūta °tair 4.7
√vas vaseyaṃ *12.11*
→ prati-~

vasu-dhā °dhā *28.7*
vasuṃ-dharā-sadṛśa °śāḥ 62.11
vastra → udyāna-vimāna-~···,
sarva-~···
vastrâbharaṇôdyāna-vimāna-kūṭā=
gāra-paribhoga °gair 42.17
√vah → pra-~
√vā
vāti 31.5
vānti 44.12 45.2
→ pra-~
vā 5.16 7.12$^2$ 7.13$^2$ 7.14$^2$
15.2 15.3$^3$ 15.6 15.7$^3$
19.13$^2$ 19.15$^2$ 19.16 19.17
20.21$^2$ 32.5 34.19 34.20
35.10$^3$ 35.11$^2$ 35.12$^3$ 35.13
39.9 39.20$^3$ 42.8 42.15
43.11$^2$ 43.12 43.24 43.25
44.6$^4$ 44.7 45.23$^2$ 45.24
*46.8* 48.15 48.16 59.2
66.3$^2$ 66.4$^3$ 66.5 66.20$^2$
67.21 68.1 68.7$^3$ 68.8
70.1$^2$ 70.5$^2$ 70.9 71.5
71.18 *77.7*
va *27.8*
vāk-karman
°ma 29.20
°maṇā 30.11
vākkarma-nirdeśa °śena 30.17
30.22
vākkarmôtsṛṣṭa °ṭam 29.18
vākya °yaṃ *78.1*
→ a-prati-~, sv-ārakṣita-~
vāc
vāk 65.17
vācaṃ *52.2* *55.1*
→ asaṅga-~
vāta
°tena 38.6
°tair 45.5
vāta-samīrita °tasya 58.3
vāda °das 71.23 °do 35.5

→ vi-~
vādita → nānā-vidha-nṛtta-···~···, pra-~
vādya
°yāni 45.18
°yais 60.10
→ puṣpa-dīpa-···~, sarva-~···, sarva-nṛtya-···~
vādya-megha °ghā 21.15
vāyat °yadbhir 45.5
vāyu °yavo 44.12 45.2
vāyu-sadṛśa °śāḥ 62.13
vāri
°ri 40.18 40.20 40.21 41.2
°riṇo 41.11
→ divya-tamālapattrâ···~···, nā=nā-surabhi-gandha-~···
vālâgra-koṭi °ṭyā 34.18 34.20 34.23
vālikā
°kā *50.3*
°ka *11.13*
→ gaṅgā-nadī-~···, suvarṇa-~···
vālukā → gaṅgānadī-~···
vāsanā → gandha-saṃjñā-~
vāsita → divya-tamālapattrâ···~···, pari-~
vāhin → nānā-ratna-luḍita-···~, nānā-surabhi-gandha-···~, su=kha-~
viṃśati → eka-dvi-···~···, catur-~, dvā-~···
viṃśati-triṃśati-catvāriṃśat-pañcā=śat °śad 40.4
viṃśati-yojana-vistāra °rāṇi 60.20
vi-kardama °māḥ 41.8
vi-kala → a-~
vi-kāra → ṣaḍ-~
vikrama-vaiśāradyâsaṃtrastatā °tayā 63.1
vi-krīḍita °tā 61.19
vikrīḍitâbhijña °jñā 64.4
→ sāgara-vara-buddhi-~
vi-kṣipta → a-~
vi-kṣepa → a-~, citta-~
vigata-mala °laṃ 79.2
vi-√gup °jugupseran 22.11
vi-graha °ho 61.14
vi-ghuṣṭa °ṭam 65.9
vi-cakṣaṇa → kalya-···~···
vi-cikitsā
°sā 39.20 71.10
°sām 68.16 68.24
→ kāṃkṣā-···~, nir-vicikitsa
vicikitsā-doṣa °ṣeṇa 71.9
vicikitsā-patita
°tāḥ 70.13
°taiḥ 69.7
vi-citra → kanaka-~···, nānā-~···, prāsāda-···~···
vi-citrita → abhi-~, śakrâ···~, su-~
vicitrôpadhāna-vinyasta-ratna-pary=aṅka °kaṃ 43.20
vi-jitavat °vadbhir 4.5
vi-jñapta °tam 79.20
vi-jñapti → yathâ···~···
vijñā-jātīya > vijñajātiyaḥ *77.13*
vi-jñeya °yo 40.11
viṭapa °pāḥ 37.9 37.22 38.2
°pā 37.12 37.15 37.19 37.25 37.28
→ mūla-···~···
vi-tata → nānā-raṅga-~···
vi-tatha → a-~···
vi-tarka → kāma-vyāpāda-···~
vi-tarkitavat °vān 29.5
vi-tāna °nāni 45.17
→ nānā-raṅga-···~
√vid (*to know*)
vidanti 71.2

vidyāt 70.6
viditvā *54.4*
→ prati-~
√vid (*to find*) vinditum̥ *76.6*
→ sam̥-~
vid → loka-~
vi-diś °śi *26.16*
→ anu-~
vi-diśā °śāsu *27.12*
vidu °du *28.2*
→ loka-~
vidyā → a-~…
vidyā-caraṇa-sampanna °nnaḥ 9.22
vi-dha → aneka-~, evam̥-~, tathā-~, tri-~, nānā-~…, vi-~
vi-dhāna → sarva-pūjā-~
vi-√dhū °dhuniya *27.4*
vi-dhvam̥sana → a-jñāna-~, a=vidyâ…~…, parapravādi-~tā
vi-nandita → dharmamati-~…, sim̥ha-sāgara-…~…
vi-nipāta → a-~…, apāya-…~…
vi-niścaya → dharma-sām̥kathya-~
viniścaya-kuśala °lāḥ 63.8
vi-nīta → su-~tā
vi-nīvaraṇa-citta °ttā 61.16
vi-√nud °nodayed *47.9*
vi-nyasta → vicitrô…~…
vi-√pad °patsyante 49.8
vi-pāka °kaḥ 39.15 39.16
vi-pula
°lu *10.20*
°le 8.6
°lā 33.8
°lām̥ *55.5*
vipula-prabhā °bha *26.15*
vi-pra-√ṇaś (√naś) °ṇaśyed 24.20 °yen 24.4
vi-praṇāśa → a-~
vi-pratisāra °ro 73.17
vi-pralopa → saddharma-~
vi-prasanna °nnāni 5.10 5.13 5.18
vi-bhakta → su-~…
vi-√bhā °bhāti *10.13*
vi-bhūti °tiḥ 39.19
→ evam̥-~, prabhā-guṇa-~
vi-bhūṣita → kiṅkiṇī-…~
vi-mati
°tir 39.20
°tim̥ *47.9*
→ kām̥kṣā-~…
vi-mala
°lena 4.10
°lā 33.8
vimala-netra °ro 9.9
vimala-prabha °bho 8.13
vimalânana °no 8.13
vi-māna
°nam 43.18 °nam̥ 43.21
°neṣu 43.22 68.8 °ṣv 67.18
°nāni 45.16
→ udyāna-~…, vastrâ…~…, vṛkṣa-…~
vi-mukta °tāni 79.5
→ su-~
vi-mokṣa → aṣṭa-~…
vi-rakta °tā 63.17
vi-raja °jo 65.8 79.2
viraja-prabha °bhasya 72.10
vi-rahita °tā 70.21
→ a-~
virāgaya °yanti 71.9
virāga-sahagata °tam̥ 42.1
vi-√ruc °rocate 44.2 44.5
vi-rocamāna °nam̥ 66.13
vi-rodha °dhaḥ 61.14
vi-lepana → gandha-mālya-~…, puṣpa-dīpa-…~…, puṣpa-dhū=pa-…~…, sarva-puṣpa-…~…

vi-√lok °lokayeyuḥ *55.6*
vi-lokin → prajñā-~
vi-vāda °do 61.14
vi-vāha °hāḥ 34.6
vi-vikta °taṃ 44.25
→ pra-~
vi-vidha °dhāni 79.17
vi-√vṛt °vartante 74.2
viveka-sahagata °taṃ 42.1
√viś → saṃ-pra-~
vi-śārada
°do 44.3
°dā 63.10
viśāla-netra °raṃ *27.3*
vi-śiṣṭa
°ṭāṃ 74.11
°ṭa *25.19*
vi-śuddha
°dho 65.8
°dhaṃ 79.3
viśuddha-jñāna
°nāḥ *46.7*
°nā *77.6*
vi-√śudh °śodhayiṣye *12.4*
vi-śeṣa → praṇidhāna-~, praṇi=dhi-~, buddha-kṣetra-guṇâlaṃ=kāra-vyūha-saṃpad-~
viṣaya → devamanuṣya-~···, preta-~
viṣāda °dam 49.8
vi-stara °reṇa 42.10 45.26 61.22 64.15 74.4 74.20
vi-stāra → yojana-~, yojana=śatasahasra-~
vi-hāra → jina-~, buddha-~, mahānāga-~, śūnyatânimittâ=praṇihitânabhisaṃskārânutpāda-~···, sarvajñatā-~, sparśa-~
vi-hārin → śūnyatânimittâpraṇi=hitânabhisaṃskārânutpāda-···~, sarva-dharma-prakṛti-···~
vi-hiṃsā → kāma-vyāpāda-~···
vi-hīna °nu *26.12*
vi-√hṛ
°harati 4.2 6.4 6.5 6.15 6.17 72.2
°haranti 43.23 61.26
vīthi → padma-vīthy-···
vīra °rā 63.17
vīrya °yam *11.19* *74.5* °yaṃ *78.7*
→ dāna-damatha-···~···, śīla-···~···, samādhi-prajñā-~
vīrya-prāpta °tā 72.19
vīrya-bala → a-vitatha-~
vīryavat °vān 10.5
vṛkṣa
°kṣā 66.16
°kṣaiḥ 38.8
°kṣāṇām 37.6 37.27 °ṇāṃ 36.19 36.21 36.22 36.24 37.2 37.4 37.8 37.11 37.14 37.17 37.21 37.24 38.1 38.4
→ ābharaṇa-~···, bodhi-~, ra=tna-~
vṛkṣa-gahanôdyāna-vimāna °nāni 66.5
√vṛt → ni-~, pra-~, vi-~, saṃ-~
√vṛṣ → abhi-pra-~, pra-~
vṛṣṭi → mahā-~···, kusuma-vṛṣṭy-···
vedanā → aduḥkhâ···~···
vedikā → prāsāda-···~···
velā °lāyām 46.4 50.1 66.10 75.10 79.16 °yāṃ 14.19 25.17
vaikalya → indriya-···~
vaijayantī → puṣpa-dīpa-···~···
vaiḍūrya °yasya 36.12 36.13 36.14 36.15 36.17
→ maṇi-muktā-~···, sarva-sau=varṇa-~···

vaiḍūrya-garbha °bho 9.17
vaiḍūrya-nirbhāsa °so 8.16
→ uttapta-~
vaiḍūrya-maya
°yāḥ 36.8 37.11 37.28
°yā 37.8
°yāṇāṃ 36.22
°yāṇi 36.22² 37.14 37.20 37.23 37.25
vaiḍūrya-varṇa °ṇā 36.7
vaiḍūrya-sadṛśa °śāḥ 63.10
vaimātrya → prajñā-~
vaiśāradya → vikrama-~…
vaiśāradya-prāpta °tasya 73.2
vaiśāradya-śabda °dam 41.18
vaiśāradyôpaccheda °do 33.15 65.2
vy-ativṛtta → jāti-~
vy-atihāra → eka-kṣaṇa-~
vyapagata-khila °lā 64.12
vyapagata-khila-doṣa °ṣo 9.13
vyapagata-khila-mala-pratigha °gho 8.20
vy-apanīta °to 70.7
vy-avasthāna °naṃ 45.22
vy-avahāra → tathāgata-~, saṃ=vṛti-~
vy-ā-√kṛ
°karoti *55.11*
°karohī *54.9*
vy-āpāda → kāma-~…
vyāma-prabha °bhāḥ 66.20
°bhā 59.6
vyāmaprabhā °bhayā 32.17
vyāma-mātraka °ke 66.7
vy-āvādha °dhāya 29.19
vy-upaśama → sarva-dharma-prakṛti-~…
vyūha → acintya-guṇâlaṃkāra-~…, amitābha-~…, guṇa-~…, guṇâ…~…, buddhakṣetra-guṇa-~…, buddhakṣetra-guṇâ…~, mahā-~, sukhāvatī-~
√vraj
vrajeyu *46.10* *56.2*
vraji *26.8*
vrata °tāṃ *11.10*
vrata-tapa-koṭī °ṭi *27.16*

## ś

√śaṃs → pra-~
śakya
°yaḥ 73.9 °yo 33.14
°yaṃ 32.21 42.12 46.2 64.16
°ya *76.5*
śakra °ro 44.4
→ abhibhūya-lokapāla-~…
śakratva °tve 30.18
śakrâbhilagna-maṇi-ratna-vicitrita °taś 57.14
śaṅkha → mahā-dharma-~
śaṅkha-śilā → maṇi-muktā-…~…
śaṭha → a-~
śata → kalpa-~, koṭī-~, tūrya-~, puṣpa-~, buddha-~, bud=dhakṣetra-~, bhikṣu-~, yoja=na-~, varṣa-~, siṃhalatā-…~…, yojana-śatika
śatatama °mo 34.14
śata-dhā-bhinna °nnayā 34.18 34.19 34.23
śata-sahasra → aneka-~…, an=eka-ratna-~…, kalpa-~, koṭī-~, koṭī-nayuta-~, koṭī-niyuta-~, kuśala-~, nānā-ratna-ma=ya-…~…, nānā-surabhi-gandha-ghaṭikā-~, buddha-~, bud=dhakṣetra-~, yojana-~ka
śata-sahasra-koṭī → buddha-~
śata-sahasratama °mo 34.15

→ koṭī-~, koṭī-nayuta-~
śabda
°daḥ 41.13
°dam 41.15 °daṃ 41.16
chabdāṃś 41.23
→ akuśala-~, aduḥkhâ…~,
anutpattikadharmakṣānty-…~,
anumodanā-~, apāya-…~,
abhijñā-~, evaṃ-rūpa-~…,
duḥkha-~, dharma-~, nīvara=
ṇa-~, pāramitā-~, bala-~,
buddha-~, bodhivṛkṣa-~,
bhūmi-~, mahāmaitrī-…~,
rūpa-~…, vaiśāradya-~, śā=
nta-praśāntô…~, śūnyatânimi=
ttâpraṇihitânabhisaṃskārâjātâ…
~, saṃgha-~, pratisaṃvic-
chabda
śabda-ghoṣo °ṣo 58.4
√śam → pra-~
śamatha → uttama-…~…
śayanâsana → cīvara-piṇḍapāta-
~…
śarīra → sva-~
śalya → utpāṭita-…~
śastra → prajñā-~…
śākya-muni °niṃ 67.4
śākhā °khāḥ 37.19 37.28
38.3 °khā 37.9 37.12
37.16 37.22 37.25
→ abhipralambita-~…, nānā-~
…, mūla-…~…
śānta → acintya-~, upa-~, pra-
~
śānta-khila °lāḥ 63.14
śānta-citta °ttāḥ 61.24
śānta-praśāntôpaśānta-śabda
°daṃ 41.21
śānta-sahagata °taṃ 42.2
śārada °daṃ 5.11
→ vi-~
śāri-putra °reṇa 4.13

śāla → mahā-~
śāstṛ
°tā 10.1
°tunā *53.3*
°tu *26.14*
°tuḥ *11.2*
śāstṛ-saṃjñā °jñā 74.7
√śikṣ śikṣiṣu *76.8*
śiras °sā 14.2 14.10
śilā → śaṅkha-~
śiva → atula-~
śiva-vara-bodhi °dhi *11.15*
√śī → saṃ-~
śīghra-śīghra °raṃ *56.11*
śīta °taṃ 40.21 40.22
śītôṣṇa °ṇam 41.2 °ṇaṃ
41.1
śīrṣâbharaṇa °ṇāni 43.11
śīla
°lam *10.18*
°lena 63.11
→ dāna-damatha-~…
śīla-kṣānti-vīrya-dhyāna-prajñā-
pāramitā °tāsv 30.4
śuka → haṃsa-…~…
śukla → su-~
śukla-dharma-paryeṣṭi °ṭāv
29.11
śuci-praṇīta °taṃ 70.2
śuddha °dhāḥ 64.3 64.7
°dhā 63.15
→ pari-~, vi-~
śuddhâdhimukta °tā 64.7
śuddhâvāsa → abhibhūya-lokapā=
la-…~…
√śudh → vi-~
√śubh śobhati *51.12* *52.6*
*53.5*
śubha °bhaṃ 45.1
→ a-~, parama-~…
śubha-citta → pāṇḍara-…~tā
śubhâśubha → sarvasattva-~…

śūnyatânimittâpraṇihitânabhisaṃs=kārâjātânutpādâbhāvânirodha-śabda °daṃ 41.19
śūnyatânimittâpraṇihitânabhisaṃs=kārânutpāda-vihāra-vihārin °rī 29.15
śūra
°rā 64.9
°ra *75.13*
śūra-kūṭa °ṭo 8.20
śeṣa → a-~
śaikṣa-pratipad °dy 5.4
śokâpagata °tā 64.3
śobhana °nā *56.3*
śoṣaṇa → cīvara-dhāvana-~…
śrad-√dhā °dhate *47.7*
śraddhā °dhā *47.8* *78.6*
śramaṇa-brāhmaṇa → sa-śrama=ṇa-brāhmaṇika
śrava °vā *75.12*
śravaṇa °ṇāya 38.7 40.12 73.15
→ a-~, dharma-~, buddha-nā=ma-~, saddharma-~, saha-~, saha-nāmadheya-~, tac-chra=vaṇa-…
śravaṇīya → sukha-~
śravaṇôdgrahaṇa-dhāraṇârtha
°thaṃ 74.3
śrāvaka
°kās 59.6 66.20
°ka *76.11*
°kair 32.2
°kāṇāṃ 16.25
→ deva-nāgâ…~, mahā-~, sarva-buddha-bodhisattvâ…~…
śrāvaka-koṭī °ṭyaḥ 34.3
śrāvaka-koṭī-śata °tāni 34.3
śrāvaka-koṭī-śata-sahasra °rāṇi 34.4
śrāvaka-koṭī-sahasra °rāṇi 34.3
śrāvaka-gaṇa °ṇaṃ 66.22
śrāvaka-deva-manuṣya °yāś 67.3
śrāvaka-saṃgha °gho 34.2 35.6
śrāvaka-sannipāta °taṃ 34.13
śrāvakasannipātâdi °dīnāṃ 35.5
śrī → ratna-~
śrī-kūṭa
°ṭo 8.18
°ṭasya 72.13
√śru
śṛṇoti 41.17 41.23
śṛṇvanti 48.4
śṛṇuyus 25.7 25.12 °yur 25.3
śṛṇu 8.2
śṛṇotu 14.20
śroṣyanti 73.11 *75.14*
śrutvā 13.5 14.16 17.23 18.5 22.4 22.10 22.16 23.18 23.22 24.7 24.11 *47.5* *47.9* 48.4 *55.1* 74.18 chrutvā 41.23
śrutva *55.5*
śruṇitva *78.8*
śruṇiyāna *56.1*
śrotuṃ 25.3 41.16
→ prati-~
śruta
°to *76.3*
°tam 4.1 °taṃ *52.11*
°tena 63.11
śreṣṭha °ṣṭhāṃ *78.8*
→ agra-~
śreṣṭhi-gṛhapaty-āmātya-kṣatriya-brāhmaṇa-mahā-śāla-kula
°leṣu 30.15
śreṣṭhin °no 70.9
śrotas °tāṃsi 34.6
śrotra
°ra *55.9*
°rasya 16.7

śrotra-roga °go 58.6
śrotrâvabhāsa °sam 58.6 74.17
śrotrêndriya °yasya 41.14
śrotrendriyâbhāsa °sam 40.13 41.14
śvabhra → nadī-~···

ṣ

ṣaṭ-triṃśat-koṭī-nayuta > ṣaṭtriṃśakoṭīnayutāni *53.9*
ṣaṭtriṃśad-buddha-koṭī-sahasra °rāṇi 38.15
ṣaṭtriṃśad-raśmi-koṭī-sahasra °rāṇi 38.14
ṣaḍ-abhijña °jñair 4.7
ṣaḍ-vikāra °raṃ 79.17
ṣaṣ ṣaṇṇāṃ 36.15
ṣaṣṭi → catuḥ-~···
ṣaṣṭi-bodhisattva-koṭī °ṭyaḥ 72.7
ṣoḍaśa-yojana-śata °tāny 57.9
ṣoḍaśayojanaśatôcchrita °tam 20.17

s

saṃ-yojana → bhava-~
saṃ-varṇita → sarvabuddha-~
saṃ-vartaka → hita-sukha-~
saṃ-vāsa → sukha-~
saṃ-√vid °vidyante 36.1
saṃvibhāga-rata °tā 63.15 → dāna-~
saṃ-√vṛt °vartate 29.19 °ta 71.10
saṃ-vṛta → su-~···
saṃvṛti-vyavahāra °reṇa 43.25 → nāma-saṃketa-~···
saṃ-√śī °śayata 75.1
saṃ-√sad °sīdanti 62.5
saṃ-sīda °dam 49.8
saṃ-sṛṣṭa → a-~
saṃ-skṛta
°taṃ *27.20* 44.16
°tesmin *12.2*
saṃ-stara → puṣpa-~
saṃ-stīrṇa → nānā-divya-···~, suvarṇa-vālikā-~
saṃ-√stṛ °stṛṇuyād 44.18
saṃ-stṛta °tam 79.18
saṃ-√sthā
°tiṣṭhate 40.19 40.20
°tiṣṭhante 48.6 58.19 70.18
°sthihi *52.5*
saṃ-sthāna → varṇa-~···, varṇa-liṅga-~
saṃ-sthita → eka-prasthāna-~
saṃ-sparśa → sukha-~
saṃ-hatana → nārāyaṇa-···~···
sakta → a-~, ava-~
sakhila °lo 29.10
sa-gaurava °vaiḥ *76.3* → buddha-dharma-···~
saṃ-kusumita → citta-dhārā-···~···, puṣpāvatī-···~···
saṃ-keta → nāma-~···, prajña=ptika-~
saṃ-kṣipta °tena 32.10 42.10 45.26 64.15
saṃ-√kṣubh °kṣobhayanti 44.13
saṃ-kṣobha → kalpa-~
saṃ-khyā
°khyā 74.22
°khyāṃ 35.7 43.25
→ kalpa-~
saṃkhyā-gaṇanā °nāto 15.15
saṃ-khyeya → a-~
saṅga → a-~, ā-~
saṃ-gīti → divya-~···, puṣpa-dī=pa-···~···, buddha-~, bodhy-···

~, sarva-vādya-saṃgīty-···
saṃ-gha °ghaḥ *53.7*
→ deva-~, dvija-~, pakṣi-~, buddha-dharma-~···, bhikṣu-~, śrāvaka-~
saṃgha-śabda °daṃ 41.17
saṃghāta → nānā-ratna-luḍita-··· ~···
sa-cāmara °rāṇy 45.17
sacet 60.12 64.15 °ced 22.11
°cen 15.2 15.5 15.9 15.13 15.17 15.22 16.2 16.6 16.11 16.16 16.20 16.24 17.2 17.6 17.10 17.13 17.16 17.21 18.4 18.11 18.15 19.4 19.11 19.20 19.24 20.7 20.11 20.16 20.20 21.2 21.7 21.13 21.17 22.2 22.8 22.14 23.3 23.8 23.12 23.17 23.21 24.6 24.10 24.16 25.1 25.6 25.11
saci *25.19* *26.3* *26.7* *26.11* *28.3*
saṃ-caya → puṇya-~, bahu-guṇa-···~
saṃ-cchanna °nnam 38.11
→ divyô···~, dūṣya-···~, he=ma-ratna-···~
sañjana → a-~
saṃ-√jan
°janayanty 60.23
°jānayeyur 22.10
°janayitvā 13.11
saṃ-janana → kāya-sukha-~
saṃ-√jñā
°jānanti 42.23 43.9 43.17
°jānīyān 20.14 20.18
°jānīyuḥ 23.5 °yur 23.15
saṃ-jñā → anyātaka-~, āgāra-··· ~, udyānavimāna-~, kāma=vyāpādavihiṃsā-~, gandha-~ ···, parigraha-~, mama-~, rū=pa-śabda-gandha-rasa-spraṣṭa=vya-~, śāstṛ-~, svaka-~
saṃjñā-manasikāra °raiḥ 69.7
sat (< √as)
santaḥ *26.12* °ta 45.6
°to 22.5 60.19
samāna °nāḥ 22.11
sa-tata-samita °taṃ 59.8
sat-√kṛ
°kurvanti 24.20
°kuryāmo 19.27
°kriyeran 23.1
°karitvā *27.15* *52.8*
satkartu-kāma °mānāṃ 18.21
sat-kṛta °tā 30.13 30.21
sattva
°tvaḥ 16.25 °tvo 20.12
°tvasya 20.21
°tvās 40.16 48.3 48.8 49.5 58.10 58.12 58.14 58.16 °tvāḥ 15.5 15.9 15.17 15.22 16.2 16.6 16.11 16.16 16.20 18.16 19.21 30.15 42.15 45.6 *46.6* *56.1* 58.19 61.13 *76.12* °tvāś *56.4* °tvā *12.5* 17.21 18.5 21.17 23.9 24.7 24.11 40.21 41.9 41.13 42.21 45.20 *55.2* *56.9* 68.11 73.10 73.12 74.13
°tvān 18.9 18.22 67.18 74.8
°tvaiḥ 52.10
°tvebhyo 38.18 38.20
°tvānām 17.14 39.18 69.2
°nāṃ 7.22 16.13 17.7 39.21 40.13 58.5 58.8 61.8
°tveṣu 13.11
→ bahu-~···, bodhi-~, mahā-

~, yathâ···~···, saṃbodhi-~,
sarva-~, a-~tā
sattva-koṭī-niyuta-śata-sahasra
°rāṇy 30.10
sattva-nayuta-koṭī̆ °ṭīnāṃ 79.2
sattva-sāra
°ro *26.1* *27.18*
°re *10.16*
sat-puruṣa
°ṣau 59.10
°ṣāṇāṃ 65.1
√sad → saṃ-~
sadā *12.11* 21.10 21.14[2] 32.12
32.16
sada *12.10*
sadā-pattra °raḥ 57.11
sadā-puṣpa °paḥ 57.11
sadā-phala °lo 57.12
sadṛśa °śu *10.19*
→ a-~, agni-rāja-~, ap-~, ā=
kāśa-~, uttapta-hema-···~···,
udumbarapuṣpa-~, ṛṣabha-~,
kālānusāri-···~, gagana-~, ga=
ruḍa-···~, nyagrodha-···~, pa=
kṣi-~, padma-~, bhadrâ···~,
mahānāga-~, mahā-vṛṣṭi-~,
mukta-cchatra-···~, maudga=
lyāyana-~, vasuṃ-dharā-~,
vāyu-~, vaiḍūrya-~, siṃha-
mṛga-···~, sumeru-parvata-···~
sa-devaka
°kasya 28.17 73.15
°kena 23.1
sa-deva-mānuṣâsura °rāyāḥ
28.18
sa-deva-mānuṣâsura-gandharva
°vaś 80.2
sad-dharma-pratikṣepâvaraṇâvṛta
°tāṃś 18.8
saddharma-vipralopa °pe 74.15
saddharma-śravaṇa °ṇād 69.5
saddharmaśravaṇatā °tayā 16.8
sa-nirdeśa °śāṃ 13.9
santika °ke *57.6*
saṃ-tata
°taṃ 38.8
°tāni 40.15
saṃ-tati °tyā 48.18
saṃ-tuṣitatva °tve 30.19
saṃ-tuṣṭa °ṭaḥ 29.9
saṃ-trasta → a-~
saṃ-√dṛś
°dṛśyate 67.1
°dṛśyanti 79.17
°dṛśyeraṃs 21.4
saṃ-naddha → nitya-~, saṃnā=
ha-~, sarvalokârtha-~
saṃnāha-saṃnaddha → udāra-~,
mahā-~
saṃ-nicaya → a-~···, aneka-gu=
ṇa-~
saṃ-nicita → nānā-vidha-ratna-~
···
san-nipāta → prathama-~, śrā=
vaka-~
sapta(n) °tānāṃ 36.16
→ sapta-~···
saptati → ekôna-~, dvā-~···
sapta-pauruṣa °ṣaṃ 44.16
44.21
saptama °masya 36.18
sapta-ratna °nāni 45.15
saptaratna-maya
°yāḥ 38.2 38.3 °yā 38.2
°yaiḥ 38.11 °yair 38.8
°yai 38.9
°yāni 38.1 38.3[2] 38.4
saptaratnâbhivṛṣṭa °ṭo 9.14
sapta-saptâpsaraḥ-sahasra-parivṛta
°tāḥ 43.22
sa-prajña °jñāḥ *47.7*
sa-brahmaka °kasya 28.18
sama °maṃ 39.5 44.19
→ a-~, asama-~, gaṅgā-nadī-

…~, mahābrahma-~, meru-~,
sāgara-~, sumeru-~, traidhā=
tuka-~tā
sama-citta °ttās 61.15
sam-atikrānta → divya-~, deva=
manuṣya-~
sam-anantara-bhāṣita °tā 65.17
sam-anucaṃkramāṇa °ṇā 61.9
sam-anu-√paś
°paśyāmi 68.2
°paśyati 6.7 7.1
sam-anu-√smṛ °smariṣyanti
49.6
sam-anta °tāt 44.16 44.20
°tād 21.3 22.8 22.14
32.14 °tāc 22.2 38.9
39.4 44.11 45.2
samanta-kāya °yaṃ *52.7*
samantatas °taś 38.11
samanta-bhadra-caryā-niyata
°tānāṃ 19.1
samantânugata °taṃ 24.17
sam-anvāgata
°taḥ 32.3 °to 28.12 30.6
31.6
°tāḥ 28.13 42.19 59.16
°tā 18.13 21.19
→ acintya-guṇâlaṃkāra-…~,
cittaudbilya-~, dharma-nir=
ukti-~, sarva-dharmâ…~
sam-abhibhūta °tāni 66.6
sam-aya
°yena 8.7 66.2 67.2
°ye 4.1 10.10
→ kāla-~
sam-arpita → sukha-~
sam-alaṃkṛta → nānā-ratna-
maya-…~, nānā-vicitra-…~,
makara-…~, yathâ…~, ratna=
vṛkṣa-~, lakṣaṇâ…~
sam-avadhāna → bodhisattva=
caryā-…~…
sam-ākula → ākula-~
sam-āgata °tāni *12.5*
sam-ā-√dā °dadāmi *11.10*
sam-ādāpana → sarvasattva-ku=
śala-…~tā
sam-ādāpitavat °vān 30.4 30.5
sam-ādhi
°dhir 24.4 24.20
°dhiṃ 24.1 24.18
°dhinā 49.3
°dhau 24.1
→ dāna-damatha-…~
samādhi-prajñā-vīrya > samā=
dhiprajñavīryaiḥ *10.18*
samādhi-mukha-pārami-prāpta
°taḥ 7.17
samāna → gaṅgā-raja-~
sam-āpanna → tṛtīya-…~,
nirodha-~
sam-āpta °taḥ 80.7
→ a-~…, su-~
sa-māraka °kasya 28.17
sam-āhita → su-~
sam-√i °eṣi *27.17*
sam-ita → sa-tata-~
sam-√īr °īrayanti 44.14
sam-īrita → vāta-~, surabhi-
nānā-…~
samudaya-nirukti-kuśala °lā
61.24
sam-udāgata → uttapta-jñāna-~
sam-ud-ā-√car °carati 43.4
sam-udānayat °yan 29.3
sam-ud-ā-√nī °ânayad 31.1
sam-udānītavat °vān 29.12
30.6
sam-ud-√īr °īrayeyur 17.19
samudra °raḥ *11.1*
→ mahā-~
sam-upaśobhita → puṣpâvali-~
sam-ṛddha → nānā-puṣpa-…~
sam-ṛddhi → pūrvapraṇidhāna-~

…
sam-√ṛdh °ṛdhyati *28.4*
sam-eyamāṇa °ṇa *26.13*
saṃ-patti °ttiḥ 14.8
→ buddhakṣetra-~, sarva-ku=śalamūla-~, para-saṃpatty-…
saṃ-pad → kṣaṇa-~, guṇa-vyū=ha-~, guṇâ…~, praṇidhi-~, buddhakṣetra-~, buddhakṣetra-guṇa-…~
saṃ-panna → vidyā-…~
saṃ-paśyat °yantas 49.14
saṃ-pra-√iṣ
°êṣayiṣyanti 48.22
°êṣya 48.19
saṃ-pra-√kāś
°kāśayet *76.10*
°kāśayiṣyanti 74.20
saṃprakāśanârtha °thāya 74.4
saṃ-prakāśitavat °vān 13.9
saṃ-prajāna °no 29.21
saṃ-pra-√ṇad (√nad) °ṇeduḥ *28.8*
saṃ-prayukta → koṭīśatasahasrâ…~
saṃ-pravādita
°tasya 40.9
°tāny 79.19
saṃ-pra-√viś °veśya 5.16
saṃ-bahula °laiś 5.5
saṃ-buddha °dho *76.1*
→ abhi-~, samyak-~
saṃ-bodhi → samyak-~
saṃbodhi-sattva °tvā *50.6* *51.4*
saṃ-bhava → kusuma-~
saṃ-mukham 10.11 12.14
saṃ-mūḍha → a-~
saṃ-mūrcchita → divya-saṃgīti-~
samyaktva °tve 16.21 45.21
samyak-saṃbuddha
°dhas 13.6 65.7 66.22
°dhaḥ 65.18 71.14 °dho 8.8 9.22 32.1 48.12 48.23
°dhaṃ 65.14 66.11
°dhasya 10.4 57.9 68.23 73.11
°dhān 6.6
°dhānām 7.17
°dheṣv 7.8
samyak-saṃbodhi
°dhim 12.15 12.19 14.21 15.4 15.8 15.11 15.16 15.20 16.1 16.5 16.9 16.14 16.18 16.22 16.24 16.28 17.2 17.5 17.7 17.9 17.12 17.15 17.19 18.2 18.9 18.14 19.2 19.9 19.18 19.22 20.6 20.10 20.14 20.19 20.22 21.6 21.11 21.16 21.20 22.6 22.13 23.1 23.7 23.11 23.15 23.19 24.4 24.9 24.14 24.21 25.4 25.9 25.15 31.17 31.21 35.18 59.3
°dhes 58.20 °dheḥ 48.7 49.13 74.2 °dher 25.9 79.12
°dhau 12.16 17.22 18.17 18.22 30.10 48.17 74.9 79.8
samyag-ājñā-suvimukta-citta
°ttaiḥ 4.4
sarva
°vam 43.2 °vaṃ 43.6 43.8 71.9
°ve 15.10 15.18 15.23 16.3 16.7 16.12 16.21 18.12 18.16 19.21 20.8 20.21 21.19 24.12 42.15 45.21 *46.6* 48.6 58.18 59.2 59.16 59.21 59.22

60.4 61.7 61.9 67.3
*76.11* 79.10 °va 19.5
°vān 6.17 *27.9*
°va *11.14* *27.13* *54.1*
°vair 4.3
°veṣāṃ 38.4
°vāṇi 66.5 °ṇy 34.10
°vāś 40.5 °vā 14.1 66.12
67.1
sarva-kuśala-dharma-caryā
°yābhiś 71.1
sarva-kuśala-mūla-dharmâdhipatya-pūrvaṃgamanatā °tayā 63.5
sarva-kuśalamūla-pāramitā-prāpti
°tiḥ 75.5
sarva-kuśalamūla-saṃpatti °tter
69.6
sarva-kleśa-mala-nidhāvana-pravā=hanatā °tayā 62.12
sarva-kṣetrâbhyudgata °taṃ
66.12
sarvajña-jñāna °nasya 74.17
sarvajñatā-vihāra °reṇa 6.4
6.16
sarvajñatā-sahagata °tām 61.7
°tāṃ 19.21
sarvatas °taś 38.10 38.14
38.15 °to 39.2 °ta
*11.18*
sarvatra 66.2
sarva-diśā °śā *11.5*
sarva-deva → abhibhūya-lokapā=la-····~···
sarva-doṣa-moha °hāṃ *27.1*
sarva-dharma-nairvedhikatā °tayā
62.14
sarva-dharma-paryeṣṭi-kuśala °lāḥ
62.1
sarva-dharma-prakṛti-vyupaśama-jñāna-vihārin °riṇo 62.2
sarva-dharma-manyanā-kleśa-nir=dahanatā °tayā 62.13
sarva-dharmânupalabdhi-samanvā=gata °tāḥ 61.24
sarva-nara °rāṇa *27.4*
sarva-nṛtya-gīta-vādya °yair
19.16
sarva-para-pravādy-akampanatā
°tayā 63.3
sarva-pariṣkāra-vaśitā-pārami-prāpta °taḥ 31.12
sarva-parītta °ttaḥ 60.16
sarva-parītta-kuśala-mūla °lo
20.17
sarva-puṣpa-gandha-mālya-vilepa=na-cūrṇa-cīvara-cchatra-dhvaja-patākā-pradīpa °pair 19.15
sarva-puṣpa-dhūpa-gandha-mālya-vilepana-cchatra-dhvaja-patākâ=bhinirhāra °rāḥ 31.8
sarva-pūjā-vidhāna °nāni 60.9
sarva-prabhā-pāragata °ta 33.7
sarva-buddha °dhān 18.21
sarva-buddhakṣetra
°rān 67.15
°rāṃ *26.16*
sarvabuddha-praśasta °tāḥ 74.16
sarva-buddha-bodhisattvârya-śrāva=ka-pratyekabuddha °dhebhyo
3.2
sarvabuddha-saṃvarṇita °tāḥ
74.16
sarvabuddhânujñāta °tā 74.16
sarva-ratna °nair 19.15
→ prāsāda-····~···, siṃhalatā-····~···, suvarṇajāla-····~···
sarva-ratna-kaṅkaṇī-jāla °lāni
43.14
sarvaratna-maya °yāni 21.10
sarva-ratnâlaṃkāra °rāḥ 31.7
→ kiṅkiṇī-····~···
sarva-roma-kūpa °pebhyaḥ 31.9
°ya 31.4
sarva-loka °ke *10.15* 14.5

sarva-lokadhātu °tuṣu 18.20
sarvaloka-parinirvāpitâbhiyukta °tānāṃ 18.19
sarvalokâcārya °yāṇāṃ 7.22
sarvalokânupaliptatā °tayā 62.15
sarvalokâbhirūpa °paś 31.5
sarvalokârtha-saṃnaddha °dhānāṃ 18.19
sarvalokārthâbhiyukta °tānāṃ 18.19
sarvalokâsañjanatā °tayā 62.14
sarva-varṇika °kāni 45.14
sarva-vastra-cīvarâbhinirhāra °rāḥ 31.7
sarva-vādya-saṃgīty-abhinirhāra °rāś 31.9
sarvaśas °śaḥ 39.1 39.2 °śaś 39.3 42.4 45.11 61.11 °śo 28.15 42.5[2] 42.6 43.3 45.8 45.10 62.14
sarva-sattva
°tvāḥ 16.27 *77.5*
°tvānām 29.11
sarvasattva-kuśala-dharma-samādā=panatā °tāyai 29.15
sarvasattva-trātṛ °tā *11.11*
sarvasattva-paritrāṇatā °tayā 63.2
sarvasattva-parinirvāṇâbhiyukta °tāś 59.5
sarvasattva-śubhâśubha-kṣamaṇatā °tayā 62.11
sarvasattva-hita-sukhâdhāna °nāya 71.12
sarva-sukhôpadhāna °naiḥ 30.14 °nair 19.8
sarva-sauvarṇa-vaiḍūrya-pratyupta °tam 69.9
sarvâkāra °rān 13.5
sarvâkāra-varôpeta-ratna-maya-padma-bandhanâgāra-praveśa °śaḥ 75.2
sarvânna-pāna-khādya-bhojya-lehya-rasâbhinirhāra °rāḥ 31.10
sarvāvat
°vat 41.12
°vatī 80.2
sarvôpabhoga-paribhoga °gaiḥ 42.18
sarvopabhogaparibhogâbhinirhāra °rāś 31.11
salila → dharma-~…
sa-śramaṇa-brāhmaṇika °kāyāḥ 28.18
√sah → ut-~
saha-gata → tac-…~, dharma-~, nirodha-~, prasāda-~, bodhi-pariniṣpatti-…~, virāga-~, viveka-~, śānta-~, sarvajñatā-~
saha-cittôtpāda °dāt 20.4 23.6 60.9 °dān 19.17 25.3 60.13
saha-darśana °nāt 58.19
saha-nāmadheya-śravaṇa °ṇāt 24.16 °ṇān 25.8 25.12
saha-śravaṇa °ṇān 23.22
sahasra → aṣṭādaśa-…~, kalpa-~, koṭī-~, dvādaśa-bodhi=sattva-~, parikṣīṇa-…~, bu=ddha-~, buddhakṣetra-~, bhi=kṣu-~, yojana-~, śata-~, sa=pta-saptâ…~…
sahasra-koṭī
°ṭī *57.3*
°ṭīḥ *53.11*
→ śata-~
sahasratama °mo 34.14
→ śata-~
sahasra-lokadhātu °tū *28.5*
sa-hita °tā 64.10
sahôtpanna °nnāḥ 23.8
sâkāra °rāṃ 13.9

sâkṣin °kṣī *12.7* *78.2*
sāgara → siṃha-~…
sāgara-meru-candra °ro 9.6
sāgara-vara-buddhi-vikrīḍitâbhijña
°jño 8.18
sāgara-vara-maṇi-ratna-suvicitrita
°to 57.15
sāgara-sama °māḥ 61.18 °mā
62.8
sāṃkathya → dharma-~
sātatya °yeṣu 64.12
sādṛśa → paramâṇu-~
sādṛśya → a-~
sādhu 6.9 7.3 8.3 12.18
39.22 °dhv 6.9 7.3 40.1
sâpekṣa °kṣāḥ 61.11
sāmarthya-pratilambhârtha °thaṃ
71.12
sāṃpratam °taṃ 35.17
sāra °raṃ 62.1
→ uraga-~, sattva-~
sārathi → puruṣa-damya-~
sārasa → haṃsa-~…
sārikā → haṃsa-…~…
sârdham °dhaṃ 4.2
sāhasra → tri-~…~
siṃha
°ho 9.20
°hasya 72.11
siṃha-nāda °daṃ 14.16
→ buddha-~, mahā-~
siṃha-mati
°tir 9.20
°ter 9.21
siṃha-mṛga-rāja-sadṛśa °śā 63.1
siṃhalatā-mekhalā-kalāpa-ratna=
sūtra-sarvaratna-kañcuka-śatâ=
bhivicitrita °taḥ 57.17
siṃha-sāgara-kūṭa-vinandita-rāja
°jo 9.6
siṃhāṇaka → kheṭa-~
siddhârtha °thāḥ *75.13*
sīvana → cīvara-dhāvana-…~…
su-kara
°ro 30.11 30.16 30.22
°raṃ 32.4 34.2 35.9
°rā 74.22
sukha
°kham *12.6* °khaṃ 23.9
°khena 21.19
°khāya 7.6
→ a-~, anu-~, karṇa-~, kā=
ya-~…, prīti-prāmodya-~…,
bahu-jana-~, sarva-~…,
sarvasattva-hita-~…, hita-~…
sukha-kāraṇa
°ṇānāṃ 42.12 46.2
°ṇeṣu 42.11 46.1
sukha-vāhin °nyo 40.5
sukha-śravaṇīya °yo 40.13
sukha-saṃvāsa
°so 29.8
°sā 64.2
sukha-saṃsparśa °śāni 38.5
→ kācalindika-~, kācilindika-
~
sukha-samarpita °tā 45.6
sukhāvatī
°tī 35.20 36.2 42.9 45.25
47.10 *57.7*
°tīṃ *3.7* *3.8* *55.4* *57.1*
73.8
°tīye *46.11* *47.4*
°tyāṃ 31.23 36.1 40.2
42.4 42.11 42.14 42.21
44.8 44.10 45.13 46.1
48.14 49.11 61.1 61.12
67.2 67.21 68.2 68.4
68.9 68.15 68.18 70.15
71.13 71.18 71.21 71.24
72.3 72.4 72.6 72.7
72.9 72.11 72.12 72.14
72.15 72.17 72.20 73.1
73.3 79.14

sukhāvatī-varṇa °ṇa *46.9*
sukhāvatī-vyūha °haḥ 80.6
sukhāvaty-upapatti °ttaye 79.8
sukhin °khi *26.5*
su-gata
°to 10.1
°taṃ *78.9*
°tā *46.6* *77.5*
°tāna *57.6*
sugata-suta °tair *3.9*
su-gandhin °dhīni 38.6
sugandhi-nānā-ratna-puṣpa-varṣa
°ṣāṇi 21.14
su-citra °raṃ 44.19
su-cira °reṇa *78.6*
suta → buddha-~, sugata-~
su-dānta → parama-~…
su-durlabha °bhaḥ 7.18 7.21
°bho 7.19
su-nirmitatva °tve 30.19
sundara → loka-~
su-pariniṣṭhita °taḥ 5.16
su-parimṛṣṭa °ṭa 21.5
su-poṣa °ṣo 29.9
su-bāhu °hunā 4.10
su-bhara °raḥ 29.8
su-bhāvita °tayā 58.24
su-bhikṣa °kṣā 35.21
su-bhūti °tinā 4.15
su-mahat °had 74.5
su-meru
°rum 66.11
°roḥ 39.11
°ravaḥ 39.2
sumeru-kalpa °po 8.12
sumeru-kūṭa °ṭo 8.15
sumeru-parvata-rāja-sadṛśa °śāḥ
63.3
sumeru-pārśva-nivāsin °nas
39.8
sumeru-mūrdhan °dhni 39.9
sumeru-sama °mā 62.8
su-yāmatva °tve 30.19
su-rata
°to 29.8
°tāḥ 64.2
su-rabhi °bhī *50.8* *51.6*
→ nānā-~…
surabhi-divyâtikrānta-candana-=
gandha °dho 31.3
surabhi-nānā-gandha-samīrita °tā
36.2
su-rucira °raṃ *27.3*
su-labdha °dha *52.10* *52.12*
→ kiyat-~…
sulabdha-lābha °bhās 74.13
su-likhita °to 74.7
su-varṇa
°ṇena 19.13
°ṇasya 36.11 36.12 36.13
36.14 36.15 36.17
→ jāmbū-nada-~…
suvarṇa-garbha °bho 9.17
suvarṇa-jāla °lāni 43.14
suvarṇajāla-muktājāla-sarvaratna=
jāla-kaṅkaṇījālâvanata °to
57.18
suvarṇa-prabhāsa °so 8.15
suvarṇa-maya
°yāḥ 36.6 37.22 37.27
°yā 37.25
°yāni 36.19 37.7 37.8
37.13 37.16 37.19
→ jāmbūnada-~
suvarṇa-varṇa
°ṇāḥ 36.6 °ṇā 15.10
°ṇaiḥ 38.16
suvarṇa-vālikā-saṃstīrṇa °ṇāḥ
41.8
suvarṇa-sūtra °rāṇi 43.13
suvarṇasūtrâbhipralambita °to
57.16
su-vicitrita → sāgara-vara-maṇi-
…~

su-vinītatā °tayā 63.1
su-vibhakta-bhāvita °tayā 61.4
suvibhaktavatī °tīṃ 24.1
su-vimukta °tā 62.3
suvimukta-citta °ttaiḥ 4.6
→ samyag-ājñā-~
suvimukta-prajña °jñair 4.6
su-śukla → pāṇḍara-~…
suṣṭhu 8.3
su-saṃvṛtêndriya °yā 59.18
su-samāpta °tayā 58.24
su-samāhita °tā 63.8
√sū → pra-~
sūkṣma °ma *10.20*
sūtra → ratna-~, suvarṇa-~
sūna (?) > suna *27.5*
sûpatīrtha °thā 41.8
sūrya → agni-candra-~…, candra-~…
sūrya-ghoṣa °ṣo 8.17
sūrya-maṇi-śirī (?) °sirīṇa *10.14*
sūryânana °no 8.14
secana → a-~ka
sena → prāpta-~
sôttara-paṭa-cchadana °na 69.18
sôddeśa °śāṃ 13.9
sopānaka → catuḥ-~
saukhya → nirvāṇa-…~
saugandhika → divyô…~…
sauratya → kṣānti-~…
sauvarṇa → kiṅkiṇī-…~…, sarva-~…
sauvarṇa-maya °yānāṃ 36.19
skandha °dhāḥ 37.12 37.25 38.2 °dhā 37.8 37.15 37.18 37.21 37.28
→ ap-~, jñāna-~, mūla-~…
stambha °bhā 66.4
→ kadalī-~, nānā-ratna-~…
stīrṇa → aneka-goṇikā-~, tūlikā-…~, saṃ-~
√stu stuvanti 65.10
→ abhi-√ṣṭu
stuta → jina-~
√stṛ → saṃ-~
strī °riyo 22.9
strī-bhāva °vaṃ 22.11 22.12
stry-āgāra °rāñ 70.8
stha → buddhakṣetra-~
sthavira °rair 4.8 5.3
√sthā
tiṣṭhati 31.19 31.22 32.10 65.7
tiṣṭhanti 32.20
tiṣṭheyaṃ 18.1
tiṣṭhet 7.12
sthāsyati 48.13 49.2
sthitvā 19.26 24.2 24.18
sthāpayitvā 5.4 18.8 18.17 32.16 59.3 59.7 59.23
→ upa-~, pra-~, saṃ-~, ut-√thā, prati-√ṣṭhā
sthāna → nayâ…~…, pūrva-~…, a-saṃnicaya-~tā
sthāma(n) °mnā 42.16
→ nārāyaṇa-…~…, mahā-~…
sthāyin → aparyanta-~, a-mūla-~
sthita
°to 66.7
°tāḥ 68.15 °tā 41.13
→ pra-~, pratijñā-…~, praty-upa-~, saṃ-~, adhi-ṣṭhita, pari-niṣṭhita, prati-ṣṭhita
sthiti → kalpakoṭīnayutaśatasaha=sra-~ka
sthira-citta °ttā 61.16
sthūṇa → catuḥ-~
snigdha-citta °ttāḥ 61.15
sparśa → evaṃ-rūpa-…~…, saṃ-~
sparśa-vihāra °raiś 30.14
spṛṣṭa °ṭāḥ 45.6
spṛhā °hāṃ 49.6 49.10

spraṣṭavya → rūpa-···~···
sphaṭika °kasya 36.13 36.14
36.16 36.17
→ maṇi-muktā-···~···
sphaṭika-maya
°yāḥ 36.8 37.9 37.15 °yā
37.12
°yānāṃ 36.24
°yāni 36.23 37.18 37.23
37.26 37.28 °ny 36.24
sphaṭika-varṇa °ṇāḥ 36.8
√sphar spharitvā 32.20
sphīta °tā 35.21
sphuṭa
°ṭam 66.1 °ṭaṃ 43.15
44.21
°ṭā 21.18 58.14
°ṭāni 32.12 32.16
→ nityâvabhāsa-~, pari-~
√sphur
sphuranti *53.11*
sphuri *26.16*
sphuritvā 32.9
sma 31.4 31.5 31.10 43.16
45.7 45.19 60.16 67.5
67.7
smā *53.1*
smara → jāti-~
smarat °rantaḥ *78.9*
smita °taṃ *53.8* *54.8*
√smṛ → anu-~, sam-anu-~
smṛti °tyā 49.3
smṛtimat
°mān 10.5
°manto 64.10
smṛti-mati °tiyā *26.12*
svaka-saṃjñā °jñā 61.13
svakârtha → anuprāpta-~
sva-kuśala-mūla °laṃ 68.25
√svad → ā-~
sva-parôbhaya °ye 29.20
sva-pāṇi-tala °lāt 65.18
svapnântara-gata °tās 49.11
svapnôpama °ma *53.2*
svayam 13.1 °yaṃ 30.3 30.4
svayaṃ-bhū °bhu *27.15*
svara → buddha-~, brahma-~···,
mañju-~, madhura-~, mano=
jña-~
svarga-patha °thān *27.6*
sv-alaṃkṛta °taṃ *52.6*
sva-śarīra °re 16.17
sv-astika → makara-~···
sv-āgata °tena 4.16
svâdhyāya °yo 20.21
svāmin → dharma-~
sv-ārakṣita-vākya °yaś 29.17


**h**


haṃsa-sārasa-cakravāka-kāraṇḍava-
śuka-sārikā-kokila-kuṇāla-kala=
viṅka-mayūrâdi-manojña-svara
°rās 41.5
√han → upa-~
harmya → prāsāda-~···
harṣa °ṣaṃ 14.15
hasta → grīvā-~···
√hā jahiyā *11.3*
hāra → kaṭaka-~, nīla-···~,
ratna-~, rucaka-~, lohita=
muktā-~, vatsa-~
hārâhāra-kuśala °lā 61.25
hi 13.1 14.14 14.20 31.12
*47.8* *50.5* 69.4 70.6 71.5
*76.1* *77.1* *77.4* *77.12*
dhi *47.9* hy 7.11 7.16
8.2 14.6 *55.12* 71.19 74.1
74.23 75.3 *76.9*
hī *54.6*
hita °tāya 7.6
→ bahujana-~, sa-~, sarva=

sattva-~…
hita-citta °ttā 61.15
hita-sukha-saṃvartaka °kaṃ 29.20
hitânukampin °pī *54.10*
hitaiṣin
°ṣy 13.10
°ṣiṇām 7.20
hīna °nebhi *76.5*
→ manuṣya-~, vi-~, pari-hīṇa, pra-hīṇa
hīnâdhimuktika °kā 73.12
√hṛ → abhi-nir-~, ā-~, vi-~
hṛdayaṃ-gama °maḥ 40.11
hetu
°tuḥ 68.12 °tur *54.7*
°toḥ 7.10 7.16 33.16 45.22 48.3 65.2 74.1
→ apratihata-~…
hetu-balika °kāḥ 64.4
hema(n) → uttapta-~…
hema-jāla-praticchanna °nnaṃ 38.10
hema-ratna-kaṅkaṇī-jāla-saṃcchan=na °nnaṃ 69.12
hrīmat °manto 64.1 64.10

# APPENDIX II

## WORD INDEX TO THE *SMALLER SUKHĀVATĪVYŪHA*

- Numerals are the pages and lines of this work (F).
- Superscripts denote the frequency of recurrence of an entry word: e.g. $83.6^3$ is for 3 times on p. 83, *l*. 6 of F .

### a


akṣobhya °yo 90.2
aṅga → aṣṭâ∼···, indriya-bala-bodhy-∼···
aṅgika → koṭiśatasahasrâ∼
a-cintya-guṇa °ṇān 93.15 93.16
acintyaguṇa-parikīrtana °naṃ 90.7 90.14 91.7 91.16 92.6 92.17
a-jita °tena 83.12
ati-√kram °kramya 84.7
adhasta °tāyāṃ 92.1 92.4
adhi-rāja → śākyâ∼
an-anta-vīrya °yo 90.11
a-nātha-piṇḍa-da °dasya 83.3
a-nikṣipta-dhura °reṇa 84.1
a-niruddha °dhena 83.10
an-uttara
°rāṃ 88.4 94.2 94.6
°rāyāṃ 93.4 93.10
an-uparikṣipta °tā 84.17
anu-smṛti → dharmâ∼, buddhâ∼, saṃghâ∼
anta → an-∼···, sam-∼
anya
anyāṃl 86.8
anyaiś 83.10 84.1 84.3
anyatra 88.15
a-para °raṃ 84.15 84.21 86.3 86.13 87.8 88.12
a-parimita °tam 88.2
api 86.9 87.4 87.10 90.1 93.14 93.16 94.5
a-pramāṇa °ṇāny 84.12
a-prameya °yaḥ 88.8
aprameyâsaṃkhyeya °yā 88.15
abhijñātâbhijñāta °taiḥ 83.4
abhi-√nand abhyanandan 94.11
abhi-saṃ-buddha °dhasya 88.4
abhi-saṃ-√budh °budhya 94.3 94.6
abhy-ava-√kṝ °kīrya 86.9
a-mita-dhvaja °jo 91.2
amita-skandho °dho 91.1
amitâbha °bho 88.5 88.7
amitâyus
°yus 89.9
°yur 84.8 87.18 88.3 91.1
°yuṣā 87.5
°yuṣas 88.12 89.3 89.5 89.12 93.8
arci → mahâ∼···
artha → sarvâ∼···
artha-vaśa °śaṃ 89.13
ardha → sârdham
ardha-trayo-daśa °śabhir 83.4
arhat
°han 84.8

°hadbhiḥ 83.5
°hatām 88.10
ava-√kḷp °kalpayatha 93.5
ava-dāta °tāny 85.13
avadāta-nidarśana °nāni 85.14
avadāta-nirbhāsa °sāny 85.13
avadāta-varṇa °ṇāny 85.13
avara-mātraka °keṇa 89.2
a-vikṣipta-citta °tto 89.8
a-vinivartanīya °yā 88.13 93.9
°yāś 93.3
a-viparyasta-citta °ttaḥ 89.11
aśma-garbha °bhasya 85.2
85.9
aṣṭâṅgôpeta-vāri-paripūrṇa °ṇāḥ
85.3
√as
asti 84.6 84.12 87.4 87.5
santi 85.10 86.13
a-saṃkhyeya → a-prameyâ~
asura → sa-deva-mānuṣâ~…


ā


ā-√khyā °khyātum 88.15
°tuṃ 88.9
ā-√gam °gacchanti 86.10
ātta-manas °nā 94.9
āditya-saṃbhava °vo 91.11
ā-nanda °dena 83.8
ābhā → amitâbha
ābhā-pratihata °tā 88.6
ā-√mantr °mantrayati 84.5
āyuṣ-kaṣāya °ye 94.4 94.7
āyuṣ-pramāṇa °ṇam 88.2
āyuṣmat
°mantaṃ 84.5
°māñ 94.9
āyus → amitâ~
ārāma °me 83.3
ārya °yaiḥ 87.11


i


itas ito 84.6
iti 88.15 ity 84.10 84.14
idam
ayaṃ 92.19
asya 93.1
idam 89.13 90.7 90.14
91.7 91.16 92.6 92.17
94.9
indra °reṇa 84.2
indra-ketu-dhvaja-rāja °jo 92.9
indra-rāja → sālê~
indriya → jihvê~
indriya-bala-bodhy-aṅga-śabda
°do 86.16


ī


īrita → vātê~


u


uttama → gandhô~
uttara °rāyāṃ 91.9 91.13
→ an-~
ut-√pad °padyate 87.1[2] 87.2
utpala → ratnô~…
ut-pādayitavya °yaḥ 93.13
udayin → kālô~
ud-yukta → nityô~
upa-√pat
°patsyate 89.13
°patsyanty 93.10

upa-√pad
°padyanti 93.11
°padyante 89.3
upa-panna
°nāḥ 88.13 °nās 86.7
°nā 93.11
upa-mā → gaṅgā-nadī-vālukô=pama
upari-kṣipta → an-~
upari-ṣṭha °ṣṭhāyāṃ 92.8 92.14
upêta → aṣṭâṅgô~…

e

eka
ekena 86.7
ekasmin 83.2
eka-jāti-pratibaddha °dhās 88.14
eka-rātra °raṃ 89.6
ekaika °kaṃ 86.8
etad etaiś 83.10 84.1 84.3
etarhi 84.9 90.1 93.14
eva 84.13 86.10 87.12 89.12 90.2 93.15
evam 87.12 90.2 91.9 92.1 92.8 93.15² 93.16 evaṃ 83.2 87.3 89.14 90.9 91.1
evaṃ-pramukha °khāḥ 90.4 90.11 91.4 91.13 92.3 92.14
evaṃ-rūpa °paiḥ 84.19 85.15 86.10 87.6 87.16 88.10

k

kaṅkaṇī-jāla
°laiś 84.16
°lānāṃ 87.9 87.13
kapphiṇa → mahā-~
kara → parama-duṣ~, prabhā-~, su-~
kartavya °yam 89.1 89.15
kalpa °pā 88.4
→ su-meru-~
kalpa-kaṣāya °ye 94.3 94.8
kaṣāya → āyuṣ-~, kalpa-~, kleśa-~, dṛṣṭi-~, sattva-~
kāka-peya °yāḥ 85.3
kātyāyana → mahā-~
kāya °ye 87.15² 87.16
kāya-duḥkha °khaṃ 84.12
kāra → manasi-kāra
kāraṇa
°ṇena 84.10 84.13 87.18 88.2 88.5 88.7 92.19
→ sukha-~
kāla °laṃ 89.9² 89.11²
kālôdayin °nā 83.9
kāśyapa → mahā-~
kiṃ-cid
kaś-cic 89.4
ke-cic 92.20 93.7
kim
kiṃ 84.9 87.2 87.18 88.5 92.19
kena 84.10 87.18 88.5 92.19
kasmād 87.3 89.1
kumāra-bhūta °tena 83.12
kurvat °vataḥ 89.9
kula-duhitṛ
°tā 89.4 89.8
°trā 89.14
°taro 93.1 93.7
°tṛbhiś 93.12
kula-putra
°ro 89.4 89.8

°reṇa 89.14
°rā 93.1 93.7
°raiḥ 93.12
kuśala-mūla °lena 89.3
kusuma → ratna-∼…
√kṛ
kurvanti 86.15 90.7 90.14 91.6 91.15 92.6 92.16 93.9
kariṣyati 89.9 89.11
kariṣyanti 93.8
kṛtvā 89.12
→ manasi-∼, triṣ-∼, sat-∼
kṛta °tam 94.2
→ puras-∼, sam-alaṃ-∼
kṛtavat °vanto 93.9
√kṝ → abhy-ava-∼, pari-∼
√kḷp → ava-∼
ketu → indra-∼…, mahā-ratna-∼
koṭi-śata-sahasra
°raṃ 84.7 86.7
°rābhiḥ 86.9
koṭiśatasahasrâṅgika °kasya 87.10
koṣṭhila → mahā-∼
√kram → ati-∼
krauñca °cā 86.14
kleśa-kaṣāya °ye 94.4 °ya 94.7
kṣetra → buddha-∼

## kh

khalu 84.5 84.11 88.1 88.6 88.17
√khyā → ā-∼

## g

gaṅgā-nadī-vālukôpama °mā 90.5 90.12 91.5 91.13 92.4 92.14
gaṇa → bodhisattva-∼…
gata → tiryagyoni-∼
gandha-prabhāsa °so 92.10
gandharva → sa-…∼
gandha-hastin °tinā 83.13
gandhôttama °mo 92.10
√gam
gacchanti 88.16
gatvā 86.8
→ ā-∼
garbha → aśma-∼
galva → musāra-∼
gavāṃ-pati °tinā 83.9
gātra → ratna-kusuma-…∼
guṇa → a-cintya-∼, buddha=kṣetra-∼…

## gh

ghoṣa → brahma-∼

## c

ca $83.6^{3}$ $83.7^{3}$ $83.8^{4}$ $83.9^{4}$ $83.10^{4}$ 83.11 $83.12^{2}$ $83.13^{2}$ $84.1^{3}$ 84.2 $84.3^{3}$ 84.9 84.16 85.4 85.6 85.10 86.4 86.5 86.8 86.14 86.15 87.8 87.9 87.11 87.12 87.13 88.2 88.3 88.8 89.6 89.11 93.2 93.4 $93.5^{2}$ 93.10 93.12 $94.10^{2}$ 94.11

cakra → śakaṭa-~···
catur
caturṇāṃ 84.17 85.5
catvāri 85.5
catur-diśam °śaṃ 85.4
catū-rātra °raṃ 89.7
candra-sūrya-pradīpa °po 90.9
√car → niś-~
citta → a-vikṣipta-~, a-vipary=asta-~
citta-duḥkha °kham 84.12
citta-praṇidhāna °naṃ 89.15 93.8
citta-praṇidhi °dhir 93.12
citra
°rā 84.17 85.7
°rāṇi 85.5 85.14
citra-nidarśana °nāni 85.15
citra-nirbhāsa °sāni 85.14
citra-varṇa °ṇāni 85.14
cintya → a-~···
cūḍa-panthaka °kena 83.8

## ch

√chad → sam-~

## j

jāta
°tāś 85.7
°tāni 85.10
jāti → eka-~···
jāla → kaṅkaṇī-~
jālinī-prabha °bho 91.12
jihvêndriya °yeṇa 90.6 90.13 91.6 91.14 92.5 92.15
jeta-vana °ne 83.3

## t

tatra 84.5 84.8 86.3 86.5 86.6 86.13 86.17 87.4 87.8 87.14 88.17 89.15 93.10 93.12
tathāgata
°taḥ 89.9 91.3 91.12 92.12$^2$ 92.13 °ta 90.4 90.11 91.4 91.11 91.12 92.3 92.9 92.13 °to 84.8 87.18 88.3 88.5 88.7 90.2 90.3$^2$ 90.4 90.9 90.10$^2$ 90.11 91.1 91.2$^2$ 91.3 91.9 91.10$^2$ 91.12 92.1 92.2$^3$ 92.3 92.8 92.9 92.10$^2$ 92.11 92.12
°taṃ 86.8
°tena 87.5
°tasya 88.1 88.3 88.6 88.8 88.12 89.3 89.5 89.12 93.8
tathā-rūpa °paiḥ 89.1
tad
sa 87.18 88.2 88.5 88.7 89.8 89.11 so 89.9 89.11
taṃ 86.17 87.14
tena 84.13 87.5 88.2 88.7
tasmāt 89.13 93.4 93.11
tasya 88.1 88.3 88.6 88.8 89.5 89.9 89.12 93.7
tad 83.5 83.11 84.18 84.19 85.1 85.5 85.8 86.1 86.11 87.7 87.10 87.17 88.11 90.1 93.14
tat 84.9 87.2 87.3 87.18 88.4 89.1 92.19
tan 94.4
sā 84.10 84.13
tām 86.10 tāṃ 90.1

tasyāṃ 84.11
te 86.14 87.2 87.5 93.3 93.9 93.16 94.10[2] ta 86.7
teṣāṃ 86.16 86.17 87.9 87.13 87.14 88.1 88.14 93.2 93.5 93.14
tāsāṃ 85.6 87.8 87.12
tāsu 85.4 85.10
tarhi 89.13 93.4 93.11
tāla-paṅkti
°tibhiḥ 84.16
°tīnāṃ 87.8 87.12
tiryag-yoni °nīnāṃ 87.4
tiryagyoni-gata °tās 87.2
tūrya
°yasya 87.11
°yāṇi 86.4
trayas → ardha-trayo-···
tri-rātra °raṃ 89.6
triṣ-√kṛ °kṛtvā 86.5[2] 86.14[2]
tvad yūyam 90.7 90.14 91.7 91.15 92.6 92.16


### d


dakṣiṇa °ṇasyāṃ 90.9 90.12
darśa → sarvârtha-~
darśanīya
°yā 84.17
°yāḥ 85.7
°yāni 85.5
daśan daśa 88.4
→ ardha-trayo-daśa
dig-bhāga °ga 84.6
divasa °sasya 86.5 86.14
divā-vihāra °rāya 86.10
divya
°yasya 87.11
°yānāṃ 86.6
°yāni 86.4
√diś deśayati 84.9
diś diśi 90.5 90.9 90.12 91.4 91.9 91.13 92.1 92.4 92.8 92.14 °śy 90.2 91.1
→ catur-diśam
duḥkha → kāya-~, citta-~
dundubhi-svara-nirghoṣa °ṣo 91.10
duṣ-kara → parama-~, su-~
duṣ-pradharṣa °ṣo 91.11
duhitṛ → kula-~
dṛṣṭi-kaṣāya °ya 94.4 °ye 94.7
deva °vānām 84.2
→ sa-~···
deva-putra-nayuta-śata-sahasra
°raiḥ 84.3
deśita °taḥ 94.3 94.7
draṣṭavya °yam 87.3
dvi-rātra °raṃ 89.6


### dh


dhara → dharma-~
dharma
°mo 92.2 94.3 94.7
°maṃ 84.9
dharma-dhara °ro 92.3
dharma-dhvaja °jo 92.3
dharma-paryāya
°yaḥ 92.19
°yam 90.8 90.15 91.8 91.17 92.7 92.18
°yasya 93.1
dharma-manasikāra °ra 87.1
dharma-śabda °daṃ 87.6
dharmânusmṛti °tiḥ 87.15
√dhā → śrad-~

dhātu → loka-~
dhāna → pra-ṇi~, sam-ava-~
dhura → a-nikṣipta-~
√dhṛ
  dhriyate 84.9
  dhārayiṣyanti 93.2
dheya → nāma-~
dhvaja → amita-~, indra-ketu-~···, mañju-~, meru-~

n

na 84.12$^{2}$ 87.3 87.4 87.5 88.9 88.14 89.2
nakṣatra-rāja °jo 92.8
nadī → gaṅgā-~···
namas °maḥ 83.1
√nand → abhi-~
nanda °dena 83.8
nayuta → deva-putra-~···
nara → vaiśvā-~···
nātha → a-~···
nāma-dheya °yaṃ 89.5 93.1 93.2
nāman °ma 84.7 84.8 87.4 87.10 88.1 88.3 88.6 88.7 89.1 90.1 90.2 90.3$^{2}$ 90.4$^{2}$ 90.8 90.9 90.10$^{2}$ 90.11$^{2}$ 90.15 91.1 91.2$^{2}$ 91.3$^{2}$ 91.4 91.8 91.9 91.10$^{2}$ 91.11$^{2}$ 91.12$^{2}$ 91.16 92.1$^{2}$ 92.2$^{2}$ 92.3$^{2}$ 92.7 92.8 92.9$^{2}$ 92.10$^{2}$ 92.11$^{2}$ 92.12$^{2}$ 92.13$^{2}$ 92.17 92.20 93.14 94.12
ni-kṣipta → a-~···
nitya-pravādita °tāni 86.3
nityôdyukta °tena 83.13
ni-darśana → avadāta-~, citra-~, nīla-~, pīta-~, lohita-~
nir-aya °yāṇāṃ 87.4
ni-ruddha → a-~
nir-ghoṣa → dundubhi-svara-~, vaiśvā-nara-~
nir-bhāsa → avadāta-~, citra-~, nīla-~, pīta-~, lohita-~
nir-mita °tā 87.6
nir-veṭhana °naṃ 90.7 90.14 91.6 91.15 92.6 92.16
niś-√car
  °carati 86.16 87.10 87.12 87.14
  °cārayanti 87.6
nīla °lāni 85.11
nīla-nidarśana °nāni 85.11
nīla-nirbhāsa °sāni 85.11
nīla-varṇa °ṇāni 85.11

p

pakṣi-saṃgha °ghās 87.5
paṅkti → tāla-~
pañca-rātra °raṃ 89.7
√pat → upa-~, saṃ-ni-~
pati → gavāṃ-~, sahāṃ-~
pattīya- (< prati-√i *or* √yā) °tha 90.7 90.14 91.6 91.15 92.6 92.16 93.5
√pad → ut-~, upa-~
padma °māni 85.10
panthaka → cūḍa-~
para → a-~
parama-duṣkara °raṃ 94.5
pari-kīrtana → acintyaguṇa-~
pari-√kīṛ
  °kīrtayāmi 90.1 93.15
  °kīrtayanti 93.16
pari-gṛhīta → buddha-~
pari-graha → sarva-buddha-~
pari-ṇāha → śakaṭa-···~

pari-pūrṇa → aṣṭâ···∼
pari-mita → a-∼
pari-vṛta → śrāvakasaṃgha-∼
pary-āya → dharma-∼
paścima
°me 84.6
°māyāṃ 91.1 91.4
piṇḍa-da → a-nātha-∼
pīta °tāni 85.11
pīta-nidarśana °nāni 85.12
pīta-nirbhāsa °sāni 85.12
pīta-varṇa °āni 85.11
putra → kula-∼, deva-∼···, śāri-∼
punas °naḥ 84.11 87.5 88.1 88.6 88.17 °nar 84.15 84.21 86.3 86.9 86.13 87.3 87.8 88.12
puratas °taḥ 89.10
puras-kṛta → bodhisattva-gaṇa-∼
puruṣa → sat-∼
puro-bhakta °tena 86.7
puṣkariṇī
°ṇyaḥ 85.1
°ṇīnāṃ 85.7
°ṇīṣu 85.4 85.10
puṣpa → māndārava-∼
puṣpa-varṣa °ṣaṃ 86.6
puṣpa-vṛṣṭi °ṭibhir 86.9
pūrva °vasyāṃ 90.2 90.5
pṛthivī → mahā-∼
peya → kāka-∼
pra-ṇidhāna °naṃ 88.17
→ citta-∼
pra-ṇidhi → citta-∼
prati-baddha → eka-jāti-∼
prati-hata → ābhā-∼
pra-dīpa → candra-sūrya-∼, meru-∼
pra-dharṣa → duṣ-∼
pra-bha → jālinī-∼, mahā-∼, yaśa-∼, śuddha-raśmi-∼
prabhā-kara °ro 91.12
pra-bhāsa → gandha-∼, meru-∼, yaśa-∼
pra-māṇa °ṇam 88.9 88.15
→ a-∼, āyuṣ-∼, śakaṭa-···∼···
pra-mukha → evaṃ-∼
pra-meya → a-∼
pra-vādita → nitya-∼, saṃ-∼
pra-√vṛś °varṣati 86.6
pra-vy-ā-√hṛ
°haranti 86.15
°haratām 86.16

## b

bala → indriya-∼···
bahula → saṃ-∼
buddha
°dhā 90.5 90.12 91.5 91.14 92.4 92.15 93.16
°dhānāṃ 86.7 93.2 93.6 93.14
→ sarva-∼···
buddha-kṣetra
°ram 84.20 86.2 86.11 87.7 87.17 88.11
°rāt 84.6
°re 86.3 86.5 86.13 87.4 87.8 88.12 88.17 89.3 89.12 89.15 93.8 93.12
°ra 93.10
°rāṇi 90.6 90.13 91.5 91.14 92.5 92.15
°rāṇām 84.7
→ sarva-∼
buddhakṣetra-guṇa-vyūha °haiḥ 84.19 86.1 86.11 87.7 87.16 88.10
buddha-parigṛhīta °tā 93.3
buddha-manasikāra °ra 86.17

buddhânusmṛti °tiḥ 87.15
√budh → abhi-saṃ-～
bodhi → indriya-bala-bodhy-…
bodhi-sattva
°vena 83.12 83.13² 84.1
°vāḥ 94.10 °vā 88.13
°vair 83.11 84.2
°vānāṃ 88.14
bodhisattva-gaṇa-puraskṛta °taḥ 89.10
brahma-ghoṣa °ṣo 92.8
brahman °ṇā 84.2

**bh**

bhakta → puro～
bhagavat
°vān 84.5 94.9 °vāñ 83.2
°vatā 94.1
°vato 89.5 93.7 94.11
°vantaḥ 90.6 90.12 91.5 91.14 92.5 92.15 °vanta 93.16
°vatām 93.6 93.15 °tāṃ 93.2
bharad-vāja °jena 83.9
bhāga → dig～
bhāṣita °tam 94.11
bhikṣu °kṣavas 94.10
bhikṣu-śata °tair 83.4
bhikṣu-saṃgha °ghena 83.3
√bhū
bhavati 89.2
bhaviṣyanty 93.3 93.4 93.9
bhūta → kumāra-～

**m**

mañju-dhvaja °jo 90.4
mañju-śrī °riyā 83.12
mad
aham 90.1 93.14
mayā 83.2 94.5
mama 93.5 93.16 94.4
√man manyase 84.10 87.2 87.18 88.5 92.19
manas → ātta-～
manasi-kāra → dharma-～, buddha-～, saṃgha-～
manasi-√kṛ °kariṣyati 89.6 89.8
manuṣya °yāṇām 88.2 °ṇāṃ 86.17 87.14
mano-jña °jñaḥ 87.9 87.11 87.13
√mantr → ā-～
mayūra °rāś 86.14
mahat °hatā 83.3
mahā-kapphiṇa °ṇena 83.7
mahā-kātyāyana °nena 83.7
mahā-kāśyapa °pena 83.6
mahā-koṣṭhila °lena 83.7
mahā-meru °rur 90.3
mahā-maudgalyāyana °nena 83.6
mahā-pṛthivī °vī 86.4
mahā-prabha °bho 91.2
mahā-yāna-sūtra °ram 94.12
mahā-ratna-ketu °tur 91.3
mahârci-skandha °dho 90.10 91.9 92.10
mahā-śrāvaka °kaiḥ 83.5 83.11
mahā-sattva °tvaiḥ 83.11 84.2
mātraka → avara-～
mānuṣa → sa-deva-～…
māndārava-puṣpa °pāṇām 86.6
mita → a-～…

muni → śākya-∼
mukta → lohita-∼
musāra-galva °vasya 85.2
  85.9
mūla → kuśala-∼
meru → mahā-∼, su-∼···
meru-dhvaja °jo 90.3
meru-pradīpa °po 90.10
meru-prabhāsa °so 90.4
maudgalyāyana → mahā-∼

y

yatra 89.1
yathā 83.5 83.12 84.18 85.1
  85.6 85.8 87.10 90.1
  93.14
yad
  yaḥ 89.4
  yan 94.5
  ye 86.6 88.12 92.20 93.7
  yeṣāṃ 88.9
yadā 89.8
yama-loka °kasya 87.5
yaśa (< yaśas) °śo 92.1
yaśa-prabha (< yaśaḥ-pra°) °bho
  90.10
yaśa-prabhāsa (< yaśaḥ-pra°) °so
  92.2
√yā yāpayati 84.9
yāna → mahā-∼···
yoni → tiryag-∼

r

ratna
  °nasya 85.3 85.10
  °nānām 84.17 85.5 85.8
  → mahā-∼···, sapta-∼···
ratna-kusuma-saṃpuṣpita-gātra
  °ro 92.11
ratna-vṛkṣa °kṣā 85.7
ratnôtpala-śrī °rīr 92.12
ramaṇīya °yā 86.4
raśmi-prabha → śuddha-∼
rāja(n) → indra-ketu-dhvaja-∼,
  nakṣatra-∼, śākya-adhi-∼,
  sālêndra-∼
rātri °rau 86.5 86.14
  → pañca-∼, sapta-∼, eka-rātra,
  catū-rātra, tri-rātra, dvi-rātra,
  ṣaḍ-rātra
rāhula °lena 83.9
ruta °tāni 86.15
rūpa → evaṃ-∼, tathā-∼
rūpya °yasya 84.18 85.1
  85.6 85.8
revata °tena 83.8

l

loka °ko 94.11
  → yama-∼, sarva-∼···
loka-dhātu
  °tuḥ 84.8 84.10 84.13
    84.15
  °tum 86.10
  °tau 84.12 84.21 °tāv
    89.13 94.2 94.5
  °tūn 86.8
lohita °tāni 85.12
lohita-nidarśana °nāni 85.13
lohita-nirbhāsa °sāni 85.12
lohita-mukta °tasya 85.2 85.9
lohita-varṇa °ṇāṇi 85.12

v

vakkula °lena 83.10
√vac
vandanty 86.8
avocad 94.9
ucyate 84.11 84.14 88.1
88.3 88.6 88.8 92.20
√vad vadāmi 89.14
vana → jeta-~
varṇa → avadāta-~, citra-~,
nīla-~, pīta-~, lohita-~,
suvarṇa-~
varṣa → puṣpa-~
valgu °gur 87.9 87.11 87.13
vaśa → artha-~
vā 89.4² 89.6² 89.7⁴ 89.8²
89.9 89.14 89.15 93.1²
93.7² 93.9² 93.11²
vāja → bharad-~
vātêrita °tānāṃ 87.9 87.13
vāri → aṣṭâ···~···
vāluka → gaṅgā-nadī-~···, su=
varṇa-~···
vi-kṣipta → a-~···
vi-nivartanīya → a-~
vi-pratyayanīya → sarva-loka-~
vi-paryasta → a-~···
vi-hāra → divā-~
vi-√hṛ °harati 83.3
vīrya → an-anta-~
vṛkṣa → ratna-~
√vṛś → pra-~
vṛṣṭi → puṣpa-~
vedika °kābhiḥ 84.16
vaiḍūrya °yasya 84.18 85.1
85.6 85.8
vaiśvā-nara-nirghoṣa °ṣo 91.9
vyūha → buddhakṣetra-guṇa-~,
sukhāvatī-~

ś

śakaṭa-cakra-pramāṇa-pariṇāha
°hāni 85.15
śakra °reṇa 84.2
śata → koṭi-~···, deva-putra-
nayuta-~···, bhikṣu-~
śabda
°do 87.10 87.12 87.14
°daṃ 86.17 87.14
→ indriya-bala-···~, dharma-
~
śākya-muni °ninā 94.1
śākyâdhirāja °jena 94.1
śāri-putra
°ras 94.9
°ra 84.6 84.10 84.11
84.15 84.19 84.21 86.1
86.3 86.11 86.13 87.2
87.4 87.6 87.8 87.10
87.12 87.16 87.18 88.1
88.3 88.5 88.6 88.8
88.10 88.12 88.14 88.17
89.2 89.13 90.1 90.2
90.5 90.12 91.4 91.13
92.4 92.14 92.19 93.4
93.11 93.14 93.15 94.5
chāriputra 89.4 92.20
93.7
°ram 84.5
°reṇa 83.6
śuddha
°dhāḥ 88.13
°dhānām 88.9
śuddha-raśmi-prabha °bho 91.3
śrad-√dhā °dadhādhvaṃ 93.5
śrāddha °dhaiḥ 93.12
śrāvaka → mahā-~
śrāvaka-saṃgha °gho 88.8
śrāvakasaṃgha-parivṛta °to
89.10
śrāvastī °tyāṃ 83.2

śrī → mañju-~, ratnôtpala-~
√śru
śroṣyati 89.5
śroṣyanti 93.2
śrutvā 86.17 87.14 89.6
śruta °tam 83.2

ṣ

ṣaḍ-rātra °raṃ 89.7

s

saṃ-stṛta → suvarṇa-vālukā-~
saṃ-√sthā °tiṣṭhati 87.15² 87.16
saṃ-gīti °tiṃ 86.15
saṃ-gha → pakṣi-~, bhikṣu-~, śrāvaka-~
saṃgha-manasikāra °ra 87.1
saṃghânusmṛti °tiḥ 87.16
saṃ-khyā °khyāṃ 88.15
saṃ-khyeya → aprameyâ~
saṃ-√chad °cchādayitvā 90.6 90.13 91.6 91.15 92.5 92.16
sat-√kṛ °kṛtya 89.14
sattva
°tvāḥ 87.3 °tvā 86.7 88.13 89.3
°tvaiḥ 88.17
°tvānāṃ 84.12
→ bodhi-~, mahā-~
sattva-kaṣāya °ye 94.4 94.7
sat-puruṣa °ṣaiḥ 89.2
sa-deva-mānuṣâsura-gandharva °vaś 94.10
saṃ-ni-√pat °patya 86.15
saptan
°tabhis 84.16 °bhir 84.15
°tānāṃ 85.7
saptama °masya 85.2 85.9
sapta-ratna-mayī °yyaḥ 84.21
sapta-rātra °raṃ 89.7
saṃ-paśyamāna °na 89.14
saṃ-puṣpita → ratna-kusuma-~ ...
saṃ-pravādita °tasya 87.11
saṃ-bahula °laiś 83.11 °lair 83.10 84.1 84.3
saṃ-buddha → samyak-~
saṃ-bodhi → saṃyak-~
saṃ-bhava → āditya-~
sama-tīrthika °kāḥ 85.3
sam-anta °tāc 85.4 °tād 85.7
samantatas °to 84.17
sam-aya °ye 83.2
sam-alaṃ-kṛta
°taṃ 84.19 86.1 86.11 87.7 87.17 88.10
°tā 84.16
sam-ava-dhāna °naṃ 89.2
samyak-saṃbodhi
°dhim 88.4 94.2 94.6
°dhau 93.4 93.10
samyak-saṃbuddha °dha 84.8
sarva
°ve 93.3 93.9
°vair 83.5
sarva-jña °jñāya 83.1
sarva-buddhakṣetra °reṣu 88.7
sarva-buddha-parigraha
°ho 92.20
°haṃ 90.8 90.15 91.7 91.16 92.7 92.17
sarva-loka-vipratyayanīya °yo 94.3 94.6
sarvârtha-darśa °śo 92.13
saha 89.2
sahasra → koṭi-śata-~, deva-···

~

sahā °hāyāṃ 94.2 94.5
sahāṃ-pati °tinā 84.3
sârdham 83.4
sālêndra-rāja °jo 92.12
siṃha °ho 92.1
su-kara °raṃ 88.9 88.14
sukha-kāraṇa °ṇāni 84.13
sukhāvatī
  °tī 84.7 84.10 84.13 84.15
  °tyāṃ 84.11 84.21 89.12
sukhāvatī-vyūha °ho 94.12
su-duṣkara °raṃ 94.1
su-meru-kalpa °po 92.13
su-varṇa °ṇasya 84.18 85.1 85.6 85.8
suvarṇa-varṇa °ṇā 86.4
suvarṇa-vālukā-saṃstṛta °tāḥ 85.4
sūrya → candra-~…
sūtra → mahā-yāna-~
sopāna °nāni 85.5
skandha → amita-~, mahârci-~
stha → upari-ṣṭha
sthavira
  °reṇa 83.5
  °rair 83.5
√sthā
  tiṣṭhati 84.9
  sthāsyati 89.11
  → saṃ-~
sphaṭika °kasya 84.18 85.2 85.6 85.9
sma 83.3 84.6
svaka-svaka °kāni 86.15 90.6 90.13 91.5 91.14 92.5 92.15
svara → dundubhi-~…

**h**

haṃsa °sāḥ 86.13
hastin → gandha-~
hi 89.1
√hṛ → pra-vy-ā-~, vi-~
hetu dhetoḥ 87.3 89.1

# BIBLIOGRAPHY

List of works quoted in the present work

AMA, Tokuju 阿満得壽 [1908], *Shittan amidakyō* (悉曇阿彌陀經) [*The Siddham Version of the Amituo-jing*], Tokyo: Heigo Shuppansha.

——— [1934], *Bonpon (rōmajiyaku) amidakyō to wayaku no taishō* (梵本（ローマ字譯）阿彌陀經と和譯の對照) [*The Smaller Sukhāvatīvyūha in Roman Script, with a Japanese Translation*], Kyoto: Daijōsha.

ASHIKAGA, Atsuuji 足利惇氏 [1955], "Ishiyamadera shozō amidakyō bonpon ni tsuite (石山寺所藏阿彌陀經梵本について)" [On the *Smaller Sukhāvtīvyūha* Preserved in Ishiyamadera Temple] *Indogaku Bukkyōgaku Kenkyū* (印度學佛教學研究) [*Journal of Indian and Buddhist Studies*], Vol. 3, No. 2, pp. 10-17* ; rep. *Ashikaga Atsuuji chosakushū, Dai 2 kan: Indogaku* (足利惇氏著作集 第２巻: 印度学) [*A Collection of A. Ashikaga's Writings*, Vol. II: *Indology*], Tokyo: Tokai University Press, 1988, pp. 15-25*.

——— [1965], *Sukhāvatīvyūha*, Kyoto: Librairie Hōzōkan, rep. *Ashikaga Atsuuji chosakushū, Dai 2 kan*, pp. 105-182*.

BAILEY, Harold Walter [1963], *Khotanese Texts*, Vol. V, Cambridge.

——— [1979], *Dictionary of Khotan Saka*, Cambridge.

BENDALL, Cecile [1883], *Catalogue of the Buddhist Sanskrit Manuscripts in the University Library, Cambridge*, Cambridge.

CHANDRA, Lokesh [1972], (rep.) "*Midakyō bonpon* (彌陀經梵本)," in *Sanskrit Manuscripts from Japan (Facsimile Edition)*, Part 2, *Śata-Piṭaka Series*, Vol. 94, New Delhi, pp. 413-435.

COWELL, Edward Byles and EGGELING, Julius [1876], "Catalogue of Buddhist Sanskrit Manuscripts in the Possession of the Royal Asiatic Society (Hodgson Collection)," *Journal of the Royal Asiatic Society*, N.S. 8, p. 17.

EDGERTON, Franklin [1953], *Buddhist Hybrid Sanskrit Grammar and Dictionary*, 2 Vols., New Haven: Yale University Press.

EMMERICK, Ronald Eric [1979], *A Guide to the Literature of Khotan*, Tokyo: The Reiyukai Library.

FILLIOZAT, Jean [1941], *Bibliothèque Nationale, Catalogue du fonds sanscrit*, fasc. I, Paris.

——— [1941-42], "Catalogue des manuscrits sanskrits et tibétains de la Société Asiatique," *Journal Asiatique,* Tome 233, p. 36.

FUJITA, Kotatsu 藤田宏達 [1970], *Genshi jōdoshisō no kenkyū* (原始浄土思想の研究) [*A Study of Early Pure Land Buddhism*], Tokyo: Iwanami Shoten.

——— [1973], "Kathmandu ni okeru Sukhāvatīvyūha no shahon (カトマンドゥにおける Sukhāvatīvyūha の写本)" [Manuscripts of the *Sukhāvatīvyūha* in Kathmandu], in *Nakamura Hajime hakushi kanreki kinen ronshū: Indoshisō to bukkyō* (中村元博士還暦記念論集：インド思想と仏教) [*Indian Thought and Buddhism: Essays in Honour of Professor Hajime Nakamura on His Sixtieth Birthday*], Tokyo: Shunjūsha, pp. 223-236.

——— [1975], *Bonbun wayaku muryōjukyō amidakyō* (梵文和訳 無量寿経・阿弥陀経) [*Japanese Translation of the Larger and Smaller Sukhāvatīvyūhas*], Kyoto: Hōzōkan. "Bonbun hoseihyō (梵文補正表)" [Table of the Emendations to Ashikaga's and Müller's editions], pp. 20-44*.

——— [1992, 93, 96], *The Larger Sukhāvatīvyūha: Romanized Text of the Sanskrit Manuscripts from Nepal,* Parts I–III, Tokyo: Sankibo Press.

——— [1994], "Nepal no bukkyō shahon no ichi mondai — Amidakyō no sansukuritto-bon o megutte — (ネパールの仏教写本の一問題 —〈阿弥陀経〉のサンスクリット本をめぐって)" [A Problem of the Buddhist Manuscripts in Nepal; with Reference to the *Smaller Sukhāvatīvyūha*], *Indotetsugaku Bukkyōgaku* (印度哲学仏教学) [*Hokkaido Journal of Indological and Buddhist Studies*], No. 9, Sapporo, pp. 1-27.

——— [1998], "Genjō yaku 'Shōsan jōdo butsu shōju kyō' kō (玄奘訳『称讃浄土仏摂受経』考)" [A Study on Xuanzang's Chinese Translation of the *Smaller Sukhāvatīvyūha*], *Indotetsugaku Bukkyōgaku*, No. 13, pp. 1-35.

——— [2001], *Amidakyō kōkyū* (阿弥陀経講究) [*Investigative Lecture on the Amituo-jing*], Kyoto: Higashi Honganji Shuppanbu. "The Smaller Sukhāvatīvyūha: Emended Text of F. Max Müller's Edition by K. Fujita," pp. 79-88*.

——— [2007], *Jōdo sanbukyō no kenkyū* (浄土三部経の研究) [*A Study of the Three Pure Land Sūtras*], Tokyo: Iwanami Shoten.

FUKUI, Makoto 福井真 [1998], "Sukhāvatīvyūha (Bonbun muryōjukyō) no kenkyū — Ruzū-ge o chūshin ni shite (*Sukhāvatīvyūha* (梵文無量寿経) の研究 — 流通偈を中心にして)" [A Study on 'Verses of Transmission' in the *Larger Sukhāvatīvyūha*], *Machikaneyama Ronsō, Tetsugaku-hen* (待兼山論叢 哲学篇) [*Machikaneyama Ronso: Philosophy*], No. 32, Faculty of Letters, Osaka University, pp. 1-14*.

GOSHIMA, Kiyotaka 五島清隆 and NOGUCHI, Keiya 野口圭也 [1983], *A*

*Succinct Catalogue of the Sanskrit Manuscripts in the Possession of the Faculty of Letters, Kyoto University*, Kyoto.

HARRISON, Paul, HARTMANN, Jens-Uwe, and MATSUDA, Kazunobu 松田和信 [2002], "Larger Sukhāvatīvyūha," in Jens Braarvig (ed.), *Manuscripts in the Schøyen Collection* III: *Buddhist Manuscripts,* Vol. II, Oslo: Hermes Publishing, pp. 179-214.

IMAIZUMI, Yūsaku 今泉雄作 et YAMADA, Tadazumi 山田忠澄 [1881], "O-mi-to-king ou Soukhavati-vyouha-soutra, d'après la version chinoise de Koumarajiva, traduit du chinois par MM. Ymaïzoumi et Yamata," *Annales du Musée Guimet*, Tome II, Paris, pp. 39-64, "Texte sanscrit du Soukhavati-vyouha-soutra," pp. 45-64.

IMANISHI, Junkichi 今西順吉 [1991], "Fujita Kotatsu meiyo-kyōju kizō no 'Muryōjukyō' no bonbun shahon (藤田宏達名誉教授寄贈の『無量寿経』の梵文写本)" [Sanskrit Manuscripts of the *Larger Sukhāvatī-vyūha* donated by Prof. Emeritus K. Fujita], *Yuin* (楡蔭): *Hokkaido University Library Bulletin*, No. 82, pp. 7-8.

INAGAKI, Hisao 稲垣久雄 [1967], "London-daigaku Asia-Africa-kenkyūjo shozō daimuryōjukyō bonpon ni tsuite (ロンドン大学アジア・アフリカ研究所所蔵大無量寿経梵本について)" ["The *Larger Sukhā-vatīvyūha*" in Possesion of the School of Oriental and African Studies, London University], *Ryūkokudaigaku Ronshū* (龍谷大学論集) [*The Journal of Ryukoku University*], No. 384, Kyoto, pp. 109-110.

——— [1984], *A Tri-lingual Glossary of the Sukhāvatīvyūha Sūtras: Indexes to the Larger and Smaller Sukhāvatīvyūha Sūtras*, Kyoto: Nagata Bunshōdō.

INOKUCHI, Taijun 井ノ口泰淳 [1986], *Bonbun muryōjukyō shahon shūsei* (梵文無量壽經写本集成) [*Sanskrit Manuscripts of the Larger Sukhāvatī-vyūha from Nepal*], *Ryūkoku Daigaku Zenpon Sōsho* (龍谷大学善本叢書) [*Facsimile Series of Rare Texts in the Library of Ryukoku University*] 6, Kyoto: Hōzōkan.

ISHIHAMA, Juntarō 石濱純太郎 [1953], (repr.) *Bonkan amidakyō* (梵漢阿彌陀經) [*Sanskrit-Chinese Version of the Amituo-jing*], in *Jiun-sonja bonpon chūso eika* (慈雲尊者梵本註疏英華) [*Selected Works of Venerable Jiun's Contribution to Sanskrit Studies*], Osaka: Jiun-sonja Hyaku-gojūnen Onki Hōsankai.

IWAMOTO, Yutaka 岩本裕 [1959], "Catalogue of the Buddhist Sanskrit Manuscripts in the Library of Tokai University," *Tokai Daigaku Bungakubu Kiyō* (東海大学文学部紀要) [*Proceedings of the Faculty of Letters, Tokai University*], No. 2, Hiratsuka, p. 21.

IZUMI, Hokei 泉芳璟 [1933], *Amidakyō bonbun* (阿彌陀經梵文) [*The Text of the Smaller Sukhāvatīvyūha*], *Mayūra* (マユーラ), No. 1, Kyoto: Ōtani Daigaku Seitengo Gakkai.

'Jōdokyō no sōgōteki kenkyū' kenkyūhan (「浄土教の総合的研究」研究班) [2000], *Zōyaku muryōjukyō ihon kyōgōhyō* (*kōhon*) (蔵訳無量寿経異本校合表 (稿本)) [*A Collation of the Tibetan Manuscripts and Editions of the Larger Sukhāvatīvyūha* (*A Draft Version*), Kyoto: Bukkyō Daigaku Sōgō Kenkyūjo (The Research Institute of Bukkyo University).

KAGAWA, Takao 香川孝雄 [1984], *Muryōjukyō no shohon taishō kenkyū* (無量壽經の諸本對照研究) [*A Study of Collations of Various Recensions of the Larger Sukhāvatīvyūha*], Kyoto: Nagata Bunshōdō.

KARASHIMA, Seishi 辛嶋静志 [2002], "Miscellaneous Notes on Middle Indic Words," Soka Daigaku Kokusai Bukkyōgaku Kōtōkenkyūjo Nenpō (創価大学国際仏教学高等研究所年報) [*Annual Report of the International Research Institute for Advanced Buddhology at Soka University*], No. 5, Tokyo, pp. 151-152.

KARASHIMA, Seishi and WILLE, Klaus [2009], *Buddhist Manuscripts from Central Asia: The British Library Sanskrit Fragments*, Vol. II, 1 (Texts), 2 (Facsimiles), Tokyo: The International Research Institute for Advanced Buddhology, Soka University.

KAWAGUCHI, Ekai 河口慧海 [1931a], "*Zō-wa taiyaku muryōjukyō* (藏和對譯無量壽經)" [*Tibetan Translation of the Larger Sukhāvatīvyūha, with a Side-by-side Japanese Translation*], in *Bon-zō-wa-ei-gappeki jōdo sanbukyō* (梵藏和英合璧 浄土三部經) [*Three Pure Land Sūtras, Combined with Sanskrit Text, Tibetan Version, Japanese and English Translations*], *Jōdoshū Zensho Bekkan* (浄土宗全書 別巻) [*Separate Volume of a Collection of the Complete Works of the Pure Land Sect*], Tokyo: Daitō Shuppansha; rep. 1961; new rep. as '*Jōdoshū Zensho,* Vol. XXIII,' Sankibo Press, 1972, pp. 220-339.

——— [1931b], "*Zō-wa taiyaku amidakyō* (藏和對譯 阿彌陀經)" [*Tibetan Translation of the Smaller Sukhāvatīvyūha, with a Side-by-side Japanese Translation*], *ibid.*, pp. 342-356.

KITABATAKE, Toshichika 北畠利親 [2006], *Bon-zō-kan-taishō bussetsu amidakyō yakuchū* (梵藏漢對照 佛説阿彌陀經 譯註) [*Translation and Annotation of the Amituo-jing, Combined with Sanskrit-Tibetan-Chinese Version*], Kyoto: Nagata Bunshōdō.

KIMURA, Hideo 木村秀雄 [1943], *The Smaller Sukhāvatī-vyūha, Description of Sukhāvatī, the Land of Bliss, Collaterating* (sic) *Sanskrit, Tibetan, Chinese Texts with Commentarial Foot Notes*, Part I, Kyoto: Publication Bureau of Buddhist Books, Ryukoku University.

KOJIMA, Bunpo 小島文保 [1973], "Mironov hakushi 'Muryōjukyō genpon bonbun rōmaji-yaku' ni tsuite (ミロノフ博士「無量寿経原本 梵文ローマ字訳」について)" [The *Larger Sukhāvatīvyūha* in Roman Scripts Revised by Dr. Mironov], *Indogaku Bukkyōgaku Kenkyū*, Vol. 21, No. 2, pp. 96-100.

KUDARA, Kogi 百濟康義 [1989], "Kanyaku 'Muryōjukyō' no shin-ihon-danpen' (漢訳〈無量寿経〉の新異本断片)" [A Fragment from an Unknown Chinese Version of the *Larger Sukhāvatīvyūha*], in *Fujita Kotatsu hakushi kanreki kinen ronshū: Indotetsugaku to bukkyō* (藤田宏達博士還暦記念論集：インド哲学と仏教) [*Indian Philosophy and Buddhism: Essays in Honour of Professor Kotatsu Fujita on His Sixtieth Birthday*], Kyoto: Heirakuji Shoten, pp. 373-394.

LIGETI, Louis (Lajos) [1942-44], *Catalogue du Kanǰur mongol imprimé*, Vol. I, Bibliotheca Orientalis Hungarica, III, Budapest.

MATSUNAMI, Seiren 松濤誠廉 [1965], *A Catalogue of the Sanskrit Manuscripts in the Tokyo University Library*, Tokyo.

MITRA, Rajendrala [1882], *The Sanskrit Buddhist Literature of Nepal*, Calcutta.

MÜLLER, Friedrich Max [1880], "On Sanskrit Texts Discovered in Japan," *Journal of the Royal Asiatic Society*, N.S. 12, pp. 153-186: "The Smaller Sukhāvatīvyūha," pp. 181-186.

——— [1881], *Selected Essays on Language, Mythology and Religion,* Vol. II, London: Longmans, Green and Co., pp. 313-371.

MÜLLER, Friedrich Max and NANJIO, Bunyiu 南條文雄 [1883], *Sukhāvatīvyūha, Description of Sukhāvatī, the Land of Bliss*, Anecdota Oxoniensia, Aryan Series, Vol. I, Part II, Oxford: Clarendon Press; rep., Amsterdam: Oriental Press, 1972; New York: AMS Press, 1976.

NAGAO, Gajin (Gadjin M.) 長尾雅人 [1963], "Kathmandu no bukkyō shahon tenseki (カトマンドゥの仏教写本典籍)" [Buddhist Manuscripts in Kathmandu], in *Tenseki ronshū: Iwai hakushi koki kinen* (典籍論集：岩井博士古稀記念) [*A Collection of Treatises on Various Books: Essays in Honour of Doctor Daie Iwai on His Seventieth Birthday*], Tokyo: Tōyō Bunko, pp. 8-25*.

NANJO, Bunyu (NANJIO, Bunyiu) [1897], *Bonbun amidakyō kōgi* (梵文阿彌陀經講義) [*A Lecture on the Sanskrit Version of the Smaller Sukhāvatīvyūha*], Tokyo: Kōyūkan, rep. as *Bukkyō tsūzoku kōgi, bonbun amidakyō* (佛教通俗講義 梵文阿彌陀經) [*A Popular Lecture on Buddhism: the Sanskrit Version of the Smaller Sukhāvatīvyūha*], 1905.

ONODA, Shunzo 小野田俊蔵 [2001], "*Zōyaku amidakyō kyōgōhyō* (蔵訳阿弥陀経校合表) [*A Collation of the Tibetan Manuscripts and Editions of the Smaller Sukhāvatīvyūha*]," in *Bukkyōgaku jōdogaku kenkyū: Kaga-*

*wa Takao hakushi koki kinen ronshū* (佛教学浄土学研究：香川孝雄博士古稀記念論集) [*Buddhist and Pure Land Studies: Essays in Honour of Doctor Takao Kagawa on His Seventieth Birthday*], Kyoto: Nagata Bunshōdō, pp. 65-93*.

——— [2003], "Zōyaku muryōjukyō Ulan Bator shahon (蔵訳無量寿経ウランバートル写本) [The Ulan Bator Manuscript of the Tibetan Translation of the *Larger Sukhāvatīvyūha*]," *Indogaku Bukkyōgaku Kenkyū*, Vol. 52, No. 1, pp. 1-7.

OTA, Risho 大田利生 [2005], *Kanyaku gohon bonpon zōyaku taishō, muryōjukyō* (漢訳五本 梵本蔵訳 対照 無量寿経) [*The Larger Sukhāvatīvyūha; in Comparison with the Five Chinese, Sanskrit, and Tibetan Versions*], Kyoto: Nagata Bunshōdō.

OTANI, Kozui 大谷光瑞 [1929], *Bongo genpon kokuyaku muryōkōnyorai anrakushōgonkyō* (梵語原本國譯 無量光如來安樂荘嚴經) [Sanskrit Text of *Amitābha's Sukhāvatīvyūha, with a Side-by-side Japanese Translation*], Kyoto: Koju-kai.

SAKAKI, Ryōzaburō 榊亮三郎 [1916], *Bon-zō-kan-wa shiyaku taikō, honyaku myōgi taishū* (梵藏漢和四譯對校 翻譯名義大集) [*Mahāvyutpatti with a Sanskrit Index*], 2 parts, Kyoto: Kyoto Teikoku Daigaku Bunka Daigaku. Tibetan Index by NISHIO, Kyōo 西尾京雄, *Zō-bon taishō, honyaku myōgi taishū, chibettogo sakuin* (藏梵對照 翻譯名義大集 西藏語索引), Kyoto: Butten Kenkyūkai, 1936. Photomechanical reprint with Nishio's Index, 2 vols., Tokyo: Suzuki Research Foundation, 1962.

SAKAMOTO-Goto, Junko 阪本（後藤）純子 [1994], "Sukhāvatīvyūha no inritsu to gengo: tanbutsu-ge, jūsei-ge" (Sukhāvatīvyūha の韻律と言語：歎仏偈・重誓偈) [On the Metre and the Language of the Larger *Sukhāvatīvyūha*: 'Verses in Praise of the Buddha' and 'Verses Reiterating Vows'], *Indogaku Bukkyōgaku Kenkyū*, Vol. 42, No. 2, pp. 148-153*.

——— [1996], "Sukhāvatīvyūha〔Bonbun muryōjukyō〕tanbutsu-ge — gentenhihan to yaku — 〔1〕jo, dai 1 ge (Sukhāvatīvyūha〔梵文無量寿経〕歎仏偈 — 原点批判と訳 —〔1〕序・第 1 偈)" ['Verses in Praise of the Buddha' in the *Larger Sukhāvatīvyūha*; Textual Criticism and Japanese Translation, 1. Introduction and the First Verse], *Jinbun Kenkyū* [人文研究]: *Bulletin of the Faculty of Letters, Osaka Municipal University*, Vol. 48-8, pp. 55-79.

SANADA, Ariyoshi 真田有美 [1961], "Ōtani tankentai shōrai bonbun butten shiryō (大谷探検隊将来梵文仏典資料)" [Descriptive Catalogue of the Sanskrit Buddhist Manuscripts Brought by the Otani Expedition], in *Saiiki Bunka Kenkyū* (西域文化研究) [*Monumenta Serindica*], Vol. IV:

*Chuō Asia kodaigobunken* (中央アジア古代語文献) [*Buddhist Manuscripts and Secular Documents of Ancient Languages in Central Asia*], Kyoto: Hōzōkan, pp. 79, 94.

Sanskrit Seminar of Taisho University (大正大学梵文学研究室) [1955], "Buddhist Manuscripts of the Bir Library," *Taishō Daigaku Kenkyū Kiyō* (大正大学研究紀要) [*Memoirs of Taisho University*], No. 40, Tokyo, p. 79.

TAKAOKA, Hidenobu 高岡秀暢 [1981], *A Microfilm Catalogue of the Buddhist Manuscripts in Nepal*, Vol. I, Nagoya: Buddhist Library.

TSUKINOWA, Kenryu 月輪賢隆 [1955], *Bon-zō-kan-wa-gappeki bussetsu-amidakyō* (梵藏漢和合璧 佛說阿彌陀經) [*The Smaller Sukhāvatīvuha, Combined with Sanskrit Text, Tibetan Version, Chinese and Japanese Translations*], Kyoto: Nishi Honganji.

VAIDYA, Parashuram Laksman [1961a], "Sukhāvatīvyūhaḥ (Vistaramātṛkā)," in *Mahāyānasūtra-saṃgraha*, Part I, Buddhist Sanskrit Text, No.17, Darbhanga, pp. 221-253.

——— [1961b], "Sukhāvatīvyūhaḥ (Saṃkṣiptamātṛkā)," *ibid.*, pp. 254-257.

WINTERNITZ, Moriz and KEITH, Arthur Berriedale [1905], *Catalogue of Sanskrit Manuscripts in the Bodleian Library*, Vol. II, Oxford.

WOGIHARA, Unrai 荻原雲來 [1931a], "*Bon-wa taiyaku muryōjukyō* (梵和對譯 無量壽經)" [*The Larger Sukhāvatīvyūha, with a Side-by-side Japanese Translation*], in *Bon-zō-wa-ei-gappeki jōdo sanbukyō* (梵藏和英合璧 浄土三部經) [*Three Pure Land Sūtras, Combined with Sanskrit Text, Tibetan Version, Japanese and English Translations*], *Jōdoshū Zensho Bekkan* (浄土宗全書 別巻) [*Separate Volume of a Collection of the Complete Works of the Pure Land Sect*], Tokyo: Daitō Shuppansha; rep. 1961; new rep. as '*Jōdoshū Zensho,* Vol. XXIII,' Sankibo Press, 1972, pp. 1-191.

——— [1931b], "*Bon-wa taiyaku amidakyō* (梵和對譯 阿彌陀經)" [*The Smaller Sukhāvatīvyūha, with a Side-by-side Japanese Translation*], *ibid.*, pp. 193-212.

YOSHIZAKI, Kazumi 吉崎一美 [1991], *A Catalogue of the Sanskrit and Newari Manuscripts in the Asha Archives (Asha Saphu Kuthi), Cwasa Pasa, Kathmandu, Nepal*, Kumamoto: Kurokami Library.

* denotes that the pagination for the relevant article or section is typeset laterally from left to right.

藤田宏達（ふじた　こうたつ）

1928年北海道に生まれる．1950年東京大学文学部哲学科（印度哲学専修）卒業．北海道大学教授，札幌大谷短期大学長を経て，現在，北海道大学・札幌大谷短期大学名誉教授，文学博士．日本学士院賞（1971年），仏教伝道文化賞（1972年），鈴木学術財団特別賞（2008年）受賞．
著書は，『原始浄土思想の研究』（岩波書店，1970），『梵文和訳無量寿経・阿弥陀経』（法藏館，1975），『ジャータカ全集1』（春秋社，1984），『善導』（講談社，1985），『大無量寿経講究』（東本願寺出版部，1990），*The Larger Sukhāvatīvyūha: Romanized Text of the Sanskrit Manuscripts from Nepal*, 3 pts.（Tokyo: Sankibo, 1992, 1993, 1996），『阿弥陀経講究』（東本願寺出版部，2001），『浄土三部経の研究』（岩波書店，2007）ほか．

梵文無量寿経・梵文阿弥陀経

2011年5月28日　初版第1刷発行
2012年6月15日　初版第2刷発行

校 訂 者　藤田宏達
発 行 者　西村明高
発 行 所　株式会社　法　藏　館
〒600-8153　京都市下京区正面烏丸東入
電話　075-343-0030（編集部）
075-343-5656（営　業）

印刷・製本　亜細亜印刷株式会社



ISBN978-4-8318-7075-9　C3015　*Printed in Japan*